高等职业教育“十四五”新形态教材

管理基础与实务

主　编　王凤基　颜汉军

副主编　佟松林　王　源　武中和

中国水利水电出版社
www.waterpub.com.cn
·北京·

内 容 提 要

本书分四篇，共十三章。第一篇“管理基础”，包括“管理知识”“管理学知识”；第二篇“管理过程”，包括“理想与目标”“调查与研究”“决策与计划”“组织与领导”“监督与控制”“考核与评价”和“总结与创新”；第三篇“管理技术”，包括“管理的一般原则、方法和定律”；第四篇“自我管理”，包括“认知管理”“自我时间管理”和“情绪管理”。

在编写体例上，每章按照管理名言—本章介绍—学习目标—情境导入—知识内容—本章考核—本章作业（包括归纳总结本章内容、知识测试、技能训练、小组讨论、案例分析、延伸阅读等）的顺序编写，信息量大，通俗易懂。在内容特色上，本书对一些概念的名词和动词进行了详细解读，解决了学生难以区分一些概念的名词和动词问题。

本书可作为高职高专院校、成人高校以及其他需要开设管理专业课程学校的基础教材，也可供从事各类管理工作的人员学习参考，对培养学员做人、做事、做管理有很好的帮助作用，非常实用。

本书配备了专门的课程网站（https://mooc1-1.chaoxing.com），网站提供丰富的教学资源，方便教师备课和学生自主学习。

图书在版编目（CIP）数据

管理基础与实务 / 王凤基，颜汉军主编. -- 北京 ：
中国水利水电出版社，2022.6
高等职业教育“十四五”新形态教材
ISBN 978-7-5226-0707-8

Ⅰ. ①管… Ⅱ. ①王… ②颜… Ⅲ. ①管理学－高等职业教育－教材 Ⅳ. ①C93

中国版本图书馆CIP数据核字(2022)第084741号

策划编辑： 杨庆川　　**责任编辑：** 张玉玲　　**封面设计：** 梁　燕

书　　名	高等职业教育“十四五”新形态教材 管理基础与实务 GUANLI JICHU YU SHIWU
作　　者	主　编　王凤基　颜汉军 副主编　佟松林　王　源　武中和
出版发行	中国水利水电出版社 （北京市海淀区玉渊潭南路 1 号 D 座　100038） 网址：www.waterpub.com.cn E-mail：mchannel@263.net（万水） sales@mwr.gov.cn 电话：（010）68545888（营销中心）、82562819（万水）
经　　售	北京科水图书销售有限公司 电话：（010）68545874、63202643 全国各地新华书店和相关出版物销售网点
排　　版	北京万水电子信息有限公司
印　　刷	三河市鑫金马印装有限公司
规　　格	184mm×260mm　16 开本　18 印张　449 千字
版　　次	2022 年 6 月第 1 版　2022 年 6 月第 1 次印刷
印　　数	0001—3000 册
定　　价	48.00 元

前　　言

本书是针对高职院校学生需求编写的教材，重在实务，理论贯穿其中。全书围绕“管理基础与实务”展开，分为四篇，共十三章。

第一篇为“管理基础”，包括“管理知识”“管理学知识”。本篇主要介绍了管理和管理学的相关概念，以及中国古代和现代的主要管理理论。

第二篇为“管理过程”，包括“理想与目标”“调查与研究”“决策与计划”“组织与领导”“监督与控制”“考核与评价”和“总结与创新”。本篇是本书的主体，并没有按照传统的、从管理职能的角度编写，而是按照管理工作的基本过程编写，即按照以下顺序：理想与目标（战略阶段）—调查与研究（战术，实施准备）—决策与计划（战术，实施布局）—组织与领导（战术，具体实施）—监督与控制（战术，调整实施）—考核与评价（战术，考核实施）—总结与创新（战术，总结提升与创新）。在此基础上，将管理理论、管理职能等知识贯穿其中，在讲授管理过程的同时融入相关管理知识。

本书没有明确指出哪些是管理职能，也没有按照管理职能体系编排，而是按照管理的一般过程进行编排。一是因为管理职能没有统一说法，各个学者专家认定的管理职能都不一样，如指定一种会导致学生学习时产生较多疑问；二是因为在具体的管理过程中，各项职能往往很难划分清楚。即使划分，所划分的这些职能也只适用于管理活动的一般过程，并不适用于具体领域中具体的管理活动，因为在具体管理中涉及的职能可能是多种，尤其是对特殊性质的管理问题而言，更是如此。

当然，此种编排只是借鉴一般意义上的管理逻辑和过程，实践中管理活动千变万化，不可能严格按照此过程进行，需要管理者在管理实践中充分运用和发挥自己的管理技术和艺术。

第三篇为“管理技术”，包括“管理的一般原则、方法和定律”。管理的根本目的在于有效管理，要进行有效管理，光学习理论不行，还要掌握一些实用的管理原则、管理方法和管理定律，本篇安排即为此意。

第四篇为“自我管理”，包括“认知管理”“自我时间管理”和“情绪管理”。增加此篇的原因有二：一是“自我管理”在越来越多的企业中推行；二是高职院校学生普遍的自我管理意识欠缺、自我管理能力不足的现实需要。

本书不仅对学生学习管理知识和管理理论有益，对学生生活、工作实践也很有帮助，特别是对学生做人、做事、做管理更有益处。

本书由王凤基教授、颜汉军教授任主编，佟松林、王源、武中和老师任副主编。具体分工如下：第一篇由佟松林编写；第二篇由王凤基、谢媛、颜汉军编写；第三篇由武中和编写；第四篇由王源编写。全书由王凤基统稿、校对。

本书在编写的过程中，参考了国内多位专家学者关于管理方面的著作，以及相关文献，在此表示由衷的感谢！

由于编者的知识、能力等水平有限，虽然本书经过编者多轮次教学实践检验，但仍可能在概念的理解上不到位，在内容的编排上存在不合理的情况，以及其他问题，在此，恳请各位读者和同仁提出宝贵的批评意见并指正。谢谢！

编　者

2022 年 1 月

目　　录

第三篇　管理技术

第四篇　自我管理

第一篇　管理基础

【本篇介绍】

管理是一种普遍现象，存在于人类社会的各种活动之中。原始人类社会存在简单的分工，形成了原始的管理方式。随着人类社会的不断发展，管理活动越来越复杂。人们在长期的管理实践中形成了各种管理思想，积累了丰富的管理经验，并将这些管理思想和经验总结成管理理论。管理理论不断发展，逐渐形成一门学科——管理学。管理学是研究管理活动过程及其规律的科学。本篇主要介绍管理的概念、管理要素、管理者及其技能要求、管理环境及分析方法、管理学的概念、管理理论形成、管理学的学习方法等基本内容。

本篇共两章：第一章为“管理知识”，第二章为“管理学知识”。

第一章　管理知识

【管理名言】

管理，就是实行计划、组织、指挥、协调和控制。

——亨利·法约尔

管理就是把复杂的问题简单化，把混乱的事情规范化。

——杰克·韦尔奇

【本章介绍】

管理是人类社会特有的一种现象，是一种有意识、有目的的活动。本章主要介绍了管理的含义、特性、属性、目的与意义，管理职能、管理者的类型及其技能要求，以及管理环境及分析方法等知识。

【学习目标】

1. 知识目标

（1）掌握管理的含义、特性、属性、目的与意义以及管理职能。

（2）掌握管理者和管理者技能的含义。

（3）掌握“PEST”“波特五力”“3C”和“SWOT”等环境分析方法。

2. 能力目标

（1）能分析不同层次管理者的管理技能。

（2）能熟练运用“PEST”“五力”“3C”和“SWOT”等方法分析管理环境。

3. 素质目标

（1）培养良好的职业道德品质。

（2）树立团队合作的职业观念。

（3）形成积极向上的工作态度。

【情境导入】

和尚分粥的故事

山上的寺庙有 7 个和尚，他们每天分食一桶粥，但粥的量不多，为了兼顾公平，让每个和尚都基本能吃饱，和尚们想用非暴力方式解决分粥的难题。

一开始他们实行轮流分粥制，每个和尚轮流坐庄负责分粥，每次轮到自己分粥的时候就能吃得很饱，而其他人就会吃不饱，长此以往，和尚们都有意见。

然后他们推选出一位德高望重的主持负责给大家分粥。时间一长，很多人开始挖空心思讨好、贿赂这位主持，搞得整个庙里乌烟瘴气。

后来，大家想出一个民主的方法：成立了三人分粥委员会和四人评选委员会，但他们常常互相攻击、扯皮，这样分粥，经常粥吃到嘴里全是凉的。

最后，他们总结经验教训，想出一个办法，就是每人轮流值日分粥，但分粥的那个人要等到其他人都挑完后再拿剩下的一碗。令人惊奇的是，在这个制度下，7只碗的粥每次都几乎一样多，就像用科学仪器量过一样，这是因为每个负责分粥的人都认识到，如果7只碗里的粥不一样，他一定会得到分量最少的那碗。从此，和尚们都能够吃上均等的热粥。

从这个故事中，我们能得到什么启示？

第一节　什么是管理

管理无处不在，是现实世界普遍存在的现象。管理的范围很广，大到国家，小到家庭和个人。那到底什么是管理呢？

一、管理的含义

虽然管理活动起源较早，但是一直以来，对于“管理”没有形成统一的定义，国内外学者给出了多达百种的定义。

“管”的原意是一种形状，用来约束、规范和最小限度地减少阻力与摩擦。“理”的本意是即时地对现状进行整理、梳理或处理。

引申到管理学概念，本书认为，管理是管理者通过一定方式方法对被管理者施加影响，形成合力，从而有效实现其目标的过程。

此定义包含4层意思：

（1）管理包含管理主体——管理者（个人或组织群体）和管理客体——被管理者（包括人、财、物、事、信息、环境、时间、空间等资源）。

（2）管理是一种手段，是通过一定方式方法，如确立目标、预测决策、计划组织、领导实施、监督控制等手段对被管理者施加影响，使被管理者听从管理者的指挥的手段。

（3）管理是一个过程，是一个不断实现管理者预先设定目标的过程。

（4）管理是具有一定目的的活动，其目的是实现管理者事先设定的目标。

这个管理的概念是一个普遍性概念，包括组织管理和个人管理。

（课堂练习：你认为管理是什么？）

前面【情境导入】中“和尚分粥的故事”给我们的启示：管理的精髓是“理”，而不是“管”。管理有方，但无定法，管理就是找到合适的方法。管理者的主要职责就是找到并制定出像和尚“轮流分粥，分者后取”的游戏规则和方法。

二、管理的特性

1. 管理的普遍性

管理是人类社会的普遍现象，存在于人类个体和组织的各种活动之中。当然，如果从管理的自然性来说，动物界也是存在管理活动的，比如蜜蜂、蚂蚁、猩猩、猴子等动物的生活习性中也存在着管理活动，但动物的管理与人类社会有意识、有目的的管理活动还是有区别的。

2. 管理的科学性

管理不是随意的，特别是人类社会现在的管理活动，是通过长期积累和总结，形成了一定的规律性，有一定的科学方法可循。

3. 管理的艺术性

管理虽然具有一定方法和原理可借鉴，但没有完全可以照搬照抄的模式来解决一切问题。在管理过程中，管理者必须发挥自己的主观能动性、创造性才能完成管理任务，实现管理目标。

4. 管理的动态性

环境总是不断变化的，因而管理不是一成不变的。管理是一个不断变化的过程，也是一个不断创新的过程。

三、管理的属性

任何社会生产都是在一定的生产关系下进行的。管理，从最基本的意义来看，一是指挥劳动，二是监督劳动。由于生产过程具有两重性——既是物质资料的再生产，又是生产关系的再生产。因此，对生产过程进行的管理也就存在着两重性：一种是与生产力、社会化大生产相联系的自然属性；一种是与生产关系、社会制度相联系的社会属性。这就是管理的二重性（管理的性质）。它是马克思关于管理问题的基本观点。

四、管理的目的与意义

1. 管理的目的

管理的目的最终是更加有效地实现组织或个人目标。

2. 为什么需要管理？

（1）管理是人类社会普遍的现象之一，存在于任何个人和组织的活动过程之中。

（2）管理是个人或组织实现自身目标的主要手段，是个人或组织生存和发展以及获得成功的主要手段。

（3）管理有利于推动组织、社会有序向前发展。

（课堂练习：你认为管理还有什么作用？）

五、管理职能

不同学者对管理职能提出了不同看法。

法约尔 1916 年提出，管理职能包括预测与计划、组织、指挥、协调、控制五项。

哈罗德•孔茨和西里尔•奥唐奈里奇把管理的职能划分为计划、组织、人事、领导和控制。

1937 年，美国管理学家古利克在上述五项职能理论的基础上，提出了包括计划、组织、人事、指标、协调、报告、预算在内的管理七项职能理论。

在《论管理的职能》中，何道谊根据业务过程把管理分为目标、计划、实行、检馈、控制、调整六项基本职能，加之人力、组织、领导三项人的管理方面的职能，系统提出管理的九大职能。

周三多（2000）认为，管理职能包括决策与计划、组织、领导、控制、创新五种。

……

事实上，在具体的管理过程中，各项职能往往很难划分清楚。按理来说，一项管理工作总是先要制定目标，再做决策，再制订计划，然后组织实施，最后协调控制整个进程。但实际上，管理人员不一定按顺序执行这些职能，有时是同时执行这些职能。所划分的这些职能只是描述了管理活动的一般过程，具体领域中具体的管理活动并不一定与该描述一致，在管理中实施的职能可能多一项，也可能少一项，尤其是对特殊性质的管理问题而言，更是如此。

六、管理者及其技能

（一）什么是管理者

管理者（或管理主体）是指掌握管理权力、承担管理责任的有关集体和个人。管理者和管理机构是管理主体的两个有机组成部分。

（二）管理者的类型

要使组织运作既有效率又有效益，就需要组织内各部门、各层级的管理者相互协调、相互配合。组织内的管理者一般分为四个层级：作业人员、基层管理者、中层管理者和高层管理者（图 1-1）。

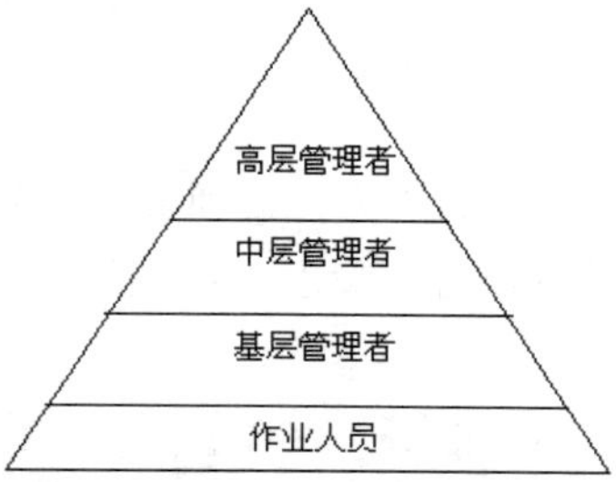

图 1-1　管理者的类型

作业人员也是管理者，其主要对自己的工作进行管理，如 5S 现场管理，称为不是领导者的管理者。一般而言，作业人员向基层管理者报告，基层管理者向中层管理者报告，中层管理者向高层管理者报告。处于不同层级的管理者在利用组织资源以提高效率和效益中担负着不同的职责，管理者所处的层级往往影响其职能和技能的组成（表 1-1）。

表 1-1　不同层级管理者的职责

层级	作用	主要职责	实例
高层管理者	对整个组织负有全面责任的管理者	制定组织的总目标、总战略，掌握组织的大政方针，沟通与其他相关组织的关系，并评价整个组织的绩效。对外代表组织，并以“官方”身份出现在各种场合；对内他们拥有组织中的最高职务和最高职权，并对组织的总体目标、整体利益、长远利益负责	机关首脑、公司总经理、校长、医院院长等
中层管理者	处于管理层级中承上启下的中间位置	贯彻执行高层管理者所制定的重大决策，监督和协调基层管理者的工作	机关的处长、企业的部门经理、学校的系主任、医院的科主任等
基层管理者	管理结构中处于基层的管理者，又称一线管理者	给下属操作人员分派具体工作任务，制定本班组的作业计划、直接指挥和监督现场作业活动，确保各项具体工作任务顺利完成	机关的科长、企业的班组长、学校的教研室主任、医院的医疗组长等
作业人员	处于管理结构中最底层，属于不是领导者的管理者	主要对自己承担的工作任务负责	普通员工

1. 作业人员

作业人员主要对自己承担的工作任务负责，包括制定工作计划，完成基层管理者安排的工作任务。

2. 基层管理者

基层管理者主要职责是直接指挥和监督现场作业人员，保证完成上级下达的各项计划和指令。他们主要关心的是小组具体任务的完成。

3. 中层管理者

中层管理者承上启下，主要职责是正确领会高层管理者的指示精神，创造性地结合本部门的工作实际，有效指挥各基层管理者开展工作，注重的是日常管理事务。

4. 高层管理者

高层管理者对组织负全责，主要侧重于沟通组织与外部的联系和决定组织的大政方针，注重良好环境的创造和重大决策的正确性。

（三）管理者的技能

根据罗伯特·卡茨（Robert Katz）的研究，管理者能否行之有效地开展工作，很大程度上取决于他们是否真正具备管理所需的技能。管理人员应该具备的技能包括概念技能、技术技能和人际技能三种（图 1-2）。

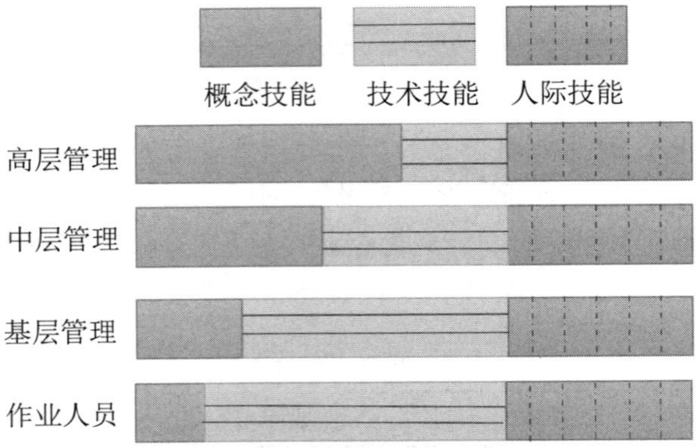

图 1-2　管理者的技能要求

1. 概念技能

概念技能（Conceptual Skills）是指管理者对管理过程中的复杂情况进行抽象和概念化的技能。这种技能要求管理者把组织视作一个整体，并且了解组织各个部分的相互关系。具有概念技能的管理者能准确地把握工作单位之间、个人之间和工作单位与个人之间的相互关系，深刻了解组织中任何行动的后果，并正确行使管理职能。概念技能在管理者识别问题、拟订可供选择的解决方案、挑选最优方案并付诸实施的过程中显得尤为重要。对于高层管理者来说，概念技能是最重要的技能。

2. 技术技能

技术技能（Technical Skills）是指管理者掌握与运用某一专业领域内的知识、技术和方法的能力，也就是管理者的专业知识与技能。

生产技能、财务技能、营销技能、工作技能等都属于技术技能。管理者要想有效工作就必须具备一系列相应的技术技能。技术技能对于作业人员和基层管理者来说是最重要的。

要想成为合格的管理者，必须具备上述三种技能——概念技能、技术技能和人际技能，缺乏任何一种都可能导致管理工作的失败。

3. 人际技能

人际技能（Interpersonal Skills）即人际关系技能，是指成功地与别人打交道和与别人沟通的能力。

人际技能包括对下属的领导能力和处理不同小组之间关系的能力。管理者必须能够理解个人和小组的关系，能与个人和小组共事并能处理好与之的关系，以便树立团队精神。管理者作为小组中的一员，其工作能力取决于人际技能。对于所有层级的管理者而言，人际技能的重要性是大体相同的。

第二节　管理环境

一般而言，大多数组织很难改变其外部环境，而且常常受到环境制约，但这并不意味着管理者对外部环境无能为力。作为管理者，必须学会“管理”其所处的环境，充分认识环境，分析环境，能动地适应环境，将环境对自己的不利影响降到最低，以实现组织与内外环境的动态平衡。

一、什么是环境

环境是影响个人或组织生存和发展的各种宏观、中观和微观因素的总称。构成组织环境的因素通常分为两大类：一类是组织可控的因素，一般指构成组织或组织所处的内部环境；另一类是组织不可控的因素，一般指组织所处的外部环境（宏观环境和中观环境）。

任何组织或个人要生存与发展，除了受其内部因素影响外，还会受到一系列的宏观环境、中观环境和微观环境等因素制约。作为管理者，正确地分析、认识组织的内外部环境因素，把握环境的变动发展规律是其做出正确决策，尤其是战略决策的前提。有效的管理活动离不开对组织环境的分析、认识与把握。

二、环境分析方法

环境分析方法有多种，下面介绍几种常用方法。

（一）宏观环境 PEST 分析法

PEST 分析是用来帮助组织分析其外部宏观环境的一种方法。宏观环境又称一般环境，是指影响一切行业和企业的各种宏观力量。对于宏观环境因素，不同行业和企业根据自身特点和经营需要，分析的具体内容会有差异，但一般都应对政治（Political）、经济（Economical）、社会（Social）和技术（Technological）四大类影响组织的主要外部环境因素进行分析。这种方法简称为 PEST 分析法（图 1-3）。

管理者无法控制和改变宏观环境，因此应该主动适应它。

1. 政治环境

世界上不同国家有着不同的政治制度和法律制度，这些制度一直在不断变化。全球化管理者必须充分理解不同政治与法律制度的内涵与运作方式。

政治环境包括：政府的稳定性、劳动和贸易法规的完善程度、国家宏观层面的经济刺激方案以及行业法律法规等。

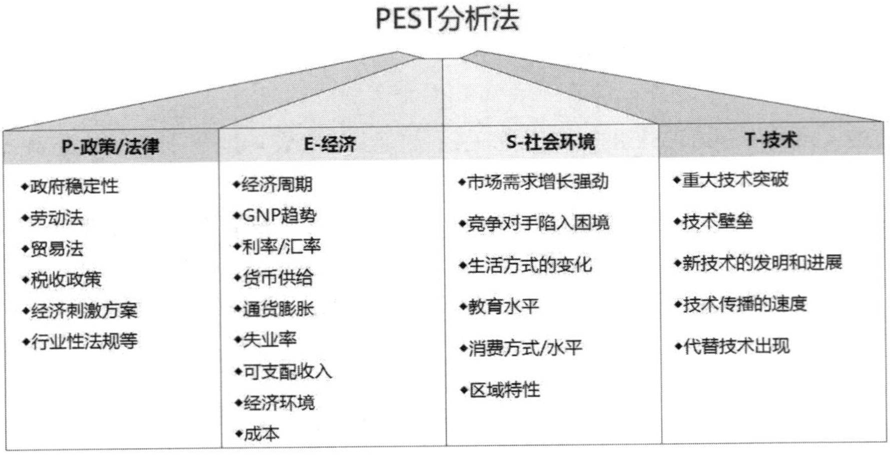

图 1-3　PEST 分析法模型

2. 经济环境

一个国家或地区的经济体制在不断发展与变化，管理者必须了解不同经济体制的运行方式。除了理解经济体制之外，全球化管理者还必须了解一国或地区的经济发展水平与技术发展水平，从而更好地理解与它们相联系的各种机会与威胁。经济周期情况、汇率利率的波动、货币供求平衡、通货膨胀、失业率升降、可支配的收入多少、经济环境变化等，都属于经济环境。

3. 社会环境

社会环境主要由组织所在国家或地区的人口数量与结构、人们的文化教育水平、传统风俗习惯以及伦理道德和价值观念等因素构成，它们通过行为规范（风俗、道德、法律）、人口结构（人口数量、年龄结构、人口分布）、生活方式与态度（家庭结构、教育水平、价值观念）的改变影响一国或地区群体行为的规范、劳动力的数量和质量、所需商品和服务的数量与类型等，进而影响该国或地区各组织的经营管理。

社会环境因素对于一个组织的行为有很大的影响。假如区域内国民生活方式、教育水平、消费方式产生变化，组织的行为就要对应调整。

4. 技术环境

技术在任何组织的环境中都是一项关键的因素。技术环境通常由组织所在国家或地区的科技水平、科技政策、科研潜力和技术发展动向等因素构成。21 世纪变化最迅速的因素就是技术，移动互联网、人工智能、3D 打印、新材料、新能源层出不穷。在当今充满变化的世界里，任何组织欲求经营有效，离开了技术发展几乎是不可能的。重大的技术突破、新技术和新发明的出现、技术传播速度以及技术迭代等都属于技术环境的变化。

（二）行业环境“波特五力模型”分析法

迈克尔 • 波特

“波特五力模型”是在 20 世纪 80 年代由迈克尔 • 波特提出的，他认为，影响行业内竞争结构及其强度的主要因素包括现有竞争对手、潜在竞争者、替代品生产商、购买者及供应商五种环境因素。“波特五力模型”早期曾普遍应用于行业环境分析，较全面地揭示了整个行业所面临的竞争压力，使战略制定者有机会对行业竞争有全方位的审视。

在进行行业竞争分析时，我们通常采用“波特五力模型”（图 1-4）。

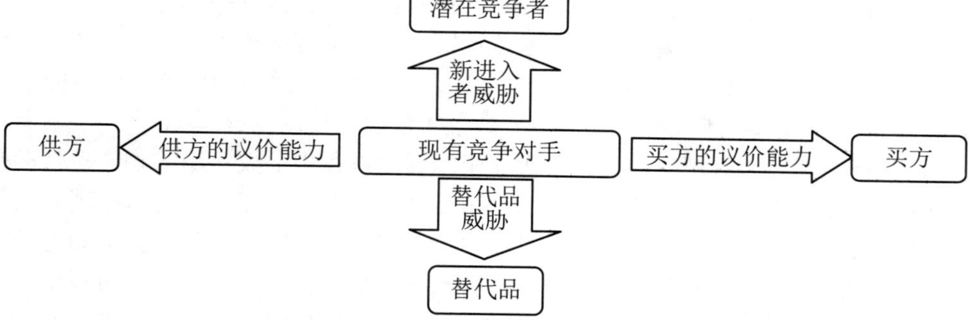

图 1-4 波特五力模型

波特认为行业的平均利润的高低取决于竞争程度。竞争不激烈的行业一般利润率较高，竞争激烈的行业一般利润率较低。行业中的竞争力量一般有：现有竞争对手、潜在竞争者、替代品、买方、供方。五种竞争力量的状况及综合强度，能引起行业内竞争结构的变化，共同决定行业竞争的程度和行业获利能力。五种竞争力量所起的作用不同，通常是最强的某个力量或某几个力量处于支配地位，起决定作用。

1. 现有竞争对手

行业内现有竞争对手以人们熟悉的方式争夺地位，通常采用价格竞争、广告战、产品引进、增加顾客服务项目（如保修）等方式。一个企业的竞争行为，会对其他企业产生影响，激起竞争对手们的应对甚至报复，这种作用与反作用的结果，可能会（也可能不会）导致整个行业的竞争格局发生变化。如果行动升级，可能导致行业内所有企业受到损失。

2. 潜在竞争者

对于一个行业来讲，潜在竞争者会带来新的生产能力、新的物质资源，对已有的市场份额提出重新分配的要求，特别是拥有一定实力的大集团公司的进入，常常对行业造成较大的冲击。潜在竞争者进入威胁的大小，取决于该行业的进入壁垒、可能遇到的行业内已有企业的反击和退出壁垒的强弱等因素。

3. 替代品

无论是理论还是实践，都告诉我们一个事实：一个公司更可能被新出现的对手或新的替代技术打败，而非当前的竞争者。最具威胁的竞争者很可能出现在另一个行业，他们很容易生产出替代品。

4. 买方

买方的行业竞争手段是压低价格、要求较高的产品质量或索取更多的服务项目，并从竞争者彼此对立的状态中获利，这些都是以牺牲行业利润为代价的。

5. 供方

供应商们可通过提高价格、降低产品或服务质量来向某个行业中的企业施加压力。这种压力可能迫使一个行业因无法使价格跟上成本的增长而失去利润。

（三）微观环境“3C”分析法

1. 企业自身（Company）

任何组织的活动都需要借助一定的资源来进行。这些资源的拥有状况和利用情况，甚至决定着组织活动的效率和规模。组织活动的内容和特点不同，需要利用的资源也有区别。但一般来说，活动组织离不开人力资源、物力资源、财力资源和文化资源的支持。

（1）人力资源。人力资源指在一个国家或地区中，处于劳动年龄、未到劳动年龄和超过劳动年龄但具有劳动能力的人口之和。根据不同的标准可以将人力资源划分为不同的类型，人力资源研究就是要分析这些不同类型的人员的数量、素质和使用状况。

（2）物力资源。物力资源研究是指分析在组织活动过程中需要运用的物质条件的拥有数量和利用程度。比如，要分析企业拥有多少设备和厂房、目前的技术水平是否和现有的生产设备相吻合和适应、企业是否需要进行新的技术改造、企业是否需要进一步提高效率和生产率等。

（3）财力资源。财力资源是一种获取和改善组织其他资源的资源，因此可以认为是反映组织活动条件的一项综合指标。财力资源研究是要分析组织的资金拥有情况、构成情况、筹措渠道、使用情况，分析组织是否有足够的财力资源去组织新业务的挖掘、对原有活动条件和手段改造，在资金使用上是否还有其他潜力可挖等。

（4）文化资源。内部文化也叫组织文化，是指组织在长期的实践活动中所形成的并且为组织成员普遍认可和遵循的、具有本组织特色的价值观念、团体意识、行为规范和思维模式的总和。

2. 消费者（Customer）

消费者（顾客）是指一个组织为其提供产品或劳务的人或单位。消费者的需求是多方面且会经常改变的，而要成功地拥有消费者，就必须满足顾客的需求。为此，组织必须深入市场，分析消费者的心理，根据消费者需求的变化，及时推出新产品、新服务。

3. 竞争对手（Competitor）

一个组织的竞争者是指与其争夺资源、服务对象的个人或组织。

任何组织都不可避免地会有一个或多个竞争者。这些竞争者之间不是相互争夺资源，就是相互争夺服务对象。

（四）管理环境的 SWOT 分析法

SWOT 分析法是由安德鲁提出并做出系统的阐述，后来经过多人的发展而成为一个用于环境战略分析的实用方法。SWOT 分析法即对组织优势（Strength）与劣势（Weakness）、机会（Opportunity）与威胁（Threats）的分析。通过研究环境，认识外界的变化可能对组织造成的威胁或提供的发展机会，同时分析组织自身在资源和能力上的优势和劣势，由此两方面结合制定出组织生存和发展战略（图 1-5）。

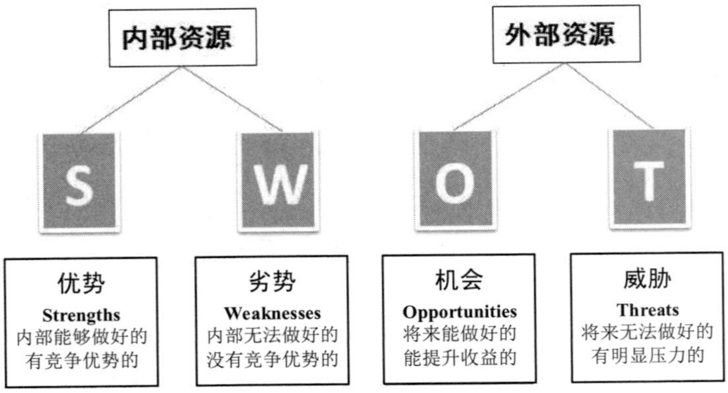

图 1-5 SWOT 分析法

1. SWOT 的分析要素

SWOT 分析的主要目的在于对组织的综合情况进行客观公正的评价，以识别各种优势、劣势、机会和威胁因素，从而拓宽思路，正确地制定组织发展战略。表 1-2 列出的是在 SWOT 分析中一般所需要考虑的因素。

表 1-2　SWOT 的分析因素

	内部优势（S）	内部劣势（W）
内部环境	产权技术 成本优势 竞争优势 特殊能力 产品创新性 具有规模经济 良好的财务来源 高素质的管理人员 公认的行业领先者 买方的良好印象 适应力强的经营战略 其他	设备老化 战略方向不同 竞争地位恶化 产品线范围太窄 技术开发滞后 营销水平低于同行业其他企业 管理不善 不明原因导致的利润率下降 资金拮据 相对于竞争对手的高成本 其他
	外部机会（O）	外部威胁（T）
外部环境	市场增长迅速 可以增加互补产品 能争取到新的用户群 有进入新市场的可能 有能力进入更好企业集团 在同行业中竞争业绩优良 满足用户需要 其他	市场增长较缓 竞争压力增大 不利的政府政策 新的竞争者进入行业 替代产品威胁 用户讨价还价能力增强 用户需要与爱好逐步转变 通货膨胀递增 其他

2. SWOT 矩阵的制作步骤

（1）对组织外部环境进行分析，明确外部环境构成及其新变化，寻找由外部环境变化给组织带来的新的发展机会和新的威胁。

（2）对组织内部资源条件进行分析，弄清组织资源条件的现状，分清具有哪些竞争优势，存在哪些劣势，如何用优势来赢得绩效，如何避免劣势可能带来的损失。

（3）绘制 SWOT 矩阵。经过以上分析，已明确组织因外部环境变化带来的机会与威胁和内部资源条件存在的优势与劣势。这样以外部环境中的机会与威胁为横轴，以组织内部资源条件具有的优势和劣势为纵轴构成二维矩阵（图 1-6）。

3. SWOT 矩阵分析

（1）优势与机会组合（SO）。这种组合是指组织自身有资源优势，外部环境又存在发展的机会，这是最理想的组合。组织应利用自身的资源条件优势去抓住外部环境中的各种机会，以谋求组织的快速发展。

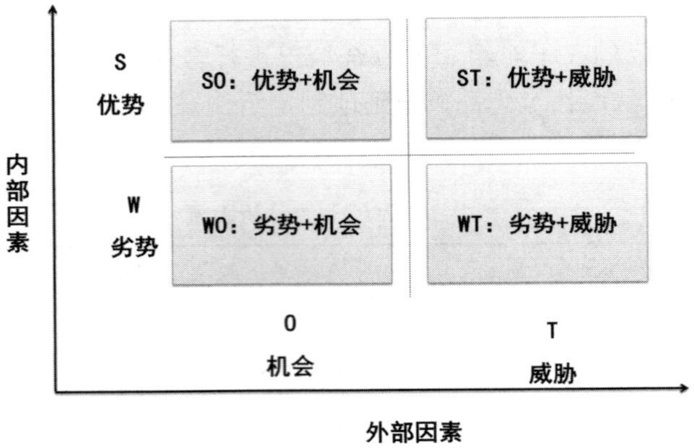

图 1-6 SWOT 矩阵

（2）优势与威胁组合（ST）。这种组合是指组织存在资源优势，但外部环境出现不利情况。组织应考虑如何利用自身的资源条件优势去应对和化解外部环境中的威胁和不利变化，使威胁降到最低限度。

（3）劣势与机会组合（WO）。外部环境有某种发展机会，但组织内部条件不足，这种情况下组织一般会失去发展的良机。组织要想抓住机会，就必须从物质与文化两个方面分清内部条件的薄弱环节所在，想方设法改善内部的薄弱环节，提高组织的应变能力。

（4）劣势与威胁组合（WT）。这是最不利的组合，可谓雪上加霜，任何组织都应尽可能地避免这种状态。一旦面对这种情形，应尽可能降低损失。

SWOT 矩阵为我们分析问题提供了一种较好的思维方式和图表方法。而实际情况是十分复杂的，机会、威胁、优势、劣势总是交织在一起，解决问题的方法也是复杂多样的，因而实际应用时重点不应该只停留在图表上，而应当注重外部环境信息搜集的及时性、分析判断问题的准确性与实施行动的果断性上。

【本章考核】

考核标准

序号	考核项目	主要内容	评分标准	分数	学生自评	教师评分
1	知识学习（40 分）	管理的含义、特性、意义和管理者的技能	掌握管理的含义	6		
			了解管理的特性	6		
			知道管理的目的与意义	6		
			掌握管理的技能	6		
			掌握 PEST 分析法的概念	6		
			掌握 SWOT 的组合分析	10		
2	技能提升（40 分）	管理环境分析的方法	能运用 PEST 分析法分析宏观环境	10		
			熟练运用波特五力法分析行业环境	10		
			能运用 3C 分析法分析微观环境	10		
			能运用 SWOT 分析法分析环境	10		

续表

序号	考核项目	主要内容	评分标准	分数	学生自评	教师评分
3	职业素养（20分）	心理健康	三观正确，学习中提升职业心理素质，体会快乐学习过程	5		
		学习认真	有良好的学习习惯，认真完成老师布置的作业和小组的任务	5		
		工作积极	做好职业规划、认真对待每一次管理实践	5		
		团队合作	融入团队、贡献力量、协作精神	5		
合计				100		
学生签字	年 月 日		教师签字	年 月 日		

【本章作业】

一、归纳总结本章内容

二、知识测试

（一）概念解释

1. 管理
2. 管理者
3. 管理环境
4. 概念技能
5. 人际技能
6. 技术技能

（二）选择题

1. 管理者应该具备产生新想法并加以处理，以及将关系抽象化的思维能力。这种能力是（　　）。

A. 领导技能　B. 技术技能　C. 人际技能　D. 概念技能

2. 根据罗伯特·卡茨的观点，基层管理者最重要的技能是（　　）。

A. 技术技能　B. 人际技能　C. 概念技能　D. 领导技能

3. 管理的自然属性和社会属性原理是管理的（　　）。

A. 科学性　B. 二重性　C. 艺术性　D. 客观规律性

4. 全球化管理的一般环境因素包括（　　）。

A. 政治环境　B. 社会环境　C. 技术环境　D. 自然环境　E. 经济环境

5. 根据 SWOT 矩阵，企业在不同内外环境下的战略选择包括（　　）。

A. SW 战略　B. SO 战略　C. WO 战略　D. ST 战略　E. WT 战略

（三）简答题

1. 简述管理的对象。
2. 简述管理的特性。

3．简述管理者的技能。
4．简述宏观环境 PEST 分析法。
5．简述行业环境的五力分析法。

三、技能训练

用 SWOT 矩阵分析法分析自己的优势与劣势、机会与威胁。

四、小组讨论

分组讨论以下问题，然后每组派代表回答。

（1）什么是管理？名词还是动词？搜索 10 种以上“管理”的定义，你最赞成哪一个？为什么？

（2）动物界有没有管理？原始社会有没有管理？个人有没有管理？家庭有没有管理？

（3）人人都是管理者，人人都是被管理者，对不对？

（4）我们为什么需要管理？

五、案例分析

十日建成火神山

火神山建设是管理实践的最新也是最有说服力的现实案例。火神山在短短十天内完工，建设中运用了什么进度技术呢？大家先来看一段描述：

晚上 10 点，武汉火神山医院施工现场仍是灯火通明、一片火热，混凝土罐车、叉车、挖车往来忙碌，1000 多名工人正抓紧时间完成铺膜、浇筑混凝土等工序。至此，现场的场平工作已全面结束，地基正在“神速”打牢，短短几天时间，施工昼夜推进，一刻没有停歇。

最高峰时，工地上有 7000 多名工人，800 多台挖掘机同时作业。上一个单位刚完成场地铺沙，下一个单位马上进场铺防渗膜，后面铺设活动板基脚的单位还在催促。加资源、加班、能并行的全并行，谁能先开始，谁就先开始。

与时间赛跑——进度压缩技术。

进度压缩技术是指在不缩减项目范围的前提下，缩短或加快进度工期，以满足进度制约因素、强制日期或其他进度目标。赶工和快速跟进都属于进度压缩技术。赶工是指通过增加资源，以最小的成本代价来压缩进度工期的一种技术。快速跟进是把关键路径上本应按照先后顺序进行的工作调整为至少部分并行进行而不增加资源。

问题：10 天能建成火神山，主要原因是什么？

六、延伸阅读

扫描二维码阅读：德鲁克的管理思想——管理者的五项工作及八大领域

第二章　管理学知识

【管理名言】

在人类历史上，还很少有什么事比管理的出现和发展更为迅猛，对人类具有更为重大和更为激烈的影响。

——彼得·德鲁克

不要把所有鸡蛋放在同一个篮子里。

——詹姆士·托宾

【本章介绍】

管理学是研究各类管理活动产生、发展的普遍规律、基本原理和一般方法的科学。管理学是一门基础学科，是其他专门管理学科的基础，如企业管理、学校管理、财务管理等。管理学具有实践性、综合性和动态性等特点。本章主要介绍管理学概念、管理理论和管理学研究学习方法。

【学习目标】

1. 知识目标

（1）掌握管理学的概念、分类和特点。

（2）理解管理学理论发展阶段。

（3）掌握管理学研究方法。

2. 能力目标

（1）能区分管理学在管理学体系中的所处层次。

（2）能运用管理理论分析管理现象。

（3）能运用科学方法学习管理学。

3. 素质目标

（1）培养学生热爱中国传统文化。

（2）激发学生学习管理学的积极性。

（3）养成运用管理知识进行学习工作的习惯。

【情境导入】

彼得·德鲁克（Peter F. Drucker）被认为是现代管理学之父，其著作影响了数代追求创新以及最佳管理实践的学者和企业家们，各类商业管理课程也都深受彼得·德鲁克思想的影响。

他认为：“管理是一门学科，这首先就意味着，管理人员付诸实践的是管理学而不是经济学，不是计量方法，不是行为科学。无论是经济学、计量方法还是行为科学都只是管理人员的工具。但是，管理人员付诸实践的并不是经济学，正好像一个医生付诸实践的并不是验血那样。管理人员付诸实践的并不是行为科学，正好像一位生物学家付诸实践的并不是显微镜那样。管理人员付诸实践的并不是计量方法，正好像一位律师付诸实践的并不是判例那样。管理人员付诸实践的是管理学。”

从文中怎样理解管理学？

第一节 什么是管理学

一、管理学的含义

管理学（Management）是研究各类管理活动的产生发展的普遍规律、基本原理和一般方法的科学；管理学是一门基础学科，是其他各专业管理学科的理论基础。

管理活动是普遍存在的，但是不同性质的组织有其独特的内涵，管理的内容不同，方法也不尽相同，在此基础上进行科学的总结和概括可以形成各具特色、专门性强的各种管理科学。

管理学的研究对象可归纳为以下几个方面。

（1）管理学的首要研究对象是“人”。这是因为，管理者对人有什么样的预料和假设，就会有什么样的管理办法。人性假设是一切管理者应用管理理论、实施管理行为的哲学基础，是管理者采取各项管理措施的前提。从“经济人”假设到“社会人”假设，从“自我实现人”假设到“复杂人”假设，管理学对“人”的研究始终处于核心位置。

（2）管理学的第二个研究对象是“环境”。这是因为，“人”总是处在特定的环境中，而诸多的环境又存在很大的差异，比如市场环境、财务政策、采购环境、人力资源环境等差异巨大，所以，为了使“人”不犯错误，管理者需要甄别特定环境，做出详细而正确的描述。

（3）管理学的第三个研究对象是“任务”。这是因为，当“人”熟悉和适应了特定环境之后，就要实现管理目标，也就是完成特定的任务。在完成任务之前，管理者需要明确组织的任务是什么，哪些人该完成哪些任务。

（4）管理学的第四个研究对象是“方法”。这是因为，管理者要想完成特定的任务就必须运用好的手段，寻找正确的方法。比如，为了完成复杂的组织任务，就必须通过运用设置任务目标、制订计划、组织实施、检查监督、总结创新等管理手段，同时运用多种管理方法才能完成。

二、管理学的研究内容

管理学是适应现代社会化大生产的需要产生的，它的目的是研究在现有的条件下，如何通过合理组织和配置人、财、物等因素，提高生产力的水平。管理学主要研究以下几个方面。

1. 管理理论的产生和发展

管理理论与方法是一个历史的发展和演化的过程。管理理论和管理思想的形成与发展，反映了管理科学从实践到理论的发展过程，研究其产生和发展是为了继往开来，继承发展和建设现代的管理理论。

2. 现代管理的一般原理和制度

任何一门科学都有其基本的原理，管理科学也不例外。管理的基本原理是指带有普遍性的、最基本的管理规律，是对管理的实质及其基本运动规律的表述。诸如决策的制定、计划的编制、组织的设计、过程的控制等，这些活动都有一个基本的原理，是人们进行管理活动都必须遵循的基本原则。我们必须学习和掌握它，做到活学活用。

3. 管理过程以及相应的职能

研究管理活动的过程和环节、管理工作的程序及相应的管理职能等问题。通常认为管理职能主要是计划、组织、领导与控制等，但不同管理学家对此有不同看法。不过很多人认为这是管理学研究的中心内容。

4. 管理者及其行为

管理者的素质高低、领导方式、领导行为、领导艺术和领导能力，对管理活动的成功与否起着决定性的作用。

三、管理学的作用

管理学是一门实用性很强的学科。而且管理活动存在于人类社会活动的各个方面，是维系人类正常社会生活的条件，是社会资源有效配置的手段，是社会生产力实现的基础，是社会生产力发展的保证，还能创造出新的生产力。同时，政治学、经济学、社会学等学科都与管理学有密切关系。管理学还是其他专业管理学科的基础，如行政管理、人事管理、教育管理等。

四、管理学分类

在管理类各专业的人才培养方案中，管理学是一门必修的基础课。管理学以研究管理的一般问题为己任，致力于研究管理者如何有效地管理其所在的组织。不同行业、不同部门、不同性质的组织，其具体管理的方法和内容可能都不相同，由此形成了许多专门性的管理学科，如企业管理、学校管理、行政管理、工业管理、农业管理、科技管理等。可见管理学是一门多分枝的学科体系。管理学按照不同分类方法可以分成不同类型，如表 2-1 所示。

表 2-1 管理学分类

分类标准	分类内容	备注
按教育部学科目录分类	管理学	一级学科
	管理科学与工程	二级学科
	工商管理	三级学科：会计学，企业管理，财务管理，市场营销，人力资源管理，旅游管理，技术经济及管理
	农林经济管理	三级学科：农业经济管理，林业经济管理
	公共管理	三级学科：行政管理，社会医学与卫生事业管理，教育经济与管理，社会保障，土地资源管理，图书馆、情报与档案管理
按不同研究对象分类	以营利性组织或活动为研究对象	工商企业管理学
	以非营利性组织或活动为研究对象	教育管理学、学校管理学、行政管理学等

续表

分类标准	分类内容	备注
按不同研究层次分类	基础管理	管理数学、管理经济学、管理心理学、管理会计学、管理组织学、管理决策学、管理史学等
	职能管理	计划管理、财务管理、人事管理、生产管理、营销管理、科技管理、国际贸易管理，公共行政管理，物流管理等
	战略管理	包括战略的制定和实施
按不同管理领域分类	企业管理	民营企业管理、国有企业管理、公司管理
	事业单位管理	科、教、文、卫、体等各类事业单位的管理
	行政管理管理	国家行政管理、地方行政管理

五、管理学的特点

作为一门系统性学科，管理学具有以下学科特点：

（1）管理学是一门具有很强的实践性特点的应用科学。管理学是人们长期从事管理实践活动的理论总结。它是在管理实践经验的基础上，吸取和运用相关其他学科的研究成果，经归纳提高而形成的管理的系统知识和理论。管理学源于管理实践，反过来又指导管理实践，为管理所运用，为管理实践服务。

（2）管理学是一门具有很强的综合性特点的交叉学科。管理学是建立在自然科学和社会科学知识基础上的交叉性学科，涉及经济学、哲学、心理学、谈判学、生理学、会计学以及数学、统计学、预测学等学科的知识。

（3）管理学是一门具有很强动态性特点的发展中学科。管理学是社会实践和历史发展的产物。管理学是对前人管理实践、管理经验、管理思想、管理理论的总结、扬弃和发展。尽管管理实践像人类历史一样久远，管理思想及各种管理理论层出不穷，但真正发展成为一门学科，还只是近代的事。1911 年美国工程师弗里德里克• 泰勒出版《科学管理原理》一书标志着管理学正式诞生。由于从管理学正式诞生到现在也不过 100 多年的时间，因此，管理学是一门年轻的学科。从 1911 年科学管理真正产生以来，伴随着科学技术的进步与发展，管理理论已跨越科学管理、行为科学、管理科学、信息管理等阶段。例如，20 世纪七八十年代的组织文化，九十年代的业务流程再造、即时化制造、敏捷制造、全面质量管理，到 21 世纪的供应链管理、企业资源计划管理，伴随信息技术的日新月异，新的管理理论和方法正在不断涌现。

（4）管理学是一门具有很强的双重性特点的软科学。正如在论述管理特性中所讲的，管理既有科学性，也有艺术性。同样，管理学也有科学性和艺术性。其科学性是指管理学研究的管理实践活动具有客观规律性，但管理学是一门不精确的学科，不同的人面对同样的问题可以用不同的方法去解决，这是管理学艺术性的一面，因而管理学是一门软科学。

第二节　管理学的发展

管理的产生虽然很早，但形成系统理论是近 100 多年的事情。在管理学快速发展的过程中，管理理论经历了从古典管理理论阶段到行为科学理论阶段，再到现代管理理论阶段，形成了庞大的管理学知识体系。

一、古典管理理论

古典管理理论形成于20世纪初，当时出现了大型的企业（例如依赖机器设备的大型矿业企业）和新型机构（现代政府和公共机构），实践中提出了如何提高组织运营能力的课题，有多位思想家在不同的地方独立提出了古典理论的基本内容。他们着眼寻找科学管理劳动和组织的各种方法，形成了三个不同的理论学派：科学管理理论学派、一般管理理论学派和行政组织理论学派。他们的管理思想被称为古典管理思想。

（一）科学管理理论

最先突破传统经验管理思想的代表人物是美国的弗雷德里克·泰勒（Frederick Taylor），他于1911年出版的《科学管理原理》一书提出了通过研究科学工作方法来提高工人劳动效率的理论与方法。泰勒在书中提出的理论奠定了科学管理的理论基础，标志着科学管理思想的正式形成，泰勒也因而被西方管理学界称为“科学管理之父”。

弗雷德里克·泰勒

科学管理理论的核心是认为应该通过科学研究来决定工作方法，而不是凭借每个工人自己过去的经验。泰勒认为，科学管理是管理思想上的一次“革命”。在科学管理的基本思想方面，泰勒提出了专业分工、标准化、最优化等一系列管理思想。在科学管理的基本内容方面，泰勒对企业作业管理、组织管理等进行了全面阐述。泰勒的科学管理理论主要包括以下几个方面。

1. 工作定额

要制定出有科学依据的工人“合理日工作量”，就必须进行时间和动作研究。方法是把工人的操作分解为基本动作，再对尽可能多的工人测定完成这些基本动作所需的时间。同时，选择最适用的工具、机器，确定最适当的操作程序，消除错误的和不必要的动作，得出最有效的操作方法，并以此作为标准。然后，累计完成这些基本动作的时间，加上必要的休息时间和其他延误时间，就可以得到完成这些操作的标准时间，据此制定一个工人“合理日工作量”，这就是工作定额。

2. 标准化

使工人掌握标准化的操作方法，使用标准化的工具、机器和材料，并使作业环境标准化，这就是标准化原理。泰勒在伯利恒钢铁公司做过著名的铁锹试验，当时公司的铲运工人拿着自家的铁锹上班，这些铁锹各式各样、大小不等。泰勒针对不同的物料设计了不同形状和规格的铁锹，以后工人上班时都不自带铁锹，而是根据物料从公司领取特制的标准铁锹，工作效率大大提高。

3. 能力与工作相适应

为了提高劳动生产率，必须为工作挑选出第一流的工人。第一流的工人是指他的能力最适合做这种工作而且他也愿意去做。要根据各人的能力把他们分配到合适的工作岗位上，并进行培训，教会他们科学的工作方法，使他们成为第一流的工人，鼓励他们努力工作。

4. 差别计件工资制

泰勒认为，工人磨洋工的一个重要原因是报酬制度不合理，计时工资不能体现劳动的量。

计件工资虽能体现劳动的量，但工人担心劳动效率提高后雇主会降低工资率，从而等同于劳动强度加大。针对这些情况，泰勒提出了一种新的报酬制度——差别计件工资制，其内容如下：

（1）通过时间和动作研究来制定有科学依据的工作定额。

（2）实行差别计件工资制来鼓励工人完成或超额完成工作定额。所谓“差别计件工资制”，是指计件工资随完成定额的程度而上下浮动。

（3）工资支付的对象是工人而不是职位。

泰勒认为，实行差别计件工资制度会大大提高工人的积极性，从而也会大大提高劳动生产率。

5. 计划职能与执行职能分离

泰勒认为应该用科学的工作方法取代经验工作方法。为了实行科学的工作方法，泰勒主张把计划职能同执行职能分开，由专门的计划部门承担计划职能，由所有的工人和部分工长承担执行职能。计划部门的具体工作包括：①进行时间和动作研究；②制定科学的工作定额和标准化的操作方法，选用标准化的工具；③拟订计划，发布指示和命令；④比较标准和实际的执行情况，进行有效的控制等。

6. 科学管理原则

在科学管理制度之下，工人的主动性（即他们勤奋工作的态度、诚意和独创精神）经常地被发挥出来，而企业管理当局则主动地承担起新的、非常巨大和特别的责任，这些责任分成4种不同的类型，叫作“科学管理四原则”。

第一条原则：由管理人员有意识地搜集原来存在于工人头脑中和体力技能中的大量传统知识，并把这些传统知识记录下来，编成表格，进而在许多情况下归纳成法则、规则甚至数学公式。

第二条原则：管理人员科学地选择并不断地培训工人。管理人员的责任在于仔细地研究每个工人的性格、脾气和工作成绩，便于发现其局限性，更重要的是发现其发展的可能性。

第三条原则：使经过科学选择和培训的工人同科学的作业方法结合起来。

第四条原则：把工厂的实际工作在工人和管理人员之间做几乎平均的分配。

科学管理方法要求工人按正确的方法工作，按科学方法改变他们原来的方法。而作为报偿，他们的收入能增加30%～100%，增加的幅度随他们所从事行业的性质而不同。

对科学管理做出杰出贡献的还有吉尔布雷斯夫妇、甘特、巴思、艾默森和福特等人。

（二）一般管理理论

亨利·法约尔

亨利·法约尔，法国古典管理理论学家，创立了一般管理理论，被后人尊称为“现代经营管理之父”。他出生在法国的一个资产阶级家庭，1860年从圣艾帝安国立矿业学院毕业后进入采矿冶金公司，成为一名采矿工程师，并在此度过了整个职业生涯。从采矿工程师到矿井经理直至公司总经理，由一名工程技术人员逐渐成为专业管理者，他在实践中逐渐形成了自己的管理思想和管理理论。1916年，其名作《工业管理与一般管理》问世，这是他一生管理经验和管理思想的总结。因此，一般认为法约尔是第一个概括和阐述一般管理理论的管理学家。

一般管理理论的核心有 3 个方面：从经营职能中独立出管理活动；提出了管理活动所需

的5大职能；提出了14条管理原则。

1. 企业的基本活动

法约尔指出，任何企业都存在着6种基本的活动，而管理只是其中之一。这6种基本活动如下：

（1）技术活动：生产、制造和加工。

（2）商业活动：采购、销售和交换。

（3）财务活动：资金的筹措、运用和控制。

（4）安全活动：设备的维护和人员的保护。

（5）会计活动：货物盘点、成本统计和核算。

（6）管理活动：计划、组织、指挥、协调和控制。

在企业经营6项基本活动中，管理活动处于核心地位。企业经营本身需要管理，同样其他5项活动的开展也需要管理。

2. 管理职能

在上述基本活动分类的基础上，法约尔重点分析了管理活动，首次系统地提出了管理职能之说。他认为所有组织的管理活动包括5项职能：计划、组织、指挥、协调和控制（表2-2）。

表2-2 法约尔提出的管理5大职能

管理职能	各项职能的含义
计划	包括预测未来和对未来的行动予以安排
组织	包括选择组织形式，规定各部门的相互关系，选聘、评价和培训工人等
指挥	使所有人员按照企业的利益做出最大的贡献
协调	平衡各种关系，使企业活动的各种资源保持一定的比例，各部门配合良好
控制	保证计划目标得以实现，对工作中的错误进行纠正并避免重犯

3. 14条原则

法约尔根据自己长期的管理经验，归纳出14条一般管理原则（表2-3）。

表2-3 法约尔管理的14条原则

原则	各项原则的含义
劳动分工	劳动分工属于自然规律，其目的是付出同样的努力生产出更多更好的东西。但劳动分工有一定的限度，经验和尺度感告诉我们不应超出这些限度
权责相当	权责相当的权力是指挥和要求别人服从的权利。管理者必须拥有权力以发布命令，但权力必须与责任相当
纪律严明	雇员必须服从和尊重组织规定，领导以身作则，管理者和雇员对规章应明确理解享有公平的纪律，严明奖惩对于保证纪律的有效性是非常重要的
统一指挥	组织中的每一个人应该只接受一个上级的指挥并向这个上级汇报自己的工作。双重指挥与统一指挥经常是冲突的根源
统一领导	从事同种工作的任何部门应该由同一个领导者按一个统一的计划来加以领导。这是统一行动、协调力量和一致努力的必要条件

续表

原则	各项原则的含义
个人利益服从整体利益	个人利益和小集体的利益不能超越组织整体的利益。保障整体利益的方法是领导者带头服从整体利益、尽可能签订公平的协定、认真监督
报酬	必须给工作和服务以公平合理的报酬，并尽量使企业和其所属人员都满意。
集权	集权反映的是下属参与决策程度的高低，决策是集中（由管理者做出）还是不集中（由下属做出），集权与否是一个恰当比例的问题，集中和分散应允许有弹性，可根据组织具体情况而定
等级制度	从高层到基层应建立关系明确的等级链，信息的传递应按等级链进行，但如果等级链太长而使得信息传递延误，那么应允许越级报告和交叉通告，以保证重要信息的畅通无阻
秩序	建立秩序是为了避免损失物资和时间，为此，无论是物品还是人员，都应该在正确的位置上，“各有其位，各得其所”
公平	管理者应该友善和公平地对待下属，以鼓励职员能全心全意和无限忠诚地履行他的职责
人员的稳定	每个人适应自己的工作需要一定的时间，经营管理者不要轻易变动，以免影响管理工作的连续性和稳定性；管理者应制订规范化的人事计划，以保证组织所需人员的供应
主动性	鼓励员工发表意见和主动工作。这种全体人员的主动性对于企业是一股巨大的力量，特别是在困难的时刻更是这样
团队精神	强调团队精神可加强组织内部的融洽和统一

（三）行政组织理论

除法约尔之外，古典管理理论的主要代表人物还有德国著名的社会学家马克斯·韦伯（Max Weber），他提出的行政组织理论对泰勒和法约尔的理论是一种补充，对后来的管理学家们尤其是组织理论学家有很大影响。

马克斯·韦伯

马克斯·韦伯是德国的政治经济学家和社会学家，被公认为现代社会学和公共行政学最重要的创始人之一，也曾被誉为“组织理论之父”。韦伯出生于德国一个有着广泛政治和社会关系的富裕家庭，曾在柏林大学、维也纳大学、慕尼黑大学等高校任教。由于其在政治学、管理学等领域的贡献，韦伯同泰勒、法约尔并称为古典管理理论阶段的管理先驱，他对西方资本主义社会、科层政治、组织管理等领域的贡献是巨大而深远的，曾先后出版《新教徒伦理》《经济史》《社会组织与经济组织理论》等著作。

韦伯有以下主要观点。

1. 权力的类型

权力是统治社会或管理组织的基础。韦伯认为，权力是一种引起服从的命令结构，有以下3种类型：

（1）传统型：建立在对于古老传统和习惯神圣不可侵犯的意识基础上。

（2）领袖超凡魅力型：建立在对某个英雄人物或某个具有模范品质人的崇拜的基础上。

（3）法理型：建立在由法律规则确定的职位或地位的基础上。韦伯认为只有理性而合法型权力才是现代社会组织中占主导地位的基础形态。

2. 理想的行政组织体系

理想的行政组织体系，直译为官僚制（Bureaucracy），又译为科层制。韦伯认为，官僚制既是一种组织结构，又是一种管理体制，其中心思想是建立在“合理”与“合法”的基础上，而不是通过“世袭”或“个人魅力”来实现。

3. 理想的组织体系特征（表 2-4）

表 2-4　理想的组织体系特征

特征	各项特征的含义
规章制度	组织管理的权力建立在一整套为所有组织成员共同认可和严格履行的正式规则基础之上。所有人员的活动都无一例外地受这套规则的制约。这些规则是为完成组织目标和实现组织功能的需要而制定的，排除任何个人情感的因素
劳动分工	组织权力横向方面按职能分工，明确规定每个部门的职责、权限和任务，限定各自的管理范围，各负其责，各司其职，相互配合，不得推诿或越权
权力体系	组织权力纵向方面按职位层层授权，明确规定每一个管理人员的权力和责任。职位的设立服从管理和效率的需要，不因人设位。处于中间职位的管理人员既接受上级的指挥，又对下级实施管理。组织权力的分层形成一个金字塔形的等级结构
非个人的人员关系	在组织管理范围内，部门以及管理人员的关系均为公务关系。在处理组织事务时，应照章办事，不允许将私人关系掺杂在内，更不允许因私人关系而破坏组织的正式规则
正规化的人员任用	组织成员资格应通过正式考核获得，因为他们进入组织并占据一定职位的依据，是他们经由教育和训练所获得的专门知识和技能
职业向导	管理者是专职人员而不是企业的所有者，他们领取固定的工资并在组织中追求他们职业生涯的成就。管理人员晋级有统一的标准，其薪金应与责任和能力相适应

二、行为科学理论

管理中的行为科学学说出现在 20 世纪 50 年代初。其主要代表人物是乔治・埃尔顿・梅奥、亚伯拉罕・马斯洛、弗雷德里克・赫茨伯格。

行为科学理论也叫人际关系理论，是随着资本主义社会基本矛盾的加深而产生的。尽管科学管理理论、管理过程理论与管理组织理论的广泛流传和实际运用大大提高了效率，但早期的管理理论很显然忽视了人的因素，把人作为机器的附属品，采取胡萝卜加大棒的管理政策，激起了工人和工会的强烈反抗。20 世纪 20 年代前后，工人罢工、捣毁机器的事件不断发生。另一方面，第一次世界大战结束后，西方社会经济发展伴随着频繁发生的周期性危机，传统的管理理论和管理方式已经无法有效地控制工人来达到提高效率、增加利润的目的，这就迫使企业的管理者去寻求新的管理方式。于是，一些管理者、心理学家开始从生理学、心理学、社会学等方面去研究企业中有关人的一些问题，如人的工作动机、情绪、行为与工作之间的关系，人在组织中的作用等，以及研究如何按照人的心理发展规律去激发人的积极性和创造性，于是人际关系学说应运而生。

（一）人际关系理论源于霍桑试验

人际关系学说起初是由哈佛大学的心理学家梅奥提出的。当时，梅奥和同事受西屋电器公司的委托，到该公司芝加哥郊外的霍桑工厂去进行试验研究，并开始了著名的霍桑试验。霍桑试验也是行为科学理论研究的起点。

霍桑试验的全部过程分为4个阶段，这4个阶段是：

（1）工场照明试验（1924—1927年），是有关车间照明变化对生产效率影响的试验。

（2）继电器装配室试验（1927年8月—1928年4月），是有关工作时间和其他条件的变化对生产效率的影响的试验。

（3）大规模的访问和调查（1928—1931 年），是为了了解工人的工作态度和思想感情而进行的全厂范围的谈话阶段。

（4）接线板接线工作室试验（1931—1932 年），是起作用的社会组织的试验与分析。值得注意的是，后3个阶段都是研究者为了解决前一阶段出现的问题而发展出来的。

通过历时 8 年的霍桑试验，梅奥等人认识到，人们的生产效率不仅受到生理、物质等因素的影响，还受社会环境、社会心理等因素的影响。这个结论弥补了科学管理学派忽视人的因素的弊端。霍桑试验的意义就在于它大大推动了关于对工作场所里人的因素的研究。

（二）人际关系理论的主要观点

乔治·埃尔顿·梅奥

霍桑试验后，梅奥于1933年出版了《工业文明中人的问题》一书，提出了与古典管理理论不同的新观点。

1. 工人是"社会人"，而不是单纯追求金钱收入的"经济人"

从亚当·斯密到科学管理学派都是把人看做仅仅为了追求经济利益而进行活动的"经济人"。梅奥在霍桑试验中发现物质条件的变化不是劳动生产率提高或降低的决定性原因，甚至刺激工资制对工人劳动产量的影响也不及工人中非正式组织的影响大。因此，梅奥等人认为，工人不是单纯追求金钱收入，还追求友情、安全感、归属感等社会和心理需求的满足，所以人是"社会人"。满足工人的社会欲望和需求，提高工人的士气，是提高生产效率的关键。

2. 企业中不仅存在正式组织，还存在着非正式组织

组织可分为正式组织和非正式组织。正式组织是指为了实现组织目标而承担明确职能的机构，而非正式组织则存在于正式组织之内，它是组织成员在共同工作、共同劳动的过程中，由于具有共同的社会感情和爱好而形成的非正式团体。这种无形组织有自然形成的行为准则和规范，左右着成员的行为。非正式组织对正式组织具有促进或阻碍其发展的双重作用。

3. 新型的领导在于通过提高员工的"满意度"和"士气"来提高效率

试验证明，生产率的升降和员工的士气有很大的关系。士气指工作的积极性、主动性与协作精神，士气的高低取决于员工对社会环境、社会心理的满意程度。士气与满意度成正比关系。满意度越高，士气也越高，生产率也随之提高。所以，领导的职责在于增加职工的满意度，提高员工的士气。

霍桑试验的研究具有不可否认的重要意义，它激起了管理研究者对人的因素的研究，使管理者对新的人的因素给予重视，并且奠定了行为科学的基础。

（三）后期行为科学理论

在第二次世界大战以后，行为科学主要在以下4个方面得到发展。

1. 关于人的需要、动机和激励的理论

主要包括马斯洛的需求层次理论和赫茨伯格的双因素理论（将在第二篇第六章中介绍）。

2. 关于管理中“人性”的认识理论

主要有道格拉斯·麦格雷戈的“X”理论与“Y理”论和克里斯·阿吉里斯的“不成熟—成熟理论”。麦格雷戈归纳了基于对人性的不同看法而形成的两种理论。他认为，传统理论是以对人性的错误看法为基础的，这种理论把人看作天性厌恶工作、逃避责任、不诚实和愚蠢等。因此，为了提高劳动生产效率，就必须采取强制、监督、惩罚的方法。

道格拉斯·麦格雷戈

麦格雷戈把这种理论称之为“X”理论（“本性恶论”）。与之相对的是“Y”理论，麦格雷戈把这种理论称之为“Y”理论（“本性善论”）。其基本观点是人并不是被动的，人的行为受动机支配，只要创造一定的条件，他们会视工作为一种得到满足的因素，就能主动把工作干好。因此，对工作过程中存在的问题，应从管理上找原因，排除职工发挥积极性的障碍。麦格雷戈认为“X”理论是一种过时的理论，只有“Y”理论才能保证管理的成功。

3. 关于领导方式的理论

领导方式理论指20世纪40年代末期，密歇根大学的两个维度理论和布莱克与莫顿的管理方格理论。

4. 关于企业组织中非正式组织及其作用研究的理论

主要包括巴纳德的动态平衡理论和卢因的群体动力学理论。

三、现代管理理论

进入20世纪80年代以后，随着社会、经济、文化的迅速发展，特别是信息技术的发展与知识经济的出现，世界形势发生了极为深刻的变化。面对信息、文化、经济、政策全球化等新形势的出现，企业之间竞争加剧，联系增强，管理出现了深刻的变化与全新的格局。正是在这样的形势下，管理理论出现了一些全新的发展趋势，形成了现代管理理论。

（一）权变理论

权变理论的兴起有其深刻的历史背景。20世纪70年代石油危机对西方社会产生了深远的影响，直接导致企业所处的环境很不确定。但以往的管理理论，如科学管理理论、行为科学理论等，主要侧重于研究加强企业内部组织的管理，而且以往的管理理论大多都在追求普遍适用的、最合理的模式与原则，而这些管理理论在面临瞬息万变的外部环境时显得无能为力。正是在这种情况下，人们不再相信会有一种最好的行事管理方式，而是必须随机且因地制宜地处理管理问题，于是形成一种管理取决于所处环境状况的理论即权变理论，“权变”的意思就是权宜应变。

权变理论认为，每个组织的内在要素和外在环境条件都各不相同，因而在管理活动中不存在适用于任何情景的原则和方法，即在管理实践中要根据组织所处的环境和内部条件的发展变化而随机应变，没有一成不变的、普适的管理方法。成功管理的关键在于对组织内外状况的充分了解和有效的应变策略。权变理论以系统观点为理论依据，从系统观点来考虑问题，权变理论的出现意味着管理理论向实用主义方向前进了一步。

（二）战略管理理论

20世纪70年代前后，世界进入到科技、信息、经济全面飞速发展时期，同时竞争加剧，风险日增。为了谋求企业的长期生存发展，企业开始注重构建竞争优势。这样，在经历了长期规划、战略规划等阶段之后，形成了较为系统的战略管理理论。包括战略目标、战略决策、战略规划、战略实施、战略控制等。

1965 年，伊戈尔・安索夫（lgor Ansoff）的《公司战略》问世，开创了战略规划的先河。1976 年，安索夫的《从战略规则到战略管理》一书出版，标志着现代战略管理理论体系的形成。

（三）企业再造理论

企业再造理论是由原美国麻省理工学院教授迈克・哈默（Michael Hammer）与詹姆斯・钱皮（James Champy）于 1993 年提出。他们在 1993 年出版了《企业再造》一书，1995 年钱皮又出版了《再造管理》一书。一时间“企业再造”“流程再造”成为大家谈论的热门话题。

所谓“企业再造”，简单地说就是以工作流程为中心，重新设计企业的经营、管理及运作方式。按照该理论的创始人哈默和钱皮的定义，是指“为了飞越性地改善成本、质量、服务、速度等重大现代企业的运营基准，对工作流程从根本上重新思考并彻底改革”，也就是说，“从头改变，重新设计”。为了能够适应新的世界竞争环境，企业必须摒弃已成惯例的运营模式和工作方法，以工作流程为中心，重新设计企业的经营、管理和运营方式。

（四）“学习型组织”理论

“学习型组织”理论产生的背景：20 世纪 90 年代，随着知识经济的到来，信息与知识成为重要的战略资源，相应地诞生了学习型组织理论。“学习型组织”理论是美国麻省理工学院教授彼得・圣吉在其著作《第五项修炼》中提出来的。

“学习型组织”的基本思想：认为“未来真正出色的企业，是能够使各个阶层职员全心投入并有能力不断学习的组织。”

（五）跨文化管理

管理是一种文化现象。运用任何一种管理理论，包括战略管理理论、组织管理理论，最终能否取得成功的关键在于是否与特定的文化背景相耦合。进入新世纪，随着市场全球化，管理也日益全球化，新世纪的管理者必须适应不同的文化环境。管理者必须认识到，组织成员的背景越来越多元化，组织将由不同性别、民族、种族和国籍的人群组成。人员的多元化必然带来文化的多元化，他们的价值观念、思维方式和生活习惯都有很大的差别。如何对这种具有多元文化的组织进行有效管理，是摆在 21 世纪管理者面前的新课题。一些比较重视管理中文化元素的管理学者早已开始思考这个问题。例如，乔安・马丁（Joanne Martin）率先对组织进行文化分析。她解释了文化差异是如何对现代管理者提出前所未有挑战的。查尔斯・泰勒（Charles Taylor）指出，在组织和团体中，人们只有珍惜彼此的共同之处，并努力扩大共同之处，才能保持自己的特色。科诺・韦斯特（Cornel West）以《种族很关键》这本书的标题抓住了人们对不同文化的注意力。马丁、泰勒和韦斯特都希望大家看到和理解人与人之间差异所带来的益处，当然，他们也都承认接受不同文化并非轻而易举。

四、中国管理理论

（一）诸子百家的管理思想

中华民族有着优秀的历史文化，其中儒家、道家、兵家、法家、墨家最具代表性。优秀文化中蕴含着丰富多彩的管理思想，见表 2-5。

表 2-5 诸子百家的管理思想

流派	代表人	主要管理思想
儒家	孔子	管理应以和为贵，管理就是修身安人。人的行为必须合于“礼”，“礼”的依据是“义”，要使人行为合于“礼”“义”。其思想中还蕴含“君子不器”“举直错诸枉”“中庸之道”等管理艺术
	孟子	“民贵君轻”论。孟子管理思想的理论基础是人性本善论。从民本观和性善论出发，孟子认为社会管理的核心就是争取民心和实施仁政
	荀子	管理必须“隆礼重法”，平政爱民。荀子特别强调“任贤使能”，他把任贤与否提到仁与不仁的高度
道家	老子	道是一切事物产生的根源，德是一切事物变化的动力，坚持从对立面双方的相互对立、相互依存和相互转化中看事物及其发展趋势，通过“有”“无”兼顾，以“无为”的形式达到“无不为”的目的，明确指出矛盾的两方面相互对立又相互依存并且相互转化，从而推动事物的发展
	庄子	“天道无为，人道有为”的管理思想是其管理思想的核心，可以理解为是基于管理者“道通为一”的整体观思维，“物无贵贱”的待人接物态度和“法天贵真”的自我要求使得高层管理者无为而治，组织成员各司其职的管理境界
兵家	孙子	以“将有五德，将有五危”为特色的领导管理思想；以“修道保法，爱兵如子”为特色的组织管理思想；以“五事七计，杂于利害”为特色的战略管理思想；以“主动权变，立于不败”为特色的权变管理思想 4 个方面的管理思想
	吴起	“以人为本，先戒先知”“内修文德，外治武备”“审敌虚实，因形用权”的管理思想
	司马穰苴	在所著的《司马法》中阐释了“吊民伐罪，以仁为本”“军国分治，法德融合”“轻重得当，养力用气”的管理思想
	姜太公	《六韬》一书中先后谈到了“天道”“人道”“先圣之道”“王者之道”“举贤之道”“立将之道”等，并明确提出了无为的思想。还阐释了姜太公的以“六守十过，六伤七害”为特色的人才管理思想、领导管理思想；以“股肱羽翼”为特色的团队管理思想；以“不战而胜，文伐有道”为特色的谋略管理思想
	尉缭	“为将之道，在十二陵”“严刑峻法，保甲连坐”“严格训练，激励士气”
法家	管子	“趋利避害”的人性思想，主要内容包括以人为本、法德并举和赏罚有度
	商鞅	以法为本、以刑去刑等
	韩非	在“好利恶害”人性假说的基础上建构了抱法处势、以术治吏和刑德并用的管理思想体系
墨家	墨子	《墨子・天志》集中体现了墨家管理思想的主旨为：行天之义、大取、尚同、尚贤以及节用、节葬、非乐、非命。 墨家人才管理思想集中表现在《尚贤》《亲士》等篇章中。国家的正治，除了有统一的意志外，还必须“亲士”“尚贤”，只有任贤使能，才能兼爱交利，达到一种正治的局面。 墨家经济管理思想主要体现在《节用》《节葬》《非攻》《非乐》诸篇中。主要观点有：交相利，发令兴事、用财不费，“非乐”“非攻”

（二）抗战和革命战争时期的管理思想

国内革命战争时期，中国共产党就在江西苏区办有工业。到抗战时期，革命根据地的工业有了较大发展。当时的企业主要是军需品和日用必需品的手工生产业，并分散在战争环境的农村中，相应地，其管理特点也非常明显：

（1）生产的目的是满足革命战争的需要，指导思想十分明确。

（2）实行战时供给制，企业不独立核算，一切统收统支。

（3）具有优良的革命传统，坚持党的领导，重视思想政治工作；自力更生、艰苦奋斗的精神突出。

（三）计划经济时期学习苏联的管理思想

新中国成立后，我们通过没收官僚资本主义企业而掌握了现代工业。由于刚掌握现代工业，所以缺乏管理现代工业企业的经验，因此，在第一个国民经济五年计划期间，我国的管理基本上是全面地引进和学习苏联的管理理论和方法。

表现为科学的管理思想有：强调计划管理，推行生产作业计划，建立了生产责任制度；重视技术管理，推行工艺规程、技术检查制度，制定了技术标准、劳动定额等；注重经济管理，建立了厂内经济核算、经济活动分析制度；重视人才培养，开展劳动竞赛，实行各尽所能、按劳分配制度等。这些做法有效地缓解了当时管理上的混乱状态，使我国的管理基本走上了科学管理的轨道。

（四）市场经济下的中国特色管理思想

党的十一届三中全会决定把党的工作重点转移到社会主义经济建设上来，走上了探索具有中国特色的社会主义管理体系的道路。特别是十八大以来，我国的管理思想产生了自新中国成立以来所没有过的变革。主要体现在以下几个方面。

（1）树立了法治思想、市场经济思想和以人民为中心的管理思想，增强了市场竞争意识和经营观念，重视经营战略研究。

（2）改变了以往片面追求产值和速度，不重视经营和质量的落后状况，树立了科学发展和绿色发展的思想。

（3）注重国有企业管理体制的改革。逐步理顺政府和企业之间的关系，促使国有企业履行社会责任或讲求经济效益，并形成了一些新的组织形式和运行模式，极大地推动了国有企业的发展。

（4）树立了“人才第一”的思想。

（五）中国管理理论的新发展

苏东水

1. “三为”管理思想

代表人物：苏东水（复旦大学教授）

苏东水在 1970 年《东方管理学》中提出，管理的核心价值是“以人为本”“以德为先”和“人为为人”。

“以人为本”就是将人视为管理的首要因素，一切管理工作都围绕着如何调动人的积极性、主动性和创造性来展开。

“以德为先”是指管理者要通过“修己”树立道德之威，在无形中影响被管理者，被管理者也要通过“修己”实施自我管理，遵守职业道德，以求更好地胜任本职工作。

“人为为人”是指“每个人首先要注重自身的行为修养”，“正人必先正己”，然后从“为人”的角度出发，来从事、控制和调整自身的行为，创造一种良好的人际关系和激励环境，使人们能够持久地处于被激发状态下工作，主观能动性得到充分发挥。

这是第一个诞生在中国本土的、由中国人提出来、体现中国文化传统的、具有自身逻辑和体系的管理思想或者说方法论。

2. “C”循环理论

“C”循环理论是以将中国传统智慧与西方科学精神融会贯通为目的，以“中国管理科学化，管理科学中国化”为宗旨，以集科学、文化、艺术三位一体为特征，用中国传统管理范式“文化管理”来统帅西方管理制度和工具，形成行之有效、生生不息的管理哲学。因为在理论体系的外延和内涵相关词语的英文以 C 开头，故称作“C”循环理论。

外延取 China（中国）、Change（易经）、Confucius（儒家）、Culture（文化）、Cheng（成）之义。

内涵为 Control（行政）、Coordination（人事）、Centrality（决策）、Contingency（权变）、Creativity（创新）。

内涵和外延形成一个循环，这就是“C”循环理论。

3. 道本管理

代表人物：齐善鸿（南开大学教授）

齐善鸿

齐善鸿在《道本管理：中国企业文化纲领》一书中，着眼于人类文明发展的思想高度，在检讨已有理论思想缺位、时代缺位、系统缺失的基础上，怀着对社会文明发展的高度责任感、企业成长与竞争的时代感、管理理论创新的使命感，对传统管理的思想基础进行反思与破解，提出动摇传统管理思想基础的创新命题，并以此作为新企业文化理论构建的基点，系统地建构了企业文化理论体系、企业文化系统和企业文化建设与管理体系，形成具有高度思想性和坚实理论性的以道为本的“道本管理”企业文化理论。

道本管理目的就是使以人为本在企业中得到更好的贯彻落实，促进企业的和谐发展。

道本管理是在中国文化振兴的大趋势前，从管理学角度进行中国特色管理的一个探索，也是将中国改革开放三十年里的有益实践和管理所取得的巨大成效，在理论上进行总结和提升的一种努力。

4. 和谐管理理论

代表人物：席酉民（西安交通大学教授）

席酉民

和谐管理理论是和谐理论在管理学领域的发展和应用。和谐理论的基本思想是如何在各个子系统中形成一种和谐状态，从而达到整体和谐的目的。和谐管理的要旨是组织为了达到其目标，在变动的环境中，围绕和谐主题的分辨，以优化和不确定性消减为手段提供问题解决方案的实践活动。

和谐管理的操作需要一种思想上的突破，这对管理者是一个极大的挑战，因为和谐不仅为一种外在的表现，还是一种内在精神的和谐，而这种和谐又不能完全以管理者的意愿为出发。在现实生活中达到理想的和谐状态是非常困难的，至少无法仅通过管理这一层面来实现。从社会学的角度看，要实现总体和谐的社会，有赖于人类整体道德、文化水平的提高，以及人类生存环境的改善，因为人们的精神修养离不开物质的基础。那么，对于一个组织而言，和谐的实现并不是无条件的，它不但对组织的领导者提出更高的要求，而且组织成员也须具备一些基本的条件。因此，实现组织和谐可以说是跨度很大的文化工程，理解这一点，对和谐管理的实践活动具有指导意义。

第三节　怎样学习管理学

一、为什么要学习管理学

管理在现代社会中的地位和作用决定了学习管理学的必要性和重要性。首先，无论是个人、家庭或组织，无论是学习、生活或工作，无论是人类或动物界，管理都是无处不在的。因此，不学习管理学就难以立足社会；其次，科学、技术和管理是推动现代社会不断发展的重要手段，因此，现代大学生必须要学习管理学知识；第三，任何组织都离不开管理人员，学习管理学是培养管理人员的重要手段；第四，学习管理学是个人发展和组织发展的需要。随着社会不断发展，专业化分工越来越细、越来越复杂，没有科学的管理手段，将会阻碍个人或组织的发展。因此，管理在未来的社会中将处于更加重要的地位。

二、怎样学习管理学

大学生要学好管理学，没有固定方法可言，关键是要靠自己，勤奋刻苦，多学、多看、多思、多练，从实际出发，用理论联系实际。除此之外，还要结合以下学习方法：

1. *历史研究的方法*

管理学是在企业发展的历史过程中形成与发展起来的，研究学习历史，才能分析现状和预测未来。

2. *比较研究的方法*

有比较才能鉴别。管理学的理论最早是在西方国家形成的，我们要把中国的企业管理搞好，就必须借鉴外国的先进管理经验，在中外管理的比较中更好的实现“洋为中用”。

3. *案例分析的方法*

管理学是实践性非常强的学科，因此必须重视实际案例的分析，不断总结经验教训。

4. *归纳演绎的方法*

善于总结经验，处理好个别与一般的关系，从个别到一般就是从事实到概括的归纳推理方法，从一般到个别就是由一般原理到个别结论的推理方法。

5. *系统学习的方法*

要进行有效的管理活动，必须对影响管理过程中的各种因素及其相互之间的关系进行总体、全面的分析研究，才能形成可行的方法、合理的决策等。现代管理的任何对象都是一个系统，都必须进行深入细致的系统分析、评价、设计、优化、决策和实施，才能进行系统管理。因此，学习管理学就需要运用系统的方法和观点来进行指导。

6. 管理经验交流

针对某些特定的管理问题，请具有丰富经验的管理者传授管理技巧，或一群管理者共同交流从事管理工作的经验，以共同提高管理水平，可作为提高管理者素质的重要手段。针对一个特定的管理问题，事先进行充分的准备，然后让大家集聚在一起，在轻松的氛围中进行畅谈，相互启发，也可以争论，形成相同或不同的思路，并于事后形成文字材料。

另外，学习管理学一定要切记理论联系实际，做到边学习边实践，以提高我们运用管理的基本理论和方法去发现问题、分析问题和解决问题的能力，提高学习研究管理学的效果。

【本章考核】

考核标准

序号	考核项目	主要内容	评分标准	分数	学生自评	教师评分
1	知识学习（40分）	管理学的定义、分类、研究内容和特点 中外管理理论的发展	掌握管理学及其研究对象	5		
			了解管理学的分类	5		
			掌握管理学的特点	5		
			掌握泰勒的科学管理理论内容	5		
			掌握法约尔一般管理理论的 6 种基本活动和 14 条管理原则	5		
			知道霍桑实验的 4 个阶段	5		
			理解现代管理理论的新发展	5		
			了解中国管理理论及新发展	5		
2	技能提升（40分）	管理学的学习方法	运用历史研究法分析西方管理理论的发展	10		
			运用中国管理理论解决中国的管理问题	10		
			运用管理学比较分析法，体会如何实现“洋为中用”	10		
			运用案例分析法分析学习和工作中的管理问题	10		
3	职业素养（20分）	管理习惯的养成	三观正确，学习中提升职业心理素质，体会快乐学习过程、热爱中国传统的管理文化	5		
			有良好的学习习惯，认真完成作业和小组的任务，激发学习管理学的积极性	5		
			职业规划，认真对待每一次管理实践，养成运用管理知识进行学习和生活习惯	5		
			融入团队，贡献力量	5		
合计				100		

学生签字	年　月　日	教师签字	年　月　日

【本章作业】

一、归纳总结本章内容

二、知识测试

（一）概念解释

1. 管理学
2. 学习型组织
3. 权变理论

（二）选择题

1. “计件奖励工资制”的提出者是（　　）。
   A. 吉尔布雷斯夫妇　　B. 甘特
   C. 泰罗　　D. 法约尔
2. 古典管理理论认为，人是（　　）。
   A. 经济人　　B. 自我实现人
   C. 复杂人　　D. 社会人
4. 管理是生产过程固有的属性，是有效地组织劳动所必需的，反映了管理的（　　）。
   A. 科学性　　B. 艺术性
   C. 必要性　　D. 目的性
5. 科学管理理论是古典管理理论之一，科学管理的核心问题是（　　）。
   A. 提高工人的劳动积极性　　B. 提高劳动生产率
   C. 制定科学的作业方法　　D. 实行有差别的计件工资制
6. 着重研究如何提高单个工人的生产率的管理理论是（　　）。
   A. 组织管理理论　　B. 行为管理理论
   C. 数量管理理论　　D. 科学管理理论
7. 亚当·斯密提出了（　　）假设。
   A. 社会人　　B. 经济人
   C. 自我实现人　　D. 复杂人
8. 古典管理理论包括（　　）。
   A. 泰罗的科学管理理论　　B. 马斯洛的需要层次理论
   C. 梅奥的人际关系理论　　D. 韦伯的行政组织理论
   E. 法约尔的一般管理理论

（三）简答题

1. 简述管理学的研究对象。
2. 简述管理学的特点。
3. 简述管理学的研究方法。
4. 简述管理学的学习方法。
5. 简述古典组织理论的要点。

三、技能训练

走进“管理大师”

选定一位管理大师，去图书馆、资料室或通过网络查阅其管理思想与实践方法有关的文献资料，精读该大师一本代表作，了解该管理大师管理思想的主要观点，分析其管理思想的贡献和局限性，以及对现今的指导意义。

学生 3～5 人一组，每组撰写一篇学习笔记。

四、小组讨论

1．你最赞成我国古代诸子百家哪家的管理理论，为什么？
2．你赞成 X 理论还是 Y 理论，为什么？
3．怎样学好管理学？

五、案例分析

一个网友认为：对任何人来说，没有一定的公司实际管理工作经验，光靠书本上理论是根本没有用的。但即使有了丰富的实践管理经验，还是需要不断学习的，因为管理方法在不断更新。要跟上时代步伐，就要用新的理论知识来反思自己管理的不足，提升自己的管理水平。总的思路是：实践—理论学习—实践反思—实践提升—新理论更新……

问题：你是否认可这种看法？为什么？

六、延伸阅读

扫描二维码阅读：中国管理理论和管理的中国理论。

第二篇　管理过程

【本篇介绍】

任何组织和个人要顺利地成长和发展，首先要树立理想、确立目标。理想目标确立后要进行广泛调研，在充分调研的基础上进行正确的决策，然后制订计划，再组织实施。在组织实施过程中，如果是个人，就按照计划实施，实施过程中要不断创新、不断纠偏，从而实现个人目标；如果是组织，就要先建立组织，在建立组织的过程中产生领导，在领导的领导下实施计划。在实施过程中，由于内外环境变化，总是会偏离原有目标和计划，因此要及时进行监督和控制，并不断创新，从而有效实现组织目标。目标实现后要及时进行总结评价，提出新的目标，进行新一轮的目标实施过程。这就是管理的一般过程，循环往复。

这些管理过程，我们概括为管理的八过程，即理想与目标—调查与研究—决策与计划—组织与领导—监督与控制—考核与评价—总结与创新—新的理想与目标，如图 2-1 所示。

当然，这些管理过程只是一般的过程，没有严格的顺序界限，有的贯穿于整个管理过程，有的只是组织管理的一个方面。

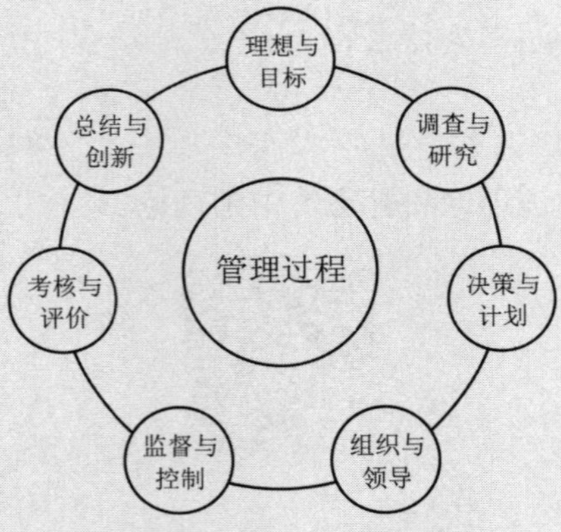

图 2-1　管理的一般过程

第二篇共七章，分别是：

第三章　理想与目标（战略阶段）；

第四章　调查与研究（准备，战术阶段）；

第五章　决策与计划（布局，战术阶段）；

第六章　组织与领导（建立组织、产生领导，战术阶段）；

第七章　监督与控制（调整，战术阶段）；

第八章　考核与评价（绩效，战术阶段）；

第九章　总结与创新（创新，战术阶段）。

这些管理过程，既适用于个人成长、组织成长，也适用于创业和项目管理，是管理学研究的主要内容。

第三章 理想与目标

【管理名言】

革命理想高于天，我们都是追梦人。

——习近平

一个人追求的目标越高，他的潜力就发挥得越充分，才能就增长得越快，对社会的贡献就越大。

——高尔基

【本章介绍】

本章内容“理想与目标”属于管理学的战略范畴，是一切管理的开始。主要介绍了理想的含义、特征、重要性、理想类型和如何树立理想，如何实现理想等；介绍了目标的含义、目标特征、目标设立的重要性、目标类型、目标设置方法以及组织目标的概念、组织目标的功能、组织目标的作用、组织战略目标的设置原则等；介绍了战略的含义、战略的类型、战略的重要性、战略的制定方法等。希望通过本章学习，同学们能够学会树立正确的理想，制定合理的目标，养成战略思考的习惯。

【学习目标】

1. 知识目标

（1）知道理想的概念、理想类型、理想特征。

（2）知道目标的概念、目标重要性、目标类型。

（3）知道战略的概念、战略重要性、战略类型。

2. 能力目标

（1）能理解理想、目标和战略的含义、区别和重要性。

（2）能区别理想与梦想、空想、幻想、妄想的概念。

（3）能明确表达自己的理想和目标，并为之奋斗。

3. 素质目标

（1）能充分认识理想、目标和战略的重要性。

（2）养成心中常怀理想、目标常树立、思想有战略的思维习惯。

【情境导入】

张海迪的理想与目标

20世纪80年代，在祖国的大地上，一个高位截瘫姑娘谱写的高亢生命之歌震撼了亿万青年的心灵，人们从她身上汲取强大的精神力量，使自己情操变得更加高尚。她就是被誉为“80

年代新雷锋”和“当代保尔”的张海迪。

五岁时，张海迪因硬脊膜外血管病变，使她高位截瘫。但她没有沮丧，而是以顽强的毅力向命运挑战。她克服种种困难，自学了小学和中学的课程，阅读了一千多册政治、文学、医学、外语等方面的书籍；自学英语达到大学程度；出版了长篇小说《轮椅上的梦》《绝顶》《天长地久》，散文集《鸿雁快快飞》《向天空敞开的窗口》《生命的追问》《我的德国笔记》等，翻译了《莫多克——一头大象的真实故事》《丽贝卡在新学校》等几十万字的外文著作。她还不顾自身的病痛，用自学的医学知识和中医针灸技术，为群众治病达一万多人次。

她满腔热情地帮助周围的青年学习、工作进步，使他们激起革命精神，在工作中做出贡献。她自己由于身体原因不能跨进大学校门，却鼓励和帮助别的青年进了大学；她自己不能进工厂劳动，到边疆保卫祖国，却鼓励和帮助别的青年成为先进生产者、战斗英雄。

这是一个奇迹吗？确实是一个奇迹。那么是什么力量使这样一个不会走路的姑娘如此坚强地生活呢？那是因为她树立了为人民、为共产主义事业奋斗自己一生的崇高理想和目标。她说过：“只要我活着，就要为人民服务。我愿意把自己的一切献给党，愿意把自己的青春献给壮丽的共产主义事业。”

有了崇高理想和目标，有了坚定信念的驱使，还有什么困难克服不了呢？

我们从张海迪身上能学到什么？

第一节　理想概论

任何个人或组织，在成长的过程中都要进行管理。管理最重要的方面是制定战略，战略制定后，就是战术实施，战术就是具体的实施过程和方法，因此，战略决定战术。

理想和目标是个人或组织的战略。任何人都要有理想，任何组织也要有理想。个人成长需要理想，公司成长和发展需要理想，创业需要有理想，理想是一切成功的开始。

习近平指出：“每个人都有理想和追求，都有自己的梦想。大家都在讨论中国梦，我认为，实现中华民族伟大复兴，就是中华民族近代以来最伟大的梦想。这个梦想，凝聚了几代中国人的夙愿，体现了中华民族和中国人民的整体利益，是每一个中华儿女的共同期盼。历史告诉我们，每个人的前途命运都与国家和民族的前途命运紧密相连。国家好，民族好，大家才会好。实现中华民族伟大复兴是一项光荣而艰巨的事业，需要一代又一代中国人共同为之努力。空谈误国，实干兴邦。”

一、理想的含义

理想自古就是人们不懈追求的目标，多少仁人志士为追求革命理想而舍生忘我，多少名人名家提出过理想名句，我们人人从小就有各种各样的理想，那么，到底什么是理想呢？

汉语词典解释：理想，是对未来事物的美好想象和希望，也比喻对某事物臻于最完善境界的观念。其近义词有志向、抱负、梦想、愿景、宗旨、使命。其反义词有空想、妄想、幻想等。

一般认为，理想是人们在实践中形成的、有可能实现的、对未来社会和自身发展的向往与追求，是人们的世界观、人生观和价值观在奋斗目标上的集中体现。

理想作为一种精神现象，是人类社会实践的产物。人们在改造客观世界和主观世界的实践活动中，既追求眼前的生产生活目标，渴望满足眼前的物质和精神需求，又憧憬未来的生产生活目标，期盼满足未来的物质和精神需求。对现状永不满足、对未来不懈追求，是理想形成的动力源泉。

（课堂练习：用一分钟说出你的理想。）

二、理想的重要性

科学的理想是人的主观能动性与社会发展客观趋势的一致性的反映，它是人们在社会实践基础上，对社会历史发展客观规律的正确把握，因而对人们有着巨大的感召力，对社会实践具有重要的指导和促进作用。

1. 指明前进的方向

对个人来说，任何人只要树立了理想，人生就有了奋斗的方向。古今中外多少英雄豪杰之所以能在充满困难的条件下，最终成就伟业，一个重要的原因就在于他们胸怀崇高的理想信念，因而具有锲而不舍的动力。与此相反，一个人如果没有崇高的理想和信念，就有可能浑浑噩噩，虚度一生，甚至腐化堕落，走上邪路。

对组织来说，树立理想同样重要，有了理想，组织就有前进发展的方向。一个组织能否走得更远、更久，归结于这个团队是否有共同的愿景，也就是说团队的理想信念，组织的理想信念是让团队成员排除万难的前提。共产党人之所以能够做到抛头颅、洒热血，是因为共产党人都有一个为人民大众“谋福祉”，实现共产主义的理想信念，这种理想信念促使大家一往无前而无所畏惧。

2. 提供前进的动力

理想是我们人生前进的动力，理想是我们人生追求的目标。人们为了达到这个目标就要以坚强的毅力、顽强的斗志、勇于拼搏的精神去奋斗。因此，理想便成了我们前进的动力，敦促我们创造出不平凡的业绩。高尔基说过，一个人追求的目标越高，他的才能在发挥过程中对社会就越有益。如果我们每个人都有自己的远大目标，我们的社会将会发展得更快。

3. 具有强大凝聚力

理想信念是人们对未来的向往和追求，一旦形成，就会成为支配和左右人们活动的精神动力。一个政党、一个国家、一个民族，一个组织、一个企业、一个单位，只有确立了共同的理想信念，才会有强大的凝聚力和向心力。无论过去、现在和将来，共同的理想都是保证革命和建设事业取得胜利的精神支柱和精神动力。

4. 为决策提供依据

任何决策都是建立在组织的使命和理想目标的基础上，离开理想目标，决策就成为空中楼阁，没有方向，就会使决策失误，造成损失。

总之，理想信念是人们的精神向导，为人们指明奋斗方向；理想信念是人们的精神动力，给予人们前进的力量，是人生力量的源泉；理想信念是人们的精神支柱，在人们逆境时支撑人们的精神和意志。

理想是人生航程的灯塔，是我们人生奋斗的目标，指引着我们人生前进的方向，只要我们始终不移地向着这个方向前进，我们终将达到成功的彼岸。

理想属于我们每一个人，但对于青少年尤其重要。因此，我们要在青少年时代树立远大的人生目标和理想，这样才能使自己的一生过得更加有意义、有价值。

（课堂练习：你认为理想还有哪些重要作用？）

三、理想的特性

1. 客观性

理想的客观必然性是指理想作为一种想象，正确地反映客观实际，正确地反映现实与未来的关系，合乎事物变化和发展的规律，因而是科学的，经过努力是可以实现的。

2. 超前性

理想在现实中产生，但它不是对现状的简单描绘，而是与奋斗目标相联系的未来现实，是人们的要求和期望的集中表达，它激励着人们在现实生活中一步步地为实现理想目标而奋斗。

3. 时代性

理想属于思想意识，但它是一定社会存在的反映，不同年代有不同的理想，因而理想具有时代性。原始社会人的理想不可能做一名飞行员，那只是梦想。社会不断进步，理想也不断提高。一种需要满足了，就会产生新的需要，新的理想。反过来说，理想逐步提高，也使社会不断进步。

4. 社会性

理想是人类特有的一种精神现象，理想具有鲜明的社会性。理想的社会性是指理想不是离开社会的孤立个人的随意想象，而是由社会制约和决定的想象。它必须在一定的社会条件下才能实现。离开一定的社会条件，任何理想都是空想。

5. 阶级性

在阶级社会中，理想具有鲜明的阶级性。由于不同阶级的社会地位和经济利益的不同，追求的目标也就各不相同。资产阶级追求个人利益，实现个人剥削；无产阶级追求集体利益，实现共同富裕。

6. 实践性

理想必须通过人们的实践活动才能实现，否则只能成为空想。同时它又指明了进一步实践的方向。当然，理想还有主观性、科学性、层次性等特征。

四、理想与梦想、幻想、空想、妄想、欲望的区别

理想是人生的奋斗目标，是人们对未来的一种有可能实现的想象或期盼。理想是一种对未来的想象，但是，并不是任何想象都是理想。

理想既不同于梦想和幻想，也不同于空想和妄想。理想是一种正确的想象，具有不同于幻想、空想、妄想和欲望的突出特点。

1. 理想与梦想

梦想与理想一样是人们对未来的一种美好期望，是人们在现在想象未来的事或是可以达到但必须努力才可以达到的情况。

梦想通常是指人们在梦里或者思想意识深处的大胆的想象，不一定会实现，只是一个美好的期望，它是人们生活的动力。梦想都是美好的，所以美梦成真也成了我们长久以来的追求。梦想可以通过一定的方式和途径，通过自己的努力和拼搏成为现实，这样的梦想就是理想。梦想最大的意义是给予人们一个方向、一个目标。但如果只把梦想当成梦，不去努力实现，那就成为空想，成了“白日梦”。

人生要有梦想，国家要有梦想，企业要有梦想，任何组织单位都要有梦想，有梦想就有

使命感。

对我们国家来说，“中国梦”是国家梦、民族梦和人民梦，中国梦不仅是实现民族复兴之梦、强国之梦，更是实现人民幸福生活之梦，也是每个中国人的美丽梦想。

2. 理想与幻想

幻想是不切实际的、不能实现的一种想象，是一种无根据的看法或信念。当人们遇到挫折或难以解决的问题时，有些人便会脱离实际，想入非非，把自己放到想象的世界中，企图以虚构的方式应付挫折，获得某种满足感。大家常说的“白日梦”也是一种幻想，做“白日梦”者往往超越现实，打破时间空间的界限，在虚幻中实现自己愿望，伴有一定的欣快感。如果个体经常幻想，可能成为心理问题，甚至有可能发展成为幻想症，因而，幻想是不可取的。

3. 理想与空想

空想，顾名思义是指凭空设想、不切实际的想法。指在幻想的基础上，并没有或没有能力使未来的憧憬变为现实的可能。空想是指个体只想不做，只想象不实践，不把想法变成现实的表现，或者无力使想象变成现实。历史上著名的赵括纸上谈兵、欧文空想社会主义等都是空想的典型。

4. 理想与妄想

妄想是一种思维内容障碍，它是在病态推理和判断基础上形成的一种病理性的歪曲信念。妄想内容与事实不符，缺乏客观现实基础，但患者仍坚信不移。妄想内容涉及患者本人，且与个人有利害关系，如会产生“别人都在议论我”“有人跟踪和监视我”的想法。患有妄想症的人往往对某件事情产生歪曲的信念、错误的判断和推理，是毫无根据的胡思乱想。

5. 理想与欲望

欲望是由人的本性产生的想达到某种目的的要求，是动物和人与生俱来的。欲望是世界上所有动物包括人最原始的、最基本的一种本能。人类的欲望是多样的，生存需要、享受需要、发展需要构成一个复杂的欲望结构，并随着人们生活的社会环境和社会历史条件的变化而变化。人的欲望是无限的，也无善恶之分，关键在于如何控制。正确的、适当的欲望是人改造世界和改造自己的根本动力，也是人类进化、社会发展与历史进步的动力。但错误的欲望、无限膨胀的欲望即人们所说的贪欲，是人类的敌人。如果不加以控制，对个人和人类都可能成为灾难。而理想是后天形成的，是一种从现实中来，又超越现实的一种意识。理想是较为宏观的，欲望是较为具体的。

综上所述，理想与梦想、幻想、空想、妄想和欲望是有区别的。具体区别见表3-1。

表3-1 理想和其他相关概念的区别

对象	客观性	现实性	实现可能性	可取性
理想	有	有	有	可
梦想	有或虚幻	有或虚幻	有或没有	可或不可
幻想	无	无	无	不可
空想	无	无	无	不可
妄想	无	无	无	不可
欲望	有或无	有或无	有或无	可或不可

（课堂练习：说说理想的近义词和反义词，以及它们之间的联系与区别。）

五、理想类型

从不同的角度审视，可以把理想划分为许多类型。

（1）从理想的性质和层次上划分，有科学理想和非科学理想、崇高理想和一般理想。

（2）从理想的时序上划分，有长远理想和近期理想。

长远理想是经过较长时间的奋斗才能实现的理想。例如，建立共产主义社会就是中国共产党人的长远理想。近期理想是在较近的时期内就能够实现的理想，如“中国梦”。

（3）从理想的对象上划分，有个人理想和社会群体理想。

个人理想是一个人对未来的具有客观必然性的想象。群体理想是一定群体的人的共同理想。例如，政党的理想、团体的理想、企业的理想等。实现共产主义是全体共产党人的共同理想，建设有中国特色社会主义就是全中国人民的共同理想，也就是全中国人民这个群体的理想。

（4）从理想的内容上划分，有社会理想、道德理想、职业理想和生活理想。

社会理想是人们对未来社会的设想，包括对未来社会的政治制度、经济制度、科学文化制度、社会面貌等的预见和设想。道德理想是指人们所向往的理想人格和做人的标准，是人们在道德生活中所期望达到的目标。职业理想是人们对未来工作部门、工作性质以及在职业上不同程度的追求和向往。生活理想是人们对未来生活的追求和向往，既包括对于吃、穿、住等物质生活的追求和向往，也包括对文化娱乐等精神生活的追求和向往，还包括对婚姻、家庭生活的追求和向往。在以上的几种理想之中，社会理想是其他理想的前提和基础。人们在设计自己的未来职业、生活和做人的时候，是以未来的社会为前提和基础的。

（课堂练习：你认为理想还可以怎样分类？）

六、为理想而奋斗

理想是普遍存在的，是个人成长和组织管理的开始，具有重要意义。要实现理想，就要为理想而奋斗。

1. 树立远大理想

一个社会不能没有理想，一个组织不能没有理想，一个人也不能没有理想。当代大学生是民族的希望、祖国的未来，肩负着推进中国特色社会主义事业建设、实现中华民族伟大复兴的历史重任，必须树立实现中华民族伟大复兴的远大理想。

2. 为实现理想而奋斗

第一，个人理想与社会理想要一致。大学生个人理想必须同社会理想相一致。要把追求个人理想与追求社会理想结合起来，从我做起，从现在做起，努力学习，践履笃行，奋发有为，甘于奉献，在建设中国特色社会主义的伟大实践中，实现自身的价值，为祖国、为人民创造更加灿烂美好的明天。

第二，不断加强学习，为实现理想做准备。学习不断，奋斗不已。青年学生目前最重要的任务就是学习，学习政治理论、学习文化知识、学习专业技能、学习做人的道理。有良好的道德、扎实的知识、娴熟的技能才能更好实现自己远大理想。

锤炼自己意志，克服自己弱点。要敢于决断——克服优柔寡断的习性；要勇于挑战弱点——改变自己存在的缺陷；要能够突破困境——深知失败是成功之母，从失败中破镜；要善于抓住机会——善于选择、善于创造；要充分发挥强项——做自己最擅长的事情；要学会调整心态——不要让情绪伤害自己；要立即行动——只说不做，徒劳无益；要持之以恒——朝着理想目标不懈奋进。

（课堂练习：谈谈你准备从哪些方面实现自己的理想。）

第二节　目标

目标的重要性不言而喻，中外历史上无数名人志士，都对树立目标提出了经典名言，他们也是成功树立目标的典范，那么什么是目标呢？

一、目标的含义

（一）一般意义上的目标

汉语词典中，指的是射击、攻击或寻求的对象，也指想要达到的境地或标准。

（1）受攻击的对象。

（2）观察、射击的对象。

（3）指通过斗争和忍受艰难困苦才能取得的东西。

（4）要获得的一个战略地位，要达到的一个目的或规定的陆战或海战所要攻占的地点。

定义：目标是个人、部门或整个组织所期望达到的效果。是人们对活动预期结果的主观设想，是事先在头脑中形成的一种主观意识形态，也是活动的预期目的，为活动指明方向。

（二）目标的特征

1. 主观性

目标是人们对活动预期结果的主观设想，是在头脑中形成的一种主观意识形态。

2. 方向性

目标是人们活动的预期目的，为活动指明方向。

3. 现实性

目标的价值性、可操作性构成了目标的现实性。

4. 社会性

目标是人类社会特有的意识形态，受社会政治、经济制度、文化传统、意识形态制约，所以目标都是一定的社会目标，具有社会性。

5. 实践性

目标具有为实践活动指明方向的作用，只有通过实践活动才能实现目标。

此外，目标还有目的性、可实现性、挑战性、可控制性、阶段性、时效性、时代性等特征。

（三）组织目标含义

对于一个组织来说，组织目标是组织想要达到的境地或标准，是指一个组织未来一段时间内要实现的目的，或者是组织希望努力争取达到的未来结果。组织目标是组织的各项管理活动所指向的终点，具有维系组织各个方面关系和组织方向的核心作用。

二、目标的作用

美国管理学家彼得·德鲁克曾说：“并不是有了工作才有目标，恰恰相反，正是有了目标才能确定每个人的工作。所以，管理者应该通过目标对下级进行管理。企业的使命和任务必须转化为目标。”人类组织的产生，正是人类希望实现自身目标的结果。通过有效的管理，人们得以将自身的目标转化成具体的行动。

积极正确的目标，不仅能使人成长进步，而且还能完善自我；不仅有益于自己，而且有益于他人和社会；不仅能有利于坚定自己的理想和信念，而且有利于抵制和摧毁腐朽的思想，战胜邪恶，坚定立场；不仅有利于当前，而且有利于长远；不仅有利于局部，而且有利于全局。如果把消极、错误、有害的东西当作目标来追求，不仅有害于自己，而且有害于他人，更有害于社会。

（一）对个体来说，目标在个体成长、成功的过程中有着重要作用

1. 指明方向

目标的订立不仅为个体实现理想指明方向，也为人们前行的道路指明方向。目标决定方向，方向决定结果。有目标和没有目标的人，无论其工作还是生活质量都是不相同的，其精神生活和思想品德的表现层次也是不相同的，其生命过程和结果也会是完全不一样的。有目标的人，其生活上、精神上都会有一种享受感；而没有目标的人，则免不了遭受许多磨难和痛苦。所以，目标既是一个人的灵魂，又是一个人活着的强大精神动力。哈佛大学的调查案例（见本章作业中的案例分析）充分说明了树立目标的重要性。

2. 鞭策作用

目标是一种激励人们奋勇向前的力量源泉。人们只有明确了自己的行动目标后，才能调动潜在能力，尽力而为，创造最佳成绩；在达到了目标后，产生成就感和满足感。有了目标，就有了希望，有了目标，就为事业的成功奠定了基础。

3. 有目标才会有追求

有目标才会有追求。一个人如果没有自己所要追求的目标，就像轮船在大海里航行没有航标一样，行得再远也难以达到彼岸。在个人发展的道路上，一些人终日抱怨自己没有机会，缺少他人赢得成功的条件，却没有意识到自己最缺乏的是树立能够使我们排除各种干扰为之拼搏的明确目标。

4. 有目标才会有希望

目标使人充满无限的希望。人生的目标，多种多样，是无处不在、丰富多彩的。只有树立了正确的目标，人生才能有希望，才能减少人生前进中的痛苦。目标定得越早，痛苦越少；目标定得越好，痛苦越少；目标越明确，事业越顺利。

（课堂练习：你认为目标还有哪些作用？）

（二）对组织来说，目标对于组织的存在、发展及组织活动起着非常重要的作用

任何组织管理活动都是为了实现目标，实现目标是组织存在的唯一价值。

1. 组织目标是组织活动的灵魂，是确定组织活动路线的基础（灵魂作用）

有了目标，组织和组织成员就有了灵魂，有了开展活动的依据，就可以做到心中有数。

2. 组织目标为组织成员提供指导和统一行动的方向（导向作用）

目标的订立为管理者提供了协调集体行动的方向，从而有助于引导组织成员形成统一的行动。

3. 组织目标是衡量组织活动成效的标准（标准作用）

组织活动达到什么成效，最重要的是看制定的目标是否达到。目标达成度是衡量组织活动成效的标准。目标为各个管理层评估各自的绩效提供了参考。

4. 组织目标为激发组织活动提供了动力（激励作用）

心理学上把目标称为诱因。由诱因诱发动机，再由动机到达成目标的过程称为激励过程。目标作为诱因对人们的积极性起着强烈的激励作用。

5. 目标结构是组织内部分工结构的基础（基础作用）

组织目标的层次结构为组织内部分工提供了基础。组织分工的目的，都是为了实现组织目标，不同部门的目标不一样，但目的是实现组织的总体目标。组织内部的分工和专业化结构正是以目标结构为基础的。

6. 组织目标影响着组织的管理方式（管理作用）

组织的管理方式多种多样，但目标管理是现在组织管理的重要方式。实施目标管理是组织有效实现目标的重要手段，被多数组织所采用。

7. 组织目标可以起到凝聚员工的作用（凝聚作用）

目标是组织产生凝聚力的重要因素。凝聚力是指组织群体成员之间，为实现群体职责目标任务而实施团结协作的力量。当组织目标，充分体现组织成员的共同利益，并与组织成员的个人目标保持和谐一致时，它能够极大地激发组织成员的工作热情、献身精神和创造性。当然，与组织群体成员的个人目标存在冲突的组织目标则可能削弱组织的凝聚力。因此，组织目标的制定是管理工作的一项重要内容。

8. 决策标准和考核依据（考核作用）

目标不仅是管理人员制定决策方案的出发点，而且是考核管理决策的制定和执行工作好坏的依据。组织制定了明确的目标，有关人员的思考和行动才有客观的准绳，而不至于凭主观意志做决定，凭主观印象做考核。

三、目标分类

（一）按目标的抽象程度划分，可分为理想、宗旨、使命、目标

1. 理想

理想是人们在实践中形成的、对未来社会和自身发展的向往与追求，是人们的世界观、人生观和价值观在奋斗目标上的集中体现，是最崇高的目标。

2. 宗旨

宗旨是关于组织存在的目的或对社会发展的某一方面应做出的贡献陈述。宗旨不仅陈述了组织未来的任务，而且要阐明为什么要完成这个任务以及完成任务的行为规范是什么，表达了组织在社会上存在的理由和目的。企业的宗旨可以是生产产品、社会服务；大学的宗旨是教书育人、科学研究、传承知识、服务社会；医院的宗旨是提供医疗保障、治病救人。宗旨是比理想更具体一点的崇高目标。

3. 使命

使命是组织为了实现其宗旨目标，而承担的责任和任务，是组织在社会上应起的作用和所处的地位，也是一个组织区别于其他组织的标志。如微软公司的使命就很明确“在微软，我们的使命是创造优秀的软件，不仅使人们的工作更有效率，而且使人们的生活更有乐趣”。迪斯尼公司的使命——为人们制造快乐。使命又是比宗旨更具体的崇高目标。

（二）按目标的时间跨度划分

按时间的长短跨度区分，目标通常可以分为战略目标、长期目标、中期目标和短期目标 4 类。

1. 战略目标

战略目标，是组织取得主要成果的期望值，是一个组织的理想和宗旨，它是最高的目标，叫终极目标。战略目标是比较原则的、不具体的，即没有明确规定达成的标准，也没有明确规定在多长时期内实现，它只是指明这个组织活动的方向。比如实施科教兴国战略，就没有时间和标准。再如一个企业的战略目标是打造世界品牌，也没有时间和标准。

2. 长期目标

通常是指期望在 5～10 年（中长期）或更长的时间内可达到的目标。长期目标是根据组织的战略目标，结合对主客观条件分析，给组织的发展提出一项基本任务，这项任务是要在今后一个相当长的时期内才能完成的。长期目标一经制定，便具有相对稳定性，不可随便更改。长期目标的年限根据各组织活动的周期而定，一般 10 年以上的目标都是长期目标。

3. 中期目标

通常是指期望在 2～5 年内可达到的目标。中期目标是把长期目标提出的基本任务划分，使之具体化，便于付诸施行。比如某一公司的长期目标规定，在今后 10 年内争取产值和利润翻两番，怎么去实现呢？这就是中期目标的任务，中期目标要把翻两番的基本任务划分为生产设备增加或更新多少，职工要增加多少，管理要有什么改进，劳动生产率要提高多少，要开辟哪些原料和市场基地等。可以说，中期目标是长期目标的一份清单，没有中期目标，长期目标是不具体的，是不能付诸施行的。

4. 短期目标

通常是指期望在 1 年内达到的目标，短期目标通常更加全面而具体。短期目标就是具体的操作计划，也可以叫作操作目标。这种目标把任务落实到每一个基层单位甚至每一个成员。对他们所要完成的任务数量、质量、技术要求和工作程序都作了具体规定，并且在物资和设备上给予保证，责任、权限和报酬也都作了明确的划分。总之，短期目标可以使组织的目标直接变成组织成员的行动。组织成员的绝大部分时间，都是为执行操作目标而进行活动的。

战略目标、长期目标、中期目标和短期目标，在完成时间上的特点是一个比一个短，但是时间上的划分并不是绝对的。比如对于一个国家来说，5 年计划就可以算作中期目标，但是对一个工厂来说，5 年计划就可能成为长期目标，年度计划就可能是它的中期目标。而对于社区里的小商店来说，两年期的目标就可能算是长期目标了。

（三）按照目标的主次之分，有主要目标和次要目标

主要目标是指直接满足组织主要受益人的需求和愿望的目标。

次要目标则是指组织满足各种各样的次要受益人的需求和愿望。

（四）按照目标的明显程度，可分为显性目标和隐性目标

显性目标指组织所建立的官方的、正规的目标。

隐性目标是组织在事实上所实际朝向的非官方目标。

（课堂练习：你还可以将目标进行怎样分类？）

四、目标设置原则

（一）德鲁克观点——SMART 原则

SMART 原则是彼得·德鲁克于 1954 年提出的，即 S（Specific，明确性）、M（Measurable，可测性）、A（Attainable，达成性）、R（Relevant，关联性）、T（Time-based，时间性）。

1. S（Specific）明确性

S 原则是指制定的目标要清晰、明确、具体，包括项目、任务、标准、措施、期限、完成人及资源要求等，让考核者和被考核者都能准确理解目标，否则目标就不能执行。如“提高学习成绩”“增加销售业绩”“提高公司形象”“增强客户意识”等都是模棱两可的目标。目标不明确，执行者就不能准确执行，考核者也不能准确考核。

2. M（Measurable）可测性

M 原则就是指设置的目标或指标要量化，考核时才能采用相同的标准准确衡量，作为衡量是否达成目标的依据。如果制定的目标没有办法衡量，就无法判断这个目标是否实现。例如：提高学生素质，提高学生学习能力；年底前基本要达到全年销售目标；今年的目标是提高公司员工的工作能力；今年一定要取得较好成绩等都是不可测量的目标，是空洞的目标。

3. A（Attainable）达成性

A 原则是指设置的目标通过努力是可以实现的，也就是目标不能过低和过高，过低了无意义，过高了实现不了。因此，所定目标要能促使人前进，具有挑战性。因为具有挑战性的目标能激发人们的拼搏精神，增强人们的竞争意识。可以制定跳起来“摘桃”的目标，但不能制定跳起来“摘星星”的目标。例如，高职院校毕业生希望一毕业就能创立一家小公司，这个目标就是可能实现的目标，是有效目标。但如果一个默默无闻的小企业，希望一年内成为上市公司，这个目标就是不可达成的目标，是空洞的目标，无效目标。

4. R（Relevant）关联性

R 相关性原则有 3 个含义：一是指目标制定必须是从全局出发，从整体考虑，各分目标必须协调一致，与总目标相向而行；二是制定的目标必须与其他目标，如组织的总目标、部门目标，长期目标、中期目标、短期目标等相关，反而这些目标不能冲突；三是设置的目标必须与其工作职责相关，否则即使完成也无意义，反而会适得其反，浪费资源。例如，让一个负责接待的人员学习英语口语，并且达到用英语口语交流的目标，就是一个好目标，因为这是其工作职责范围，对于接待外宾很有好处。但如果让其他人也必须达到这个目标，就不一定是好目标。再如，公司制定的年销售目标是 1000 万元，而销售部门制定的年销售目标是 800 万元，显然，销售部门制定的目标没有关联公司目标。

5. T（Time-based）时间性

T 原则是指，对设定的目标，要规定在什么时间内实现。就是说完成目标是有明确时间限制的，没有时间限制的目标是没有办法考核的。如下周五下午五点前交明年的年度工作计划，这个目标就非常明确，让执行人有充分的计划和实施时间。再如，大家要尽快交明年的年度工作计划，这个目标就不明确，让执行人无所适从，最后可能交不了，或者是应付着交。

总之，无论是制定团队的工作目标，还是员工的个人目标，都必须符合上述原则。

（二）其他观点

1. 全面性原则

制定目标要有全局观念、整体观念。目标要能反映单位的全面工作，体现单位的基本任务。既要考虑到国家、社会、上级，又要考虑到左邻右舍、单位本身；既要着眼于未来，又要立足于现实；既要看到单位的内部条件，又要了解单位的外部环境等。通过综合分析多方面的情况，最后做出决断。这样可以避免片面性，防止顾此失彼。

2. 重点性原则

制定目标要有侧重点或关键点。一个单位的工作千头万绪，需要解决的问题很多。但是，制定目标不能面面俱到，无所不包。必须明确工作重心，抓住主要矛盾，避免分散精力和资源，以便把有限的人力、物力和财力优先用于解决最关键、最迫切的问题上。制定目标还要有针对性，要切中要害，为单位所急，为群众所想，使大家产生一种共同的紧迫感和危机感，激发群众齐心协力改变单位面貌。

3. 挑战性原则

所定目标要能促使人前进，具有挑战性。目标定得太低，使执行者轻而易举即可实现，就失去了目标的激励作用。目标过高，怎样努力都不能达到，目标也会失去意义。

4. 可行性原则

所定目标切实可行。可行性原则与挑战性原则是一个问题的两个方面，二者是辩证的统一。目标应建立在可靠的基础上，必须是可行的，而不能是可望而不可即的，应对组织内外环境进行周密调查研究，有充分的客观依据，不是拍着脑袋想出来的。

5. 灵活性原则

所定目标要具有一定的可调性。对于实施过程中可能发生的环境、条件变化，以及来自其他方面的随机性干扰，目标本身要具有一定的适应能力。不仅使目标具有可调性，而且使主要目标值和对策措施留有余地，预备多种实施方案。当环境变化时，既有适应变化的预备方案，又有临时应急的有效措施，使目标责任者处于主动地位。

6. 稳定性原则

目标虽要有灵活性，但不能朝令夕改，要保持相对稳定。目标一经确定就要相对稳定，同时根据组织内外环境的变化及时调整，实行滚动目标。

五、如何实现目标

1. 合理设置目标

根据个人或组织已有条件，设置经过努力能够达到的目标。制定长期目标、中期目标、短期目标和阶段性目标。树立了目标才有机会成功，如果不树立目标，成功的几率会很小。只因为有了目标，才有行动的动力，促使我们坚持不懈地去实现目标。

2. 将目标写下来并公布

将目标写下来很重要，既可以起到时时提醒和鞭策的作用，还可以起到受人监控的作用。哈佛大学的精英们之所以能够成为精英，重要原因之一是他们有清晰的目标而且将目标写下。

3. 制定切实可行的计划

根据目标制定合理计划是实现目标的重要步骤，计划让思维清晰，让工作有效率，能创造出事半功倍的效果。

4. 持之以恒按计划行动

显而易见，这是实现目标的关键步骤。没有行动，前面的一切都是零。因此，要记住：目标+计划+行动=成功。

5. 目标不能过多，要专一

目标过多不能集中精力，到头来一事无成。目标要专一，持之以恒为之奋斗，最终定能实现。

（课堂练习：你认为实现目标还有哪些方法？）

第三节　战略

战略一词，我们平时听得很多。毛主席说“在战略上要藐视敌人，在战术上要重视敌人。”那么什么是战略呢？

一、战略的含义

战略是指导战争全局的方略。通常指军事战略，即战争指导者为达成战争的政治目的，依据战争规律所制定和采取的准备和实施的战争方针、策略和方法。

战略一词自古就有，公元579年，罗马皇帝毛莱斯用拉丁文写了一本名为*Stratajicon*（《战略》）的书，被认为是西方第一本战略著作。在中国，战略一词历史久远，春秋时期孙武的《孙子兵法》被认为是中国最早对战略进行全局筹划的著作。因此，古代“战略”一词专指军事战略。战略的“战”指“战争、作战”，“略”指“谋略”，因此战略即作战的谋略，是战略指挥者基于对军事斗争所依赖的主客观条件及其发展变化的规律性认识，全面规划、部署、指导军事力量的建设和运用，以有效地达成既定政治目的和军事目的过程。

在现代，“战略”一词被引申至政治和经济领域，其涵义演变为泛指统领性的、全局性的、能左右胜败的、高层次决策的谋略、方案和对策。

因此，战略是组织为了实现其最终目标，在充分调查分析组织内外环境和自身优劣势的基础上，做出的具有总体性、长远性、竞争性的谋划和方略。

（课堂练习：你平时认为的战略是什么？）

二、战略特征

1. 全局性

战略是指关乎组织成败的全面性谋略。追求的是组织的整体利益，因而具有全局性。

2. 长远性

战略思考的主要问题是组织的长远利益和最终的输赢而不仅着眼当前利益，具有长远性。

3. 竞争性

战略是对组织未来发展的谋划。未来充满竞争，因而制定的战略必须要有竞争性，具有竞争性的战略才能赢得不败之地。

4. 预见性

战略本身就是对未来的预测，但这种预测不是无根据的预测，而是在充分调查研究的基础上提出的对未来比较有把握的一种谋划。

5. 谋略性

战略就是谋略，是对组织未来发展的全局性、基础性的谋略。

6. 风险性

因为战略是对未来的谋略，未来是难以准确预测的，因而是存在风险的。

（课堂练习：你认为战略还有哪些特性？）

三、战略构成要素

1. 战略目的

战略目的是战略行动所要达到的预期结果，是制定和实施战略的出发点和归宿点。

2. 战略方针

战略方针是指导全局的方针，是行动的纲领和制定战略计划的基本依据。

3. 战略力量

战略力量包括人力、物力和财力，是战略的物质基础和支柱。

4. 战略措施

战略措施是组织战略实施过程中所采取的各种全局性的、切实可行的方法和步骤。

（课堂练习：你认为战略还包括哪些要素？）

四、战略类型

（一）军事战略类型

战略自战争实践中产生，长期用于军事领域，本义即军事战略。军事战略可按不同的标准划分类型。按社会历史时期划分，可分为古代战略、近代战略、现代战略；按作战性质划分，有进攻战略和防御战略；按使用武器的类型划分，有常规战争战略和核战争战略；按作战持续时间划分，有速决战略和持久战略等。

（二）企业战略类型

1. 竞争性战略

竞争性战略就是对于组织如何获取竞争优势的谋略，通常有低成本战略、集中型战略和差异化战略。

（1）低成本战略，也叫成本领先战略，是指企业在提供相同的产品或服务时，通过加强内部成本控制，在研发、生产、销售、服务和广告等领域内把成本降低到最低限度，使成本或费用明显低于行业平均水平或主要竞争对手，从而赢得更高的市场占有率或更高的利润，成为行业中的成本领先者的竞争战略。这类企业在制定战略规划时着重从降低成本的角度考虑，采取低成本、低价格、多销量的战略，即平常说的“薄利多销”。

（2）集中型战略，也叫聚焦战略，是指企业集中企业资源，聚焦某个产品或者某个领域或者一个特定的目标市场上，为特定的地区或特定的购买者提供特殊的产品或服务。企业业务的专一化，能以更高的效率和更好的效果为某一狭窄的细分市场服务，从而超越较广阔范围内的竞争对手们。这样可以避免出现大而弱的分散投资局面，容易形成企业的核心竞争力。许多成功的企业都是专心致志做某一行，使之成为行业的佼佼者。

（3）差异化战略，也叫特色优势战略或别具一格战略。与集中型战略不同，差异化战略是让自己的产品、服务、企业形象等与竞争对手有明显的区别，或者采用多方面经营，以获得竞争优势而采取的战略。如进军多个行业，同时采用不同产品、不同服务、不同企业形象等，以获得竞争优势。实现差异化战略，既可以避开竞争对手，又可以培养用户对企业的认同性。但实施差异化战略必须考虑企业实力，实施好就是“狡兔三窟”，实施不好，面面俱到，反而可能丧失优势，导致失败。许多失败的企业，如曾经著名的健力宝公司，就是因为采取差异化战略而失败的。

2. 防御性战略

防御性战略是企业应对市场可能给企业带来的威胁，而采取一系列措施企图保护和巩固现有市场的战略。一般有发展型战略、稳定型战略和收缩型战略。

（1）发展型战略，又称增长型战略、扩张型战略、进攻型战略。是一种以现有战略为起点的基础上，向更高目标发展的总体战略。是企业从发展自身来提高自己竞争实力的一种策略，而不是指与竞争对手竞争，弄得鱼死网破，几败俱伤。发展型战略通常又分 3 种：密集型发展战略、一体化发展战略、多元化发展战略。

（2）稳定型战略。是指企业遵循与过去相同的战略目标，保持一贯的成长速度，同时不改变基本的产品或经营范围，企业的资源分配和经营状况基本保持在目前状态和水平上；是一种以守为攻，以安全经营为宗旨，不冒较大风险的一种战略。总之，就是维持现状。

（3）收缩型战略，也叫紧缩型战略。是指企业将目前的战略经营领域和基础水平进行暂时的收缩和撤退以规避风险的一种战略，是一种以退为进的战略。

（课堂练习：你认为战略还可以怎样分类？）

五、战略管理

（一）含义

是指组织确定其使命，根据组织外部环境和内部条件设定战略目标，为保证目标的正确落实和实现进度进行谋划，并依靠组织内部能力将这种谋划和决策付诸实施，以及在实施过程中进行控制的一个动态管理过程。

进一步理解：第一，战略管理不仅涉及战略的制定和规划，而且也包含着将制定出的战略付诸实施的管理，因此是一个全过程的管理。第二，战略管理不是静态的、一次性的管理，而是一种循环的、往复性的动态管理过程。它是需要根据外部环境的变化、企业内部条件的改变，以及战略执行结果的反馈信息等，而重复进行新一轮战略管理的过程，是不间断的管理。

（二）战略管理过程

战略管理过程可以分为 4 个步骤：战略分析—战略制定—战略实施—战略评价，见图 3-1。

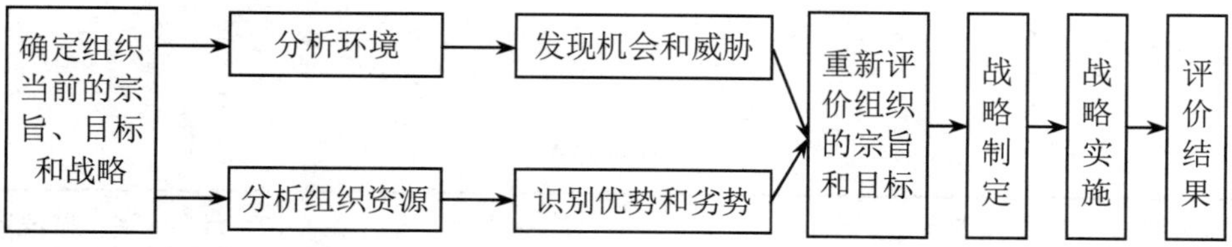

图 3-1　战略管理过程示意图

1. 战略分析

分析组织的外部机会与威胁以及组织内部优势与弱点，确定组织的使命和目标，拟定战略方针。（确定组织使命，分析外部环境，确定内部优劣势）

2. 战略制定

根据战略方针，确定组织任务，建立长期目标，制定可供选择的战略，将可选择的战略进行评价，最后选择特定的实施战略。（制定、评估、确定备选战略方案）

3. 战略实施

根据确定的战略，制定战略实施计划，包括长期计划、中期计划、年度计划等，制定政策、激励员工和配置资源，使确定的战略得以贯彻执行。（制定实施计划，制定激励措施，合理配置资源）

4. 战略评价

检验战略的有效性。战略的效果如何？需要做哪些调整？重新审视组织外部与内部因素，进行新一轮战略管理。（效果，调整，新一轮）

六、战略与战术的区别

（一）关系

战略和战术是全局和局部的关系，是有机统一的。战略对战术起指导、制约作用。同时，战略企图的实现，又有赖于战术的有效实施。

（二）区别

（1）从思维方式看，战略是宏观思维、全局思维、开发思维，是着眼于未来的思维；战术是局部思维、收敛思维、具体思维，着眼于当下的思维。战略解决的是方向问题，是到哪里去的问题，是“做正确的事”的问题；战术解决的是操作的问题，是如何落实的问题，是“正确地做事”的问题。

（2）从其特性上看，战略的特性是方向性、长期性、竞争性等，战术的特性则注重局部细节的可操作性、可实现性、可达成性。战略指的是战役要达到的目的，而战术指的是要达成战役目的所做的部署安排。

（3）从实施范围看，战略是组织在整体范围内为发展自己而制定的一种具有全局性指导意义的规划和策略。而战术是指在特定的局部范围内，为维持和发展本范围的作用和能力、扫除已经或将要出现的威胁而采取的手段。

（4）从时间上看，战略是依据形势需求指定的长期方略。其对时间上的作用，往往可以维持几年或几十年。而战术是有特定时间的。

（课堂练习：说说战略与战术的区别与联系。）

【本章考核】

考核标准

序号	考核项目	主要内容	评分要点	分数	学生自评	教师评分
1	知识学习（40分）	理想、目标、战略、战术的概念理解	知道理想的概念、作用、类型、特征	8		
			知道目标的概念、目标重要性、目标类型和特征	8		
			知道战略的概念、战略重要性、战略类型和特征	8		
			知道目标设置原则	6		
			知道企业竞争战略与防御战略的含义、类型	8		
			知道战略管理的基本过程	2		

续表

序号	考核项目	主要内容	评分要点	分数	学生自评	教师评分
2	技能提升（40分）	理想、目标、战略、战术的概念运用	能区别理想与梦想、幻想、妄想等概念	8		
			能明确表达自己的理想，并为之奋斗	8		
			能明确制定自己短期、中期和长期目标	8		
			会用目标设置原则，判定自己的目标是否可行	6		
			能举例说明企业竞争战略与防御战略	8		
			能区分战略与战术概念	2		
3	职业素养（20分）	理想、目标、战略、战术的思维习惯	知道理想、目标和战略对个人成长和组织发展的重要作用	10		
			养成心中常怀理想、目标常制定、思想有战略的思维习惯	10		
合计				100		
学生签字	年　月　日		教师签字	年　月　日		

【本章作业】

一、归纳总结本章内容

二、知识测试

（一）概念解释题

1．理想
2．目标
3．战略
4．组织目标
5．竞争性战略
6．防御性战略

（二）选择题

1．人们在实践中形成的对未来的向往和追求，并且是可能实现的，称为（　　）。
　A．幻想　B．空想　C．理想　D．信念
2．理想的追求和实现是一个（　　）。
　A．坐享其成的过程　B．信手拈来的过程
　C．纵情享乐的过程　D．艰苦奋斗的过程
3．（　　）源于现实，又超越现实。
　A．梦想　B．信念　C．幻想　D．遐想
4．目标还可是（　　）。
　A．宗旨　B．使命　C．愿景　D．一种主观想象

5. 目标的特征有（　　）。

A. 主观性　　B. 时代性　　C. 现实性　　D. 目的性

6. 按时间的长短跨度区分，目标通常可以分为（　　）。

A. 战略目标　　B. 长期目标　　C. 中期目标　　D. 短期目标

7. 战略一词最初用在（　　）。

A. 军事　　B. 经济　　C. 社会　　D. 国家

8. 竞争性战略有（　　）。

A. 低成本战略　　B. 集中型战略　　C. 差异化战略　　D. 扩张性战略

9. 防御性战略有（　　）。

A. 发展型战略　　B. 稳定型战略　　C. 收缩型战略　　D. 集中型战略

（三）简答题

1. 理想与梦想、空想、幻想、妄想的区别。
2. 谈谈树立理想和确立目标的重要性。
3. 组织目标有哪些作用？
4. 目标与宗旨、使命、愿景的区别。
5. 简述德鲁克目标设置的 SMART 原则。
6. 简述企业战略目标制定过程。
7. 如何实现自己的理想和目标？
8. 企业战略类型有哪些？
9. 战略与战术的关系？

三、技能训练

1. 梦想树

（1）画出自己的梦想树。

每人画出一棵只有树枝的梦想树，树叶用写有梦想的绿色贴纸代替。你可以画一棵一生的梦想树，也可以画每年的，每月的，每天的梦想树。将每一个梦想贴在树梢，梦想实现了就在贴纸上画个笑脸。一个月、一年或更长时间后看看，你的梦想树长成怎样？

（2）将梦想树的梦想填写在以下表格中。

我的梦想	实现梦想的计划
人生理想	
职业理想	
家庭梦想	
生活梦想	
……	

2. 小游戏

大家拿一条绳子直直地放在桌上，请问有几种方法可以让绳子前进？一种是从后面推，你会发现绳子会变得弯弯曲曲。还有一个方式就是从前面拉，这样就可以很轻松地拉着绳子笔直前进。

这个游戏说明了什么？

四、小组讨论

1．中国台湾影片《不老骑士》 主要讲述 17 位平均年龄 81 岁的老人完成梦想的故事。17 位老人中，有 2 位罹患癌症、4 位重听、5 位有高血压、8 位有心脏病，每一位都有退化性关节炎。然而，他们都梦想骑摩托车环岛一圈。于是，他们花了 6 个月的时间进行身体锻炼，做足了各方面的准备。最终他们环岛 13 天，共 1139km，从北到南，从黑夜到白天，他们终于实现了自己的梦想。

请根据影片故事讨论：人为什么活着？

2.《西游记》中的唐僧师徒 4 人为什么能够取得真经？4 人中谁最厉害？为什么？

五、案例分析

1. 牛顿的理想

英国科学家牛顿，是世界著名的物理学家。他 7 岁时就立下志向要成为打开自然之谜的人，对于各种物理现象都认真观察。到了 10 岁就能观测天象和探索天体物理规律，16 岁就用实验的方法测量风速等物理量，23 岁发现万有引力定律，24 岁提出了微积分原理，26 岁就成了著名科学家，对物理学做出了巨大贡献。

问题：牛顿年轻时就能成为著名科学家的原因是什么？

2. 哈佛大学调查

哈佛大学曾进行过一个非常著名的关于目标对人生影响的跟踪调查。该项调查的对象是一群智力、学历、环境等条件都差不多的年轻人，调查结果发现：27%的人，没有目标；60%的人，目标模糊；10%的人，有比较清晰的短期目标；3%的人，有十分清晰的长期目标。

经过 25 年的跟踪调查发现，他们的生活状况十分有意思。

那 3%的人，25 年来几乎都不曾更改过自己的人生目标，他们始终朝着同一个方向不懈地努力。25 年后，他们几乎都成了社会各界顶尖成功人士。

那 10%的人，大都生活在社会的中上层。他们的共同特点是，不断达成短期目标，生活质量稳步上升。他们成为各行各业不可缺少的专业人士，如医生、律师、工程师、高级主管等。

那 60%的人，几乎都生活在社会的中下层面。他们能安稳地生活与工作，但都没有什么特别的成绩。

剩下的 27%的人，他们几乎都生活在社会的最底层，生活也过得很不如意，常常失业，靠社会救济，并且常常在抱怨他人，抱怨社会（图 3-2）。

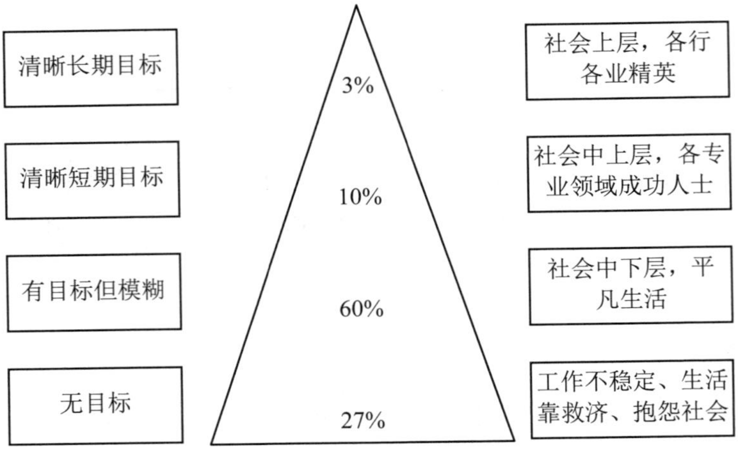

图 3-2 哈佛大学目标跟踪调查结果图

问题：从此案例中你悟出了什么道理？有什么打算吗？

六、延伸阅读

扫描二维码阅读：不要把自己的梦想逼上绝路——董丽娜。

第四章　调查与研究

【管理名言】

没有调查，就没有发言权。

——毛泽东

调查研究不仅是一种工作方法，而且是关系党和人民事业得失成败的大问题。

——习近平

【本章介绍】

“调查与研究”属于管理学上战术范畴，是为战略制定后的一切管理做准备的。组织有了战略，即树立了理想目标、使命和宗旨以后，就要着手实施战略，以实现组织的理想目标。而要有效实施战略，就必须要进行调查研究，有了充分的调查研究，心中才能有数，才能制定出符合实际的可行计划和正确地进行决策。所以调查研究是任何管理阶段都必不可少的步骤，也是非常重要的一步。本章主要介绍了调查研究的含义、重要性、类型和方法等，着重介绍了市场调查的概念、方法、程序以及调查研究报告的撰写等内容。希望通过本章学习，同学们能够充分认识调查研究的重要性，学会进行调查研究，形成没有调查研究就没有发言权的良好习惯，为同学们今后就业、创业打下基础。

【学习目标】

1. 知识目标

（1）知道调查研究的概念。

（2）知道市场调查的概念。

2. 能力目标

（1）能运用调查研究的一般方法进行调查。

（2）能够进行市场调查。

（3）能撰写完整的调研报告。

3. 素质目标

（1）能充分认识调查研究的重要性。

（2）养成没有调查就没有发言权的行为习惯。

【情境导入】

孔子误会颜回的故事

《吕氏春秋》里有一段，讲孔子周游列国，曾因兵荒马乱，旅途困顿，三餐以野菜果腹。大家已七日没吃下一粒米饭。

一天，颜回好不容易要到了一些白米煮饭。饭快煮熟时，孔子看到颜回掀起锅盖，抓些白饭往嘴里塞。孔子当时装作没看见，也不去责问。

饭煮好后，颜回请孔子进食，孔子假装若有所思地说：“我刚才梦到祖先来找我，我想把干净还没人吃过的米饭，先拿来祭祖先吧!”

颜回顿时慌张起来说：“不可以的，这锅饭我已先吃一口了，不可以祭祖先了。”

孔子问：“为什么？”

颜回涨红了脸，嗫嗫地说：“刚才在煮饭时，不小心掉了些杂灰在锅里，染了灰的白饭丢了太可惜，只好抓起来先吃了，我不是故意把饭吃了。”

孔子听了，恍然大悟，对自己的观察错误，反而愧疚，抱歉地说：“我平常对颜回最信任，但仍然还会怀疑他，可见我们内心是最难确定、最难稳定的。弟子们记下这件事，要了解一个人，一件事，还真是不容易啊!”

这个故事说明了什么？从中可以学习到什么？

第一节　调查研究概述

毛主席说：“没有调查，就没有发言权。”习近平主席说：“调查研究不仅是一种工作方法，而且是关系党和人民事业得失成败的大问题。”可见调查研究的重要性。那么，什么是调查研究呢？

一、调查研究概念

（一）含义

所谓调查研究就是人们通过一定的途径和方法，对客观事物进行观察了解，以获得关于客观事物的各种材料信息，在此基础上，对所获得的材料信息进行科学处理，以获得关于客观规律的认识。严格地说，调查和研究是两个环节。对事物进行观察、了解、收集各种数据和素材，进行感性认识的过程，实质就是调查。在此基础上，进行理性分析、抽象、概括、整理、归纳、升华，从而得出事物的总体特征，这才能叫研究。

（二）调查与研究的区别与联系

调查研究虽然经常作为一个词语使用，但调查与研究还是有一定区别的，调查是研究的前提和基础，研究是调查的发展和深化。

调查是指通过各种途径，运用各种方式方法，有计划、有目的地了解事物真实情况。研究则是指对调查材料进行去粗取精、去伪存真、由此及彼、由表及里的思维加工，以获得对客观事物本质和规律的认识。

通常做完调查就要进行研究，得出结论，否则，调查就失去意义。

二、调查研究的重要性

调查研究是一切管理工作的基础和前提，也是人们认识世界和改造世界的重要条件。对我们做好任何工作都有重要意义。

1. 调查研究是马克思主义认识论的基本要求

实践是检验真理的唯一标准。一切真知灼见都来源于社会实践，任何真理都是人们在长期的实践经验中总结出来的。调查研究是一项重要的实践活动，只有通过调查研究，才能了解事物的现状、性质和发展趋势，准确地把握事物的发展规律。这是马克思主义认识论的观点和基本要求。

2. 可以对事物未来的发展趋势予以科学预测

调查的目的更多的是为了了解组织的未来，为组织发展方向做出准确而又科学的预测。调查研究是科学认识的前提、科学预测的基础、科学发展的途径。只有善于运用调查研究这个武器，才能掌握科学发展的规律，广集科学预测的智慧，提高科学行政的效率。才能提高各项工作的针对性、实效性和预见性，创造性地开展好工作。

3. 调查研究为科学决策提供事实依据

正确的决策来源于科学预测，科学预测来源于调查研究。因此，调查研究为科学决策提供事实依据。在复杂多变、激烈竞争的市场环境面前，要提高管理者能力和工作水平，增强决策的针对性、科学性和有效性，必须重视调查研究。只有通过调查研究，认清事物本质，才能正确贯彻组织的战略意图；只有通过调查研究，才能提高统揽全局、驾驭市场变化的能力；只有通过调查研究，才能提高领导者能力和决策水平，实现科学决策和民主决策。

4. 调查研究是计划制定和执行的前提

一个组织和个人能否制定正确的计划，并对计划进行落实，就在于其对组织和个人的内外环境的情况是否做到了心中有数，判断是否准确。如果对实际情况不作深入的调查分析，若明若暗，情况不明决心大，一味从“本本”出发，或者简单地照抄照转，都会使工作发生失误，甚至造成损失。所以调查研究是计划制定和执行的前提。

三、调查研究类型

调查研究多种多样，按调查的侧重点不同，可以分为不同种类。

（一）按调查性质分（探测性调查、描述性调查、因果关系调查、预测性调查等）

（1）探测性调查：是指对产生问题的原因或调查的问题不甚明确时而所做的一种试探性（或非正式）调查。例如，最近几个月来，企业利润持续下降，但不明什么原因，这时就可以从可能影响利润增长的几个方面做一些试探性调查和分析，如是否是政策影响、质量下降、成本增加、服务不好、广告不到位等方面进行试探性调查分析。

（2）描述性调查：是对市场上存在的客观情况如实地加以描述和反映，从中找出各种因素的内在联系，即回答“是什么”的问题。描述性调查的特点是对调查的情况通过描述寻找解决问题的答案。是对“谁”“什么事情”“什么时候”“什么地点”这样一些问题的回答。如以消费者行为调查为例，就要调查本企业产品的顾客是哪些人、年龄状况、收入状况、什么时候购买、如何购买等。通过调查，把市场活动的面貌如实地描述出来。描述性调研的内容很广，是市场调研的重要组成部分，对于取得市场信息资料十分重要。

（3）因果关系调查：因果性调研是对市场上出现的各种现象之间或问题之间的因果关系进行调研，目的是找出问题的原因和结果，也就是专门调查“为什么”的问题。例如，某产品的销售增长与广告费、技术服务费增加、消费者收入有所增长等有关，因果性调研则要找出在这些关联中何者为“因”、何者为“果”，哪一个“因”是主要的、哪一个“因”是次要的，各个“因”的影响程度是多少等。

（4）预测性调查：预测性调查是在取得过去和现在的各种市场情报资料的基础上，经过分析研究，动用科学的方法和手段，估计未来一定时期内市场对某种产品的需求量及其变化趋势的调查。如市场上消费者对某种产品的需求量变化趋势调研，某产品供给变化趋势调研等。

（二）按调查内容分（社会调查、市场调查、经济调查、教育调查、公安侦查等）

（1）社会调查：社会调查是指人们为达到一定目的，有意识地通过对社会现象的考察、了解分析、研究，来了解社会真实情况的一种自觉认识活动。如婚姻状况调查、人口分布调查等。

（2）市场调查：是指用科学的方法，有目的、系统地搜集、记录、整理和分析市场情况，了解市场的现状及其发展趋势，为企业的决策者制定政策、进行市场预测、做出经营决策、制订计划，提供客观、正确的依据。

（3）经济调查：是针对人们从事经济活动时产生和需要的信息进行系统搜集的活动和过程。

（4）教育调查：是针对人们从事教育活动时产生和需要的信息进行系统搜集的活动和过程。

（5）公安侦查：是指在刑事诉讼过程中，侦查机关为查明案情，收集犯罪证据材料，证实和抓获犯罪嫌疑人，追究犯罪嫌疑人刑事责任，依法采取一系列专门的调查手段和强制性措施。

（三）按调查方式分（典型调查、重点调查、个案调查、抽样调查、全面调查等）

（1）典型调查：是指从调查对象的总体中选取少数（一个或几个）具有代表性的典型单位进行全面、深入的调查，借以认识同类事物的发展变化规律及本质的一种非全面调查。如调查国有企业改革，可以深入到某一家典型的企业调查。

（2）重点调查：重点调查是在调查对象中选择一部分重点单位进行调查的方法，也是一种非全面调查。所谓“重点单位”，是指在总体中某一方面或某些数量指标上占有整体较大比重的单位或个体。其目的是通过对重点样本的调查来大致掌握总体的基本数量情况。这些重点单位在全部单位中虽然只是一部分，但它们在所研究现象的总量中却占有绝大比重，因而对它们进行调查就能够反映全部现象的基本情况。例如，要了解全国钢铁生产的增长情况，只要对全国为数不多的大型钢铁企业的生产情况进行调查，就可以掌握我国钢铁生产的基本情况了。

（3）个案调查：是指选择某一个具体调查对象，就某种社会现象或问题对其进行深入调查研究，以求解释现象，探明原因，解决问题。个案调查有两种情形，一是专项调查，即调查的对象只有一个个体，调查的目的只是为了解这一个体的状况；二是从某一社会领域中选择一两个调查对象进行深入细致研究，这种研究的主要目的就是认识所选调查对象基本情况，而不要求借此推论同类事物的有关属性。因此，个案调查选择的调查对象，并不要求其有代表性或典型性，但要求个案本身具有独特性。

（4）抽样调查：抽样调查也是一种非全面调查，它是从全部调查研究对象中，利用随机抽样的方法抽选一部分单位进行调查，并据以对全部调查研究对象做出估计和推断的一种调查方法。抽样调查虽然是非全面调查，但它的目的却在于取得反映总体情况的信息资料，因而，也可起到全面调查的作用。根据抽选样本的方法，抽样调查可以分为概率抽样和非概率抽样两类。抽样调查已成为现代社会调查的主要方式。

（5）全面调查：全面调查是对所有调查对象一一进行调查的调查方式。例如要掌握全国人口总数及构成情况，就需要对全国每一户居民进行调查。各种普查和多数定期统计报表都属于全面调查。全面调查需要耗费较多的人力、物力、财力和时间，因此通常只用来反映最基本最重要的社会经济现象资料。

典型调查、重点调查、个案调查、抽样调查的区别：

首先，4种调查方法都是非全面调查。

典型调查与重点调查的区别：选择对象的标准不同。典型调查选典型对象，重点调查选集中性的单位作为调查对象；调查的主要目的不同。典型调查的目的是认识事物的本质和规律，多是定性调查，重点调查则多是定量调查。

典型调查和个案调查的区别：调查对象的特点不同，个案调查的对象是特定的、不可替代的，它不存在选择问题；调查的主要目的不同。个案调查的主要目的是就事论事，解决具体问题，不存在探索规律。

抽样调查则是根据随机的原则从总体中抽取部分实际数据进行调查，并运用概率估计方法，根据样本数据推算总体相应的数量指标的一种统计分析方法。

（课堂练习：口述典型调查、重点调查、个案调查和抽样调查的联系与区别。）

（四）按调查方法分：文案调查、问卷调查、现场调查、实验调查等

（1）文案调查：又称资料查阅寻找法、间接调查法、资料分析法或室内研究法。它是围绕某种目的对公开发表的各种信息、情报，进行收集、整理、分析研究的一种调查方法。

（2）问卷调查：是指通过制定详细周密的问卷，要求被调查者据此进行回答以收集资料的方法。

（3）现场调查：是调查人员在事件现场进行的一种调查方法。包括现场观察、询问、访谈等方式。

（4）实验调查：通过做实验进行验证和调查。

（课堂练习：你认为调研还可以进行怎样的分类。）

四、调查问卷设计

1. 问卷设计概念

问卷又称调查表，是各类调查研究中普遍使用的一种收集资料的工具，是为了收集人们对于某个需要调查的问题的态度、行为特征、价值观等信息而设计的一系列问题。

2. 问卷结构

一般包括标题、前言（说明）、指导语（填报说明）、主体（内容题目）、结语五个组成部分。

（1）标题：调查主题。简明扼要，点名调查主要内容。

（2）前言：即开场白，是对调查的目的、意义及有关事项的说明，一定要简明扼要，字越少越好，说清就行。

（3）指导语：是用来指导被调查者填写问卷的各种解释和说明。其作用是指导被调查者填写问卷，使他们按问卷设计的要求正确填写，以免出现填写错误。有些问卷的填答方法比较简单，可以在前言中附带一两句说明即可，不单独成一部分。有些问卷的指导语较长，一般集中在前言之后，问卷主体之前，并标有“填表说明”的标题。

（4）问卷主体：主要包括调查的问题和回答的方式等内容，是问卷的主要组成部分。主体部分首先是基本情况调查，然后是要调查的题目。问卷的题目有多种类型，尽量设计选择题、判断题，要避免问答题，这样可以较少花费被调查者时间，他们才愿意配合。

（5）结语与落款：主要是感谢的话，最后落款。

3. 问卷调查方法

传统的问卷调查是通过纸质印刷，将问卷发给被调查者，或者对照问卷题目电话调查。现在制作问卷有专门网络工具，如问卷星和各种问卷生成小程序等，调查方法也是网络调查、扫码调查等，极大提高问卷调查参与率。

五、调查报告撰写

调查是为了研究，研究结论通常以调查报告形式呈现。调查报告是对某一情况、某一事件“去粗取精、去伪存真、由此及彼、由表及里”的分析研究，揭示出本质，寻找出规律，总结出经验，最后以书面形式陈述出来。

调查报告一般由标题和正文两部分组成。

（1）标题：标题可以有两种写法。一种是规范化的标题格式，即“发文主题”加“文种”，基本格式为“××关于××××的调查报告”“关于××××的调查报告”“××××调查”等。另一种是自由式标题，包括陈述式、提问式和正副题结合使用三种。

（2）正文：正文一般分前言、主体、结尾三部分。

1）前言：有几种写法，第一种是写明调查的起因或目的、时间和地点、对象或范围、经过与调查方法，以及人员组成等调查本身的情况，从中引出中心问题或基本结论来；第二种是写明调查对象的历史背景、大致发展经过、现实状况、主要成绩、突出问题等基本情况，进而提出中心问题或主要观点来；第三种是开门见山，直接概括出调查的结果，如肯定做法、指出问题、提示影响、说明中心内容等。前言起到画龙点睛的作用，要精练概括，直切主题。

2）主体：这是调查报告最主要的部分，这部分详述调查研究的基本情况、做法、经验，以及分析调查研究所得材料中得出的各种具体认识、观点和基本结论。

3）结尾：结尾的写法也比较多，可以提出解决问题的方法、对策或下一步改进工作的建议；或总结全文的主要观点，进一步深化主题；或提出问题，引发人们的进一步思考；或展望前景，发出鼓舞和号召等。

第二节　市场调查

市场，通俗地说，是指买卖双方进行商品交换的场所，是商品流通领域一切商品交换活动的总和，是商品交换顺利进行的条件。未来同学们不管从事何种职业都要跟市场打交道，要打好交道就必须要了解市场，了解市场最好的方法就是做市场调查。

一、市场调查含义

市场调查是指用科学的方法和客观的态度，有目的、系统地搜集、记录、整理和分析市场情况，以了解市场活动的现状和未来发展趋势的一系列活动过程。为企业的决策者制定政策、进行市场预测、做出经营决策、制定实施计划，提供客观、正确的依据。

市场调查是企业管理各实施阶段的开始，对企业朝着正确方向发展，实现企业目标有重要意义。

市场调查通过科学的方法，系统客观、有目的、有计划的收集、分析、整理与问题相关的市场信息，形成市场调研报告，为解决企业产品销售问题或制定市场营销策略以及企业决策提供依据。

（课堂练习：用自己的语言说出什么是市场调查。）

二、市场调查范围和内容

1. 市场宏观环境调查

市场宏观环境调查的主要内容包括：政治法律、经济、人口、社会文化、科学技术环境和自然地理环境等方面。具体的调查内容可以是市场的购买力水平、经济结构、国家的方针、政策和法律法规、风俗习惯、科学发展动态、气候等各种影响市场营销的因素。

2. 市场需求状况调查

市场需求状况调查主要包括市场规范、总体需求量、需求结构、需求时间、市场的动向、同行业的市场分布占有率等。其中市场需求总量包括产品、顾客、地理区域、时限等；需求结构包括吃、穿、用、住、行商品的结构等；需求时间是指了解消费者需求的季节、月份以及需求时间内的品种和数量结构等。

3. 顾客消费需求调查

顾客消费需求调查主要包括消费者需求量调查、主要消费者家庭状况、主要消费者职业与教育背景、消费者收入、消费结构、消费者行为调查，包括消费者购买心理、为什么购买、购买什么、购买数量、购买频率、购买时间、购买方式、购买习惯、购买偏好和购买后的评价等。

4. 企业自身经营状况调查

（1）产品市场调查：一是调查自身产品情况，主要包括①产品生产能力；②产品质量、功能、型号、品牌，原料供应商的供应情况；③产品包装；④产品生命周期等；二是调查了解市场上其他新产品开发的情况、设计情况、消费者使用情况、消费者评价、产品生命周期阶段、产品的组合情况等。

（2）销售渠道调查：主要是对渠道的批发商、零售商、生产者自销市场的调查。

（3）促销方式调查：具体内容包括促销形式、促销活动、创新方式等。

（4）销售服务调查：企业目前提供服务的网点数量、消费者的反馈等。

5. 市场竞争情况调查

主要是对竞争对手的调查，包括竞争对手的名称、生产能力、产品的市场占有率、销售量及销售地区；竞争对手的数量、经营规模、人员组成及营销组织机构情况；竞争对手经营商品的品种、数量、价格、费用水平和营利能力；竞争对手的供货渠道情况和对销售渠道的控制程度；竞争对手所采用的促销方式、价格政策；是否还有其他潜在的竞争对手等。

三、市场调查作用

1. 有助于企业更好地吸收国内外先进经验和最新技术，从而更好改进企业的生产技术，提高管理水平

当今世界，科技发展迅速，新发明、新创造、新技术、新材料和新产品层出不穷，日新月异。这种技术的进步自然会在商品市场上以产品的形式反映出来。通过市场调查，可以得到有助于企业及时了解市场经济动态和科技信息的资料，为企业提供最新的市场情报和技术生产情报。以便更好地学习和吸取同行业的先进经验和最新技术，改进企业的生产技术，提高人员

的技术水平，提高企业的管理水平，从而提高产品的质量，加速产品的更新换代，增强产品和企业的竞争力，保障企业的生存和发展。

2. 为企业管理部门和有关负责人提供决策依据

任何一个企业都只有在对市场情况有了实际了解的情况下，才能有针对性地制定市场营销策略和企业经营发展策略。在企业管理者要针对某些问题进行决策时，如对产品策略、价格策略、分销策略、广告和促销策略的制定时，通常要了解的情况和考虑的问题是多方面的，如企业自身产品在什么市场上销售较好，有发展潜力；在哪个具体的市场上预期可销售数量是多少；如何才能扩大企业产品的销售量；如何制定产品价格，才能保证在销售和利润两方面都能增长；怎样组织产品推销，销售费用又将是多少等。这些问题都只有通过具体的市场调查，才可以得到具体的答复，而且只有通过市场调查得来的具体答案才能作为企业决策的依据。否则，就会形成盲目的和脱离实际的决策，而盲目则往往意味着失败和损失。

3. 增强企业的竞争力和生存能力

由于现代化社会大生产的发展和技术水平的进步使商品市场的竞争变得日益激烈化。市场情况在不断地发生变化，而促使市场发生变化的原因，不外乎产品、价格、分销、广告、推销等市场因素和有关政治、经济、文化、地理条件等市场环境因素。这两种因素往往又是相互联系和相互影响的，而且不断地发生变化。因此，企业为适应这种变化，就只有通过广泛的市场调查，及时地了解各种市场因素和市场环境因素的变化，从而有针对性地采取措施，通过对市场因素，如价格、产品结构、广告等的调整，去应对市场竞争。对于企业来说，能否及时了解市场变化情况，并适时适当地采取应变措施，是企业能否取胜的关键。

四、市场调查方案设计

市场调查方案是指在正式调查之前，根据市场调查的目的和要求，对调查的各个方面和各个阶段所作的通盘考虑和安排。市场调查总体方案是否科学、可行，关系到整个市场调查工作的成败。

（一）调查方案的内容

1. 调查目的和要求

根据市场调查目标，在调查方案中列出本次市场调查的具体目的和要求。

2. 调查对象

市场调查的对象一般为政策环境、市场环境、消费者、零售商、批发商、竞争对手等。

3. 调查内容

调查内容是指系统性地针对某类事物进行观察及测量，即调查什么。调查内容是收集资料的依据，是为实现调查目标服务的，可根据市场调查的目的确定具体的调查内容。调查内容要有重点、具体，条理清晰、简练，避免面面俱到，内容过多，过于繁琐，不利于调查目的的达成。

4. 调查表

调查表是市场调查的基本工具，调查表的设计质量直接影响市场调查质量。

5. 调查地区范围

调查地区范围是根据调查目的和任务而选择的调查地点。

6. 样本的抽取

调查样本要在调查对象中抽取，由于调查对象分布范围较广，应制定一个抽样方案，以保证抽取的样本能反映总体情况。

7. 资料的收集和整理方法

指利用什么方法来收集资料，用什么方法整理调查得来的资料。资料整理通常用 Excel 和专用数据分析工具 SPSS 等。

8. 调查报告撰写

调查报告谁来执笔撰写，如何分工。

（二）调查方案的设计

1. 确定调查的目的和任务

调查目的是指特定的调查课题所要解决的问题，即为何要调查、要了解和解决什么问题，调查结果有什么用处。调查任务是指在调查目的既定条件下，市场调查应获取什么样的信息才能满足调查的要求。明确调查的目的和任务是调查方案设计的首要问题，因为只有调查目的和任务明确，才能确定调查的对象、内容和方法，才能保证市场调查具有针对性。

2. 确定调查对象和调查单位

明确了调查目的之后，就要确定调查对象和调查单位，这主要是为了解决向谁调查和由谁来具体提供资料的问题。调查对象就是根据调查目的和任务来确定调查的范围以及所要调查的总体，它是由某些性质相同的许多调查单位所组成的。调查单位就是所要调查的社会经济现象总体中的个体，即调查对象中的一个个具体单位，它是各个调查项目的承担者。

3. 确定调查项目

调查项目就是所要调查的具体内容，由调查对象的性质、调查目的和任务决定。要尽可能做到项目之间相互关联，使取得的资料相互对照，以便了解现象发生变化的原因、条件和后果，便于检查答案的准确性。

4. 制定调查提纲和调查表

当调查项目确定后，可将调查项目科学地分类、排列，构成调查提纲或调查表，方便调查登记和汇总。调查表分单一表和一览表两种，单一表是每张调查表只登记一个调查单位的资料，常在调查项目较多时使用。它的优点是便于分组整理，缺点是每张表都注有调查地点、时间及其他共同事项，人力、物力和时间的耗费较大。一览表是一张调查表可登记多个单位的调查资料，它的优点是当调查项目不多时，应用一览表能使人一目了然，还可将调查表中各有关单位的资料相互核对，其缺点是对每个调查单位不能登记更多的项目。

调查表拟定后，为统一规格、便于正确填表，还要附填表说明。内容包括调查表中各个项目的解释，有关计算方法以及填表时应注意的事项等，填表说明应力求准确、简明扼要、通俗易懂。

5. 确定调查时间和调查期限

调查时间是指调查资料所属的时间。如果所要调查的是一段时期的现象，就要明确规定资料所反映的是调查对象从何时起到何时止的资料。如果所要调查的是某个时间点的现象，就要明确规定统一的标准调查时点。

调查期限是规定调查工作的开始时间和结束时间。包括从调查方案设计到提交调查报告的整个工作时间，也包括各个阶段的起始时间，其目的是使调查工作能及时开展、按时完成。为了保障信息资料的时效性，在可能的情况下，调查期限应适当缩短。

6. 确定调查方式和方法

在调查方案中，还要规定采用什么组织方式和方法取得调查资料。市场调查方式是指市场调查的组织形式，通常有市场普查、重点市场调查、典型市场调查、抽样市场调查、非概率抽样调查等。调查方式的选择应根据调查的目的和任务、调查对象的特点、调查费用的多少、调查的精度要求作出选择。

例如，调查商场顾客流量和购物情况，通常采用系统抽样调查的方式，即按日历顺序等抽取若干营业日，来调查顾客流量和购物情况。而搜集资料的方法主要有顾客流量的人工计数或仪器记数、问卷测试、现场观察、顾客访问、焦点座谈等方法。

7. 确定调查地点

在调查方案中，还要明确规定调查地点。调查地点与调查单位通常是一致的，但也有不一致的情况，当不一致时，尤有必要规定调查地点。

8. 进行经费预算

经费预算要考虑周全，只能是大致进行预算，不可能精确预算。

9. 编写市场调查计划书

五、常用市场调查方法

市场调查有很多方法，主要有文案法、观察法、试验法、访谈法、问卷法。

（1）文案法：是指查阅、收集历史和当下的各种资料，并通过甄别、统计分析得到调查者想要得到的各种资料的一种调查方法。该方法比较简单、成本低、快速，但是具有滞后性。

（2）观察法：是指调查者对被调查者的行为和特点进行现场式的描述。具体包括直接观察、隐蔽观察、公开观察、事后痕迹观察、定期观察、追踪观察等方法。其特点是可以客观地记录事实发生的现状和经过，使收集的资料具有较高的准确性和可靠性。

（3）试验法：是指企业在推行某种经济政策、具体措施或经营方法时，先进行实验试点，以收集资料，取得经验的方法。

如销售实验就是在推行某种经销方式或销售新产品前，先进行小规模的试验。通常是先由企业拿出少量的新产品进行试销，征询试用者对商品质量、价格、包装的意见，然后对实验结果进行分析，预测市场的潜在需要量，再决定是否应该大规模投放市场。此法科学，比较客观，可以收集有价值的资料。其缺点是实验过程长，成本较高，试验环境难以控制等。

（4）访谈法：访谈法包括访问和谈话，访问有电话访问、微信访问、QQ 访问、电子邮件访问、现场访问等方式，谈话有会议、拜访、现场随机拦截询问等方式。

（5）问卷法：是通过设计调查问卷，让被调查者填写调查表的方式获得所调查对象的信息。在调查中将调查的资料设计成问卷后，让接受调查对象将自己的意见或答案，填入问卷中。问卷调查是使用最多的调查方式，传统的是将纸质调查问卷发给被调查者填写。现在大量使用网络问卷调查，非常方便、快捷、面广。有专门的问卷生成工具，如问卷星、问卷网、金数据、麦客以及许多问卷小程序。

六、市场调查程序

市场调查程序通常有九个步骤，如图 4-1 所示。

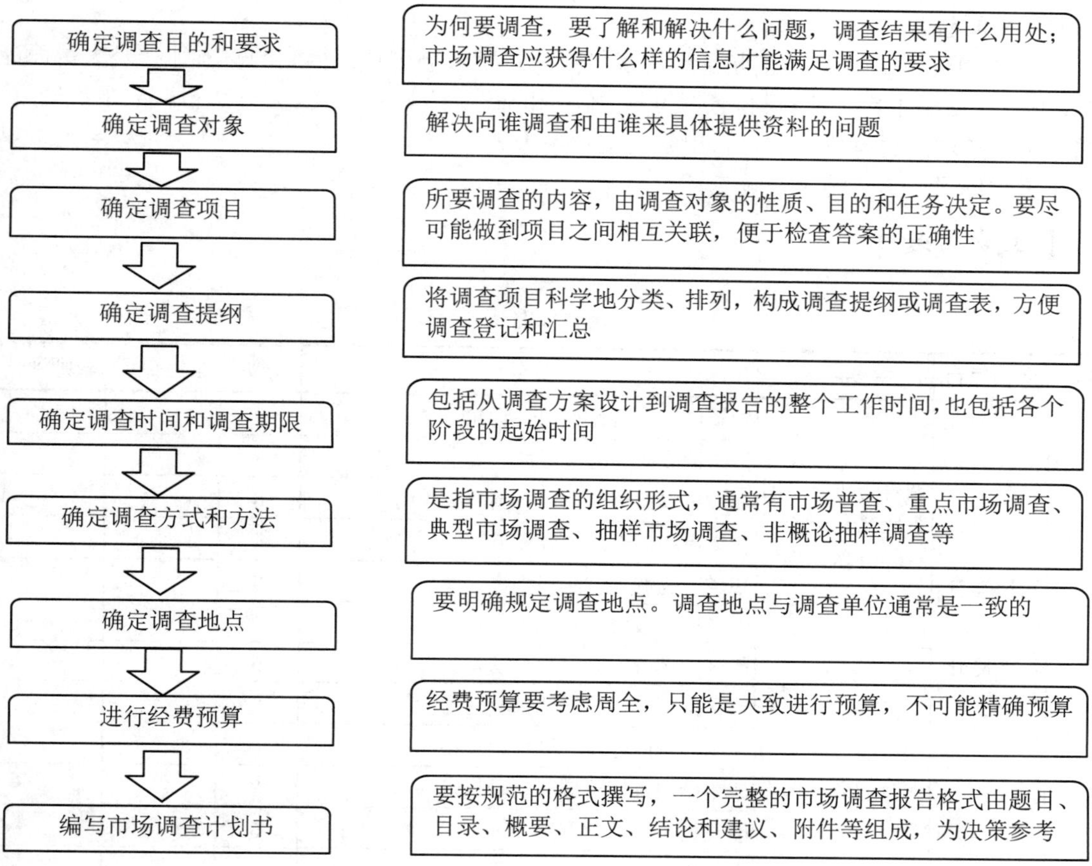

图 4-1 市场调查程序

七、市场调查报告的撰写

市场调查报告与其他调查报告格式一样，内容约有不同。市场调查报告，就是根据市场调查、收集、记录、整理和分析市场对商品的需求状况以及与此有关的资料文书。

市场调查报告的主要内容如下：

第一，说明调查目的及所要解决的问题。

第二，介绍市场背景资料。

第三，分析方法。如样本的抽取，资料的收集、整理、分析技术等。

第四，调研数据及其分析。

第五，提出论点。即摆出自己的观点和看法。

第六，论证所提观点的基本理由。

第七，提出解决问题可供选择的建议、方案和步骤。

第八，预测可能遇到的风险、对策。

注意事项如下：

（1）要实事求是，尊重客观事实。撰写市场调查报告一定要从实际出发，实事求是地反映出市场的真实情况，一是一、二是二，不夸大、不缩小，要用真实、可靠、典型的材料反映市场的本来面貌。

（2）要中心突出，条理清楚。运用多种方式进行市场调查，得到的材料往往是大量而庞杂的，要善于根据主旨需要对材料进行严格鉴别和筛选，给材料归类，并分清材料的主次轻重，按照一定的条理，将有价值的材料组织到文章中去。

（课堂练习：你认为市场调查还有哪些方法。）

【本章考核】

考核标准

序号	考核项目	主要内容	评分要点	分数	学生自评	教师评分
1	知识学习（40分）	调查与研究、调查研究和市场调查的概念理解	知道调查、研究和调查研究的含义	8		
			知道调查研究的重要性、类型和特征	8		
			知道市场调查的含义、类型和作用	8		
			知道市场调查的内容和范围	6		
			知道市场调查方法和程序	8		
			知道调查报告格式	2		
2	技能提升（40分）	调查研究和市场调查的概念运用	能区别调查、研究、市场调查等概念	6		
			能根据调查主题设计调查问卷	8		
			会用调查问卷方法进行调查	6		
			能根据调查情况撰写调研报告	8		
			能设计市场调查方案	6		
			会写市场调查报告	6		
3	职业素养（20分）	调查研究的思维习惯养成	充分认识调查研究的重要作用	10		
			养成没有调查就没有发言权的行为习惯	10		
合计				100		

学生签字	年　月　日	教师签字	年　月　日

【本章作业】

一、归纳总结本章内容

二、知识测试

（一）概念解释

1．调查
2．调查研究
3．市场调查
4．典型调查

5．抽样调查
6．因果关系调查
7．文案调查
8．问卷调查

（二）选择题

1．按照调查的性质分，调查的类型有（　　）。
A．探测性调查　　B．描述性调查
C．因果关系调查　　D．预测性调查

2．人口普查属于（　　）。
A．社会调查　　B．经济普查
C．市场调查　　D．重点调查

3．公安侦查属于（　　）。
A．社会调查　　B．经济普查
C．市场调查　　D．刑事调查

4．调查报告一般包括（　　）等部分。
A．标题　　B．前言
C．正文　　D．落款

5．市场调查的内容包括（　　）。
A．市场宏观环境调查　　B．市场竞争情况调查
C．市场需求与消费状况调查　　D．企业自身经营状况调查

（三）简答题

1．调查与研究的关系。
2．市场调查的作用。
3．常用市场调查方法有哪些？
4．市场调查程序怎样？

三、技能训练

调查本校在校大学生消费情况。
要求：
（1）按照所分小组，制定调查方案。
（2）设计调查问卷，讨论分析问卷问题编排原则是否得到体现。
（3）实施调查（网络或现场）。
（4）分析调查数据。
（5）写出调查报告。
（6）小组汇报。

四、小组讨论

1．常用的调查方法有哪些？
2．调查研究在管理过程中的作用有哪些？

五、案例分析

某市人民政府向下属企业发出一份文件，内容是提高退休工人的生活补贴。当时，该市的大多数企业纷纷出现经济滑坡现象，资金短缺，开工不足，不少在岗工人的工资都很难按月发放。接到此文件后，几乎所有的企业都反映无法执行。但此事已经媒体报道，退休工人于是不断上访，坚决要求落实政策。市政府考虑再三，最终还是草草收回文件，重新加以修改。

根据此案例，讨论分析一下调查研究在决策中的作用。

六、延伸阅读

扫描二维码阅读：大学生消费情况调查报告。

第五章　决策与计划

【管理名言】

凡事预则立，不预则废。

——《礼记·中庸》

管理就是决策。

——西蒙

做事没计划，盲人骑瞎马。

——谚语

【本章介绍】

组织有了理想与目标，进行了调查研究，就要对组织发展进行预测，在正确预测的基础上进行决策，然后根据决策制定实施计划，从而实现组织目标。因此，预测、决策和计划也是管理过程中必不可少的环节，而且也是很重要的环节。本章主要介绍预测的概念、科学预测的方法，决策的基本含义、决策的类型、决策程序、决策方法等，介绍计划的基本概念、计划类型、名词与动词计划的概念与区别、计划的制订方法等内容。

【学习目标】

1. 知识目标

（1）知道预测的概念、预测方法。

（2）知道决策的概念、决策方法。

（3）知道计划的概念、类型。

2. 能力目标

（1）能够进行科学预测。

（2）能够按照决策方法进行决策。

（3）能制定不同计划，能区分动、名词计划的不同。

3. 素质目标

（1）养成预测和决策的习惯。

（2）养成有计划的做事习惯。

【情境导入】

诸葛亮空城计

三国时期，诸葛亮因错用马谡而失掉战略要地——街亭，魏国将领司马懿乘势引大军15万向诸葛亮所在的西城蜂拥而来。当时，诸葛亮身边没有大将，只有一班文官，所带领的五千军队，也有一半运粮草去了，只剩 2500 名士兵在城里。众人听到司马懿带兵前来的消息都大惊失色。诸葛亮登城楼观望后，对众人说："大家不要惊慌，我略用计策，便可叫司马懿退兵。"

于是，诸葛亮传令，把所有的旌旗都藏起来，士兵原地不动，如果有私自外出以及大声喧哗的，立即斩首。又叫士兵把 4 个城门打开，每个城门之上派 20 名士兵扮成百姓模样，洒水扫街。诸葛亮自己披上鹤氅，戴上高高的纶巾，领着两个小书童，带上一张琴，到城上望敌楼前凭栏坐下，燃起香，然后慢慢弹起琴来。

司马懿的先头部队到达城下，见了这种气势，都不敢轻易入城，便急忙返回报告司马懿。司马懿听后，笑着说："这怎么可能呢？"于是便令三军停下，自己飞马前去查看。离城不远，他果然看见诸葛亮端坐在城楼上，笑容可掬，正在焚香弹琴。左面一个书童，手捧宝剑；右面也有一个书童，手里拿着拂尘。城门内外，20 多个百姓模样的人在低头洒扫，旁若无人。司马懿看后，疑惑不已，便来到中军，命令军队撤退。他的二子司马昭说："莫非是诸葛亮家中无兵，所以故意弄出这个样子来？父亲您为什么要退兵呢？"司马懿说："诸葛亮一生谨慎，不曾冒险。现在城门大开，里面必有埋伏，我军如果进去，正好中了他们的计，还是快快撤退吧。"于是各路兵马都退了回去。

诸葛亮之所以能大胆地以"空城"退敌，一是情况十分危急，没有其他办法，迫使诸葛亮立即决策使用此计；二是他能准确地揣摩到司马懿谨慎、多疑而心虚的心理状态；三是诸葛亮独出心裁、奇异的思维方式、敢于决策的管理品质，使他成功地化解了一时的危局。

问题：空城计说明了什么？

第一节　预测

管理的关键是决策，而决策的前提是预测。决策是在科学预测的基础上进行的。那么，什么是预测呢？

一、预测的含义

基本含义：①预先推测或测定；②指事前的推测或测定。

引申含义：所谓预测，简而言之就是对未来事物的预计和推测，是根据过去和现在来预测未来，根据已知来推测未知；是管理者在掌握现有信息的基础上，依照一定的方法和规律对未来的事态进行测算，以预先了解事态发展的过程与结果。

任何事物的运动、变化和发展都呈现出一定的规律性，这是人们能够预测的前提和依据。

由此可见，预测有如下特征：

（1）探索性。预测是根据已有的规律或客观事实、环境条件探索事物发展的必然性或可能性的活动。

（2）科学性。预测是运用科学的理论、方法和手段，运用已有的知识经验，加上判断能力实现的。

（3）规律性。被预测对象的发展趋势具有一定的规律性，而且这种规律性是可以被人们认识和掌握的，这也是人们可以进行科学预测的依据。

（4）风险性。预测毕竟是对未来的推测，不可能 100%准确或正确，有时甚至与预测的结果相反，因此，预测存在风险。

二、预测的作用

我们平时总是由于没有预测到一些事情而后悔。例如，要是早知道那只股票涨那么快，我当初就应该买；要是早知道房子会涨那么快，我当初砸锅卖铁也要买一套；要是早知道他是这样不负责任的人，当初就不应该跟他来往；要是……可惜世界上没有后悔药。为了我们少后悔，我们凡事都应该进行预测。

古人云：凡事预则立，不预则废。预测作为一种手段，能为人们提供关于事物未来的信息，帮助人们预先勾画出事物未来发展的大致轮廓并提出多种有科学依据的假设和判断。

1. 为决策者提供科学决策和计划的依据

预测直接服务于决策，是科学决策的前提条件。科学决策是科学预测的结果。预测就是揭示事物发展趋势及其决定性因素，为决策者提供关于未来的可能性信息。科学的预测包含了对决策未来影响的评估，可以达到预先检验决策的目的，从而使决策者能及时修正决策方案，防患于未然，使决策更完善，更具可行性。

2. 科学预测有利于组织目标的实现

决策者要做出正确的抉择，必须首先了解所面临的新形势、新情况、新问题和新目标。同时，要想抓住主要矛盾，确定主攻方向，选准主要目标，完成新任务，还要充分估计在事物发展过程中将会出现的新变化，采取什么有效的途径和措施加以解决。只有解决了“将来可能怎么样”的问题，决策才能有的放矢地决定“要使将来成为什么样”。决策要科学，就必须依靠预测提供科学依据。有预见，才能办法多，有选择，才能稳操胜券，实现预定目标。

3. 有利于把握机会，做好应对准备，提早做出应对方法

未来发展有很多不确定性，有的可能存在风险，但使用科学预测方法，有利于人们或者组织把握机会，做好应对准备，提早做出应对方法。

4. 预测的正确与否决定组织未来的成功与失败

显然，组织未来的成功与失败，首先取决于决策的成功与成败，而决策的成功与失败又取决于预测所提供的信息是否准确。决策是一种面向未来的活动，管理活动的成败，取决于决策是否符合事物的发展变化规律；而决策的科学与否，又在很大程度上取决于对未来的分析与判断是否正确。如果预测信息准确可靠，管理者就能根据组织目标的需要和事物发展的趋势、特点以及可能的结果，确定正确的方法和手段，做出科学的决策，取得成功，反之就会失败。

（课堂练习：你认为预测还有哪些作用。）

三、预测的方法

（一）定性预测法

1. 含义

定性预测法又称直观预测法，它是由预测者根据已有的历史资料和现实资料，依靠个人经验和综合分析能力，同时征集他人意见建议，对预测对象的未来发展趋势做出判断，以判断为依据做出预测。

2. 定性预测方法

定性预测法通常有典型分析法、意见集中法、专家预测法、德尔菲法和类比法等，其中

使用较多的是专家预测法。

（1）典型分析法：典型分析是一种由个别到一般、由点到面的认识方法，这种方法之所以是科学的，在于它符合人们对客观事物规律的认知。任何事物都是共性和个性的统一体，共性寓于个性之中，并通过个性表现出来，所以人们通过对个别的具体事物进行典型分析，达到对一般规律的认识，从而做出科学预测。由典型分析方法虽然可以得到对一般规律的认识，但这也是相对的，只是在一定时间和范围内才具有普遍性。说明、分析具体问题时，还应注意具体问题具体分析。选取恰当的典型，是搞好典型分析的重要条件，缺乏代表性的事物不应作为典型分析的对象。同时，选取典型时，还要注意典型的多样性。

（2）意见集中法：也叫集合意见法，是由调查人员召集组织内部或组织外部的相关人员，根据个人对事件的接触、认识、市场信息、资料及经验，对未来情况做出判断预测，并加以综合分析的一种方法。该方法特别适合于企业预测，如市场开发、市场容量、产品销售量、市场占有率预测等。

（3）专家预测法：是通过选取需要预测对象领域的专家，运用专家的知识和经验，直接分析研究和寻求其特征规律，并推测未来的一种预测方法。包括专家会议法、德尔菲法等。

（4）德尔菲法（Delphi）：也叫专家意见法。专家针对需要决策的问题进行独立思考后匿名发表意见，专家成员之间不发生横向关系，只与决策管理人员发生关系。意见归纳分析后再匿名反馈给专家，再次征求意见。经过反复填写问卷，最后汇总成基本一致的看法。

特点：匿名性、反复性、定量性、集体性、准确性。

优点：花费少，得到的信息量大。

缺点：耗时，互动性差。

德尔菲法步骤：

1）拟定调查提纲，提出预测问题、预测期限、希望达到的标准。

2）选定预测专家，所选专家应与预测主题的学科领域相符，但考虑的领域面要广。专家人数通常为20～50人，可多达100人。

3）以函询的方式向专家发送征询表。

4）搜集、整理、综合专家意见，将经过统计处理的汇总材料再寄回专家进行第二轮征询，一般要进行三轮到四轮。

5）对专家们的最后意见进行分析、处理，得出预测结果。

（5）类比法：是一种最古老的认知思维与推测的方法，是对未知或不确定的对象与已知的对象进行归类比较，进而对未知或不确定对象提出猜测。例如，我们类比地球环境，推测火星可能存在生命。

（二）定量预测法

1. 含义

是指借助数学模型进行预测分析的各种方法。

2. 定量预测方法

通常有时序预测法和因果预测法。时序预测法是根据历史数据的时间序列对未来的变化趋势进行预测，主要包括简单平均法、移动平均法、指数平滑法、季节指数法和趋势延伸法。因果预测方法是根据事物间的因果关系对预测变量的未来变化进行分析，包括回归分析法、矩阵法和计量经济方法等。

例如天气预报、海洋预报、经济预测、社会发展规律预测等用的就是数学分析模型进行的预测。

（三）预测与占卜

1. 古代占卜

“占”意为观察，“卜”是以火灼龟壳，认为就其出现的裂纹形状，可以预测吉凶福祸。它通过研究观察各种征兆所得到的不完全的依据来判断未知事物或预测将来。这种靠玄门数术预测人们吉凶祸福的占卜显然是不科学的，它是依据自然现象来推断人的命运，将某种自然现象与人的命运人为联系起来，显然是没有依据的。

2. 科学预测

科学预测是运用推理、判断和建立相应的技术模型等科学手段，预测事物对象发展的可能趋势和变化规律，从而获得该对象的未来信息，把握其发展方向，对它的发展变化做出预估，以便于估计发展变化的未来影响，提出有针对性的行动方案，避免或减少盲目性。

四、市场预测

企业要生存发展，最重要的是要了解市场。为了提高管理的科学水平，减少决策的盲目性，企业需要通过预测来把握经济发展或者未来市场变化的有关动态，减少未来的不确定性，降低决策可能遇到的风险，使决策目标得以顺利实现。市场预测就是运用科学的方法，对影响市场供求变化的诸多因素进行调查研究，分析和预见其发展趋势，掌握市场供求变化的规律，为经营决策提供可靠的依据。

市场预测包括很多方面，如市场容量预测、市场购买力预测、价格趋势预测、产品投放预测、营销方式预测等，还有资本市场预测，如金融市场预测、期货市场预测、基金市场预测等。

第二节　决策

人人都需要决策，人人都经历过决策，事事也需要决策，大到国家的大政方针、小到个人的学习生活以及家庭的日常事务都需要决策，决策贯穿于人的一生，贯穿于个人和组织的所有活动以及管理的全过程。个人高考填报志愿、择偶、结婚、找工作等都是人生较大的决策。决策是管理的主要内容，很多学者认为决策是管理的首要职能，体现了管理的本质。所以，西蒙认为：“管理就是决策。”2020 年伊始，武汉新型冠状病毒疫情爆发后，党中央、国务院做出了一系列正确的重大决策，如采取武汉封城、春节假期延长、全国驰援武汉等措施，使这场旷世疫情迅速得到控制，否则，后果难以想象。在军事活动中决策更加常见，要打赢每一场战役都需要指挥人员做出正确决策。可见，决策的重要性。

一、决策含义

“决策”一词的英文为 Decision Making，汉语词典里的意思是做出决定或选择。但如何给决策下一个通俗的定义，至今没有统一看法。

本书认为，决策是指管理者为了实现特定目标，在科学预测的基础上，综合历史资料、现实信息以及自身经验，系统分析主客观条件，提出若干可行的行动方案，并对各方案利弊进行分析，从而选出最满意方案的过程。即决策是管理者经过各种考虑和比较之后，对应当做什么和应当怎么做所做的决定。

进一步理解：

（1）决策的目的是为了实现某一目标，或者为了解决某一棘手的问题。没有目标当然就不需要决策，没有棘手的问题也不要决策。一般解决比较明确的问题，不需要决策，而是直接指示或直接行动。只有遇到难以解决或难以决断的问题才需要决策。如人们经常遇到左右为难、束手无策的问题，就需要决策。

（2）决策是在预测的基础上，要有两个以上可以实施的预选方案。决策之前首先要进行预测，在科学预测的基础上进行决策。决策实质上是选择行动方案的过程。如果只有一个备选方案，就不存在决策的问题。因而，至少要有两个或两个以上可行方案，人们才能从中进行比较、选择，最后选择一个最优方案为行动方案。

（3）决策是一个遇到问题—分析问题—解决问题的过程。决策本身就是一个过程，当遇到难以解决的问题时，人们就需要对问题进行分析（应该做什么），最后如何解决这个问题（应该怎么做），这个过程就是决策。从这个意义上说决策就是解决问题的过程。

决策的过程性还可以理解为，所有决策不是一成不变的，随着环境、情况发生变化，决策需要随时变化。

做出正确决策不容易，这需要决策者掌握全面信息，需要决策者具备丰富知识、能力和胆识，需要决策者有强烈的事业心和公信力，同时决策需要集体决策和个人决策相结合。

决策者有时会做出错误决策，这就需要决策者根据事情发展状况及时做出决策调整，以便应对突发状况，从而实现目标。

（课堂练习：淡淡你理解的决策。）

二、决策的特征

1. 普遍性

决策存在于人类活动的各个方面，特别是管理活动之中，因而具有普遍性。

2. 超前性

任何决策都是针对未来行动的，是为了解决已面临的、待解决的问题以及将来会出现的问题，因此，决策是超前性的行动。

3. 目标性

决策就是为实现目标服务，没有目标就不需要决策。决策目标就是决策所需要解决的问题，只有遇到问题必须解决的时候才会有决策。

4. 选择性

决策必须具有两个以上的备选方案，通过比较评定来进行选择。

5. 可行性

决策所做的若干个备选方案应是可行的，这样才能保证决策方案切实可行。所谓“可行”，一是指能解决预定问题，实现预定目标；二是方案本身具有实行的条件，比如技术上、经济上都是可行的；三是方案的影响因素及效果可进行定性和定量的分析。

6. 过程性

决策既非单纯的“出谋划策”，又非简单的“拍板定案”，而是一个多阶段、多步骤的分析判断过程。而且，过程中可能会出现错误的情况，因而，要不断进行修改决策。决策始终存在计划的执行过程之中，因而具有过程性。

7. 科学性

决策绝不是胡乱决断，是在科学方法指导下进行的，那种拍着脑袋决断的行为是不科学的，很容易出现决策失误。科学决策并非易事，它要求决策者能够透过现象看到事物的本质，认识事物发展变化的规律性，才能做出符合事物发展规律的决策。

8. 风险性

决策本身是对未来事情的一种判断，未来毕竟是未来，因而任何决策都存在风险的。

三、决策在管理中的地位和作用

1. 决策是决定组织管理工作成败的关键

一个组织管理工作成效大小，首先取决于决策的正确与否。决策正确，可以提高组织的管理效率和经济效益，使组织兴旺发达；决策失误，则一切工作都会徒劳无功，甚至会给组织带来灾难性的损失。因此，对每个决策者来说，重点不是做出决策，而是如何使决策做得更好、更合理、更有效率。

2. 决策是实施各项管理职能的保证

决策贯穿于组织各个管理职能之中，在组织管理过程中，每个管理职能想要发挥作用都是离不开决策的，无论是计划、组织职能，还是领导和控制职能，其实现过程都需要决策。没有正确的决策，管理的各项职能就难以充分发挥作用。

3. 决策是各级、各类管理人员的首要工作

决策不仅仅是“上层主管人员的事”。上至国家的高级领导者，下到基层的班组长，均要做出决策，只是决策的重要程度和影响的范围不同而已。“管理就是决策”，包括组织管理、个人管理，只要管理，就需要决策。

4. 民主决策有助于提高组织的凝聚力

民主的决策能明确目标，统一行动，让组织成员明白工作的方向和要求，具有凝聚作用，它能创造良好的企业文化，改进管理水平。由于民主的决策是大家达成的共识，更加易于执行，更为有效。

（课堂练习：决策还有哪些作用？）

四、决策的类型

决策分类多种多样，按照不同的内容可以分为不同类型。

1. 按决策的重要程度划分，可分为战略决策（宏观决策）、管理决策（中观决策）和业务决策（微观检测、局部决策）

战略决策事关组织兴衰成败，是带有全局性、长远性的大政方针决策。这类决策主要由组织最高层领导行使。管理决策是指为了实现战略目标而做出的带有局部性的具体决策，它主要由中层领导行使。业务决策又称日常管理决策，主要由基层管理者负责进行。战略决策适用于组织目标、方正的确定，企业产品的更新换代等。管理决策适用于企业生产计划和销售计划的制订等。业务决策适用于日常工作的分配、检查等。

2. 按决策的重复程度划分，可分为程序化决策和非程序化决策

程序化决策又叫重复性决策。它是指事件经常重复发生，能按照原来已规定的程序、处

理方法和标准进行的决策。其决策步骤和方法可以程序化、标准化，重复使用。如，若条件没有大的改变，明年的招生计划，应该与今年的相同。非程序化决策又称随机决策。它是指具有极大偶然性和随机性的，又无先例可循的决策活动，其方法和步骤也难以程序化、标准化，不能重复使用的。这类决策在很大程度上依赖于决策者的知识、经验、洞察力、逻辑思维判断以及丰富的实践经验来进行。如诸葛亮草船借箭、空城计等。

3. 按决策的可靠程度分类，可分为确定型、风险型和不确定型决策

确定型决策是指各种可行方案的条件都是已知的，并能较准确地预测它们各自的后果，易于分析、比较和抉择的决策。确定型决策是一种肯定状态下的决策。决策者对被决策问题的条件、性质、后果都有充分了解，各个备选的方案只能有一种结果。这类决策的关键在于选择肯定状态下的最佳方案。风险型决策是指各种可行方案的条件大部分是已知的，但每个方案的执行都可能出现几种结果，各种结果的出现有一定的概率，这种概率是可知的，决策的结果只能按概率来确定，这种决策存在着一定风险。不确定型决策与风险型决策类似，每个方案的执行都可能出现不同的后果，但各种结果出现的概率是未知的，需要凭决策者的经验、感觉和估计做出决策。

4. 按照决策的急需程度分，当场决策（当机立断）和事先准备的决策

平时大多数决策都是有准备的决策，事先通过充分调研，充分沟通讨论，充分借鉴比较，此类决策较为科学，风险性较小。但有时遇到突发情况，来不及商量、细想，这种在紧要时刻必须毫不犹豫地立即做出决断，就是大家平时说的当机立断。当机立断需要勇气和胆识，要敢于担当，当然，这样的决策风险性较大。军事战场上需要当机立断的时候较多。如诸葛亮的空城计、红军北上长征等都是当机立断的典型例子。

5. 按决策的主体不同，分为个人决策和集体决策

个人决策是由领导者凭借个人的智慧、经验及所掌握的信息进行的决策。决策速度快、效率高是其特点，适用于常规事务及紧迫性问题的决策。个人决策的最大缺点是带有主观和片面性，因此，全局性重大问题则不宜采用。

集体决策是集合多个人、多方面意见后形成的决策。集体决策的优点是能充分发挥集体智慧，集思广益，慎重决策，从而保证决策的正确性、有效性；缺点是决策过程较复杂，耗费时间较多。它适宜于制定长远规划、全局性的决策。

6. 按时间长短分，有长期决策、短期决策和定期决策

长期决策是指有关组织今后发展方向的长远性、全局性的重大决策，又称长期战略决策，如投资方向的选择、人力资源的开发和组织规模的确定等。短期决策是为实现长期战略目标而采取的短期策略手段，又称短期战术决策，如企业日常营销、物资储备以及生产中资源配置等问题的决策都属于短期决策。定期决策是组织遇到的问题总是重复或类似，对这类问题的决策就是定期决策。

7. 根据决策依据分，经验决策和科学决策

（1）经验决策是指决策者根据个人的知识、才干和经验做出的决策。经验决策是人们常用的，但只能用于简单问题的决策，重大而复杂的问题不宜采用经验决策。

（2）科学决策是指决策者根据科学决策的理论、程序、方法、设备做出的决策。科学决策是决策重大、复杂问题必用的。但由于它的程序、方法比较复杂，一般而简单的问题不需用科学决策。经验决策和科学决策各有长处，相辅相成，互相渗透，因此，在决策时，领导者应

当把两种方法结合起来。

（课堂练习：决策还可以怎样分类？）

五、决策方法

（一）定性决策方法

定性决策主要是以讨论的方式，用语言文字描述的一种决策方法，通常有会议法、德尔菲法、头脑风暴法。

（1）会议讨论法也叫民主集中制方法，就是决策者需要对某件事情进行决策时，组织相关人员（或专家）开会讨论，征集大家意见，集思广益，最后形成统一意见，形成决议。这也是集体决策的一种常用方法，是组织和单位使用最多的一种方法。

（2）德尔菲法（见前述德尔菲预测法）。

（3）头脑风暴法又称智力激励法、BS 法、自由思考法、思维共振法，是由美国创造学家 A.F.奥斯本于 1939 年首次提出，1953 年正式发表的一种激发性思维的方法。该方法按照一定规则，采取召开创造性思维会议的形式展开。要求发言不重复、不质疑、不反驳，没有框架限制，可以补充观点。

实施步骤：准备阶段－明确问题－重新表述问题－畅谈阶段－筛选阶段

设主持人一名，主持人只主持会议，对各种意见都不作评论。设记录员 1～2 人，要求认真将与会者每一设想不论好坏都完整地记录下来。大家畅所欲言后，将多数人的意见进行筛选、集中，形成决策依据。

头脑风暴会议原则：

- 禁止批评和评论。
- 目标集中，追求设想数量，越多越好。
- 鼓励巧妙地利用和改善他人的设想。
- 与会人员一律平等，各种设想全部记录下来。
- 主张独立思考，不允许私下交谈，以免干扰别人思维。
- 提倡自由发言，畅所欲言，言而不尽，任意思考。
- 不强调个人的成绩，应以小组的整体利益为重，注意和理解别人的贡献，人人创造民主环境，不以多数人的意见阻碍个人新的观点的产生，激发个人追求更多更好的主意。

（二）定量决策方法

定量决策的类型一般根据性质不同分为确定型、非确定型、风险型 3 种。

1. 确定型决策方法

所谓确定型决策亦称标准决策或结构化决策。是决策人已经知道未来将要出现哪种自然状态情况下的决策，只要按既定的目标在该自然状态下从多个备选方案中选择一个最佳行动方案。

例如：某企业可向 3 家银行借贷，但利率不同，分别为 8%、7.5%、和 8.5%。企业需决定向哪家银行借款。很明显，向利率最底的银行借款为最佳方案。这就是确定型决策。此外，像企业中确定状态下的库存管理，生产日程计划或设备计划的决策都属于确定型决策。

常用的确定型决策方法有：直观判断法、盈亏平衡点法、线性规划法、ABC 分析法等。

（1）直观判断法。直观判断法是指预测者和决策者凭着已往的知识经验和综合分析能力，或依靠群众的智慧和经验进行预测决策的方法，是一种传统的预测决策方法，又称“经验判断法”。

（2）盈亏平衡点法。盈亏平衡法，是运用量、本、利之间关系的理论，对产品投入的可行性进行论证，从而进行决策的一种方法。

它是研究生产、经营一种产品达到不盈不亏时的产量或收入的决策问题。这个不盈不亏的平衡点称为盈亏平衡点。显然，生产量（或销售量）低于这个产量时，则发生亏损，超过这个产量（销量）时，则获得盈利（图 5-1）。

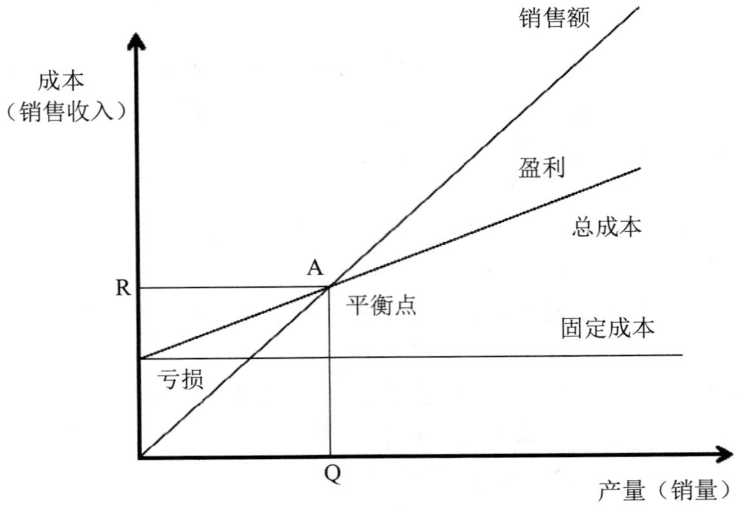

图 5-1 盈亏平衡分析示意图

如图 5-1 所示，随着产量的增加，总成本与销售额随之增加，当到达平衡点 A 时，总成本等于销售额即成本等于收入，此时不盈利也不亏损，此点对应的产量 Q 即为平衡点产量；销售额 R 即为平衡点销售额。同时，以 A 点为界线点，形成亏损和盈利两个区域。

盈亏平衡点公式：盈亏平衡点销量=固定成本/（销售单价-单位变动成本）

例题：某公司生产的一种新机器，定价为每台 10 万元，通过近两年的销售情况分析，每台生产成本 6 万元，固定成本为 400 万元。问：该机器销量多少不会亏本？如果因为采用新的技术，致使每台生产成本减少 2 万元，问：这时只要销售多少台就不会亏本？

解：1）盈亏平衡点销量=固定成本/（销售单价-单位变动成本）=400/(10-6)=100 台。即生产 100 台保本。

2）盈亏平衡点销量=固定成本/（销售单价-单位变动成本）=400/(10-(-2))=34 台。即生产 34 台即可保本。

（3）线性规划法。线性规划是运筹学中研究较早、发展较快、应用广泛、方法较成熟的一个重要分支，它是辅助人们进行科学管理的一种数学方法。该方法是研究线性约束条件下，线性目标函数的极值问题的数学理论和方法，英文缩写 LP。此法广泛应用于军事作战、经济分析、经营管理和工程技术等方面。也可为合理地利用有限的人力、物力、财力等资源作出最优决策提供科学的依据。如物流管理中仓储优化配置、运输线路优化、成本最优设计等都广泛使用线性规划法。

（4）ABC 分析法。ABC 分析法也叫重点管理法，它是根据事物在技术或经济方面的主要特征，进行分类、排队，分清重点和一般，有区别地实施管理的一种分析方法。

2. 风险型决策分析

也称随机型决策，是指在几种不同的自然状态中，决策人不能肯定未来究竟将出现哪种自然状态，但是各种自然状态出现的可能性，即概率，决策人是可以通过调研预先估计或能计算出来。

风险型决策分析法通常又有决策表分析法、决策树分析法、矩阵计算法等。

下面简单介绍决策表和决策树分析法。

（1）决策表法：决策表又称判断表，是一种呈表格状的图形工具，适用于描述处理判断条件较多，各条件又相互组合、有多种决策方案的情况。

例：某企业在下年度有甲、乙两种产品方案可供选择。每种方案都面临滞销、一般和畅销 3 种市场状态。通过充分调研，各状态的概率和损益值（如果正值是指利润，如果负值指损失值，二者皆称损益值）见表 5-1。

表 5-1　市场决策方案表

市场状态概率 P / 损益值 S / 损益值方案	滞销	一般	畅销	收益
	p0.2	p0.3	p0.5	P*S
甲方案	s20	s70	s100	=75
乙方案	s10	s50	s160	=97

因此可见，选方案乙。

（2）决策树：决策树（Decision Tree）一般都是自上而下生成的。每个决策或事件（即自然状态）都可能引出两个或多个事件，导致不同的结果，把这种决策分支画成图形很像一棵树的枝干，故称决策树。

决策树的构成有 4 个要素，分别是决策结点、方案枝、状态结点和概率枝，如图 5-2 所示。

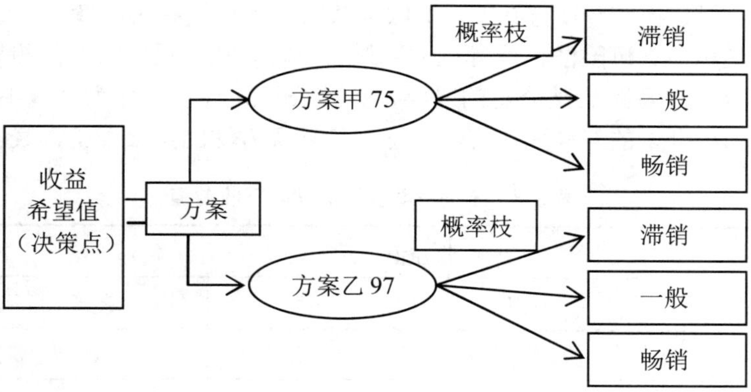

图 5-2　决策树分析图

仍然以上题为例，根据决策树分析图所示显然，选择方案乙最佳。

由此可以看出，决策表法和决策树法是同样的决策方法，它们决策过程都是利用了概率论的原理，不同的是一个用表格，一个用树状。决策树法的基本原理是用决策点代表决策问题，用方案分枝代表可供选择的方案，用概率分枝代表方案可能出现的各种结果，经过对各种方案在各种结果条件下损益值的计算比较，为决策者提供决策依据。

由此可见，风险型决策是指每个备选方案都会遇到几种不同的可能情况，而且已知出现每一种情况的可能性有多大，即发生的概率有多大，因此在依据不同概率所拟定的多个决策方案中，不论选择哪一种方案，都要承担一定的风险。所以称为风险型决策。

（3）不确定型决策分析。在实际决策中，有些客观条件不由决策者控制，这类决策分析称为不确定型决策。不确定型决策是指决策者只知道未来出现哪几种自然状态，而不知道究竟具体出现哪一种。

也就是说，决策者是在无法估计具体行动方案所处状态概率的情况下进行的主观决策。不确定型决策所处的条件和状态都与风险型决策相似，不同的只是各种方案在未来将出现哪一种结果的概率不能预测，因而结果不确定。这种决策风险比风险型决策更大。

例如：证券投资、房地产投资、创业开公司等都是非确定型决策。

不确定型决策分析方法通常有乐观法、悲观法、后悔法。

1）乐观法，也叫“大中大”法。采用大中取大法进行决策时，首先计算各方案在不同自然状态下的收益，并找出各方案所带来的最大收益，即在最好自然状态下的收益，然后进行比较，选择在最好自然状态下收益最大的方案作为所要的方案（表 5-2）。

表 5-2　不同方案在不同情况下收益表

各种方案在不同情况下的收益（单位：万元）			
	畅销	一般	滞销
A．改建生产线	180	130	-40
B．新建生产线	260	100	-80
C．外包生产线	100	70	16

在上例中，A 方案的最大收益为 180 万元，B 方案的最大收益为 260 万元，C 方案的最大收益为 100 万元，经过比较，B 方案的最大收益最大，所以选择 B 方案。

大中取大法又称最大风险法，是一种甘冒最大风险以获取最大收益的投资方法。

例如，当投资者准备购买某公司的股票，且该公司经营状况分为好、中、差时，相应地也有大批、中批和小批量的三种购买方法。这三种购买方法的结果如下，表 5-3

表 5-3　不同方案在不同状态下收益值

收益值（万元）				
	好	中	差	最大收益
大批购买	13	10	-3	13
中批购买	9	6	2	9
小批购买	6	4	3	6
最大收益中的最大值				13
拟采用方案				大批购买

在上述 3 种方案中，各种方案的最大收益值分别为 13 万元、9 万元和 6 万元。由此可见，最大收益值中的最大值为 13 万元。故而选取最大收益值为 13 万元时所对应的大批购买方案。

这种方案选择方式，是以公司在最好情况下获得大盈利状况为依据来进行决策的。如果未来状况与决策的预期完全吻合，则投资者可获得最大收益值 13 万元。但如果结果与决策者的乐观预期完全相反，则有可能导致投资者亏损 3 万元的结局。因此，采用此种投资方法，需要投资者具备足够的勇气和冒险精神。

最大风险法适合那些具有一定的经济基础且属于进取型的投资者选用。

2）悲观法，也叫“小中大”法，或叫“最小风险法”。最小风险法是从诸方案中找出不同自然状态下的最小收益值，再从这些最小收益值中选择一个收益值最大的方案作为最优方案，然后予以采纳和实施，故称小中取大法。

仍然以上例说明，数据见表 5-4。

表 5-4　不同方案在不同状态下收益值

收益值（万元）				
	好	中	差	最小收益
大批购买	13	10	-3	-3
中批购买	9	6	2	2
小批购买	6	4	3	3
最小收益中的最大值				3
拟采用方案				小批购买

在上述 3 种方案中，各种方案的最小收益值分别为-3 万元、2 万元和 3 万元，由此可见，最小收益值中的最大值为 3 万元，也即在最小收益值为 3 万元时，所对应的购买方案风险最小，故宜选取小批购买的方案。不管公司经营状况如何，投资者均可获得最小收益 3 万元。

最小风险法是一种较为稳妥的投资决策方法，较适合保守型的投资者采用。

3）遗憾值法，又称后悔值分析法。决策者在决策时，一般易于接受某一状态下收益最大的方案，但由于无法预先知道哪一种状态一定出现，因此，当决策时如果没有采纳收益最大的方案，就会有后悔之感。我们把最大收益值与其他收益值之差作为后悔值，决策者自然希望后悔值最小（遗憾最小）。即在假设各方案总是出现遗憾值最大的情况下，从中选择遗憾值最小的方案为最满意方案的一种决策。

例题：根据市场预测，某商品未来销售有畅销、中等、滞销 3 种可能，现有 3 种经营方案 d_1、d_2、d_3，在现实主义决策标准下，进行方案决策。其收益见表 5-5。

表 5-5　不同状态下各种方案收益表

方案 / 收益 / 状态	d_1	d_2	d_3
畅销	100	150	600
中等	0	50	-250
滞销	-100	-200	-300

解：首先计算在各自然状态下，各方案的机会损失。上表中 3 种状态的最大值分别为 600，50，-100，分别减去各方案收益值，即得出机会损失表，见表 5-6。

表 5-6 不同状态下各种方案机会损失表

状态 \ 收益 \ 方案	d_1	d_2	d_3
畅销	500	450	0
中等	50	0	300
滞销	0	100	200

由上可知，d_1、d_2、d_3 3 种方案的最大机会损失分别为 500，450，300。选最小者，则 $d^*=d_3$。

六、决策过程

决策过程是指从问题提出到定案、到实施、到控制等所经历的一系列过程。决策是一项复杂的活动，有其自身的工作规律性，需要遵循一定的科学程序。在现实工作中，导致决策失败的原因之一就是没有按照严格科学的程序进行决策，因此，明确和掌握科学的决策过程，是管理者提高决策成功率的一个重要方面。当然，管理者的决策会受到其个性、态度、行为、伦理观、价值观以及文化等诸多因素的影响。

决策过程的步骤，如图 5-3 所示。

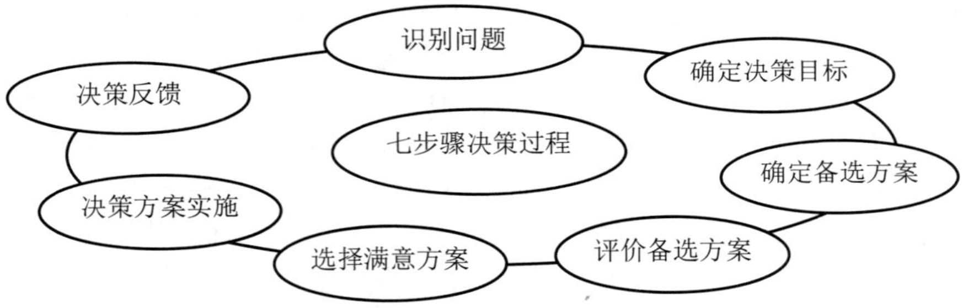

图 5-3 七步骤决策过程图

（一）识别问题

决策是针对所要解决的问题而进行的，因此发现和确定需要解决的问题就成为决策的起点。如果什么问题都不存在，那就没有必要作决策。识别问题包括寻找问题和找寻问题原因。

（二）确定决策目标

决策是为了解决问题，找到问题以后，就要确定这个问题能不能解决。有时由于客观环境条件的限制，管理者尽管知道存在着某些问题，也无能为力，这时决策过程就到此结束。如果问题在管理人员的有效控制范围之内，问题是能够加以解决的，则要确定应当解决到什么程度，明确预期的结果是什么，也就是要明确决策目标。

决策目标是指在一定的环境和条件下，根据预测所希望得到的结果。目标的确定十分重要，同样的问题，由于目标不同，可采用的决策方案也会大不相同。

目标的确定，要经过调查和研究，掌握系统准确的统计数据和事实，然后进行由表及里、去伪存真的整理分析，根据对组织总目标及各种目标的综合平衡，结合组织的价值准则进行确定。决策目标的内容应当明确、具体，不能含糊不清。

（三）拟定备选方案

一旦机会或问题被正确地识别出来，管理者就要提出达到目标和解决问题的各种方案。

提出备选的决策方案不是一件容易的事情，需要决策者具有一定的创造力和想象力，以及其个人经验、经历和对有关情况的把握能力。

初步的决策方案理论上越多越好，可以避免遗漏，当然实际中要量力而行。为了提出更多、更好的方案，需要从多种角度审视问题，要广泛征询他人的意见。可以通过头脑风暴法、名义小组法和德尔菲法等方法进行。

（四）分析评价备选方案

备选方案可能有很多种，要根据方案的可行性、满意程度和可能产生的后果来分析比较各种方案的利弊。

（五）选择满意方案

在对各个方案分析评价的基础上，决策者最后要从中选择一个最优或者满意方案。

在抉择方案时要注意以下问题：

（1）任何方案均有风险。不管决策过程如何科学，似乎已经选定了一个最佳的方案，但也存在一定的风险。这是因为因素的不确定性只能减少到最低限度而不可能完全消除。因此，在决策时要将预感、直觉、机遇与事实、逻辑、系统分析全部结合起来进行抉择。

（2）不一味追求最佳方案。由于环境的不断变化和决策者预测能力的局限性，以及备选方案的数量和质量受到不充分信息的影响，因此决策者可能期望的结果只能是作出一个相对令人满意的决策。

（3）在最终选择时，也可以不作任何选择。有时不采取任何行动，反而可以避免不必要的风险。

（六）决策方案实施

方案的实施是决策过程中至关重要的一步。在方案选定以后，管理者就要制定切实可行的实施方案，包括具体措施和步骤。

（七）决策反馈

由于组织内部条件和外部环境的不断变化，原来所做出的决策也要随之发生变化。这就要求管理者要不断修正决策方案来减少或消除因变化带来的不确定性。因客观情况发生重大变化，致使原先决策目标确实无法实现的，则要重新寻找问题或机会，确定新的目标，重新拟定可行的方案，并进行评估、选择和实施。

第三节　计划

科学的决策，为组织或个人发展指明了方向，但如何实现决策目标，就需要有计划，过程包括制订计划、实施计划、落实计划。

计划既是名词也是动词，作为名词叫工作计划，作为动词叫计划工作，很多学者认为，计划工作是管理的主要职能之一。

一、名词意义上的计划——工作计划

一般名词意义上的计划包括工作计划、学习计划、生活计划、成长计划等，本书主要阐述工作计划。

（一）工作计划的含义

作为名词的计划，是指用文字、表格和指标等形式所表述的组织以及组织内不同部门和不同成员，在未来一定时期内关于行动方向、内容和方式安排的管理文本，也叫工作计划。也可解释为组织或部门对即将开展的工作所做的设想和安排，如提出任务、指标、方法、时间、预算和责任人等。

工作计划在行政管理活动过程中是一种使用范围很广的重要公文。机关、团体、企事业单位的各级机构，对一定时期的工作预先作出安排和打算时，都要制定工作计划，拟写“工作计划”这种公文，包括规划、计划、要点等，如“×××‘十四五’发展规划”“2020年度××工作计划”“×××教育局2020年度工作要点”等。

（二）工作计划的格式和内容

工作计划是将组织在一定时期内的活动任务、工作内容分解到组织的每个部门、每个环节和每个人，从而为每个部门、每个环节和每个人在该时期的工作提供依据。工作计划的格式和内容如下：

（1）计划的名称。包括订立计划单位或团体的名称和计划期限两个要素，如“××学校2020年工作计划”。

（2）计划的具体要求。一般包括工作的目的和要求、工作的项目和指标、实施的步骤和措施等，也就是为什么做、做什么、怎么做、做到什么程度。

计划主要是由以下几个要素构成的。

1）工作内容：明确目标、数量、额度、程度。

2）工作分工：明确由谁来完成，落实责任和标准。

3）工作方法：明确完成的方法，包括人员组合、服务内容、销售方法、产品结构。

4）工作进度：明确完成的时间。

5）工作反馈：在执行过程中发现问题，对人员和方法进行更合理的调整，确保工作计划的顺利进行。

工作计划不需要华丽的辞藻。简单、清楚、可操作是工作计划要达到的基本要求。

（3）最后写订立计划的日期和落款。

（三）工作计划的作用

计划是连接目标与目标之间的桥梁，也是连接目标和行动的桥梁。没有计划，实现目标往往可能是一句空话。计划对于人生来说相当重要，如果你在计划上失败了，那你注定会在执行上失败。没有计划的人生杂乱无章，看似忙碌却是空虚的。列宁指出过：“任何计划都是尺度、准则、灯塔、路标。”

1. 计划对个人的作用

俗话说：一日之计在于晨，一年之计在于春，一生之计在于计。计划在每个人的学习、成长、工作、生活过程中起着重要作用。为什么有的人成功，有的人碌碌无为，很大程度上是和他们计划制定的好坏具有重要关系。

计划对个人的重要作用如下：

（1）督促提示，起到鞭策的作用。人是有惰性的，是需要鞭策的。如果没有一个量化的指标给予压力，靠人的自觉性来完成一项工作，就会出现拖拉，或者出现一些想象不到的偏差，比如，完成时间滞后了，质量水平降低了，留下小尾巴了，埋下隐患了等。因此，如果制订好一个计划，按照计划的步骤、要求来完成一项工作，结果可能就会令人满意。因此，计划起到一种督促与监督的作用，还可以预防和纠正执行过程中出现的偏差。

同时，现在工作任务往往很重，事情很多，而人脑不是电脑，很多时候人们忙起来的时候就会忘记一些东西。如果事先没有制订出具体的计划，很容易有意无意地遗忘或忽略一些环节或事情。但如果一开始就制订出具体的计划，将这些事情或环节写进计划书中，就可以提示到了某阶段要做哪些工作，这时工作计划起到提示的作用。因此，工作计划制定越早越好。

（2）理清思路，提高效率的作用。制订工作计划的过程实际是对整个事业如何实现阶段目标的思考过程，是一个理清思路的过程。思路理清了，心中有数了，结果就不会太差。

同时，现代社会竞争激烈，为了提高竞争力，就必须要提高工作效率。要提高效率就要制定工作计划。有了计划，工作就有了目标，就能避免盲目性，使工作循序渐进、有条不紊。有些人总觉得有千头万绪的事情要做，但就是不知道从何下手，久而久之事情越积越多，就更加束手无策了。

（3）培养习惯，增强能力的作用。经常制订工作计划，可以使人的生活、工作和学习比较有规律性，养成良好的习惯，会让人变得不拖拉、不懒惰、不推诿、不依赖，是一种成就事业必须具备的习惯，可以让你脱颖而出。

制订工作计划不仅可以很好地完成工作，还可以更快地提高个人工作能力、管理水平，以及发现问题、分析问题与解决问题的能力。

（4）增强信心，提供动力的作用。计划给人的行为设定明确的方向，使人充分了解自己每一个行为的目的和结果。使自己知道什么是最重要的事情，有助于合理安排时间。计划能够使人希望得到想要的结果，从而产生持续的信心、热情与动力。

（5）总结回顾，不断创新的作用。完成计划后都需要进行总结，总结的依据就是计划的完成情况。同时，在制订新的工作计划时，可以回顾以前做的计划中存在的不足，总结出一些经验，提前预防再次出现同类问题，这样，每一次制订的工作计划都会比前一次的好一些。

（课堂练习：计划对个人还有哪些作用？）

2. 计划对组织管理的重要作用

任何一个组织和单位，为了做好工作，有效推进各项工作的开展，都要制订适合自身特点的、切实可行的计划。计划对组织管理的作用也是显而易见的。

（1）计划是管理者指挥的依据。组织的一切管理活动，都是围绕着实现组织的计划目标而展开的。管理者在管理过程中，要以计划目标为依据进行指挥和控制，对出现的问题也是对照计划目标进行检查和调整。

（2）计划是组织成员工作的指南针，指明方向，减少内耗。对任何组织来说，切实可行的计划是开展工作的行动纲领和目标。有了计划，工作就有了明确的目标和具体的步骤，就可以协调大家的行动，增强工作的主动性，减少盲目性，使工作有条不紊地进行，从而实施高效管理。

（3）计划是降低风险，掌握主动的手段。企业加强计划管理，主要是为了减少失误，提高经济效益。加强计划管理，可以通过事先科学预测和企业内外部条件的全面分析，制定出具有科学依据和可行性的行动方案，从而避免较大的经营风险。而且，计划在执行的过程中，还可通过经常的检查和调整，及时防止不良后果的发生。面对复杂多变的环境，企业通常要制定多方案的计划，以适应不同的环境变化。

（4）计划是减少浪费提高效益的办法。计划管理通过各种资源在数量上的综合平衡和空间、时间上的合理安排，使各种资源得到充分利用，减少浪费，降低流通成本，提高企业的经济效益。特别是资金的有效利用，对企业的正常经营和提高经济效益至关重要。

（5）计划是管理者进行控制的标准。人们在计划的行政效力作用下按其提出的任务、步骤和要求等积极主动地去工作，从而推动工作的有效开展，起到督促作用。同时，可以根据计划的指标和要求进行检查，就能够清楚地评定工作优劣，挖掘出工作中的问题所在，并及时总结经验教训，从而使各项工作在日后的开展中更加顺畅。

（6）计划为组织的考核评价提供依据。计划是检查实施工作进度和考核工作质量的现实依据和标准。有了考核依据和标准，组织就能对员工进行客观评价。

（四）工作计划类型

工作计划有许多种类，按照不同标准可以分为不同的计划类型。

（1）根据计划的具体性区分，宗旨（使命）、战略、目标、政策流程、设想、打算、规划、安排、方案、预算、要点等都属于计划类型。

1）宗旨（使命）：宗旨和使命是规定组织的宏观任务，决定组织的性质，是区别于其他组织的重要标志，是一种长远计划。

2）战略：战略是一种针对组织发展的大谋略，是对组织整体性、长期性、基本性问题的长远规划。

3）目标：是计划的一种，是人们打算或希望要实现的目的和效果，也可以说是人们计划要实现的目的或效果，因此，有时说目标就是计划。

4）政策：国家政权机关、政党组织和其他社会政治集团为了实现自己所代表的阶级、阶层的利益与意志，以权威形式标准化地规定在一定的历史时期内，应该达到的奋斗目标、遵循的行动原则、完成的明确任务、实行的工作方式、采取的一般步骤和具体措施。政策实质是阶级利益的观念化、主体化、实践化反映。

5）流程：流程是指工作顺序，指工作事项的活动流向，是一种按照流程来制定和处理未来活动方案的计划。

6）设想：比较粗略和雏形的计划，只是在头脑中的一个计划轮廓。可以是长远或近期的。

7）打算：是一种粗线条的、其想法不太成熟的非正式计划。打算是基于未来的，或者是原本想这么做的，大多根据可预见的情况来做计划。

8）规划：比较长远、宏大的计划。

9）安排：比较切近、具体的计划。

10）方案：比较繁杂、但全面的计划。

11）预算：以数字或货币表示的规划

12）要点：比较简明、概括的计划。

图 5-4 各种形式计划

（2）按计划形式区分，有文字形式和表格形式。

1）文字形式。这是工作计划最常用的形式，无论什么类型的计划都可以用文字表达，也叫文本计划，通常叫工作计划书，有时也叫策划书或计划方案。计划书是一个人或团体在一定时期内的具体计划。工作计划要求简明扼要、具体明确，用词造句必须准确，不能含糊。一般包括工作的目的和要求，工作的项目和指标，实施的步骤和措施等，也就是做什么、为什么做、怎么做、做到什么程度。根据需要与可能，还要规定出由谁来执行，以及在一定时期内所应完成的任务和应达到的工作指标。在明确了工作任务以后，还需要根据主客观条件，确定工作的方法和步骤，采取必要的措施，以保证工作任务的完成。

通用格式如下：

一是标题：要标明单位名称、期限和种类。简明扼要，直截了当，点名主体。如“×××2020 年销售部工作计划（书）”“×××3.15 促销计划书/策划书/策划方案）”。

二是正文：是计划的主要内容，包含以下方面。

- 引言：说明为什么制订计划，简单分析现实情况。
- 指导思想：根据什么制订工作计划，即制订计划的依据，包括根据党和国家的什么方针、政策法令，上级的哪些指示精神；本单位的实际情况，包括当前的形势和本单位的具体条件，过去的经验教训；工作安排的纲要，即概括地说明计划最基本的内容；开展工作的目的，即通过实施计划，要解决什么问题，取得什么成效。
- 工作目标：包括总目标和具体目标，这是计划的灵魂。计划就是为了完成这些目标而制订的。制定目标时最好用量化指标，用数字表示。如一年内销售额达到 100 万。
- 工作内容：这是工作计划的主体，具体的工作任务是什么，要列出来，计划就是为了完成这些任务而制订的。
- 工作措施：要明确何时实现目标和完成任务，就必须制定出相应的措施和办法，这是实现计划的保证。
- 实施步骤：包括执行计划的工作程序和时间安排以及执行人。
- 执行希望。这基本上是正文的结束语，要写得富于鼓动性和号召力，尽量避免空泛或千篇一律，变成毫无用处的套话。

三是落款：包括计划制定主体（单位、个人）、日期。

还有一种最简单的工作计划就是直接列出需要完成的任务和工作，无需套用其他语言。

例如，本年度需完成以下工作：①完成市场调研两次；②完成销售额 100 万元；③……

2）表格形式。表格形式的工作计划也叫工作计划表，工作计划表就是使用表格的形式反映工作计划的内容。可以用 WORD/WPS 等自己制作，也可以利用表格工具，如 Excel 自动生成表格，填写内容即可。表格是工作计划的工具，通过它将工作计划指标或要完成的工作项目列明汇总，表达出工作计划的基本内容。

常见表格有一般工作计划表、专项工作计划表、课程计划表、甘特图、负荷图等。

表格没有固定格式，可以根据需要自行设计。但不同表格中一般都有固定内容。

一般工作计划表的内容包括：

- 标题或名称，与文本计划要求一致。
- 编号、编制日期、编制部门或编制人、审核人、批准人等内容。
- 序号、工作任务。
- 起始时间、完成时间。
- 责任人。
- 效果。
- 其他说明。

一般工作计划表见表 5-7 和表 5-8。

表 5-7　2020 年度×××工作计划表

编号：		编制日期：		编制部门：	
编制人：		审核人：		批准人：	
主要工作任务					
序号	内容	起始时间	完成时间	责任人	完成效果
1					
2					
3					
…					
说明：					

表 5-8　周工作计划表

周工作计划表						
提交部门		提交人			提交日期	
星期	工作内容	达成结果	完成情况	未完成原因	解决措施	备注
一						
二						
三						
四						
五						
六						
七						

甘特图（Gantt Chart）又称为横道图、条状图（Bar Chart）。以提出者亨利·L·甘特先生的名字命名。

甘特图内在思想简单，即以图示的方式通过活动列表和时间刻度形象地表示出任何特定项目的活动顺序与持续时间。甘特图是一种线条图，横轴表示时间，纵轴表示活动（项目），线条表示在整个期间计划和实际活动的完成情况。它直观地表明任务计划在什么时候进行，及实际进展与计划要求的对比。便于管理者用于检查工作的完成进度。它直观呈现哪件工作如期完成，哪件工作提前完成或延期完成。

甘特图作为表格计划，对于项目进度一目了然，非常直观，被广泛采用。

甘特图有专门制作工具，Excel，Ganttproject，VARCHARTXGantt 等。

以 Excel 2010 制作甘特图为例。

第一步：打开 Excel 表，选中日期的数据。

第二步：右键点击并选择“设置单元格格式”。

第三步：选择为“常规”然后点击“确定”。

第四步：选中搜索区域，点击上方工具栏的“插入”。

第五步：点击“条形图”里的“堆积条形图”。

第六步：选中纵坐标，右键点击并选择“设置坐标轴格式”。

第七步：在坐标轴选项里勾选“逆序类别”。

第八步：选中横坐标，右键点击并选择“设置坐标轴格式”。

第九步：在坐标轴选项里选择“最小值”和“主要刻度单位”为“固定”。

第十步：然后点击蓝色条形部分，右键点击并选择“设置数据系列格式”。

第十一步：在填充里选择“无填充”。

第十二步：然后选择时间，右键点击“设置单元格格式”。

第十三步：恢复选择为“日期”，然后点击“确定”。

第十四步：完成甘特图。

示例见表 5-9、5-10、5-11。

表 5-9　甘特图示意表

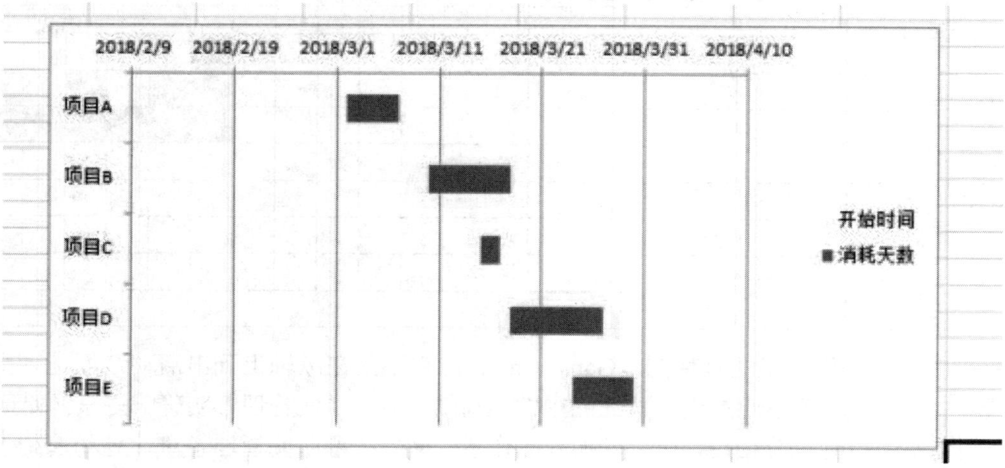

表 5-10 ×××职业技术学院新校区改造项目

施工进度计划表

工程名称：xxxx 职业技术学院新校区改造项目

序号	日期 工序	工期	时间	2019 年																	
				7 月			8 月			9 月			10 月			11 月			12 月		
				1-10	11-20	20-31	1-10	11-20	20-31	1-10	11-20	20-30	1-10	11-20	20-31	1-10	11-20	20-30	1-10	11-20	20-31
一	拆除工程	30	7 月 18 日--8 月 17 日																		
二	消防水池施工	90	8 月 18 日--11 月 15 日																		
三	宿舍楼堂内装饰装修	90	8 月 2 日--11 月 3 日																		
四	综合楼室内几点安装及调试	92	8 月 12 日--11 月 12 日																		
五	综合楼内装饰装修	112	8 月 18 日--12 月 8 日																		
六	综合楼内几点安装及调试	113	8 月 28 日--12 月 19 日																		
七	室外配电工程施工	25	11 月 24 日--12 月 19 日																		
八	收尾工程及竣工验收	10	12 月 18 日--12 月 27 日																		

备注：1、施工时间以开工报告为准、工期预期 159 天。
2、本施工进度计划在各种施工条件具备的情况下才能顺利实施
3、本施工进度计划根据施工图及结合施工现场在各专业紧密结合的状况下所编制
4、各工种必须根据本计划的进度时间调整交叉作业，配合施工，保障整体进度的实施，如空调、消防、弱电等须在装饰工程前完成。

表 5-11 ×××线上活动时间进度表

×××线上活动 时间推进表（2012）																		
时间（日）			3 月															
内容	负责人	工作成果	27	28	29	30	31	1	2	3	4	5	6	7	8	9	10	11
方案确认			方案确认															
方案提交			■															
方案审核				■														
方案确认					■													
前期准备						前期准备												
文案准备						■	■											
图片准备						■	■	■	■									
活动页面制作						■	■	■	■	■								
联系博主、微群管理员								■	■	■	■							
活动执行																		
活动发布												■						
名博转发												■	■		■		■	
微群置顶												■	■	■	■	■	■	■
活动收尾																		
公布获奖名单																		
发给奖品																		
效果分析																		
Notes																		

负荷图是一种修改了的甘特图（Gantt Chart），它不是在纵轴上列出活动，而是列出整个部门或某些特定的资源。通过检查负荷图中的负荷情况，可以使管理者明确哪些资源是满负荷的，哪些资源未得到充分使用，还可以加载工作量。负荷图可以使管理者对计划和控制生产能力的利用情况进行了解。表 5-12 为负荷图示意表。

表 5-12 负荷图示意表

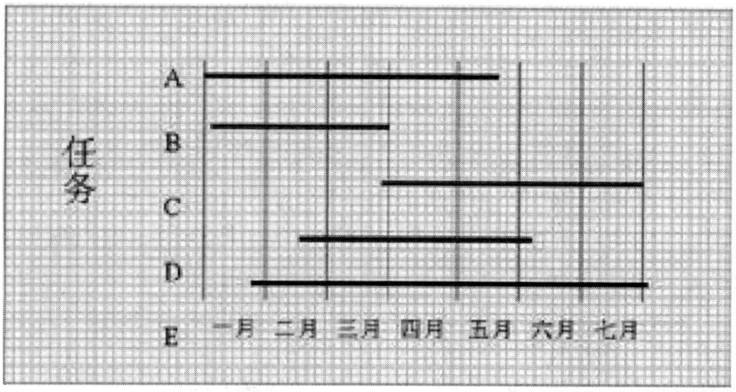

由表 5-12 可知，1—7 月有 5 个任务要完成，其中 A 项目 1—5 月完成，B 项目 1—3 月完成，C 项目 4—7 月完成，D 项目 2—5 月完成，E 项目 2—7 月完成。

3. 从计划的重要性程度来看，分为战略计划、常规计划和作业计划

（1）战略计划：战略计划是组织为长期生存和发展而制定正式战略的过程。为实现组织的长期目标而制定的事关全局、具有长远战略意义的重大计划，也叫战略规划。

（2）常规计划：是指平常个人或部门制定的综合性计划，如年度计划、工作计划、项目计划等。

（3）作业计划：是指具体的生产和作业时的计划。一般包括月度和月度以下的旬、周、日、轮班等计划。是根据企业年度计划、季度计划的要求和各单位在计划期内的具体情况来编制的，是年度计划、季度计划的延续和具体化，是组织企业日常生产经营活动，保证年、季度计划实现的有力工具。各项年度专业计划都应编制相应的短期的作业计划，如月度销售计划、生产作业计划、月度设备维修计划、月度物资采购计划、月度财务收支计划等。

显然，战略计划比作业计划重要，因为战略计划事关全局方向，方向错误，满盘皆输。作业计划，也很重要，但它是为战略计划服务的，作业计划出现一点错误，对整个局面不会有太大影响。

（4）按计划的时限划分，计划可分为长期工作计划、中期工作计划和短期工作计划或者年度工作计划、季度工作计划、月工作计划和周工作计划。

1）长期计划：通常在 5 年以上，也叫长期规划。长期计划描述了组织在较长时期的发展方向和方针，规定了组织的各个部门在较长时期内从事某种活动应达到的目标和要求，绘制了组织长期发展的蓝图。

2）短期计划：通常在 1 年以内，短期计划具体地规定了组织的各个部门从目前到未来各个较短的时期阶段，特别是最近的时段中，应该从事何种活动，从事该种活动应达到何种要求等，为各组织成员在近期内的行动提供了依据。

3）中期计划：介于长期和短期之间，中期计划是长期计划的具体化。它以组织发展战略的目标和步骤为根据，对长期计划的各项任务，给予一定时间的数量要求，并规定达到计划要求的途径和手段。中期计划按年度分列基本指标，为短期计划和年度计划提供依据。

（5）根据计划内容的明确性指标，可以将计划分为具体性计划和指导性计划。

1）具体计划：具有明确规定的目标，不存在模棱两可。比如，企业销售部经理打算使企

业销售额在未来 6 个月中增长 15%，为实现这个目标而制定的实施步骤、预算方案以及日程进度表等，就是具体性计划。

2）指导性计划：只规定某些一般的方针和行动原则，给予行动者较大自由处置权，它指出重点但不把行动者限定在具体的目标上或特定的行动方案上。比如，规定未来 6 个月内销售额要增加 10%～20%。相对于具体性计划而言，指导性计划显然更易于执行、考核及控制。

（6）按计划的任务不同，分为一般工作计划和专项任务计划。

一般工作计划如前所述。专项工作计划也叫专项任务计划、临时性任务计划，或者叫专项项目计划、专项活动计划，如“×××元旦晚会活动策划书”“×××活动方案”“×××任务计划表”等。

二、动词意义上的计划——计划工作

（一）计划工作的概念

计划工作（Plan Work）即是动词意义上的计划，有广义和狭义之分，广义的计划工作是指制订计划、执行计划和检查计划这 3 个工作阶段。狭义的计划工作是指制订计划，即根据组织内外部的实际情况，权衡客观的需要和主观的可能，通过科学的调查预测，提出在未来一定时期内组织所需达到的具体目标以及实现目标的方法或途径。简单来说，是组织为了实现决策所确定的目标，预先进行的行动安排。即打算做什么、准备怎么做的意思。

制订计划的过程是将组织目标和工作任务分解到具体部门、具体环节和具体个人的过程，并确定实现目标和完成任务的方式方法，规定任务落实的进度，检查和控制任务完成情况等。

（二）计划工作的特性

计划的根本目的，在于保证管理目标的实现。计划工作是一个指导性、预测性、科学性和创造性很强的管理活动，但同时又是一项复杂而又困难的工作。

1. 计划的目的性

制订计划的目的是非常明确的，那就是每一个制定出的计划及其派生计划都是旨在促使组织的总目标和一定时期目标的实现。

2. 计划的普遍性

计划的普遍性有两层含义：一是指社会各部门、各环节、各单位、各岗位，为有效实现管理目标，都必须要制订计划。上至国家，下至一个班组，甚至个人，无不如此。二是指所有管理者，从最高管理人员到第一线的基层管理人员都必须从事计划工作。制订计划是任何管理人员的一个基本职能，也许他们各自计划工作的范围不同、特点不同，但每个管理者都要做计划工作，都必须在上级规定的政策许可范围内做好自己的计划工作。体现管理者能力最重要的因素之一，就是他们从事计划工作的能力。

3. 计划的首位性

按照法约尔的思想，计划是 5 项管理职能的首要职能。这是因为计划是对未来要完成的目标任务的具体安排。计划没有制定，后面的领导实施、指挥、协调、控制等管理职能都没有必要存在。

4. 计划的效率性

计划工作的任务，不仅是要确保实现目标，而且是要在众多方案中选择最优的资源配置方案，以求合理利用资源和提高效率。

5. 计划的过程性

制订计划—执行计划—检查计划本身就是一个过程，计划就是将设想变成现实的过程。

6. 计划的创造性

计划工作总是针对需要解决的新问题和可能发生的新变化、新机会而作出决定的，因而它是一个创造性的管理过程。

（三）计划工作的作用

1. 计划工作是整个管理活动的首要职能

按照法约尔的观点，计划工作是全部管理职能中最基本最重要的一个职能，它是组织、指挥、协调和控制 4 个职能的前提，没有计划，后面的职能都没有必要。决策本身也是制订计划，组织的建立需要计划，组织目标的实施更需要计划，领导需要计划，控制需要计划，计划存在于管理活动的全过程。

2. 计划工作是实现组织目标的根本保证

实现组织目标是组织的首要任务和根本任务。明确的目标是各部门工作协调一致的基础。组织目标一经确立，就要想办法去实现。如何实现？制订计划是实现组织目标的有效途径，也是根本保证。

3. 消除不确定性及变化给组织所带来的不良影响

组织内外环境随时都在变化，如果没有制订计划，组织就会出现混乱，就不能应对各种变化带来的影响。计划工作承担着预测变化并设法消除这种变化对组织产生不良后果的任务。

4. 计划工作有利于提高组织运行效率和工作效率

计划工作是一项将组织的活动进行系统化的工作，它使整个组织的工作协调一致、相互配合，以发挥整体优势。计划工作确定了组织的目标和行动方案，使整个组织的活动有序、和谐，可避免盲动和不协调带来的损失。计划工作还有助于用最短的时间完成工作，减少迟滞和等待时间，有助于合理使用与控制资源，从而可以提高组织运营效率和工作效率。

5. 计划工作是控制活动的依据

计划工作不仅是组织、指挥、协调的前提和准则，而且与管理控制活动紧密相连。计划工作所确定的目标和指标体系是管理人员进行控制的基础。计划为各种复杂的管理活动确定了数据、尺度和标准，不仅为控制指明了方向，而且还为控制活动提供了依据。没有计划的活动是无法控制的，也无所谓控制。控制本身是通过纠正偏离计划的偏差，使管理活动保持与目标的要求一致。

（四）计划工作原理

计划编制有一定规律，通常根据如下原理进行。

1. 限定因素原理

限定因素原理，亦称短板原理。是指妨碍目标得以实现的关键因素。在计划编制工作中，越是能够了解和找到对达到所要求目标起限制性和决定性作用的因素，就越是能准确地、客观地选择可行的方案。在其他因素不变的情况下，抓住和改变这些关键因素，就能实现期望的目标。因此，管理人员在编制计划时要尽可能地找出和解决限定性的或策略性的因素，以便有针对性的采取措施。

2. 许诺原理

亦称任务原理或期限原理，是指在制订计划时要根据完成一定的计划目标和计划任务所需耗费的时间来确定合理的计划期限。许诺原理要求计划的许诺（任务）不能太多，因为许诺越多，则计划时期就越长，时间越长，相应的计划工作和预测就越费力，耗资也越大。而且，计划期限越长，未来的不确定性就越大，从而影响计划工作的准确性，在人力、物力、财力上都是不合算的。因此，在计划工作中选择合理的期限还应加强短期计划和长期计划之间的协调，即长计划短安排，如果短计划实现了，那么长期计划的实现就较顺利。

3. 灵活性原理

灵活性原理是指制订计划时要有灵活性，即留有余地。在计划工作中体现的灵活性越大，则由未来意外事件引起损失的危险性就越小。当然，灵活性不是无原则性，必须以更好实现组织目标为原则。需要注意的是，灵活性是指计划编制时留有余地，在执行计划时，不能留有余地。

4. 改变航道原理

改变航道原理，亦称导向变化原理。就是管理者在执行计划过程中，需要定期或不定期对计划的执行情况进行检查，以实时调整计划适应环境变化。尽管人们在制订计划时预见了未来可能发生的情况，并制定了相应的应变措施，但计划往往赶不上变化，因而在必要时就要调整计划或重新制订计划。

改变航道原理与灵活性原理不同，灵活性原理是计划编制过程中使计划本身具有适应性，而改变航道原理是使计划执行过程具有应变能力。

（四）计划工作内容

计划工作的任务和内容，就是根据社会的需要以及组织的自身能力，确定出组织在一定时期内的奋斗目标。通过计划的编制、执行和检查，协调和合理安排组织中各方面的经营和管理活动，有效地利用组织的人力、物力和财力资源，取得最佳的经济效益和社会效益。

计划工儿内容通常用 5W2H 表示，详见图 5-5 和表 5-13。

What——做什么，做成什么，是目标，用具体指标衡量。要明确计划工作的具体任务和要求，明确每一个时期的中心任务和工作重点。

Why——为什么要做。要明确计划工作的宗旨、目标和战略，并论证可行性，分析原因和依据。

Where——在哪儿做，是地点。规定计划的实施地点或场所，了解计划实施的环境条件限制，以便合理安排计划实施的空间组织和布局。

When——什么时候做，什么时候完成，是时间。规定计划中各项工作的开始和完成的进度，以便进行有效控制和对能力及资源进行平衡。

Who——谁来做，是执行主体。不仅要明确规定目标、任务、地点和进度，还应规定由哪个主管部门和哪个人来负责。

How——怎么做，是方法。制定实现计划的措施，以及相应的政策和规则，对资源进行合理分配和集中使用，对人力、生产能力进行平衡，对各种派生计划进行综合平衡等。

How much——多少预算，多少资源。

另外，一个完整的计划还应包括控制标准和考核指标的制定。

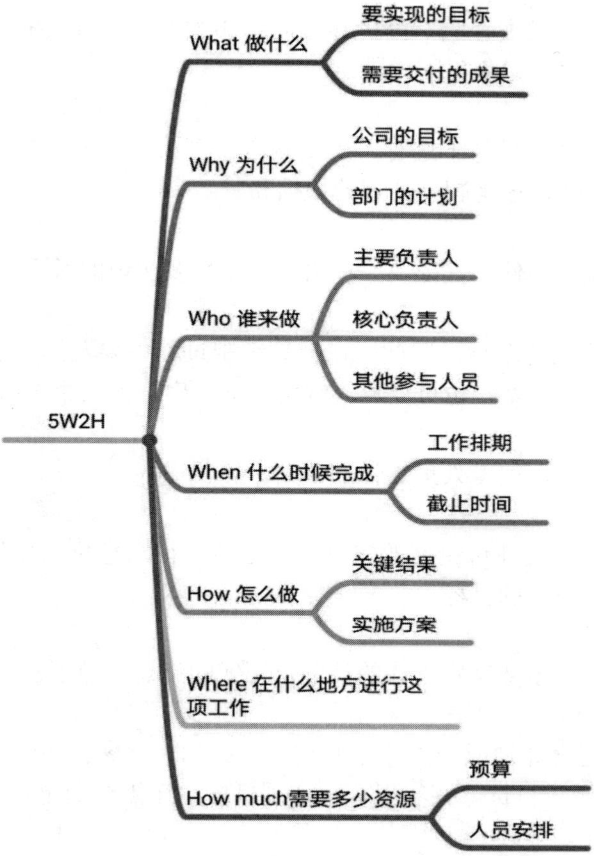

图 5-5 制订计划过程

表 5-13 某产品生产计划制定分析过程

计划内容	含义	为什么	能否改善	怎么改善	结论
对象 what	生产什么	为什么生产这种产品	能替代吗	到底生产什么	就生产这个
目的 why	目的是什么	为什么是这个目的	还有别的吗	应该是什么	就是此目的
时间 when	什么时候生产	为什么这个时候生产	其他时候可以吗	应该什么时候生产	就是这个时候生产
地点 where	在哪生产	为什么在这生产	其他地方可以吗	应该在哪生产	就在那里生产
人员 who	谁负责	为什么他来做	别人做行吗	应该由谁来做	就是他来做
方式 how	怎么生产	为什么这样生产	别的方法行吗	应该怎么生产	就是这样生产
资源 how much	多少预算、资源	为什么这么多	能否节省一点	怎么节省	最优预算

（五）制订计划的步骤

制订计划除了要遵循一定原理和规则外，一般还要按照一定的方法和步骤进行。总结过去一分析现状一确立目标一拟定可行方案一制订计划草案一修改计划草案一确定计划方案一制定辅助计划（派生计划、配套计划一制定预算一形成计划。

1. 总结过去

制订计划一定要总结过去经验，分析存在问题和教训，从过去的经验中找出规律。这样才能提高计划编制的效率，避免犯同样错误。

2. 分析现状

编制计划一定是在现有条件下进行，否则就会脱离实际。要分析现阶段外部环境和本单位的具体情况和优劣条件，这是制订计划的根据和基础。

3. 确立目标

在过去的经验和现有条件的基础上，提出组织未来要实现的目标。

4. 拟定可行方案

因为实现目标的途径有多种，因此，在计划编制过程中要发挥大家的智慧，可以由多个人一起共同讨论制定多个方案，也可以每人制定一套方案，然后集中讨论，选择最佳方案。

5. 制订计划草案

根据确定的最佳方案，由专人拟定计划草案。

6. 修改计划草案

计划草案制定后应交集体讨论修改。可以自上而下征求意见，以体现大家的意志，这样才能成为大家自觉为之奋斗的目标。

7. 确定计划方案

计划草案修改完后，就要确定正式的计划，正式的计划一经下发，大家就要遵照执行。

8. 制定辅助计划

基本计划还需要配套计划或派生计划的支持。比如，一家公司年初制定了“当年销售额比上年增长 20%”的销售目标。要实现这一计划目标，还需要制定许多配套计划，如生产计划、促销计划、激励计划等。

9. 制定预算

任何一项完整的计划必须包括预算和所需资源，否则可能难以实施。预算既是计划，也是约束，还是评价的标准之一。

（课堂练习：你平时是怎样制定自己的学习计划的？）

【本章考核】

考核标准

序号	考核项目	主要内容	评分要点	分数	学生自评	教师评分
1	知识学习（40 分）	预测、决策和计划的概念理解	知道预测、决策概念的含义和类型	8		
			知道预测、决策和计划的重要作用	8		
			知道预测、决策的常用方法	8		
			知道名词和动词意义上的计划概念和类型	6		
			掌握定量决策方法	8		
			了解制定决策的基本过程	2		

续表

序号	考核项目	主要内容	评分要点	分数	学生自评	教师评分
2	技能提升（40分）	预测、决策和计划的概念运用	能区别预测、决策和计划等概念	8		
			能用定性方法进行预测和决策	8		
			能运用定量方法进行预测和决策	8		
			能区分名词和动词意义上的计划概念	8		
			能制定文字和表格式计划	8		
3	职业素养（20分）	预测、决策和计划的习惯养成	充分认识预测、决策和计划的重要作用	10		
			养成预测、决策和做计划的行为习惯。	10		
合计				100		
学生签字	年 月 日		教师签字	年 月 日		

【本章作业】

一、归纳总结本章内容

二、知识测试

（一）概念解释

1．预测
2．决策
3．工作计划
4．计划工作
5．确定型决策
6．风险型决策

（二）选择题

1．预测的特性有（ ）。
A．探索性 B．科学性 C．规律性 D．风险性

2．定性预测是（ ）。
A．没有科学性的 B．不可信的 C．可信的 D．没有规律性

3．定性预测的方法通常有（ ）。
A．典型分析法 B．意见集中法 C．专家预测法 D．类比法

4．（ ）是定量预测法。
A．算命 B．购买力预测 C．天气预报 D．海洋预报

5．决策的本质是（ ）。
A．过程 B．管理 C．计划 D．预测

6．定性决策的方法有（　　）。

A．会议法　　B．德尔菲法　　C．头脑风暴法　　D．专家法

7．定量决策的方法有（　　）。

A．确定型　　B．风险型　　C．非确定型　　D．数学模型

8．（　　）是决策的特征。

A．普遍性　　B．现实性　　C．超前性　　D．风险性

9．不确定型决策方法通常有（　　）。

A．乐观法　　B．悲观法　　C．后悔法　　D．线性规划法

10．（　　）属于计划。

A．目标　　B．使命　　C．预算　　D．设想

11．属于数字化计划的是（　　）。

A．目标　　B．使命　　C．预算　　D．设想

12．计划工作是指（　　）。

A．制订计划　　B．执行计划　　C．检查计划　　D．准备工作

（三）简答题

1．简述预测与占卜的区别。

2．简述预测与决策的关系。

3．简述工作计划与计划工作的联系和区别。

三、技能训练

（一）分组讨论

预测10年后手机的变化和功能，写下来存在学校某一处。10年后集会再来看哪组更准确。

（二）头脑风暴法

8～10人一组，运用头脑风暴法讨论下列问题，采用抽签方式抽题。

1．小组中每人至少说出一项生活中不完美的物品和需要改进的地方？

2．找一个水杯，讨论水杯有哪些地方可以改进之处？

3．平时用塑料袋装的洗衣粉，倒入量难以掌握，如何改进？

4．衣服上的松紧带容易失去弹性，但换松紧带很困难，如何改进？

5．讨论学校和学生可以从哪些方面倡行节约？

6．用过雨伞后大家往往把雨伞随便放，不仅雨水到处流，也影响美观，如何改进？

7．高职学生毕业后是马上就业还是马上创业？马上就业可以积累经验，但耽误创业时间，马上创业可以赢得时间，但又没有经验。

8．毕业后想在学校门口开一家店？你认为开什么店可能盈利？为什么？

9．正当王小强在一家企业干得较好，准备提拔为高层的时候，他的一个铁哥们苦苦哀求他去给自己那个不景气的小公司帮忙，该公司现在不景气，但前景有可能较好。现在，一边是王小强的挚友，提供的工资勉强能够维持生活，一边是即将让王小强飞黄腾达的公司，讨论一下王小强应该怎么办？

（三）计划制定

1．以一半小组为单位，用文字计划形式制定一份年级元旦文艺晚会策划书。每组组长展

示，其他组评价。

2．另一半小组制定班级学期计划。每组组长展示，其他组评价。

四、小组讨论

（一）算命有没有科学性

1．小组辩论。从班级小组中抽出两个小组，正方持算命没有科学性观点，是迷信；反方持算命有科学性观点，不是迷信。

2．其他小组进行评价。

（二）她应该怎么选择

小刘同学，女，明年大学毕业，正在为找工作发愁。她原本计划自己创业，但又怕自己缺少经验，怕没有资金支持，怕失败；然后，她又打算专升本，但学的是物流管理专业，很少有专升本的物流管理专业；她又打算出国深造，但又担心雅思过不了，家里不一定同意；最后想一想还是找份工作，早点结婚生子。但找什么样的工作，心里也没有底，于是每天为这些想法焦虑。请大家帮帮小刘同学，她应该怎样做？

五、案例分析

被××市列为一号“政绩工程”，曾经号称“全国最大、最先进、最新潮”的××机场“仅基建拖欠款就高达 17 亿元”，该机场建成后每月客流量四五万人次，只相当于广州白云机场一天的客流量。机场设计客流量是一年 1200 万人次，但 2000 年只有 57 万人次，利用率仅是设计客流量的 1/24。

讨论：为什么会出现这种状况？

六、延伸阅读

扫描二维码阅读：1．诸葛亮借东风的故事；2．创业计划书格式。

第六章　组织与领导

【管理名言】

没有组织就没有管理，而没有管理也就没有组织。

——德鲁克

领导者需要完成的重要工作之一就是预测变化，规划未来。而要做到这一点，领导者必须具有洞察力和趋势分析能力。

——张瑞敏

企业管理过去是沟通，现在是沟通，未来还是沟通。

——松下幸之助

【本章介绍】

有了决策，有了计划，就要按照计划进行组织、实施。在这一过程中，首先要建立组织架构，产生领导，在领导的组织之下实施计划，从而实现组织目标。实施计划过程中最为关键的是沟通。本章主要讲述组织、领导、沟通的概念，介绍名词和动词意义上的组织定义、组织建立的意义、组织类型、组织文化、组织工作、组织变革等内容，介绍名词和动词的领导有什么不同，介绍沟通的含义，重点介绍领导艺术、沟通技巧等。

【学习目标】

1. 知识目标

（1）掌握名词和动词的组织概念。

（2）知道组织架构类型。

（3）掌握名词和动词的领导概念。

（4）知道沟通的含义。

2. 能力目标

（1）能够正确建立组织，合理产生领导。

（2）能够与上级、同级、下级较好沟通。

（3）对自己负责的工作，能够按计划实施。

3. 素质目标

（1）锻炼自己的领导能力和领导艺术。

（2）训练自己的沟通能力。

【情境导入】

环球公司的组织改革

环球公司原是军工企业，在我国体制改革过程中，为适应自身生存和发展的需要，在生产军品的基础上，又转向民品的开发与生产，并获得了成功。现该公司共有军用通讯设备、电话机、电话交换设备、音响设备、数码产品等五大产品系列，公司资产总值 16 亿元，员工 3600 多人。公司设立了正副总经理 6 人，下设有 21 个职能科室，各职能部门各自负责一部分管理业务。5 个副总经理分别负责生产、销售、技术、财务和人事等工作，并各自分管若干职能科室。

随着市场竞争日益激烈，该公司领导人越来越感到这种组织形式已经不能适应生产经营的需要，组织结构上存在的问题越来越突出，主要问题有：产品种类多，技术差异大，而每个管理职能部门都要涉及对所有产品的管理，因此管理人员觉得工作头绪过多，难以应付；各种产品的生产经营管理在各部门和单位之间交叉进行，相互扯皮现象严重，协调难度大；公司的高层领导整天陷入繁忙的日常事务，无暇考虑企业的长远发展。造成公司效益日益下降。

问题：环球公司存在什么问题？如何改进？

第一节 组织的概念

平常我们说组织，一般是指由诸多要素按照一定方式相互联系起来的系统，这个组织的概念是名词。但我们经常还会遇到组织活动、组织实施等，这里的组织概念显然是动词。因此，组织既是名词也是动词。

一、名词意义上的组织

（一）含义

汉语词典上，组织作为名词意为：①编制成的集体或机构，如群众组织、学生组织。②是一个系统，配合关系，如组织严密或组织松散。③生物学上的专用名词，在多细胞生物体内，由一群形态和机能相同的细胞，加上细胞间质组成的基本结构。生物体的进化程度越高，组织分化就越明显。种子植物有分生组织和永久组织；高等动物有上皮组织、结缔组织、肌肉组织和神经组织。④织物的结构形式如平纹组织、斜纹组织。

（二）定义

管理学上的名词组织是第①第②两个意思的结合，是指一群有关联的人为了实现一个共同目标而建立的一个结构化的共同体（集合体）。

通俗的定义是指为了实现既定的目标，按一定规则和程序而设置的多层次岗位及其有相应人员隶属关系的权责角色结构。

进一步理解其特点：

（1）有明确的既定目标（目的）。

（2）是由特定人员（有关联的人员）组成的。

（3）有不同层次的分工合作。

（4）具有系统化的结构。

（5）是一个利益共同体。

（课堂练习：1. 一个人管理一批物品，算不算组织？2. 动物有没有组织？家庭是不是组织？宿舍是不是组织？）

（三）组织的构成要素

1. 组织目标

组织目标是组织希望努力争取达到的未来状况。包括使命、目的对象、指标、定额和时限等。组织目标提供了衡量组织活动成功的标准和组织活动的动力，它的性质影响着组织的基本特征。因此，组织目标是组织存在的首要因素，任何组织都是围绕某一目的而组建，没有目的的组织是虚无的组织。如中国共产党的建立，其目的是为中国人民谋幸福，为中华民族谋复兴；建立学校的目的是培养人才；建立企业的目的是为了盈利，为了就业，为了社会经济发展。

2. 组织环境

组织环境包括组织外环境和组织内环境。

组织的外部环境是指组织以外、与组织发生着人员、物质、能量或信息等各种交互关系的因素。有宏观环境，如政治环境、经济环境、社会环境和文化环境；有中观环境，如市场环境、生产环境、技术环境以及微观环境，如地方政府、顾客、供应商、竞争者、新产品、替代品、社会关系等。

组织的内部环境是指组织内部各种要素构成的环境，如组织结构、组织制度、组织文化等。组织的内部环境须和外部环境发展相一致。外部环境的发展具有很大的不确定性，组织须根据外部环境的变化调整内部环境，才能使组织的内外要素相协调。

3. 管理要素

管理要素包括管理主体和管理客体，是组织构成要素的主体。任何组织都是由管理主体和管理客体组成，没有管理主体（管理者）和管理客体（被管理者）的组织也是一个虚无组织。

4. 组织结构

组织结构是组织对于工作任务如何进行分工、分组和协调合作的系统框架。显然，组织结构是构成正式组织的基本要素，没有组织结构，就没有正式组织的存在。

5. 组织文化

组织文化是组织在长期的生存和发展中所形成的为组织所特有的，且为组织多数成员共同遵循的最高目标价值标准、基本信念和行为规范等的总和及其在组织中的反映。一个组织没有规章制度、没有形成文化，这个组织就难以长期发展和生存。

（四）组织类型

按照不同评价标准，可以将组织分成不同类型。

（1）按组织规模程度分，可分为小型组织、中型组织和大型组织，如小微企业、中型企业、大型企业。

（2）按组织的社会职能分类，可分为文化性组织、经济性组织和政治性组织，文化组织如各类学校、研究机关、艺术团体、图书馆、艺术馆、博物馆、展览馆、纪念馆、报刊出版单位、影视电台机关等；经济性组织如各类企业、公司等；政治性组织如各级党政机关等。

（3）按组织内在结构分，可分为正式组织、非正式组织、自发组织。

1）正式组织。符合组织特征的群体才能叫做组织，有完整的组织结构。如工厂、机关、学校、医院，各级政府部门、各个层次的经济实体、各个党派和政治团体等，这些都是组织，也称为正式组织。不符合以上特征的不叫组织，即便如车站、食堂、图书馆等地方常常聚集大量人员，也是一个群体，但这些就不叫组织，因为他们没有统一目标，没有什么关联，没有组织结构。有些经过政府批准的群众性组织是正式组织，如妇联、共青团、工会组织、青联等。

有些协会也是自发组织，但如果经过社会组织管理主管部门批准，就是正式组织了。

2）非正式组织。一些不完全符合以上特征的群体有时也叫"组织"，但不是正式组织，而是叫非正式组织。所谓"非正式组织"是指由于某些原因、目的而自发形成的存在于正式组织内的一小部分人群。如组织中部分喜欢打篮球的人组成篮球队、喜欢棋类的人经常聚在一起、喜欢发牢骚对抗组织的小团体等。

非正式组织没有系统化结构，但有两个特点。第一，非正式组织在满足组织成员个人的心理和感情需要上，比正式组织更有优越性。所以应发挥非正式组织比正式组织具有更强的凝聚力。第二，非正式组织形式灵活，稳定性弱，覆盖面广，几乎所有的正式组织成员都介入某种类型的非正式组织。根据这两个特点，管理人员在组织工作中应有意识、有计划地促进某些具有较多积极意义的非正式组织的形成和发展，例如技术钻研、学习互助、业余娱乐等，使其成为正式组织的辅助。时机成熟和条件许可的情况下，也可将其中一些转化为正式组织。

社会生活中还存在一种组织外的"非正式组织"，我们称之为"自发组织"，是指由某些目的相同的人自发成立、自主发展、自行动作、具有一定规模的组织，通常是以民间组织形式存在，没有经过民政部门注册。例如，群众性集邮组织、群众性绘画组织、自发的技术革新组织、自发的业余文体活动组织、驴友、发烧友、黑社会组织等，都属于自发组织范畴。

各类组织比较详见表 6-1。

表 6-1　各类组织比较表

序号	比较因素	正式组织	组织内非正式组织	自发组织
1	存在形态	正式（官方）	正式（存在组织内）	非正式（民间）
2	形成机制	自觉组建	自发形成	自发形成
3	运作基础	制度与规范	共同兴趣与情感上一致	共同兴趣与情感上一致
4	领导权力来源	由管理者授予	由参与成员授认	由参与成员授认
5	组织的稳定性	相对稳定	不稳定	不稳定
6	目标	利润或服务社会	成员满意	成员满意
7	影响力的基础	职位权力	个人威信	个人威信
8	控制机制	纪律制度	物质、义气	物质、义气
9	沟通	正式渠道、公开	小道消息、私下	正式、公开
10	管理	主管部门	无	无

（课堂练习：你是如何理解非正式组织的？）

（4）按组织性质不同，可分为政府组织、社会组织、企业组织、家庭组织等。

1）政府组织指行使国家权力的所有机关组织。如工商管理部门、商品检验部门、技术监督部门、税务部门、公检法等政府其他机构和组织。政府组织的资金来源主要是国家财政和税收。

2）社会组织又称民间组织、非营利组织，对应国外一般称为非政府组织。在我国是指政党、政府和工商企业之外的各类民间性组织，是经过民政部门注册登记的组织。如冠以协会、学会、研究会、商会、促进会、联合会等名称的，基于一定社会关系形成的会员制组织——社会团体；由民间出资成立的，直接提供各种社会服务的各种民办学校、医院、福利机构等非会员制组织——民办非企业单位；基于一定财产关系而形成的财团性组织——基金会、慈善会等。

社会组织具有非营利性、民间性、自愿性、自治性、公益性特征。非营利性是社会组织的第一个基本属性，是区别于企业的根本属性。民间性、自愿性、自治性即非政府性，是社会组织的第二个基本属性。公益性或互益性是社会组织的第三个基本属性。社会组织的资金来源主要是社会捐赠、成员会费等。

3）企业组织是指依法设立的以营利为目的、从事商品生产经营和服务活动的独立核算经济组织。企业的经济来源主要是企业自身的盈利。

4）家庭是以婚姻和血缘为纽带的基本社会单位，包括父母、子女及生活在一起的其他亲属。家庭是社会最基本的细胞，是最重要、最核心的社会组织（区别非盈利组织），也是最重要、最基本、最核心的经济组织，还是人们最重要、最基本、最核心的精神家园。家庭组织的可持续发展是社会稳定发展、国家稳定发展的基石。所以，经营好家庭就是对国家、对社会最大的贡献。家庭的经济来源主要来自家庭成员的收入。

除以上分类外，现代管理学对组织形式还有更多分类，如按照组织形态分，可分为实体组织、虚拟组织、无边界组织等。这里不一一论述。

（五）组织结构

1. 组织结构的含义

组织结构是指为了实现组织的目标，在组织理论指导下，经过组织设计形成的组织内部各个部门、各个层次之间相对固定的排列方式，即组织内部的构成方式。组织结构是组织的流程运转、部门设置及职能规划等最基本的结构依据。常见的组织结构形式包括中央集权制、分权制、直线式以及矩阵式等。

组织结构的本质是为了实现组织战略目标而进行的分工与协作安排，组织结构的设计要受到组织内外部环境、发展战略、生命周期、技术特征、组织规模、人员素质等因素的影响，并且在不同的环境、不同的时期、不同的使命下有不同的组织结构模式。因此只要能实现组织的战略目标，增加组织对外竞争力，提高组织的运营效率，就是合适的组织结构。

2. 组织结构类型

组织结构通常按形式分为：直线制、职能制、直线职能制、事业部制、矩阵架构、立体架构、网络架构等。

（1）直线制组织架构。是指一个组织由最高管理者至最低执行者之间的行政指挥系统架构。类似于一条直线，一个下级只对一个上级负责，一个下级也只由一个上级进行管理的组织与管理结构。此架构是最早使用也是最为简单的一种架构，是一种低度部门化、宽管理跨度、集权式的组织结构形式。组织架构图见图 6-1。

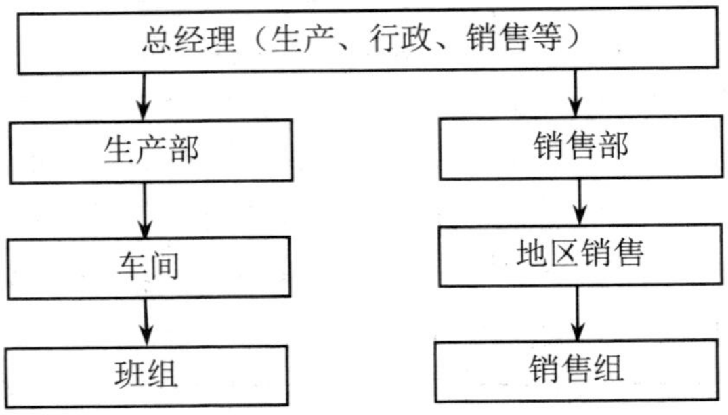

图 6-1　直线制组织架构

特点：①组织中每一位主管人员对其直接下属拥有直接职权；②组织中的每一个人只对他的直接上级负责或报告工作；③主管人员在其管辖范围内，拥有绝对的职权或完全职权。即主管人员对所管辖部门的所有业务活动行使决策权、指挥权和监督权。

优点：结构比较简单、权力集中、权责分明、信息沟通方便，便于统一指挥、集中管理。

缺点：管理者负担较重、横向沟通困难。

适用：组织规模不大、组织成员不多的中小型企业。

（2）职能制组织架构。该架构是按职能来组织部门分工，即把承担相同职能的管理业务及其相关人员组合在一起，设置相应的管理部门和管理职务。这些职能部门有权在自己的业务范围内，向下级单位下达命令和指示。组织架构图见图 6-2。

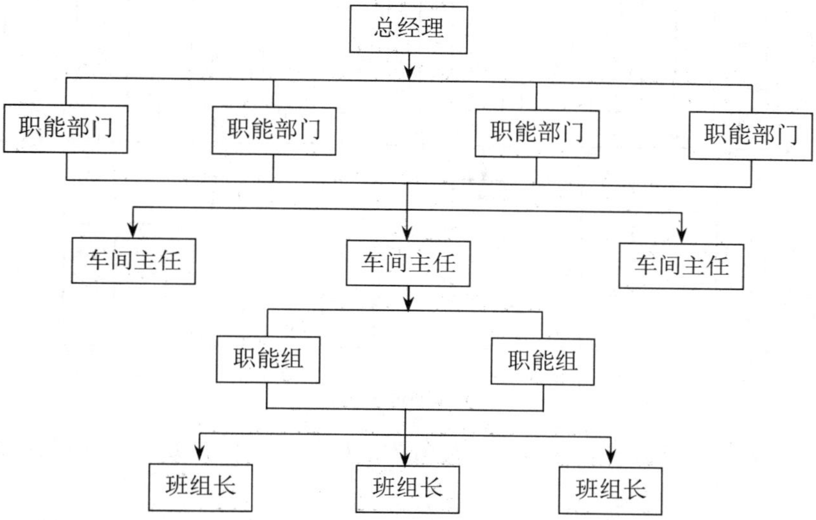

图 6-2　职能制组织架构图

特点：

1）各级管理机构和人员实行高度的专业化分工，各自履行一定的管理职能。因此，每一个职能部门所开展的业务活动将为整个组织服务。

2）组织管理权力高度集中。由于各个职能部门和人员都只负责某一个方面的职能工作，唯有最高领导层才能纵观组织全局，所以，组织的决策权必然集中于最高领导层。

优点：能够适应现代组织技术比较复杂和管理分工较细的特点，职能部门专业化，避免人力和物质资源的重复配置，能够发挥职能机构的专业管理作用，减轻上级主管人员的负担。

缺点：各职能部门各自为政，难于实现横向协调，不利于培养全面型的管理人才；不利于集中领导和统一指挥，形成了多头领导、多头指挥，使下级无所适从，负担很重，容易造成管理混乱。

适用：中小企业。

（3）直线职能制组织架构。该架构是把直线制和职能制结合起来形成的。特点是以直线为基础，在各级行政负责人之下设置相应的职能部门，分别从事专业管理，作为该级领导者的参谋，实行主管统一指挥与职能部门参谋、指导相结合的组织结构形式。职能部门拟定的计划、方案以及有关指令，统一由直线领导者批准或授权下达，职能部门无权直接决策和下达命令或进行指挥，只起业务指导作用，各级行政领导人实行逐级负责，高度集权。某校行政组织架构图如图 6-3 所示。

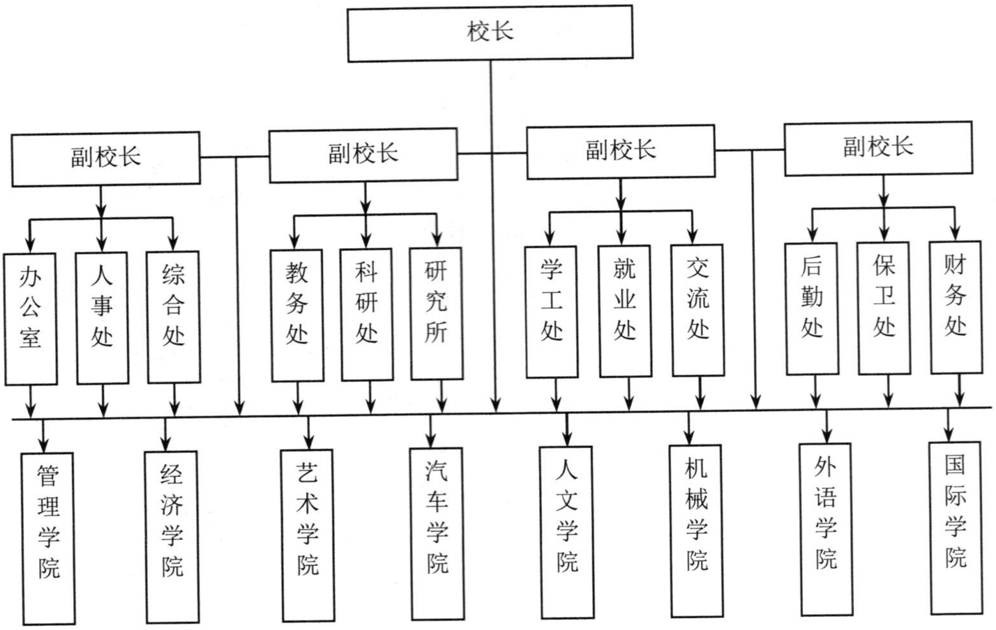

图 6-3　直线职能制组织架构图

图 6-3 中，职能部门办公室、人事处、教务处、质量办、学生处等无权自行决策，只有通过校长、副校长批准授权方可。

优点：既便于集中、统一指挥，又可发挥专业管理的长处，从而提高管理工作的效率。

缺点：权力集中，下级缺乏必要的自主权；各职能部门之间的横向联系较差，容易产生脱节和矛盾。

适用：学校、行政单位。

（4）事业部制组织架构。又称“M 型”结构，是指以某个产品、某个地区或某个行业为依据，将相关的研究开发、采购、生产、销售等部门结合成一个相对独立的组织结构形式。它表现为，在总公司领导下设立多个事业部，各事业部有各自独立的产品或市场，在经营管理和战略决策上有很大的自主权，实行独立核算，是一种分权式管理结构。特点是集中决策，分散经营，即在集权领导下实行分权管理。事业部具有 3 个基本要素，即相对独立的市场、相对独立的利益、相对独立的自主权。各事业部经理对部门绩效全面负责，总公司只保留预算、人事任免和重大问题的决策等权利，并运用利润等指标对事业部进行控制。组织架构图见图 6-4。

事业部有按产品归类的，为产品事业部。如很多陶瓷集团，就是按照不同产品划分成多个事业部，每个事业部可以在各个地区自行销售。

也有按照地区布局的，为区域事业部。如很多大型企业，设置中国区事业部、欧洲区事业部等。在国内，分为华北地区、华东地区、华南地区、中南地区、西部地区等。

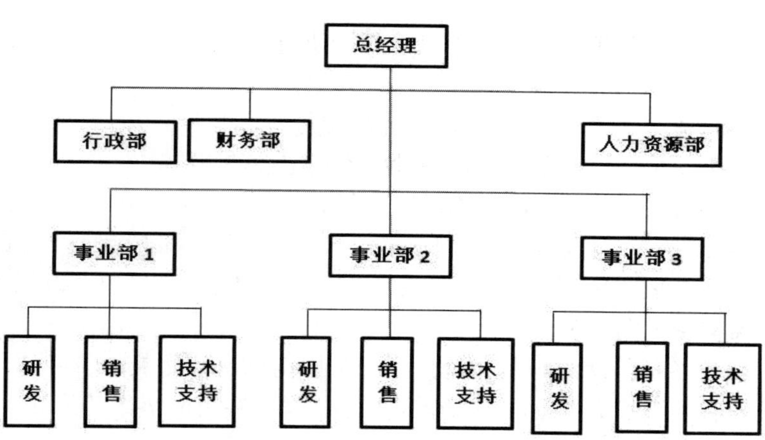

图 6-4　事业部制组织架构图

还有按行业划分的，按照不同行业划分成不同事业部，例如教育行业事业部、医疗行业事业部、电力行业事业部等。

优点：责权利划分比较明确，可以充分调动事业部员工的积极性。

缺点：事业部相对独立，对一些原本共性的资源利用，也带来了负面影响，产生了“内耗”。

适用：组织规模较大，业务较多的企业。

（5）矩阵制组织架构。是由纵向和横向两套管理系统组成的一种组织架构，一般适用于项目管理。

组织要开发一个新项目时，临时组建一个项目管理小组，项目经理有相对独立的行政权力，原有职能部门要配合项目经理完成项目任务。

项目经理直接听命于最高领导，因此，可以对职能部门直接提出要求。职能部门负责人既要对他们的直线上司负责，也要对项目经理负责。而员工既要听从职能部门主管的，又要听项目（产品）经理的。这种组织形式不仅有利于项目的综合管理，也有利于各管理职能部门的横向联系与协调。组织架构图见图 6-5。

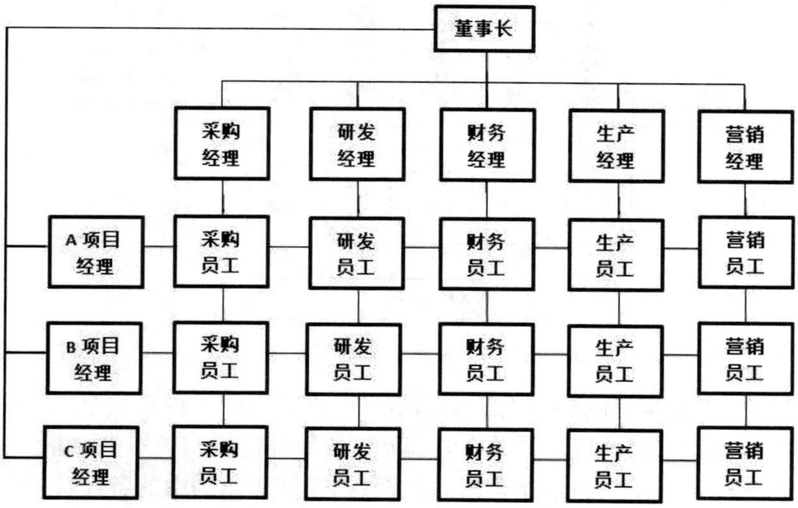

图 6-5　矩阵制组织架构图

上图中，各职能部门经理要配合各项目经理，所有员工既要听从职能部门经理指令，又要听从项目经理指挥。

优点：纵向横向结合，便于沟通配合，解决问题。

缺点：管理复杂，员工受多重管理，临时机构稳定性差。

适用：适用于项目管理，突发的、临时性的任务。

（6）立体型组织架构。是将职能部门、事业部和地区管理机构合为一体的三维组织架构形式。在这种组织架构形式下，每一体都不能单独做出决定，而必须由三方代表共同协调才能采取行动。组织架构图见图 6-6。

优点：能够促使各部门从组织整体的角度来考虑问题，从而减少了产品、职能和地区各部门之间的矛盾。有利于形成群策群力、信息共享、共同决策的协作关系。

缺点：协调难度大，决策时间长。

适用：适用于跨国公司或规模巨大的跨地区公司。

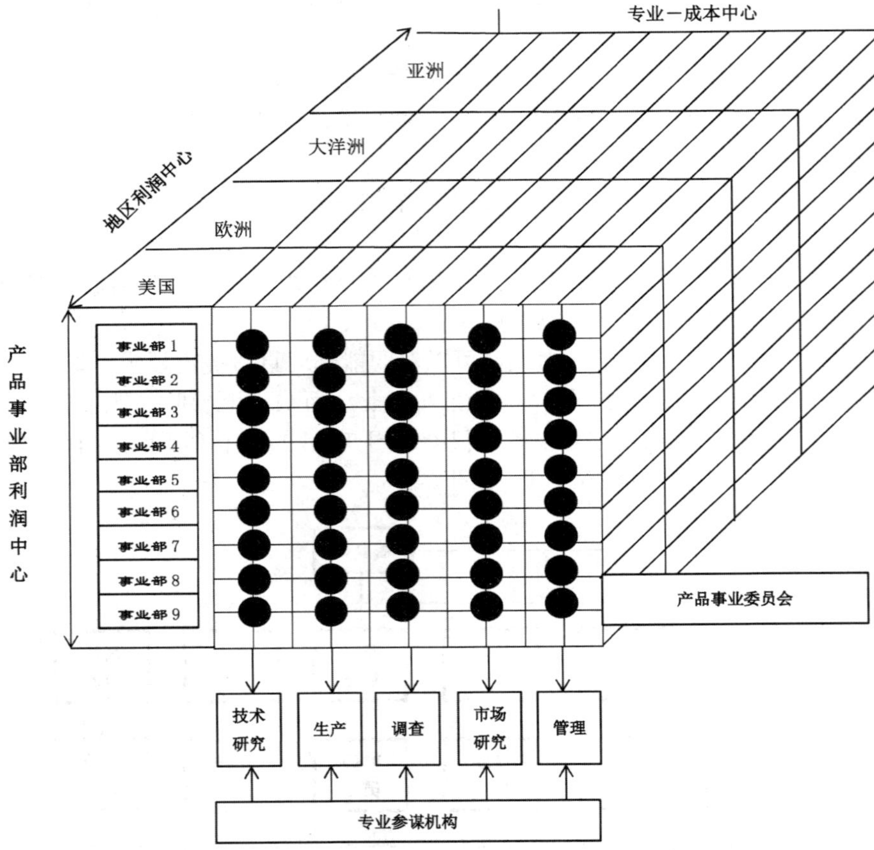

图 6-6　立体型组织架构

（7）网络型组织架构。网络型组织结构是互联网时代的一种新型组织结构形式。是由很精干的中心机构，以建立和维持契约关系为基础，依靠外部机构（外包）进行生产、制造、销售或其他重要业务经营活动的组织结构形式。被联结在这一结构中的各经营单位之间并没有正式的资本所有关系和行政隶属关系，只是通过相对松散的契约（正式的协议契约书）为纽带，通过一种互惠互利、相互协作、相互信任和支持的机制，彼此之间的联系像一张网一样，因此叫网络型组织结构，如图 6-7 所示。

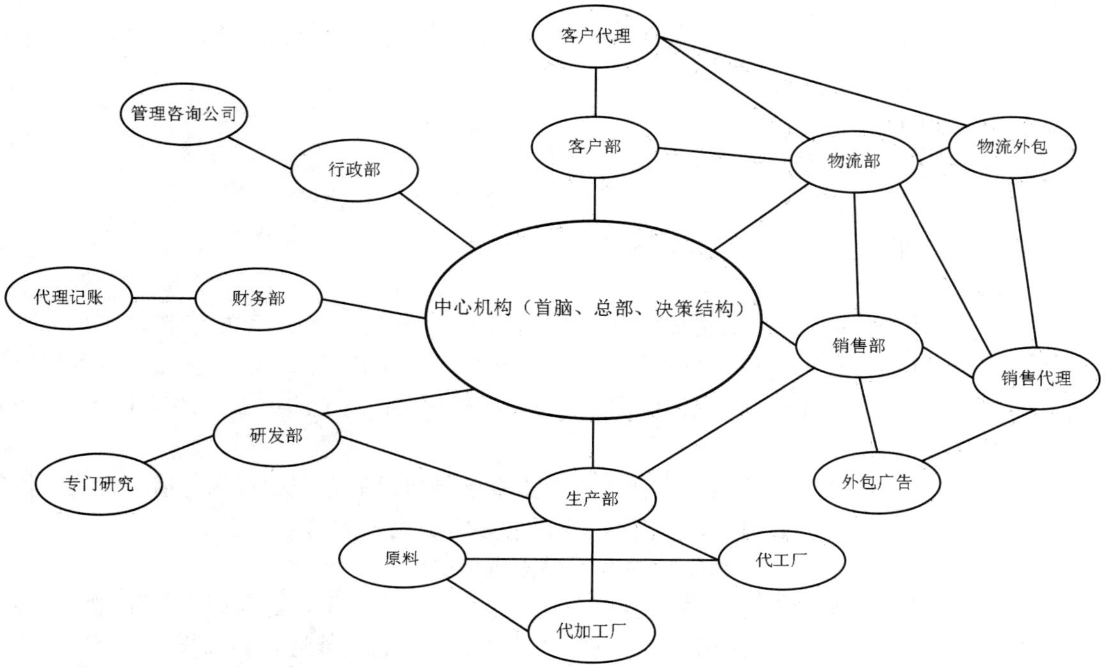

图 6-7　网络型组织架构示意图

网络型组织每个部门人员很少，只是负责对应外部部门的协调。上图中，中心总部成立了客户部对接客户，物流部实行外包，销售部搞销售代理、广告外包，生产部由代理工厂进行，研发部寻找专门研发机构，财务部有代理记账公司，行政部也有管理咨询公司。而这些外部机构彼此之间又是相互联系的，组成一张关系网。

优点：减少内部管理成本，提高效益，实现企业在全世界范围内供应链与销售环节的整合，机构和管理层次简化。

由于组织中的大多数活动都实现了外包，而这些活动更多地靠电子商务来协调处理，组织结构可以进一步扁平化，效率也更高了。

缺点：可控性差，大家靠契约连在一起，难以控制，协调难度大。

适用：跨国公司、虚拟组织、创业组织

（六）组织文化

1. 组织文化的涵义

广义上的组织文化含义是指企业在建设和发展中形成的物质文明和精神文明的总和。包括组织管理中硬件和软件、外显文化和内隐文化两部分。

狭义上的组织文化含义是指组织文化是组织在长期的生存和发展中所形成的为组织所特有的、且为组织多数成员共同遵循的最高目标价值标准、基本信念和行为规范等的总和及其在组织中的反映。

组织文化是整个社会文化的重要组成部分，既有社会文化和民族文化的共同属性，也有自己的不同特点。

（课堂练习：你是怎样理解文化概念的？）

2. 组织文化的构成

通常，人们认为组织文化分为 4 部分：一是精神文化部分，二是制度文化部分，三是物质文化部分，四是行为文化部分。

（1）精神方面：信仰、宗旨、认知、情感、群体规范。

（2）制度方面：规章、道德、管理、品牌。

（3）物质方面：建筑物、装饰品、物质性产品、环境、标志等。

（4）行为方面：言语、礼节、行为、遵守、宣传。

3. 组织文化的功能

（1）导向功能：所谓导向功能就是通过它对组织的领导者和职工起引导作用。

（2）凝聚功能：组织文化是组织共同的价值理念，因此具有强大的凝聚力，具有调整员工思想行为的重要作用，使员工认识组织的共同目标和利益，使全体员工行为趋于一致，齐心协力，尽量减少内耗。

（3）激励功能：共同的价值观念使每个职工都感到自己的存在和行为价值。自我价值的实现是人的最高精神需求的一种满足，这种满足感必将成为强大的激励因素。

（4）约束功能：有效规章制度的约束、道德规范的约束。

（5）辐射功能：企业文化关系到企业的公众形象、公众态度、公众舆论和品牌美誉度。企业文化不仅在企业内部发挥作用，对企业员工产生影响，它也能通过传播媒体，公共关系活动等各种渠道对社会产生影响，向社会辐射。企业文化的传播对树立企业在公众中的形象有很大帮助，优秀的企业文化对社会文化的发展有很大的影响。

（课堂练习：你认为文化还有哪些功能？）

二、动词意义上的组织

（一）含义

汉语词典上，组织作为动词意为：①安排分散的人或事物使具有一定的系统性或整体性。如组织人力；这篇文章组织得很好；组织起来。②实施、计划。如组织实施，组织活动。

管理学研究的动词意义上的组织是①和②点的结合。通常也叫组织工作，是管理的重要职能之一。

组织工作（Organization Work）作为一项管理职能是指在组织目标已经确定的情况下，将实现组织目标所必需进行的各项业务活动归类组合，并根据管理宽度原理，划分出不同的管理层次和部门，将监督各活动所必需的职权授予各层次、各部门的主管人员，以及规定这些层次和部门间的相互配合关系。

组织的本质是由组织内个人与个人，个人与群体，群体与群体之间的关系构成。而组织工作的本质就是通过管理组织行为，设计合理的组织结构，经过一系列的管理过程来协调个体、群体和组织的工作。

它的目的就是要通过建立一个适于组织成员相互作用、发挥各自才能的良好环境，从而消除由于工作或职责方面所引起的冲突，使组织成员都能在各自的岗位上为组织目标的实现做出应有的贡献。

组织工作包括 3 方面：

（1）组织设计——即安排分散的人或事物使之具有一定的系统性或整体性。

（2）组织实施——组织成员在组织领导者的领导下实施决策和计划，从而实现组织目标的过程。

（3）组织变革——组织根据内外环境变化，及时对组织中的要素（如组织的管理理念、工作方式、组织结构、人员配备、组织文化及技术等）进行调整、改进和革新的过程。

（二）组织设计

组织设计是管理过程中不可或缺的手段，在组织目标确立后，就必须要进行有效的组织设计，以保证组织目标的实现。

1. 含义

组织设计实际上就是建立组织的过程，是指管理者将组织内各要素进行合理组合，建立和实施一种特定组织结构的过程。即将组织内的人力合理分配于不同的任务，并通过对人员的分组取得协调一致的行动。

具体说，组织设计就是对组织的组成要素和它们之间连接方式的设计，它是根据组织目标和组织活动的特点，划分管理层次、确定组织系统、选择合理的组织结构形式的过程。

一般来说有 3 种情况需要进行组织设计。一种是新建的组织需要进行组织结构设计；第二种是原有组织结构出现较大的问题或组织的目标发生变化，原有组织结构不适合继续沿用，需要进行重新评价和设计；第三种是现有组织结构需要进行局部的调整和完善。

2. 组织设计的意义

（1）通过创构柔性灵活的组织，可以动态地反应外在环境变化的要求。

（2）在组织演化成长过程中，可以有效积聚新的组织资源要素。

（3）可以有效协调组织中部门与部门之间、人员与任务之间的关系。

（4）可以使员工明确自己在组织中的权力和应承担的责任。

（5）可以有效地保证组织活动的开展。

3. 组织设计内容

（1）组织目标设计。组织目标是指一个组织未来一段时间内要实现的目的，它是组织中一切成员的行动指南，是组织决策、效率评价、协调和考核的基本依据。任何一个组织都是为一定的目标而建立起来的，目标是组织的最重要条件。无论其成员各自的目标有何不同，但一定有一个为其成员所接受的共同目标。组织目标是识别组织的性质、类别和职能的基本标志。任何组织都把确定组织目标作为最重要的事。组织目标对组织的全部活动起指导和制约作用。因此，组织目标的设计是组织设计中最重要的事情。

（2）组织结构设计。组织结构设计又包括职能结构设计、层次结构设计、部门结构设计、职权结构设计 4 个方面。

第一，职能结构设计。就是将组织中相同或相近的工作任务进行有机组合的过程。组织管理作为一个有机的系统，它所具备的各种职能不是彼此孤立、简单并列的关系，而是相互联系，在不同环节和层次上发挥着不同作用，构成了具有内在联系的整体。这种将组织管理的各种有机联系而形成的体系，就是职能结构设计。职能结构设计是否正确合理，将对整个组织能否顺利有效地运转产生重大影响。图 6-8 是某企业组织结构、职能与职责图。

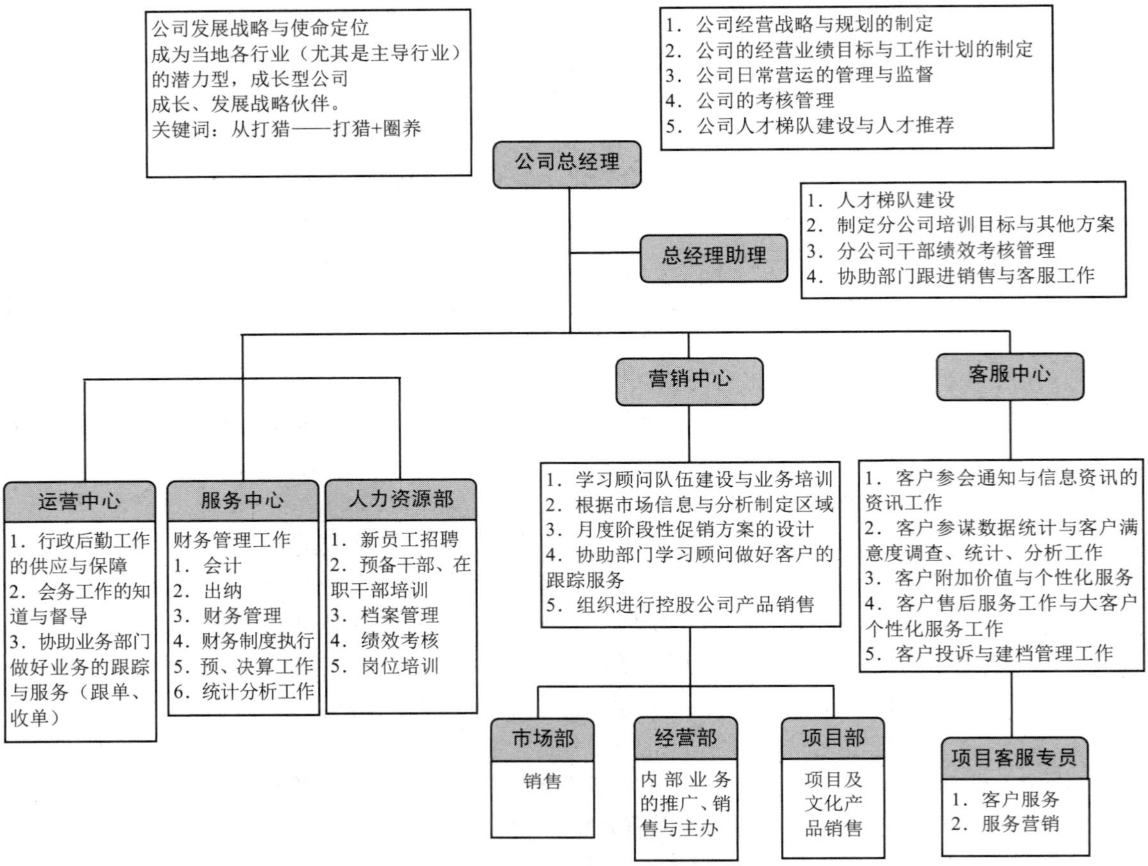

图 6-8 某企业组织结构、职能与职责图

第二，层次结构设计。即管理层次结构设计，是指从组织的最高层到作业层之间设置多少管理职位的级数。一般划分为上层、中层、基层。层次结构详见表 6-2。

表 6-2 经营管理层次结构表

项目	战略规划	战术计划	运行管理
	上层	中层	基层
主要关心的问题	是否上马，什么时候上马	怎样上马	怎样上马
时间幅度	3～5 年	半年～2 年	周或月
视野	宽广	中等	狭窄
信息来源	外部为主，内部为辅	内部为主，外部为辅	内部
信息特征	高度综合	中等汇总	详尽
不肯定的冒险成度	高	中	低

管理层次设计时要与管理幅度一并考虑。管理幅度（或宽度）是指一个人或部门直接管理的下属人员或机构的数目，又称控制幅度。

在组织规模一定的条件下，管理层次与管理幅度成反比。管理者直接控制的下属越多，管理层次越少，相反，管理幅度减小。判断管理幅度与管理层次合理与否，关键在于管理幅度和管理层次与组织的具体环境和条件是否相适合。只要两者均衡协调，并与组织的整体管理协调，具有良好的实践效果，就是合理的。一般认为管理者管理 3～20 名直接下属比较合适。其中一般高层管理者管理 5～10 名下属，中层管理者管理 8～15 名下属，基层管理者管理 15～20 名下属比较合理，但并不绝对，因为受管理者的素质和能力、下属的素质和能力、工作相似性、工资环境的稳定性、计划的完善程度、授权、人员空间分布、配备助手等因素，会影响到管理幅度。

第三，部门结构设计。是指职能管理部门如何有机构成（横向结构）。部门设计一般按照相同职能进行部门划分，如人事部、财务部、生产部、研发部等。也有按照产品、地区和顾客划分的（事业部制）。

第四，职权结构设计。组织职权是组织内各部门、各职位在职责范围内决定事务、支配和影响他人或者集体行为的权力。是指管理者职务范围以内的权力，是建立在管理职位上能够做出决定、发布命令并期待下属服从其命令的正式的、合法的权力。将不同类型的职权合理分配到各个层次和部门，明确规定各部门、各种职务的具体职权，建立起集中统一、上下左右协调配合的职权结构就是职权结构设计。

职权结构设计包括两方面。

第一，职权的纵向结构和集权与分权的设计。组织的不同层次承担着不同的职能，因此，按照以责定权的要求，职权就会相应形成纵向结构。职权的纵向结构一般由高层的经营决策权、中层的专业管理权以及基层的作业管理权三个部分组成。将这三个组成部分联结起来，使之成为上下衔接、贯穿到底的纵向系统，靠的是决策权在各个层次的合理配置。

第二，职权的横向结构和部门职权分立与衔接的设计。职权的横向结构，指的是同一管理层次各个部门的职权配置及相互关系。它与职能结构和部门结构相适应。

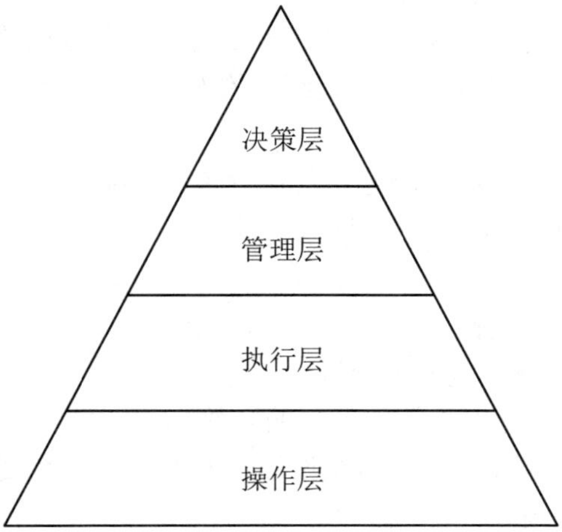

图 6-9　职权纵向层次

组织结构设计有不同策略。如功能导向型（职能导向型）、目标导向型（产品导向型）、授权与分权等策略。根据不同策略，可以设计出不同组织结构类型，如前文所述，有直线型、职能型、直线职能型、事业部型、矩阵型、立体型、网络型等。

（3）管理标准设计。确定各项管理业务的工作程序、工作标准和管理人员应采用的管理方法，以及各类运行制度的设计。包括组织的制度标准、行为规范标准、业务流程标准等方面。

（4）薪酬体系设计。薪酬是指员工因被雇佣而获得的各种形式的经济收入、有形服务和福利待遇。薪酬的实质是一种公平的交易或交换关系，是员工在向单位贡献其劳动或劳务使用权后获得的报偿。薪酬设计就是如何将收入、服务、福利等进行合理的设计，以达到充分调动员工的工作热情，激发其才能的发挥，使其获得满足感，荣誉感，进而更好地促进组织的发展壮大。

4. 组织设计需要考虑的影响因素

主要要考虑以下因素：①组织规模；②战略策略；③环境因素；④技术条件；⑤权利分配以及集权或分权（主要因素）。

5. 组织建立的方法与步骤

设计、建立并维持一种科学的、合理的组织机构，是为成功地实现组织目标而采取的一个连续行动过程，这个过程由下列逻辑步骤所组成。

（1）确立组织目标。通过收集及分析资料，进行设计前的评估，以确定组织目标，包括总目标和分目标。

（2）工作任务划分。根据目标一致和效率优先的原则，把达成组织目标的总任务划分为一系列各不相同又互相联系的具体工作任务。

（3）工作部门划分。把相近的工作归为一类，在每一类工作之上建立相应部门。这样，在组织内根据工作分工建立职能各异的组织部门。

（4）组织结构设计。按组织设计要求，设计出组织的层次结构及部门结构，形成层次化的组织管理系统。注意管理层次与管理幅度的关系。

（5）确定职责和权限。确立部门负责人和部门人员职务、职责和权利。明确规定各层次、各部门以及每一职位的权限、责任和权利。用职位说明书或岗位职责等文件形式表达。

（6）形成组织结构。把各层次、各部门连接成为一个有机整体（即组织）。对组织设计方案进行审查、评价及修改，并确定正式组织结构及组织运作程序，颁布实施。

6. 组织设计原则

（1）目标统一原则（个人、部门与总目标一致）。组织设计要以组织战略、目标和任务为主要依据。组织设计应因事设职、因职设人，设计目的是实现组织效益最大化。

（2）分工协作原则（部门、个人分工协作）。应兼顾专业分工及协作配合，包括部门与部门，个人与个人，个人与部门的分工与协作。在组织形式上，应将分工和协作结合起来。分工与协作是使组织协调和具有激励性的保证。

（3）合理宽度原则（主管人员管理下属的人数）。不管是何人，不管其管理能力如何强，其所直接管理的范围总是有限的。所以组织设计时要考虑管理宽度的问题。一般个人直接管辖的范围是 5～20 人（没有定论）。

（4）责权统一原则（责任、权利对等）。责权利是相辅相成、相互制约、相互作用的。一般都说责权利要对等，才能调动积极性。也就是说负有什么样的责任，就应该具有相应的权利，同时应该获得相对应的利益。

（5）集权与分权相结合的原则（适度）。一个组织既要有集权，也要注意分权，两者不可偏废。集权有利于保证组织的统一领导和指挥，有利于人力、物力、财力的合理分配和使用。但权力太集中，容易产生腐败，容易造成决策失误。分权是调动下级积极性、主动性的必要组织条件。但权力太分散，容易造成彼此扯皮，多头管理，效率低下等问题。因此，组织设计时要合理设计权力的分配。

（6）稳定性与适应性（灵活性）相结合的原则。这一原则要求管理者在进行组织设计时既考虑组织内部要素，如战略、人员、技术等，又要充分考虑组织外部环境因素。组织结构一旦确立就要保持一段时间的稳定，否则造成人心不稳，成本增加，不利于组织的发展。但环境是不断变化的，因此，组织设计时要考虑环境变化带来的影响，适时作出调整。

（7）精干高效原则（效率性）。所谓精干高效，就是要在保证组织目标完成的前提下，设置尽可能少的部门和职位，使组织高效运转。组织设计的根本目的是为了实现组织目标，是使达到目标的每项活动内容都落实到具体的岗位和部门，即“事事有人做”，而不是“人人有事做”。因此，组织设计中，首先要考虑工作特点和需要，因事设职，因职用人，而不是因人设事。克服机构臃肿、人浮于事的现象。当然这并不意味着可以忽视人的因素，忽视人的特点和能力。组织设计中不仅要保证 “事事有人做”，而且要尽量保证“有能力的人有机会去做他们真正胜任的工作”。

（8）统一指挥原则（统一性）。这一原则是指实行首脑负责制。组织每一个机构和部门，只能确定一个负责人并实行统一指挥。

直接上级是唯一的。每个部门和每个人只能接受一个直接上级领导，并只对该上级负责和报告工作。直接上级缺岗时由间接上级或其授权人员履行职能，非特殊情况，其他上级领导的指导对该部门和个人是无效的。

一级管一级，实行逐级指挥和逐级负责，一般情况下不得越级指挥，反之，也不能越级报告。但遇到特殊情况时可越级申诉。图 6-10 为某公司组织设计原则示意图。

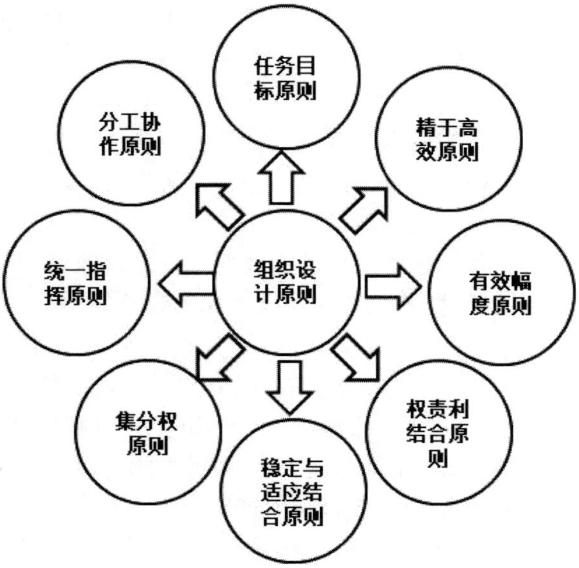

图 6-10　某公司组织设计原则示意图

（三）组织变革

1. 含义

组织变革，是指组织根据内部和外部环境变化，及时调整和改善自身的结构和功能，以提高其适应环境、求得生存的应变能力。组织变革对于组织来说是必要的。要制定科学的组织变革策略，首先需要了解变革的基本动力。组织变革是多种因素共同作用的结果，组织变革的基本动力可以分为外部动力和内部动力两大方面。

组织变革的根本目的是适应未来组织发展的要求，增强组织活力，实现组织目标，提高组织的效能，并最终实现组织的可持续发展。

通过组织设计工作建立起来的组织结构不是一成不变的，而是随着组织内外部要素的变化而变化的。由于任何组织都是社会系统中的一个子系统，它在不断地与外部环境进行能量、信息、资源等交互，而这种交互会影响到组织目标，进而影响组织结构。为使组织结构能切实起到促进组织目标实现的作用，就必须对组织结构作出适应性的调整。

2. 组织变革动力和原因

外部动力：经济的力量、技术的进步、社会和政治变革、就业人口的改变。

内部动力：组织自身成长需要、组织目标的改变、管理条件的变化、组织发展阶段的变化、组织成员社会心理及价值观的改变、组织内部的矛盾与冲突等。

组织需要变革的原因：

（1）企业组织经营业绩的下降，包括市场占有率下降、产品质量下降、消耗和浪费严重、企业资金周转不灵等，这时组织需要变革。

（2）企业组织生产经营缺乏创新，如企业缺乏新的战略和适应性措施，缺乏新的产品和技术更新，没有新的管理办法或新的管理办法推行起来困难等，这时组织需要变革。

（3）组织机构本身病症的显露，如决策迟缓、指挥不灵、信息交流不畅、机构臃肿、职责重叠、管理幅度过大、扯皮增多、人事纠纷增多、管理效率下降等，这时组织需要变革。

（4）职工士气低落、不满情绪增加，如管理人员离职率增加、员工旷工率高，病假、事假率增加等，这时组织需要变革。

3. 组织变革内容

（1）对人员的变革：人员的变革是指员工在态度、技能、期望、认知和行为上的改变。

（2）对结构的变革：结构的变革包括权力关系、协调机制、集权程度、职务与工作再设计等其他结构参数的变化。

（3）对技术与任务的变革：技术与任务的改变包括对作业流程与方法的重新设计、修正和组合，包括更换机器设备、采用新工艺、新技术和新方法等。

4. 组织变革方式

（1）改良式：这种变革方式主要是在原有的组织结构基础上修修补补，变动较小。它的优点是阻力较小，易于实施，缺点是缺乏总体规划、头痛医头，脚痛医脚，带有权宜之计的性质。

（2）突变式：这种变革方式往往涉及组织结构重大的、根本性质的改变，且变革期限较短。一般来说，突变式的变革适用于比较极端的情况，除非是非常时期，如公司经营状况严重恶化，否则一定要慎用这种变革方式，因为突变式的变革会给组织带来非常大的冲击。

（3）渐进式：渐进式变革则是通过局部的修补和调整来实现。这种变革方式是通过对企业组织结构的系统研究，制订出理想的改革方案，然后结合各个时期的工作重点，有步骤、有计划地加以实施。这种方式的优点是：有战略规划、适合组织长期发展的要求；组织结构的变革可以同人员培训、管理方法的改进同步进行；员工有较长时间的思想准备，阻力较小。为了有计划地进行组织变革，应该做到以下几点：专家诊断，制定长期规划，员工参加。

5. 组织变革程序

（1）诊断组织现状，发现存在问题。

（2）分析变革因素，制订改革方案。

（3）选择正确方案，实施变革计划。

（4）评价变革效果，及时进行反馈。

第二节 领导

建立了组织，就需要产生领导（名词），由领导者领导（带领）组织成员执行已经制定的计划和决策，从而实现组织目标。没有领导者来领导组织成员实施，就没有执行，计划和决策都将成为空话。

由此可见，领导也有名词意义和动词意义。

一、名词意义上的领导——领导者

（一）含义

名词的领导即领导者（Leader），日常生活中简称为领导，词典上解释为担任领导的人。任何组织都要有领导，俗话说，火车跑得快，全靠车头带，没有领导指挥协调，组织就难以运转。

定义：领导是指在正式组织中经合法途径选举或被任用而担任一定管理职务、履行特定管理职能、掌握一定权力、肩负某种管理责任以更有效实现组织目标的个人或集体。简言之，领导是指居于某一领导职位，拥有一定领导职权、承担一定领导责任、实施一定领导职能的人或集体。

非正式组织中的“领导”是指那些非正式组织成员公认的有影响力的人员，他们可以是组织中拥有一定职位的、对各类管理活动具有实权的主管人员，也可能是一些没有确定职位的权威人士。

领导包含三要素：职位、职权、职责。

职位：即职务，是领导者的身份标志，是领导的第一要素，任何人只要被推选到领导职位，就拥有领导权力。反之，任何人没有了领导职位就不可成为领导，没有领导职位就没有权力，没有权力就不能实施其他领导的职能。一旦离开了领导岗位就成为普通人。

职权：职权是领导履行职责、行使职能的一种手段和条件，没有权力就不是领导。每一个管理职位都具有某种特定的、内在的权力，任职者可以从该职位的等级或头衔中获得这种权力。因此，职权与组织内的一定职位相关，是一种职位的权力，而与担任该职位管理者的个人特性无关，它与任职者没有直接的关系。当然，领导者紧靠权力施以影响是不够的，还要靠自身的知识、才能、胆识和人格魅力。因此，有些领导，离开领导岗位也令人怀念。

职责：职责是指任职者为履行一定的组织职能或完成工作使命所负责的范围和承担的一系列工作任务，以及完成这些工作任务所需承担的相应责任。

领导的职务、职权和职责是统一的，有职务就必须要有相应的权力，有权力必须承担起应有的职责，尽职尽责的领导者应当受到一定的奖励。反过来说，有职无权就无法履行领导责任，有权无责就会滥用权力，不尽职尽责应该受到惩罚。

领导除了领导职位、职权、职责之外，还在以下几个方面具有影响力。

第一个方面：包括领导者的学习能力、做事能力、亲和能力、沟通能力、协调能力、决策能力、分析判断能力、激励能力、指挥能力等，还有领导的威信。

第二个方面：领导者使用权力的艺术。该放权的时候就放权，该集权的时候就应该集权，放权集权有度。

第三个方面：是领导者的风格。一个好的领导者必须通过其领导风格把战略意图以及组织的价值体系向人们传播，以达到领导目标。

（课堂练习：你理解的领导是什么？）

（二）领导者的功能

领导者的功能，或者叫职能、作用，是领导者在管理过程中所发挥的效用，包括决策、指挥、协调、激励、监督与指导等。

（1）决策：决策是领导者首要功能。组织的首要任务是树立理想、制定目标和决策，而这些任务主要落在领导者身上。决策为组织发展指明方向。每一项决策都需要领导“拍板”，因此说，决策是领导的首要功能。

（2）指挥：指挥是指发令、调度、安排，或者挥动示意，军队打仗、乐队演奏的指挥作用最明显。但是作为一个组织团队，同样需要一个指挥者，这个指挥者一般就是领导者。指挥工程是领导者对所属下级组织领导各种活动的过程。有日常工作指挥、应急指挥、危机指挥等。

（3）协调：协调也是领导者的重要职能。协调包括协调组织内部和组织外部资源。内部协调主要包括人、财、物等资源的协调。一个组织中的人、财、物可能是独立、分散的要素，没有统一协调，这些资源不仅发挥不了积极作用，还可能起到对组织发展不利的作用。只有通过领导者的组织协调，将组织内的人、财、物等资源进行合理配置，构成一个有机整体，才能有效实现组织的目标。

领导者的另一项重要协调职能，是对外协调。任何组织都受到外部环境的影响，包括上级主管部门、同行以及其他因素的影响，这些外部因素，虽然不是决定组织生存发展的决定因素，但是往往对组织的生存发展起到一定的影响作用，协调得好，对组织发展有利，协调不好，对组织发展起到阻碍作用。

（4）激励：激励功能，也是领导的重要功能，一个领导者能否激发和调动职工的工作积极性，是衡量他的领导水平的重要标准之一，它直接关系到领导行为的效能。

激励功能主要包括 3 方面的内容：①提高被领导者接受和执行组织目标的自觉性；②激发被领导者实现组织目标的热情；③提高被领导者的工作、生产效率。

激励可以通过识人、用人、奖励、鼓励等方法达到目的。

（5）监督：监督控制功能是指在领导过程中，领导者对下级和职工，以及整个组织活动的驾驭和支配的功能。在实现组织的目标过程中，出现“偏差”是不可避免的。这种“偏差”的发生可能源自于不可预见的外部因素的影响，也可能源自于内部不合理的组织结构、规章制度、不合格管理人员的影响以及员工个人因素等。纠正“偏差”，消除导致“偏差”的各种因素是领导的基本职能之一。

（6）指导：指导、教育、培养下属，也是领导者的职能之一。领导者之所以成为领导者，是由于领导者具有丰富的知识、经验，过人的胆识和才能，出色的领导能力。任何人都希望具备这些特质，而领导者应具备指导教育和培养属下拥有这些特质的资格。二，任何领导者都要培养下一代接班人，这是领导者义不容辞的责任，否则，组织就难以为继。

指导教育的内容，主要包括指导教育属下怎样做人、怎样做事、怎样成功等。

当然，还有其他职能，如制定目标和规划、打造团队、建立学习型组织等。

（课堂练习：你认为领导还有哪些功能？）

（三）领导者的类型

在任何组织中，每个领导者的领导风格都不一样，从不同的角度可划分为多种类型。

1. 从制度权力的集中度，可分为集权式领导者和民主式领导者

（1）集权式领导者。集权式领导者就是把管理的制度权力相对牢固地由自己进行控制的领导者。简言之，就是指单位的主要决策不跟其他人商量，而是由自己个人决定的领导者，所以又称独裁者。这种领导者喜欢将各种权力集中在自己身上，如各种决策权、人事权、财务权、奖惩权等，下级及成员只有执行权，没有决策权和参谋权。这种领导喜欢独断专行，难以听取他人意见，个人包办一切管理权。现实中，这种领导不在少数，因其权力的存在，下属往往敢怒不敢言，长此以往，组织将难以为继。

当然，当组织规模较小时，这种领导的方式效率很高，成本低。但一旦组织规模变大，这种领导方式就弊大于利。

（2）民主型领导者。民主型领导者是与集权型领导者相对应的一种领导者风格类型。这类领导者在做决策的时候，往往会参考其他领导者和被领导者的意见和建议而做出合适的选择。在组织管理过程中会相对授权给下属，让下属发挥主观作用。

民主式领导特点：①所有的政策是在领导者的鼓励和协作下由群体讨论决定，而不是由领导单独决定的。②分配工作时尽量照顾到个人的能力、兴趣和爱好。③对下属的工作，不安排得那么具体，下属有相当大的工作自由、较多的选择性和灵活性。④主要应用个人权力和威信，而不是靠职位权力和命令使人服从。⑤领导者积极参加团体活动，与下级平等相待，打成一片。

民主型领导的优点是失误相对会少，容易受到群众拥护，可以锻炼下属。缺点是有时意见难以集中，议而不决，造成效率低下。

2. 按工作侧重点不同，可分为决策型领导和事务型领导

（1）决策型领导。决策型领导是用战略思维进行决策的领导，是将领导的权力与全面调动组织的内外资源相结合，实现组织长远目标，把组织的价值活动进行动态调整，在市场竞争中站稳脚跟的同时，积极竞争未来，抢占未来商机领域的制高点。这类领导能在诸多复杂的环境中站得高、看得远，具统揽全局的本领，属于冷静、果断、睿智型领导。这类型领导，只把握组织战略、宏观决策，一般事务交给属下去做，自己只是监控，和下属距离可能会相对远些。这类领导的主要工作是调研、思考、信息收集、决策、计划、对外协调等。

（2）事务型领导。事务型领导与决策型领导相对应，是指单位大事小事，事事躬亲，事事过问。整天忙于事务性、杂务性的工作。这类领导，看起来每天都很忙，但效果不佳。他们没有调研、思考、收集信息和内外协调的时间，但和下属的距离相对近些。

3. 从创新与否划分，可分为维持型领导者（守旧型）和创新型领导者

（1）维持型领导者。维持型领导者是致力于维持组织现状的守业式的领导者，其目的是为了维持秩序，使组织系统能高效、稳定的运行下去。这类领导不愿创新，一切规章制度、运行方式都按照已有的执行。这类领导缺乏担当，生怕改革创新出乱，畏首畏尾，不利于组织发展。

（2）创新型领导者。创新型领导指善于获取、迁移、创造知识，并以新知识、新见解为指导，勇于修正自己行为的一类领导。创新是一个民族的灵魂，没有创新一切难以发展，所以作为一个领导，创新是其基本能力。不敢创新的领导是没有担当的领导，创新最重要的是创新意识和创新思维，其次是管理实施过程的创新。创新的内容包括制度创新、运行方式创新、组织设计创新、技术创新等。

创新型领导的主要特点表现为：①能够敏锐地、独到地发现问题，并且能够准确地抓住关系着全局发展的重大问题。解决问题具有独创性，在面对各种具体问题时，能打破常规，决不照抄照搬，而且风格新颖，构思奇特，使问题得到最佳解决方式。②处理问题灵活、多变。面对复杂多变的客观事物，创新型领导者不是从僵死不变的模式出发，而是从实际出发，灵活多变以达到出奇制胜的效果。③对待上级的指示，不搞“本本主义”，而能善于从本地区、本单位实际情况出发，主动灵活，富有创造性地加以贯彻和执行。④善于对丰富的实践经验进行综合概括，提出对领导实践具有普遍意义的理论创见，这是领导者创造力的最高层次。

当然，还可以从其他角度进行分类，如从专业的角度，可分为专业型领导和非专业型领导，或者外行型领导和内行型领导；从领导个人特质分，可分为知识型、学者型和魄力型领导，或威严型、整人型和宽容型领导，或果断型领导和犹豫型领导，或担当型领导和推责型领导，或夸夸其谈型领导和实干型领导等，这里就不一一论述了。

还有一种分类比较有意思，在此做一介绍。

4. “五型领导者”

由忻榕、张曼琳、张菱编著的《五型领导者》按照领导者的特性跟动物特性的相似性，将领导者分为 5 种类型。

《五型领导者》作者第一次将西方学者开发的“领导特质分析系统”广泛地向中国企业界推荐，明确地将个人领导特质归纳为 5 种类型，即：老虎型、孔雀型、考拉型、猫头鹰型和变色龙型。每一位管理者都可以参与这样的测试，了解自己的领导特质和领导风格，并主动调整到正确的方向、学习正确的方法，把自己打造成更优秀的管理者。

（1）老虎型——支配性强。

这类领导者占参加测试总人数的 15%。他们共同的个性特质包括：胸怀大志、目标远大、勇于开创和冒险、敢于挑战未知、竞争性强、不妥协、积极自信、有敏锐的分析力、看问题直指核心、目标导向。他们的行事风格是：作决策时，往往喜欢运用权威；他们作为下属时，往往工作效率高、自我管理能力强。

（2）孔雀型——表达力强。

这类领导者占参加测试总人数的 15%。他们共同的个性特质有：社交能力极强、热情幽默、口才好、说服力强、乐观和善、具同理心、善于察言观色、会打扮、懂得自我宣传。他们的行事风格包括：对自己充满自信，也能信任别人。他们担当领导时，擅长说服人和鼓舞团队士气，也擅长有效分配工作，建立较强支持体系。

（3）考拉型——平易稳健。

这类领导者约占测试人数的20%。他们共同的个性特征包括：平易随和、敦厚可靠、冷静自持、避免冲突、不苛求、不自私、稳健、生活简朴。他们的行事风格是：即使面对困境也能泰然自若，不只着眼短期的成绩，更重视长期的发展规划。除非外在有压力，他们通常不会强迫自己在组织中成为领导者。

（4）猫头鹰型——追求精确。

这类领导者约占测试人数的20%。他们的个性特质是：喜欢思考、不喜欢过多的口头表达、性格内敛、做事条理分明、具有责任感、重视承诺和纪律、有完美主义倾向。他们的行事风格：对于是非黑白和公平，有严格的个人标准；对冒险的事情十分小心；宁肯不做，也不要做错。而作为下属时，他们会尊重领导者的权威。

（5）变色龙型——灵活中庸。

这类领导者约占测试人数的30%。他们的适应力和灵活性很强，擅长整合内外资源、兼容并蓄，以合理化及中庸之道待人处世。他们的行事风格：会依据组织或所处环境的任务要求随时调整自己，面临新环境或变化时能迅速充分地融入环境和适应变化。

领导能力不是能够教出来的，但我们可以帮助人们去发现并挖掘自身所具备的领导潜力。同时，要成为卓有成效的领导者，就必须能在截然不同的领导风格之间灵活切换。

（课堂练习：你认为领导还可以怎样分？）

（四）领导者的影响力构成因素

影响力是指一个人在人际交往过程中影响他人思想和行为的能力。人与人之间的影响力在速度、强度、持久性等方面存在着个体差异。领导者的影响力构成是多方面的，其中主要包括：

（1）权力因素：包括传统因素（人们对领导传统的观念，属于非完全强制因素）、职位因素（强制性因素）、资历因素（非完全强制性因素）。

（2）非权力因素：包括品格、能力、知识、感情等因素（完全非强制因素）。

（五）领导者的特质

（1）身体特质：外貌、身心、精力。

（2）背景特质：教育经历、社会地位、社会关系。

（3）智力特质：知识水平、智商、情商、能力特质。

（4）性格特质：胆汁质、多血质、黏液质、抑郁质。

（5）职业特质：事业心、进取心、宽容心、廉洁自律。

（6）社交特质：交往能力、亲和力等。

（7）专项品德：使命感、责任感、信赖感、积极性、忠诚度、进取心、忍耐性、公平感、正义性、事业心。

（8）专项能力：思维能力、决策能力、策划能力、改造能力、洞察能力、劝说能力、理解能力、解决问题能力、培养下级能力、调动积极性能力等。还包括组织、指挥、协调、创新等。

（9）专项品质：合作精神、决策才能、组织能力、领导力、应变力、创新力、勇于负责、敢担风险、尊重他人、德才兼备。

（六）领导者和管理者的共性与区别

共性：从行为方式看，两者都是一种在组织内部通过影响他人进行的协调活动，实现组织目。从权利构成看，二者都是组织层级岗位设置的结果，都有一定管理职责和范围。有时管理者也是领导者，领导者也是管理者，二者难以明显区分。

实践证明，一个好的管理者不一定是个好的领导者，反之亦然。

区别：工作对象有区别，管理者具体管理人财物事，领导者重点管理人员；侧重点不同，管理者主要执行，侧重微观，领导者主要是决策和策划，侧重宏观；影响效果不同，管理者出错一般只是局部受到危害，领导者出错往往是全局性的错误。

人人都是管理者，但不一定都是领导者。

二、动词意义上的领导——领导工作

（一）领导的含义

汉语词典里领导的含意是“领”和“导”的组合，带领、指引。

领者，带路也；导者，指引，启发也。带领并引导朝一定方向前进即为领导。

很多学者认为动词的领导是管理的重要职能之一。

（二）动词领导的定义——领导活动/工作

领导是指领导者率领和引导被领导者按照一定的计划或方法，实现一定目标和任务的一种社会行为过程。是领导者依靠其影响力，指挥、带领、引导和激励被领导者（追随者），实现组织目标的活动过程和艺术体现，是一种对组织及其活动进行管理的职能。领导活动是管理活动的核心组成部分，它贯穿于管理活动的整个过程。

领导的本质是一种影响力，即领导者通过其影响力来影响追随者的行为以达到组织目标。

领导工作包括 5 个必不可少的要素，即领导者、被领导者、作用对象（即客观环境）、职权和领导行为。

其基本涵义可以从以下几个方面理解：

第一，领导包含领导者和被领导者两个方面，单个人不可以形成领导。

第二，领导是一种活动，是引导人们的行为过程，是领导者带领、引导和鼓舞下属去完成工作、实现目标的过程，是管理的一项重要职能。

第三，领导的基础是领导者的影响力。领导者拥有影响被领导者的能力或力量，它既包括由组织赋予的职位权力，也包括领导者个人所具有的影响力。

第四，领导施加影响力的方式或手段主要有激励、沟通和指挥。

第五，领导的目的是为了实现组织的目标。不能为了领导而领导，不能为了体现领导者的权威而领导。领导的根本目的在于影响下属为实现组织目标而努力。

（三）领导力概念

含义：领导力即领导能力，是一种能够激发团队成员热情与想象力的能力，也是一种能够统率团队成员全力以赴去实现目标的能力。

领导权力的来源：根据法兰西、雷文等人的研究，领导权力有 5 个来源，即法定性权力、奖励性权力、惩罚性权力、感召性权力、专长性权力等。

领导力的构成：领导力模型很多，本书只介绍“领导的五力模型”。

根据领导力概念谱系，领导力是支撑领导行为的各种领导能力的总称，其着力点是领导过程。换言之，领导力是为确保领导过程的顺利进行或者说为领导目标的顺利实现服务的。基于领导过程进行分析，可以认为，领导者必须具备如下领导能力：

（1）对应于群体或组织的目标和战略制定能力（前瞻力）。

（2）对应于或来源于被领导者的能力，包括吸引被领导者的能力（感召力）及影响被领导者和情境的能力（影响力）。

（3）对应于群体或组织目标实现过程的能力，主要包括正确而果断决策的能力（决断力）和控制目标实现过程的能力（控制力）。

这 5 种关键的领导能力就构成了领导力的“五力模型”（图 6-11）。

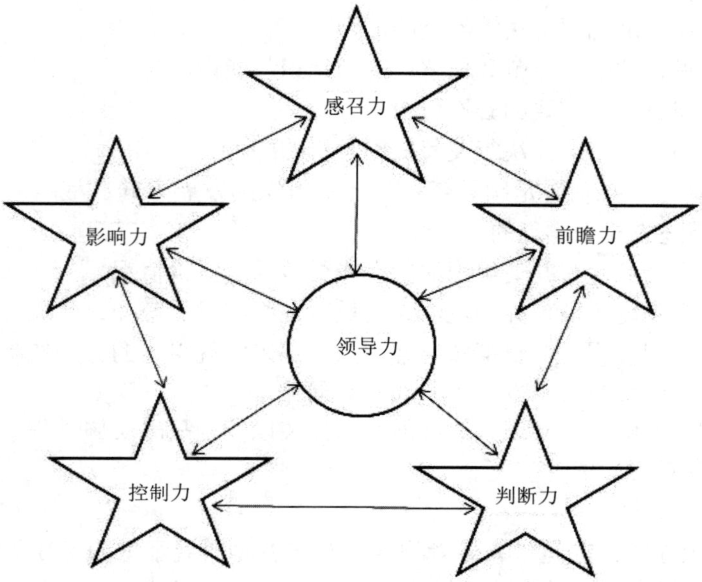

图 6-11　领导五力模型图

一是领导前瞻力。前瞻力从本质上讲是一种着眼未来、预测未来和把握未来的能力。具体分析，前瞻力的形成主要与下述因素有关：

（1）领导者和领导团队的领导理念。

（2）组织利益相关者的期望。

（3）组织的核心利益。

（4）组织所在行业的发展规律。

（5）组织所处的宏观环境的发展趋势。

二是领导感召力。感召力是最本色的领导能力，领导学理论中最经典的特质论研究的核心主题就是感召力。感召力主要来自于以下 5 个方面：

（1）具有坚定的信念和崇高的理想。

（2）具有高尚的人格和高度的自信。

（3）具有代表一个群体、组织、民族、国家或全人类的伦理价值观和臻于完善的修养。

（4）具有超越常人的大智慧和丰富曲折的阅历。

（5）不满足于现状，乐于挑战，对所从事的事业充满激情。

三是领导影响力。影响力是领导者积极主动地影响被领导者的能力，主要体现为：

（1）领导者对被领导者需求和动机的洞察与把握。

（2）领导者与被领导者之间建立的各种正式与非正式的关系。

（3）领导者平衡各种利益相关者特别是被领导者利益的行为与结果。

（4）领导者与被领导者进行沟通的方式、行为与效果。

（5）领导者拥有的各种能够有效影响被领导者的权力。

四是领导决断力。决断力是针对战略实施中的各种问题和突发事件而进行快速和有效决策的能力，主要体现为：

（1）掌握和善于利用各种决策理论、决策方法和决策工具。

（2）具备快速和准确评价决策收益的能力。

（3）具备预见、评估、防范和化解风险的意识与能力。

（4）具有实现目标所需要的必不可少的资源。

（5）具备把握和利用最佳决策及其实施时机的能力。

五是领导控制力。控制力是领导者有效控制组织的发展方向、战略实施过程和成效的能力，一般是通过下述方式来实现的：

（1）确立组织的价值观并使组织的所有成员接受这些价值观。

（2）制定规章制度等规范并通过法定力量保证组织成员遵守这些规范。

（3）任命和合理使用能够贯彻领导意图的干部来实现组织的分层控制。

（4）建立强大的信息力量以求了解和驾驭局势。

（5）控制和有效解决各种现实的和潜在的冲突以控制战略实施过程。

（四）领导方式与艺术

1. 领导方式与方法

领导方式或领导风格，是指领导者领导被领导者时所展示出的习惯化的行为模式，是领导者与被领导者之间发生影响和作用的方式。按照不同的标准可对领导方式类型作不同的划分。组织管理的成效如何，取决于领导者的领导方式是否得当。领导方式是直接影响领导效能的重要因素。了解和认识领导方式，并且善于随着时代的变化转变领导方式，是实现领导目标、做好领导工作的重要条件。

领导方法是指领导者为达到一定的领导目的，按照领导活动的规律而采取的各种方式、办法、手段、措施、步骤等的总和。

领导方式是一种模式或范式，是宏观的，而领导方法是具体的、细节的，是微观的。

2. 领导艺术

领导艺术从广义上说，是指领导者的人格魅力、智慧、学识、胆略、经验、作风、品格、方法和能力在领导实践中的具体体现，是领导者在其一定的科学文化知识、理论修养、领导经验、思维能力基础上，创造性地运用领导科学、原则和方法所表现出来的高超技巧。狭义上说，领导者运用领导科学的一般原理、原则或领导方法的高超技巧，即为领导艺术。主要包括：决策的艺术、用人的艺术、协调的艺术等。

领导艺术是领导者个人素质的综合反映，是因人而异的。黑格尔说过：“世界上没有完全相同的两片叶子”，同样也没有完全相同的两个人，也没有完全相同的领导者和领导模式。有多少个领导者就有多少种领导模式。

领导艺术的特点：非模式化、直觉性、随机性、创造性、情感性、模糊性、实践性、科学性。

领导艺术通常有：

（1）决策指挥艺术。是领导者在一定知识、经验基础上形成的、非规范化的、具有创造性的、给人以美好感觉或体验的各种决策的技巧和手段，是领导者智慧、学识、才能、经验和胆略的综合体现。领导决策艺术具有4个特点：一是经验性决策，根据领导者个人经验进行决策；二是随机应变性决策，在各种情况和各种突发事情来临之时进行决策；三是多样性决策，从多方面考虑进行决策；四是创造性决策，即创新性的进行决策。

（2）用人用权艺术。第一，用人艺术。用人的方法和艺术在领导工作中占有特别重要的位置。1938 年毛泽东把领导者的职责归结为："出主意，用干部"，将领导的决策与用人放在同等重要的位置。

领导艺术重在用人，领导者用错人，事业就会受挫。如果用"庸人"必然排斥能人，用"奴才"肯定气跑了人才。只有重用德才兼备的人，才能留住才华出众的人。领导用人的基本要求是，把合适的人放在合适的岗位上让他做合适的事，做到人事相宜、能岗匹配、知人善任、举贤任能。

用人艺术包括如何发现人才，如何鉴别人才，如何招揽人才，如何培育人才，如何使用人才，如何留住人才，如何淘汰庸才，如何激励人才等多方面。

如何发现和识别人才？需要领导者多多调研，多方考察。需要通过一定的机制使真正人才脱颖而出，比如竞争上岗等方式。

如何招揽和留住人才？除了组织各方面的吸引力外，需要领导者的人格魅力和口碑，领导能否做到尊重人才，礼贤下士。

如何使用和培育人才？俗话说"十人千面"，不同的人有不同的性格特征，不同的性格特征适合安排在不同的岗位。如有的人暴躁但有技术能力，有的人温文尔雅但各方面能力一般，有的人雷厉风行但比较粗糙，有的人胆小怕事但谨慎小心，有的人慢条斯理但井井有条，各种各样的人都有，所有人既有优点也有缺点，关键是要用其所长。要让那些想干事的人有事干，能干事的人干好事。

如何激励人才成长？管理重在人本管理，人本管理的核心就是重激励。领导者要调动大家的积极性，就要学会如何去激励下属。一方面，激励要注意及时反馈，下属很好地完成某一件事，就要及时给予表扬，要趁热打铁，激发其进一步向上的热情；另一方面，激励要适度，不能过度也不能欠缺，精神激励和物质激励相结合，重在精神激励。一个聪明的领导者要善于经常适时、适度地表扬下属，这种"零成本"激励，往往会"夸"出很多为你效劳的好下属。

第二，用权艺术。就是领导者如何正确的行使自己的权力，是领导者在用权的方式、方法上所表现出来的创造性和有效性。用权艺术通常有民主用权、依法用权、廉洁用权等；既敢于用权又不滥用权力，既不越权也不放任用权，既正确用权又不玩弄权术。

第三，授权艺术。授权是指领导者将一些权力授予给下级或下级部门。作为领导者要明确"授权"比"命令"更重要也更有效。但是，管理者该如何做好授权呢？通常授权艺术包括合理选择授权方式，做到授权留责、视能授权、明确授权、适度授权、逐级授权等方面。

授权要留责，即领导者将权力授予下级后，下级在工作中出问题，逐级负责任，领导也应负领导责任。

视能力授权，领导者向下级授权，授什么权，授多少权，应根据下级能力的高低而定。

明确责权利，领导者向被授权者授权时，应明确所授工作任务的目标、责任和权利，不能含糊不清、模棱两可。

要适度授权，领导者授权时应分清哪些权力可以下授，哪些权力应该保留，要授之有度。

要逐级授权，领导者只能对自己的直接下级授权，不能越级授权。

（3）待人处事艺术。①对待下级：胸怀宽广，容人缺点，知人善任，用人不疑，委婉批评，鼓励为主，关心爱护，积极培养。②对待同事：团结合作、相互支持、宽宏大量、尊重谦让。③对待上级：执行力要强，不卑不亢，把工作做好，为领导分忧，工作勤奋努力，尊敬领导不越级。④对待工作：事业心要强，敢于担当，抓大放小，善于放权，总结经验，提高效率。

（4）开会说话艺术。开会，是领导干部的一项经常性工作。领导干部开会大体上可分为4类：第一类参加上级或者友好单位部门的会议；第二类是研究本单位工作的会议，是最多的会议；第三类是给下级单位开会；第四类是研究如何开会的会。但什么样的会应该开？开多长时间合适？怎样才能开成高效率的会议？其中有方法、有规律、有艺术性可寻。

如果是参加第一类会议，尽量不说话，多听多想就行。

如果是第二类会议，作为领导者主要是部署工作，同时征求其他人意见。

如果是第三类会议，首先开会要有针对性，目标明确，准备充分，不开无准备的会议；其次，作为领导者要倾听其他人的意见和建议；再次，会议时间应尽量缩短，为此，作为领导要敢于“拍板”。

第四类会议，因为参加会议者都是领导，还是要少说多听，关键时刻发表自己做好了充分准备的意见或建议。

说话也是领导者的基本功，体现一个领导者的能力水平。“话”虽然不是花，但说得好比鲜花还要美；“话”虽然不是剑，但说得好比利剑还要利；“话”虽然不是蜜，但说得好比蜂蜜还要甜；“话”虽然不是药，但说不好比毒药还要毒。关于说话的重要性中国有很多民间谚语，如“一句话能把人说笑，一句话能把人说跳”、“酒逢知己千杯少，话不投机半句多”、“良言一句三冬暖，恶语伤人六月寒”。从管理的角度看，领导者开会就是上班，讲话就是工作。领导者光说不干不行，光干不说更不行。好口才，任何人都需要，好口才，领导者更需要。

领导者如何说好话，不是一朝一夕之工，需要长期训练，要多多学习。通常讲话之前一定要做好准备，如果有文字稿，那就还好，如果需要即兴讲话，这就体现水平了。如何做到即兴讲话，不慌不乱，一般可以用三段论。

第一种总结表彰或对某事的处理：一是肯定成绩，或阐明事件背景；二是谈存在问题，或总结经验、汲取教训；三是提出希望或改进措施。

第二种是针对某项活动开展，如开幕或闭幕、动员大会、布置工作等：一是定位，是什么？阐述做什么、项目内容是什么；二是站位，为什么？阐述项目背景、原因、目的和意义；三是摆位，即怎么样？包括方法、步骤、措施、希望或要求。

第三种是发表自己观点：一是论点，明确阐明自己观点，二是论据，阐明观点的根据，三是论证，用论据来证明自己的观点并总结。

另外，对于上级讲完话之后，就谈“我的体会有几点”；对于平级讲完话之后，就谈“我补充几点”；如果直接对下级，就讲“我强调几点”。

领导者在下属面前开会说话还要注意以下几点原则。

第一，做到言之有物。所谓言之有物，就是领导者在下属面前讲话，不能空话连篇，套话成堆，要尽量做到实话实说，让大家能从领导者的讲话中，获取一些新的有效信息，能听到一些新的见解，受到一些新的启发。

第二，做到言之有理。领导者在下属面前讲话，不能官气十足，应注意情理相融。要做到情理相融，一是要讲好道理，讲道理不能搞空对空，一定要与下属的思想、工作、生活等实际紧密结合起来，力求以理服人；二是要注意条理，讲话不能信口开河，语无伦次，一定要让人感到条理清晰，层次分明；三是要通情理，不能拿大话来压人，要多讲些大家眼前最关心的问题、大家心里最想了解的问题。

第三，做到言之有味。领导者在下属面前讲话时，要有新意，有吸引力，有幽默感。

（5）沟通协调艺术。沟通是指领导者基于一定的需求，通过语言、文字、图像、行为等方式进行思想、观点、情感、信息的交流，以期达成彼此共识、形成一致的活动。沟通的目的在于传递信息、交流情感、影响态度、改变行为。沟通是管理的本质。从一定意义上讲，没有沟通就没有管理。

协调是指领导者为了协调不同地区、不同部门、不同利益群体或个体之间的关系所进行的一系列促进活动。其目的在于促进组织成员的思想统一、步调一致、关系和谐。协调也是领导者的重要职责，包括上行协调、下行协调和平行协调。

由此可见，作为一个领导者，最重要的是要懂得沟通与协调。沟通能让员工更好地理解领导的想法，了解该想法的目的，以及该想法对工作的积极作用，让员工更好地理解后按照对应的思路去执行。沟通最重要的是语言的沟通，心与心之间的沟通。一个没有沟通协调能力的人当不好领导。沟通是协调的基础，作为领导者不仅要明确沟通协调的对象和协调方式，还要掌握一些相应的沟通协调技巧。

第一，对上请示沟通。平时要主动多向领导请示汇报工作，要主动沟通，汇报简明扼要。

第二，对下沟通协调。当下属在一些涉及个人利益的问题上与单位或对领导有意见时，领导者应通过谈心、交心等方式来消除彼此间的误解，尽量解决下属实际问题或困难。

第三，对外争让有度。领导者在与外面平级单位的协调中，其领导艺术就往往体现在争让之间。大事要争，小事要让。不能遇事必争，也不能遇事皆让，该争不争，就会丧失原则；该让不让，就会影响全局。

在沟通协调过程中，要注意态度和蔼、平等待人，尊重别人、注意方法，简化语言、积极倾听，抑制情绪、把握主动，创造互信环境。

每一个领导干部都渴望拥有高超的领导艺术，但是高超的领导艺术不是唾手可得的。提高领导艺术能力，需要知识铺垫，需要实践历练，需要经验累积，还需要灵感和顿悟。

（课堂练习：你认为领导还需要哪些沟通能力？）

（五）团队建设

团队建设也是领导的重要职责之一，是领导者领导力的重要体现。

1. 团队的含义

团队定义有很多种。

管理学家斯蒂芬·P·罗宾斯认为，团队是由两个或者两个以上的，相互作用，相互依赖的个体，为了特定目标而按照一定规则结合在一起的组织。

有学者认为，团队（Team）是由基层和管理层人员组成的一个共同体，它合理利用每一个成员的知识和技能协同工作，解决问题，达到共同的目标。

也有学者认为，团队是指一种为了实现某一目标而由相互协作的个体所组成的正式群体。

还有学者认为，团队是由某些具有共同信念的人为实现共同目的而组织起来的一群人，在保持既定工作目标的前提下，采取一致的工作措施与手段，充分发挥各成员的主观能动性，运用集体智慧将整个团队的人力、物力、财力集中于某一方向，从而优质高效地完成既定工作任务的一种组织形式。

还有人认为，团队，是指一群人，他们在一定的时间内相互配合，互相依赖也互相尊重，在行动上规范一致，并为一个目标或多个目标共同努力。团队还是为了实现一个共同的目标而集合起来的一个团体。

这些定义，有着共同特征：

（1）团队是一个扁平化的组织。

（2）团队以共同目标为导向。

（3）团队以团结协作为基础。

（4）团队有共同的规范和方法。

（5）团队成员在技术或技能上形成互补。

用通俗的话来说，团队就是有福同享、有难同当、同心同德的一支战斗队伍。团队是现代组织的重要形式，它比一般的组织群体更具凝聚力、亲和力和辐射力。

（课堂练习：你认为的团队是什么？）

2. 团队的作用

团结就是力量，团队的作用就是产生团结的力量。俗话说，“一个和尚挑水喝，两个和尚抬水喝，三个和尚没水喝”，“一只蚂蚁来搬米，搬来搬去搬不起，两只蚂蚁来搬米，身体晃来又晃去，三只蚂蚁来搬米，轻轻抬着进洞里”。“三个和尚”虽然是一个团体，但他们不是一个团队，他们互相推诿，毫不协作，导致没水喝。“三只蚂蚁来搬米”之所以能“轻轻抬着进洞里”，正是团结协作的结果。歌曲《众人划桨开大船》的歌词，也充分说明了团队团结的重要性。

具体来说，团队具有如下作用。

（1）团队具有目标导向作用。团队精神的培养，使员工齐心协力，拧成一股绳，朝着一个目标努力。

（2）团队具有激励作用。团队精神要求员工自觉地要求进步，力争与团队中最优秀的员工看齐。而且这种激励不是单纯停留在物质的基础上，还能得到团队的认可，获得团队中其他员工的尊敬。

（3）团队具有凝聚作用。任何组织群体都需要一种凝聚力。团队精神通过对群体意识的培养，通过员工在长期的实践中形成的习惯、信仰、动机、兴趣等文化心理，来沟通人们的思想，引导人们产生共同的使命感、归属感和认同感，反过来逐渐强化团队精神，产生一种强大的凝聚力。

（4）团队具有控制作用。员工的个体行为需要控制，群体行为也需要协调。团队精神所产生的控制功能，是通过团队内部所形成的一种观念力量和氛围影响去约束规范、控制职工的个体行为。这种控制不是自上而下的硬性强制力量，而是由硬性控制向软性内化控制的转变；由控制职工行为，转向控制职工的意识；由控制职工的短期行为，转向对其价值观和长期目标的控制。这种控制更为持久有意义，而且更容易深入人心。

3. 团队类型

团队类型有很多，下面主要介绍两种。

（1）自我管理型团队。自我管理型团队是与传统工作群体相对的一种团队形式。传统的工作群体通常是由领导者来决策，群体成员遵循领导的指令。而自我管理型团队则承担了很多过去由领导来承担的职责，例如进行工作分配、决定工作节奏、决定团队的质量如何评估，甚至决定谁可以加入到团队中等，都由团队集体决定。这样的团队类型能够很好地提高员工的满意度。

（2）一般管理团队，包括工作团队、项目团队、领导团队。

1）工作团队。是指围绕某一项工作由一小群技能互补的成员组成的人群结构，团队的成员致力于共同的宗旨、认同绩效目标和通用方法，并且共同承担责任。如产品设计团队、生产制造团队、物流运输团队、销售团队、客户服务团队等。

2）项目团队。是指围绕某一个项目的完成而由一群人集合而成，他们共同承担项目目标的责任，兼职或者全职地向项目经理进行汇报。项目团队有以下特征：一是项目团队具有共同的目的，围绕项目实现目标而组建；二是项目团队是临时组织，随着任务产生而产生，随着任务结束而结束；三是项目经理是项目团队的领导；四是项目团队强调合作精神；五是项目团队成员的增减具有灵活性。

3）领导团队。是组织中由管理者队伍按照团队要求组合而成的团队。其特点与传统组织管理不同，管理团队成员之间相对平等，遇事多协商，相互尊重，相互支持。

（课堂练习：龙舟队、旅行团、足球队、候机旅客这 4 个团体类型，哪些是群体、哪些是团队？）

4. 团队建设

团队建设是指为了实现团队绩效及产出最大化而进行的一系列结构设计及人员激励等团队优化行为。优秀的团队更容易实现绩效及产出最大化的目标。

（1）优秀团队特征。主要包括：第一，有优秀的团队领导。大到一个企业集体，小到一个职能部门，或者是一个工作小组，要想组织有力，使团队成员拥有较高的忠诚度，团队领导人至关重要。优秀团队领导一般应具有品德高、能力强、魅力大等特征。

第二，有共同的事业愿景。有愿景就有奋斗的希望，设置共同的事业远景，使团队成员与团队组织的使命愿景连在一起，形成共同的事业愿景，能够使团队成员发挥最大潜能。

第三，有清晰的团队目标。清晰明确的团队目标是引导团队成员不懈努力的动力。要实现团队目标，必须将团队目标分解到每个团队成员，使每个团队成员都有自己清晰明确的目标，这样才能使大家共同努力，实现共同目标。

第四，有互补的成员类型。一个优秀团队的成员之间是互补的，包括个性互补和能力互补。强、弱、柔各类性格的互补，不同能力、特长互补，只有这样团队才能和谐发展。

第五，有合理的激励考核。合理的激励考核制度可以促进团队成员之间积极的竞争，促进团队成员奋发向上。因此，一个优秀团队的激励制度一定是正面的、有效的。

第六，学习型团队。知识改变命运，学习决定未来。一个优秀的团队一定是一个学习型团队。学习型团队是保持团队决策的先进性、前瞻性的重要保证。学习型团队包括学习型个人和团结互助的团队文化。

（2）团队建设要领。打造团队是组织管理的重要任务，是领导者的一项重要职能。

团队建设的好坏，预示着一个组织后继发展是否有实力，也是这个组织凝聚力和战斗力的充分体现。领导者要建立团队，要从以下几方面着手。

第一，明确团队目标。建立团队的目的是什么，这个团队要完成怎样的目标。目标很重要，因为目标就是方向。每个团队的组建都是为完成一定的目标或使命而组建的。没有目标的团队没有存在的意义，或者说没有目标的团队也称不上是一个团队。

第二，确立团队成员标准。团队的目标确定了，就要选择正确的团队成员，团队成员要选择那些认同团队价值观、优势能够互补的人。价值观的认同很关键，不认同团队的价值观大家就不能实现良好的沟通，也就不可能有效率可言。另外，并不是所有最强的人组合在一起就能组成一个最强的团队，团队成功的关键在于充分发挥整体优势，这就需要团队中的成员做到优势互补，实现整体大于局部之和。

第三，建立好团队内部规则。没有规矩不成方圆，一个团队如果能凝聚战斗力必须建立健全的游戏规则，如岗位职责、权利的界定，团队成员沟通、交流方式的确立等。这些规则应能保证一个团队的正常运行，让团队每个成员的主动性、积极性和创造性发挥出来，使整个团队充满活力。

第四，选择一个好的团队领导。我们不能过分强调个人的作用，也不能忽略个人的作用。一个好的团队领导对于建设高效率的团队有着不可替代的作用。一个好的团队领导能充分发挥团队中每个成员的优势，使团队的资源实现最大程度的优化，从而创造出非凡的业绩。

5. 团队精神

团队精神体现在五个统一：统一的目标、统一的思想、统一的规则、统一的行动、统一的声音。

（1）统一目标。目标是团队的前提，没有目标就称不上团队，因为先有了目标才会有团队。有了团队目标只是团队目标管理的第一步，更重要的是统一团队的目标，就是让团队的每个成员都认同团队的目标，并为达成目标而努力的工作。

（2）统一思想。就像人在做思想斗争时会降低行动效率一样，团队思想不统一也会降低效率。

（3）统一规则。一个团队必须有它的规则，规则是告诉团队成员该做什么，不该做什么。不该做什么是团队行事的底线，如果没有设定底线，大家就会不断的突破底线，一个不断突破规则底线的组织是不能称其为团队的。

（4）统一行动。一个团队在行动的时候要相互沟通与协调，让行动统一有序，使整个流程合理的衔接，每个细节都能环环紧扣。

（5）统一声音。团队在做出决策后声音一定要相同，不能开会不说，会后乱说，当面一套，背后一套。如果一个团队“噪音”太多会大大降低团队的效率。在团队内部有观念的冲突是合理的，但在决定面前大家只能有一种声音。管理层要推动大家在会上激烈地争吵，甚至可以和领导争吵，但会上产生的决议大家都要严格执行不能有任何不协调的声音。

6. 团队与组织群体的区别

（1）领导方面：组织群体有明确的领导人。而团队一开始有领导，但领导方式不是命令式的，而是协商式的，发展到成熟阶段，组织成员共享决策权。

（2）目标方面：组织群体的目标必须跟组织保持一致，但团队中除了这点之外，还可以产生自己的目标。

（3）协作方面：群体的协作性相对较差，有的成员消极，有的成员对立，但团队中是一种齐心协力的气氛。

（4）责任方面：群体的领导者要负很大责任，而团队中除了领导者要负责之外，每一个团队的成员也要负责，甚至要一起相互作用，共同负责。

（5）技能方面：群体成员的技能可能是不同的，也可能是相同的。而团队成员的技能是相互补充的，把不同知识、技能和经验的人综合在一起，形成角色互补，从而达到整个团队的有效组合。

（6）结果方面：群体的绩效结果是每一个个体的绩效相加之和，团队的结果或绩效是由大家共同合作完成的产品，一定是 1+1≥2 的结果。

第三节　沟通与协调

沟通协调不仅是人们日常交往最重要的一项技能，也是所有管理环节都不可或缺的一项重要技能，特别是在组织实施过程中，沟通协调更加重要。

一、沟通与协调的含义

（一）沟通的含义和特征

沟通也称为信息交流，是指发讯者把信息（包括发讯者的思想、知识、观念、意图、想法等）按照可以理解的方式传递给收讯者，达到相互了解和协调一致的效果，以确保组织目标的实现。

沟通有人际沟通和管理沟通之分。

人际沟通是指日常生活中人与人之间进行的信息交流、思想、情感的传递和反馈的过程，其目的是为了达成双方的意见一致或者增进彼此感情。

管理沟通是组织内人与人之间、组织与个人之间、部门与部门之间进行的管理信息的传递与反馈的过程。其目的是更好地实现组织目标。

不管是哪种类型的沟通都包含 4 个要素：

一是沟通者。沟通一定是沟通主体与客体之间进行的相互交流，是人与人、人与人群、人群与人群之间的信息双向流动的过程。如果只有信息从发送者到接受者的传递，而没有反馈，则意味着沟通的失败或无效。当然，更广义的沟通打破了人与人之间的范畴，动物、超级计算机、机器人等都是沟通的主客体。沟通主体和客体即是信息的发送者，也是信息的接受者，一个完整的沟通过程中，同一个主体或客体都同时扮演着信息发送者和接受者的角色。通常情况下，沟通双方的状态、知识、经验、表达方式以及准备的充分性等因素都会影响沟通效果。

二是沟通信息。信息是客观世界中事物特征、状态及发展变化的直接或间接的反映。

整个物质世界和人类社会充满着信息和信息交换，人们的衣、食、住、行等一切活动都离不开信息。信息的表示形式多种多样，数字、文字、语言、声音、光、符号、图形、报表等都能表示信息。沟通的内容主要是各类信息的相互交流，没有信息，就谈不上沟通。

三是沟通载体。对人际沟通来说，涉及的主要是人与人的沟通。其沟通载体主要是人自身的功能，如语言、肢体动作、表情、眼神等；和外部的沟通媒介有文字、书信、电话、电子邮件以及各种新媒体等。通常一次沟通过程中，存在着几种信息载体同时存在的情况。一般来说，信息载体的稳定性、识别程度以及沟通环境的噪音、氛围等因素都会影响沟通的效果。

四是特定目标。任何沟通的目的都是为了实现某一目标，有的为了传递信息，有的为了达成共识，有的为了增进感情等。因此，没有目标的沟通，是没有实际意义的。

（二）协调的含义

沟通与协调相辅相成，但也有区别。协调在汉语中的意思是使搭配得适当，使配合得适当，使之和谐一致。

管理学上的含义是指正确处理组织内外关系，为组织正常运转创造良好的条件和环境，促进组织目标实现的手段。

协调就是让事情和行动都有合适的比例，如收入与支出保持平衡，人与事平衡，部门与部门之间的平衡，材料与消耗成一定的比例等。

按照法约尔的观点，协调是管理的职能之一。

协调能力，是化解矛盾的能力，是将分力聚合为合力的能力，是变消极因素为积极因素的能力，是动员群众、组织群众、充分调动人的积极性的能力。一个优秀的领导者必须具备很强的协调能力。

二、沟通的重要性和作用

（一）沟通的重要性

正常的人，人人都需要沟通，人人每天都在沟通。美国成功学大师卡耐基经过长期研究得出结论："一个人的成功，只有 15%靠他的专业知识，而其余的 85%则取决于人际关系"。而人际关系处理得好坏来源于沟通的好坏。特别是领导者，沟通是领导者的基本技能。

具体来说，沟通具有以下重要意义。

第一，沟通是人类集体活动的基础，是人类生存、生产、发展和进步的基本手段和途径。语言是人类社会特有的现象，是人们沟通的主要工具。可以说没有沟通和群体活动，人类就不能进化，甚至可能灭绝。正是沟通才形成了原始人群和部落，不断进化形成了人类社会。

第二，沟通是现代管理的命脉。沟通是管理的实质和核心内容，是管理得以顺利实施的主要手段、方法和工具。日本松下电器创始人松下幸之助说："企业管理过去是沟通，现在是沟通，未来还是沟通"。没有沟通或者沟通不畅，管理效率就会降低，组织发展就会受阻。有研究表明，管理工作中 70%的错误是由于不善于沟通造成的，成功的企业管理人士通常会将 80%以上的工作时间用于与部属之间的良性沟通之中。良好的沟通让员工感觉到企业对自己的尊重和信任，因而产生极大的职责感、认同感和归属感。此外，良好沟通还能减少冲突，化解矛盾、澄清疑虑、消除误会，增强团队的内部凝聚力。

第三，沟通是加强人际情感的基石。良好的沟通可以造就健康的人际关系，而良好的人际关系是人们成功的基石。多少感情、婚姻、友谊、同事、上下级关系，因没有沟通或沟通不良，而濒临破裂，也因良好的沟通而冰释前嫌，可以说世界上没有沟通不了的事。

第四，沟通是实现领导职能的重要途径。领导的主要职能之一是协调作用，通过协调组织内与外的关系，组织内各部门、各类人员的利益、关系和问题，使大家意见达成一致，从而起到凝聚的作用；领导的主要职能之二是激励下属，提高员工的积极性和工作效率。而协调和激励靠的就是沟通。

（课堂作业：案例说出同学之间由于沟通不好而产生误会的事情？）

（二）沟通的作用

无论是组织的管理者还是普通的职工，沟通都是组织竞争力的核心要素，做好沟通工作，无疑是组织各项工作顺利进行的前提。

（1）沟通有利于消除误会，确立互信的人际关系，营造良好的工作氛围，增强组织的凝聚力。

（2）沟通有利于协调组织成员的步伐和行动，确保组织计划和目标的顺利完成。

（3）沟通有利于领导者准确、迅速、完整地了解组织及部属的动态，获取高质量的信息，有助于提高领导工作的效率。

（4）沟通有利于加强组织与外部环境的联系，同外部环境进行物质、信息及能量的交换，保证组织与环境协调一致。

（5）沟通有利于激励下属的斗志，激发整体创新智慧，增强组织的持续发展动力。

三、沟通过程

沟通是在沟通主体和客体之间进行的活动，因此是双向的活动。首先，由沟通主体即信息发送者将准备好的信息译成一种双方都能理解的符号，称为编译，如语言、文字、手势等，再将编译的信息采用一定方式进行传递，将信息传递给信息接受者。信息接受者接收到信息发送者发来的信息，即进行翻译，翻译成自己理解的信息。然后，信息接受者又将自己理解的信息进行编译，编译成发送者能够理解的信息，通过一定方式进行传递，将信息反馈给信息发送者，信息发送者接收到对方发来的信息即进行翻译，翻译成自己理解的信息，一次完整的沟通结束（图 6-12）。由于沟通涉及主体和客体双方，加上环境干扰，因此，沟通信息失真在所难免。

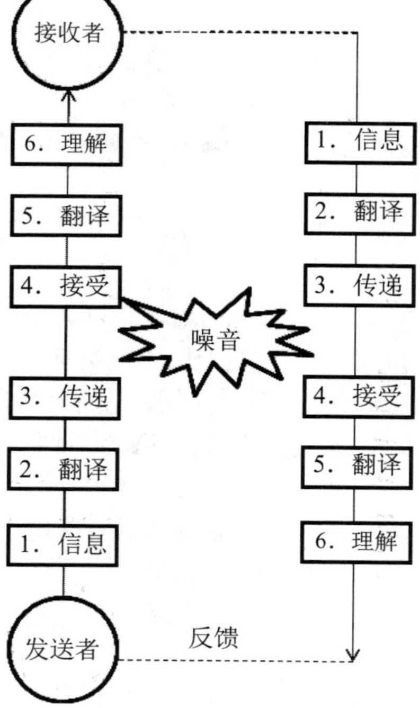

图 6-12　沟通过程示意图

四、沟通类型

（一）按照沟通的流动方向，可以分为横向沟通和纵向沟通

横向沟通，又称平行沟通，是指处于同一级别和地位的组织、单位或个人之间的信息传递和交流。

纵向沟通，有上行沟通，是从下层向上层进行的沟通，如下属向上级汇报工作、反馈信息、谈观点和想法等；还有下行沟通，是从上层向下层进行的沟通，即上级向下级了解情况、布置任务、下发通知等。

（二）按照沟通信息的流向，可以分为单向沟通和双向沟通

单向沟通，指信息的发送者给接受者单向发送信息的沟通，信息接受者可以回复信息也可以以默认（回复的一种）的方式认可信息。如上级下发的文件，各种通知，下级必须执行的政策或任务等。单向沟通一般适用于组织对个人、上级对下级的沟通。

双向沟通，指信息的发出者与接受者之间进行的信息交互。在双向沟通中，发送者和接受者两者之间的位置不断交换，且发送者是以协商和讨论的姿态面对接受者，信息发出以后还需及时听取反馈意见，必要时双方可进行多次重复商谈，直到双方共同明确和满意为止，如交谈、协商等。一般适用于个体与个体之间的沟通。

一般来说，单向沟通的速度比双向沟通快，但双向沟通在内容、正确性上比单向沟通准确。

（三）按照沟通载体，可分语言沟通和非语言沟通

1. 语言沟通

是指以词语符号为载体实现的沟通，主要包括以口头语言、书面语言和媒介语言为载体的沟通。

（1）口头语言沟通。口头沟通是指通过口头语言进行的信息传递与交流。口头沟通的形式很多，如说话、会谈、电话、会议、广播、对话等。

优点：简便易行，灵活迅速；辅助运用身体语言（表情、体态、手势），增加了沟通效果，可自由交换意见，及时反馈。

缺点：信息保留时间短；受到口头表达能力的影响；一过即逝，无法回头再追认；信息在沟通过程中易被歪曲。

（2）书面语言沟通。书面沟通也叫文书沟通，是以文字为媒体的信息传递，形式主要包括文件、报告、信件、书面合同等。书面沟通一般不受场地的限制，因此被人们广泛采用。这种方式一般在解决较简单的问题或发布信息时采用。书面材料是准确而可信的证据，而且书面文本可以复制，同时发送给许多人，传达相同的信息。书面材料传达信息的准确性高，是一种比较经济的沟通方式。

优点：不受环境限制，具有权威性，正确性，不易在传达过程中被歪曲；可反复阅读、研究；可复制，可同时传递给多人，利于长期保存。

缺点：对文字的依赖感强，沟通效果受写作修养的影响大；对情况变化的适应性较差，时间相对较长。

（3）电子语言沟通。是以计算机技术与电子通信技术组合而产生的信息交流技术为基础的沟通。是随着电子信息技术的兴起而新发展起来的一种沟通形式，包括传真、电视、网络、

电子邮件、电话、社交平台等。电子沟通除了具备书面沟通的某些优点外，还具有传递快捷、信息容量大、成本低和效率高等优点。

2. 非语言沟通

是指使用除语言符号以外的各种符号系统进行的沟通形式。如肢体语言、标志性语言、动作性语言以及声音、味觉、视觉、嗅觉、触觉等多种渠道传递信息。绝大多数是习惯性和无意识的，在很大程度上是无结构的，并且是通过模仿学到的。肢体语言如聋哑人的手语、旗语，交警的指挥手势，裁判的手势等；标志性语言如人们惯用的一些表意手势，如“OK”和胜利的“V”等，还有基督教的十字、伊斯兰教的新月、美元的$符号以及许多现代企业的标识等；动作性语言如一个人遇到好事的兴高采烈、一个人的行为习惯（反映其性格特征），例如一个人对着服务员非常着急的样子，跺脚、转身、比划、各种表情等动作，都是传递一种信息的动作行为。

（四）按沟通方式，可分为正式沟通与非正式沟通

1. 正式沟通

是指组织依据规章制度里明文规定的原则和渠道进行的沟通。例如组织间的公函来往，组织内部的文件传达、发布命令、指示汇报、会议制度、书面报告、一对一的正式会见等。

2. 非正式沟通

非正式沟通是一种通过正式规章制度和正式组织程序以外的其他各种渠道进行的沟通。用以弥补正式沟通渠道的不足，传递正式沟通无法传递的信息，可以使领导了解在正式场合无法获得的重要情况，了解组织成员私下表达的真实看法，为决策提供参照。非正式沟通可以减轻正式沟通渠道的负荷量，提高正式沟通效率等。但非正式沟通也有不足，非正式沟通难以控制，传递的信息不确切，容易失真、被曲解，并且，它可能促进小集团、小圈子的建立，影响员工关系的稳定和团体的凝聚力。

五、有效沟通的艺术

（一）有效沟通概念

是指沟通双方传递的信息清楚、准确，双方能达成一致的沟通。

（二）有效沟通技巧

1. 与上级沟通原则与技巧

（1）与上级沟通原则主要有：①了解领导；②沟通态度要积极；③汇报工作要简洁；④聆听领导教诲；⑤保持适当距离；⑥诚实守信；⑦帮领导出主意；⑧劝说领导要委婉；⑨维护上司形象。

（2）与上级沟通的技巧。

1）处理好与上级的关系。一要为上级出谋划策，二要勇于为上级做出牺牲。

2）让上级关注的方法。一要时时请教，二要常常赞美，三要不邀功请赏。

3）如何面对上级发火。当时不反驳，事后再解释，以实际行动消除不利影响。

4）如何对待上级冷遇。一要调整好自己的心态，二要不断充电武装自己，三要增加与上级的接触，四要借助他人力量——它山之石可以攻玉。

5）如何与上级说“不”。委婉表达立场，沉静地表达观点，不排除非常情况用非常手段。

（3）和上级沟通的最佳途径——请示汇报。

1）向领导请示汇报的程序。

第一，仔细聆听领导的指示。利用传统的 5W2H 的方法来快速记录工作要点，即弄清楚该命令的时间（when）、地点（where）、执行者（who）、目的（why）、需要做什么工作（what）、怎么样去做（how）、需要多少工作量（how-many，how-time）等。

第二，复述领导指示。在领导下达完指示之后，立即将自己的记录进行整理，再次简明扼要地向领导复述一遍，看是否还有遗漏或者自己没有领会清楚的地方，并请领导加以确认。

2）请示与汇报的基本态度。尊重而不吹捧，请示而不依赖，主动而不越权。

（4）杜绝两种不良作风。

一是领导说啥是啥，让怎么着就怎么着，好坏没有自己的责任；二是自恃高明，认为领导不知道，对领导的工作思路不研究，不落实，甚至阳奉阴违。

2. 与下级沟通原则与技巧

（1）原则。

1）发挥下级能力。

2）调整自己态度。

3）宽严相济。

4）宽松环境。

5）畅所欲言。

6）坦诚交流。

（2）与下属有效沟通的技巧。

1）让下级知道你关心他。

2）宽容大度。

3）诚心接受意见。

4）正确对待越级沟通。

5）帮助下级改进工作方法。

6）纠正下级习惯性毛病。

3. 与同事或同学沟通原则和技巧

（1）原则。想在职场获得发展和成功，领导的支持非常重要，同时有良好的群众基础也很重要。

1）容忍差异。每个人的背景、经历、学历、年龄，性格的不同，就决定了每个人的行事风格是不同的，所以要接纳每个人的不同。

2）为他人着想。在要求别人为你做什么的时候，首先要考虑自己能为公司、为其他部门、为其他人做些什么。

3）克服傲慢。不要希望其他人、其他部门的同事都能成为你所从事的领域的专家，更不要因此而轻视他们。

4）树立内部服务观念，树立团队意识。你的内部顾客对你满意不满意会通过各种方式传达给你的外部顾客。每个人如同汽车里的零部件，只有彼此相互配合，车子才能跑得又快又稳。

5）了解对方需要你做什么。告诉对方你的需求，使用对方能够理解的“语言”。

（2）技巧。

1）学会尊重，尊重是与人沟通的前提。不要钻牛角尖，不要打破砂锅问到底。

2）倾听对方意见，重视对方意见，要给对方留面子。给对方留足面子，其实也就是给自己挣面子。圣经中有一句话："你希望别人怎样对待你，你就应该怎样对待别人。"这句话被大多数西方人视为作工作中待人接物的"黄金准则"。每个人都渴望被重视、被尊重。真正有远见的人明白，要想获得同事和他人的信赖和合作，就要在日常交往中为自己积累最大限度的"人缘儿"。

3）说话留有余地。言谈中少用一些"绝对、肯定"等感情色彩太强烈的词，多用一些"可能""也许""我试试看"等感情色彩色强、褒贬意义不太明确的中性词，以使自己"伸缩自如"。

4）不吝啬使用赞美。好话人人喜欢听，俗话说"良言一句三冬暖，恶语伤人六月寒"，适当使用赞美，可以极大提高沟通效果。

5）自觉保守同事的秘密。

6）善用微笑和幽默。微笑是沟通过程中非常重要的技巧，可以使沟通变得轻松而有效。

7）以大局为重，多补台少拆台，不能让人笑话，更不能落井下石。

8）在合作过程中，有了成绩，不要把功劳包揽给自己。有了错误，要勇于负起责任，该承担的要承担。

9）对待分歧，应求大同存小异。发生矛盾时，要宽容忍让，学会道歉。

10）对待同事获得荣誉或升迁，要保持平常心，不要嫉妒，多虚心向老同事学习。

在我们工作中，很多人都站在自己的角度，争取自己的利益。工作中斤斤计较，喜欢占小便宜，只顾眼前利益，这样的人不仅会被同事讨厌，而且许多时候占了小便宜却吃了大亏。在工作中应体现你的大度，实际是吃小亏，却占了大便宜。因为你赢得了更多同事的信任和尊重，当你需要别人的信任和帮助时，别人才会不遗余力地支持你。

（三）学会积极倾听——最重要的沟通技巧

无论跟哪一级沟通，学会倾听是最重要的沟通技巧。

表 6-4 展示了沟通技巧中听的艺术。

表 6-4　听的艺术

要	不要
1. 表现出兴趣	1. 争辩
2. 全神贯注	2. 打断
3. 该沉默时必须沉默	3. 从事与谈话无关的活动
4. 选择安静的地方	4. 过快地或提前作出判断
5. 留适当的时间用于辩论	5. 草率地给出结论
6. 注意非语言暗示	6. 让别人的情绪直接影响你
7. 当你没有听清楚时，请以疑问的方式重复一遍	
8. 当你发觉遗漏时，直截了当询问	

（课堂练习：归纳总结父母与子女沟通的技巧。）

六、有效沟通的障碍因素

所谓沟通障碍，是指信息在传递和交换过程中，对信息的不理解或受噪音的干扰，而使信息失真或中断。沟通障碍主要来自4个方面：发送者的障碍、接受者的障碍、沟通渠道障碍、传递的信息难理解。

（一）发送者的障碍

在沟通过程中，信息发送者的情绪、倾向、个人感受、表达能力、判断力、人格影响力等都会影响信息的完整传递。障碍主要表现在：

（1）信息传达的方式不佳。

（2）信息传达者能力不佳。

（3）信息发送无目的或目的混乱。

（4）信息传送不完整。

（5）信息传递不及时或不适时。

（6）知识经验的局限。

（7）对信息的过滤不当。

（8）发送者可信度不高。

（二）接受者的障碍

在沟通的另一端，信息接受者的情绪、倾向、兴奋点、共鸣性、注意力、判断力、记忆力等因素，也影响信息传递的效果。这方面的障碍表现在：

（1）信息接收者的不良情绪或心理障碍。

（2）信息的理解力不够。

（3）接收者译码不对称。

（4）信息不符合接收者的习惯。

（5）接收者对信息的筛选。

（6）接收者的承受力有限。

（7）偏见与成见。

（三）沟通渠道的障碍

（1）选择沟通媒介不当。比如对于重要事情而言，口头传达效果较差，因为接受者会认为“口说无凭”，“随便说说”而不加重视。

（2）几种媒介相互冲突。当信息用几种形式传送时，如果相互之间不协调，会使接受者难以理解传递的信息内容。如领导表扬下属时面部表情很严肃甚至皱着眉头，就会让下属感到迷惑。

（3）沟通渠道过长。组织机构庞大，内部层次多，从最高层传递信息到最低层，从低层汇总情况到最高层，中间环节太多，容易使信息失真。

（4）外部干扰。信息沟通过程中经常会受到自然界各种物理噪音、机器故障的影响或被他人他事干扰，也会因双方距离太远而沟通不便，影响沟通效果。

（四）传递的信息难理解

同样的词汇对不同的人来说含义是不一样的。在一个群体中，人们常常来自于不同的生活背景，有着不同的说话方式和风格，对同样的事物有着不一样的理解，这些都造成了沟通的障碍。

信息不全也是造成沟通障碍的原因之一。

如有一个著名段子，说是吃饭时，一人说去方便一下，老外不解，旁人告诉他方便就是上厕所。敬酒时，另一人对老外说，希望下次出国时能给予方便，老外纳闷不敢问。此时，酒桌上的电视台美女主持人提出，在她方便的时候会安排老外做专访。老外愕然：怎么能在你方便的时候？ 美女主持人说，那在你方便时，我请你吃饭。老外晕倒！

这就是信息难理解造成的障碍。

又如，有一个故事，说是小王在10楼人事部门工作，一个月前，被调到9楼行政部门去了。今天，小王同学打电话到人事部门找他："小王在么？"接电话同事说："小王已不在人事了。"小王同学："啊？！什么时候的事啊，我怎么不知道啊，还没来得及送他呢！""没关系，你可以去下面找他啊……"

虽然是故事，但日常生活中像这种信息不全造成的沟通障碍还是经常发生的。

（课堂练习：你在生活中是否遇到过类似情况？说说看。）

【本章考核】

考核标准

序号	考核项目	主要内容	评分标准	分数	学生自评	教师评分
1	知识学习（40分）	组织、领导、沟通的概念理解	掌握名词意义上的组织概念	2		
			掌握名词意义的组织特征	2		
			知道组织的构成要素	2		
			知道并理解常见的七种组织架构及其优缺点	2		
			知道组织文化的内涵、构成和功能	2		
			掌握动词意义上组织的概念	2		
			知道组织设计的内涵、意义	2		
			知道组织设计的内容、影响因素	2		
			知道组织设计的原则、方法步骤	2		
			知道组织变革的含义、动力和原则	2		
			掌握名词意义的领导概念、功能和类型、特质	2		
			掌握动词意义上的领导内涵	2		
			知道领导力的分析模型	2		
			知道领导的艺术技巧	2		
			知道团队概念、作用和团队建设方法	2		
			掌握沟通、协调的概念	2		
			掌握沟通的作用、类型	4		
			掌握常见的沟通技巧	4		

续表

序号	考核项目	主要内容	评分标准	分数	学生自评	教师评分
2	技能提升（40分）	组织、领导、沟通概念的运用	会根据组织特征辨别一个群体是否为组织	6		
			能区别动词的组织和名词的组织概念	6		
			根据组织设计原则，为一个中小企业设计合适的组织结构	7		
			能分析一个知名企业的组织文化	7		
			能跟同学们进行积极良好沟通	7		
			能区分名词和动词的领导概念	7		
3	职业素养（20分）	组织能力、领导能力、领导艺术和沟通能力的自我训练	有意识锻炼自己的组织能力	5		
			有意识锻炼自己的领导能力	5		
			有意识锻炼自己的沟通能力	5		
			态度端正，学习积极，考勤合格	5		
合计				100		
学生签字	年　月　日		教师签字	年　月　日		

【本章作业】

一、归纳总结本章内容

二、知识测试

（一）概念解释

1．组织
2．领导
3．沟通
4．团队
5．领导力
6．非正式组织
7．非营利组织
8．组织设计
9．组织文化
10．组织变革

（二）选择题

1．（　　）属于管理学上组织的概念。

A．肌肉组织　B．条纹组织　C．社会组织　D．非正式组织

2．组织由（　　）构成。

A．组织目的　B．组织环境　C．组织纪律　D．组织管理

3．组织文化包括（　　）。

A．制度文化　B．行为文化　C．思想文化　D．物质文化

4．（　　）属于非正式组织。

A．班委会　B．社团组织　C．棋友　D．小团体

5．家庭属于（　　）。

A．不是组织　B．正式组织　C．非正式组织　D．社会组织

6．组织变革方式有（　　）。

A．突发式　B．渐变式　C．改良式　D．自发式

7．管理宽度与管理层次的关系是（　　）。

A．正比关系　B．反比关系　C．没有关系　D．平行关系

8．领导因素包括（　　）。

A．职务　B．职权　C．职责　D．领导力

9．领导作用包括（　　）。

A．决策　B．指挥　C．监督　D．协调

10．（　　）属于领导力。

A．决断力　B．影响力　C．号召力　D．控制力

11．沟通包括（　　）。

A．沟通者　B．特定目标　C．沟通信息　D．沟通载体

（三）简答题

1．名词组织与动词组织的联系与区别。

2．名词领导和动词领导的联系与区别。

3．组织有哪些特点？

5．领导者与管理者的联系与区别。

6．作为一个领导需要具备哪些特质？

7．简述管理层次与管理幅度的关系。

8．简述群体与团队的区别。

9．与父母沟通的技巧有哪些？

三、技能训练

1．建立组织架构

帮助一个 100 人左右的瓶装饮用水企业设置部门，建立组织架构。

2．模拟公司组建

由 5～8 人创立一个“公司”，创建公司要求：

（1）建立公司组织架构，竞选出总经理 1 人。

（2）有创意地命名公司名称并说明含义。

（3）有创意地设计公司 LOGO，并说明含义。

（4）进行市场调研，确立公司发展战略。

（5）制定公司年度目标与计划。

（6）由总经理任命人员分工表及工作职责。

（7）制定公司财务制度。

（8）制定公司人事制度及绩效考核制度。

（9）制定公司监督管理制度。

（10）经讨论制定企业文化，并说明内涵。

3．团队成员步调一致

小组成员并排相互将手搭在左右同伴肩上，并排齐步走，看看哪个组走得又齐又快，并相互录制下来。小组之间看录像比较，并互相评价打分。

4．回顾自己由于沟通失败的事情，分析说出沟通的重要性和沟通技巧。

四、小组讨论

《西游记》是中国古代第一部浪漫主义长篇神魔小说，主要写孙悟空、猪八戒、沙僧和白龙马 4 徒弟保护唐僧西行取经，历经八十一难，一路降妖伏魔，化险为夷，最后到达西天取得真经的故事。

（1）《西游记》中 5 人是如何取得真经的？分析 5 个人的性格特征和所起作用，你认为 5 人谁的作用最大？

（2）从《西游记》故事中悟出了哪些做人、做事、做领导、做员工的道理？

五、案例分析

亚科卡就任美国克莱斯勒公司总经理时，公司正处于一盘散沙状态。他认为经营管理人员的全部职责就是动员员工来振兴公司。

在公司最困难的日子里，亚科卡主动把自己的年薪由 100 万美元降到 1000 美元，这 100 万美元与 1000 美元的差距，使亚科卡超乎寻常的牺牲精神在员工面前闪闪发光。很多员工因此感动得流泪，也都像亚科卡一样，不计报酬，团结一致，自觉为公司勤奋工作。不到半年，克莱斯勒公司就成为拥有亿万资产的跨国公司。

从管理学角度分析，你从案例中得到什么启示？你认为领导最重要的特征有哪些？

六、延伸阅读

扫描二维码阅读：1．华为组织结构变迁史；2．刘备的领导艺术。

第七章　监督与控制

【管理名言】

监督是管理过程持续最长的一种功能，因为它是在执行决策的全部过程中实现的。

——阿法纳西耶夫

管理就是预测和计划、组织、指挥、协调以及控制。

——亨利·法约尔

【本章介绍】

建立了组织，产生了领导，接下来就要实施计划。在组织建立和计划执行过程中，由于受组织内外环境条件变化，以及执行人员的理解能力和理解程度的差异，随时可能发生与原有情况偏离的状况，这时就需要有专门人员对计划执行情况进行监督和控制。法约尔认为，监督与控制是管理职能之一。本章重点讲述监督与控制的概念、类型、过程和方法。

【学习目标】

1. 知识目标

（1）知道监督的含义和特征。

（2）知道控制的含义和特征。

2. 能力目标

（1）能理解监督与控制的作用。

（2）会应用监督与控制的方法。

3. 素质目标

（1）养成自觉控制自己行为的习惯。

（2）养成同学之间相互督促的良好习惯。

【情景引入】

2020 年伊始，一场突如其来的新冠肺炎疫情从武汉开始席卷整个中国。这场疫情是新中国成立以来发生的传播速度最快、感染范围最广、防控难度最大的一次重大突发公共卫生事件。面对来势汹汹的疫情，在党中央坚强领导下，中国采取最全面、最严格、最彻底的防控举措，14 亿人民同舟共济，众志成城，同疫情展开顽强斗争，取得重大战略成果。然而，纵观中国以外的其他国家，特别是欧美国家，由于防控不当，到 11 月份已造成数千万人感染，一百多万人因此丧命。

这个事件说明了什么？

第一节 监督

监督存在管理活动和过程中的各个方面和各个环节，对组织目标的实现起着重要作用。监督也存在各个社会组织和各个部门之中，本节重点介绍企业内部监督和行政监督的概念。

一、监督的含义

监督是一个现代汉语词汇，基本意思是察看并督促。是指监督人员（一般是管理者）对现场、实施过程或某一特定环节进行监视、督促和管理，使其结果能达到预定的目标。

二、监督的作用

作用如下：

（1）通过监督，可以使组织的使命、目标和决策落到实处，使组织顺利发展。

（2）对组织管理者是否依法依章行使职权进行监督，有利于组织依法管理，健康发展。

（3）对组织的计划实施情况实行督查，以便使组织计划得以顺利实施，从而有效实现组织目标。

三、监督的类型

类型如下：

（1）从监督形式分有：行政监督、民主监督、司法监督、社会监督、内部监督、舆论监督、间接监督和直接监督等。

（2）从监督内容上分有：监督个人、监督财务、监督决策、监督行为等。

（3）从监督过程分有：事前监督、事中监督、事后监督。

（4）从监督时间分有：长期监督与暂时监督等。

（5）从监督方法分有：现场监督和非现场监督（规章制度等）。

四、企业内部监督

在激烈的市场竞争中，企业执行力将决定企业的兴衰成败。科学完善的规章制度和质量管理体系是企业高效运行的基础，加强监督管理是保证企业执行力有效推行的重要手段。因此，企业要强化监督，健全规章制度，提升企业执行力。

（一）企业监督目的

（1）促进团队建设，提高工作人员执行力和忠诚度。

（2）保障公司规范、高效、稳健、安全运营。

（3）防范违法违规行为，为实现公司整体利益目标保驾护航。

（二）监督内容

（1）监督工作计划的落实、执行情况。

（2）监督公司管理规章的落实、执行情况。

（3）监督日常工作中工作纪律的遵守情况。

（4）监督各团队协作和工作效率的情况。

（5）监督经营管理中的异常情况、违规违纪情况。

（三）监督周期

可以是每天监督、每周监督、每月监督、每季度监督、每半年监督、年终监督等，或不定期监督。

（四）监督方法

（1）通过检查各部门工作计划制定情况进行监督。

（2）通过现场检查工作计划执行情况进行监督。

（3）通过各部门书面提交的备查材料进行监督。

（4）通过听取意见或建议进行监督。

五、行政监督

（一）含义

广义的行政监督是指立法机关、行政机关、司法机关、政党、社会团体、新闻舆论等多种政治力量和社会力量对政府及其公务员的行政行为所实施的监察和督导。狭义的行政监督是指行政机关内部对自己的机构及其公务员的不良行政行为所实施的监察和督导。最常见的行政监督方法有：检查、审查、调查、检验、勘验、鉴定、巡查、巡视等。

行政监督主要是对行政的政治方向和对行政政策的贯彻执行起保证作用，保护国家、社会、集团利益和公民合法权益，推进行政法制化，造就优秀政务家和公务人员。通过行政监督，保障行政机关正确地行使行政权力，保护公民、法人和其他组织的合法权益和国家的整体利益。

（二）特征与要素

1. 行政监督的特征

（1）监督主体的广泛性。党、国家机关和人民群众是行政监督的主体，具有广泛性和群众性。

（2）监督对象的特定性。被监督的对象，是行政相对方，包括国家行政机关及其工作人员。

（3）监督内容规范性。其内容是被监督方遵守法律、法规、规章，执行决定、命令的情况。

（4）监督目的促进性。其目的是监察和督导国家公共政策执行机关工作人员及国家公务员在行政管理过程中遵纪守法。

2. 行政监督的构成要素

主要包括监督的主体、客体、内容和标准等 4 个方面。

（1）行政监督主体。我国现阶段的行政监督主体，包括国家的行政监督和社会的行政监督两个方面。其中国家的行政监督有立法机关、司法机关以及行政机关、行政监察和审计部门等。社会的行政监督包括各种社会力量，如政党组织、社会团体、公民和新闻媒体等。

（2）行政监督客体。国家行政机关及其国家公务员。依法拥有行政管理权力、行使行政管理职能的非行政组织及其工作人员，也属于行政监督的客体。

（3）行政监督内容。行政监督主体不是对国家行政机关及其国家公务员的任何行为进行监督，而只是对国家行政机关及其国家公务员在执行公务和履行职责时的失范行为和失效行为进行监督。

（4）行政监督标准。主要遵循宪法、法律、纪律和公共政策标准。

（三）作用

作用如下：

（1）它可以及时反馈法律、法规实行的社会效果，为法律、法规的制定、修改、废除提供实践依据。

（2）可以预防和纠正被监督方的违法行为。

（3）它是保证执行法律、法规，实现行政目标的具体行政行为。

（4）保证组织目标的有效实现。

（四）分类

行政监督有两种：一是指行政主体基于行政职权依法对行政相对人是否遵守行政法规和执行行政决定等情况进行的监督检查，也叫行政检查；另一种是指行政组织系统内部的监督检查，指的是对行政机关和工作人员的监督。由于第一种行政监督本质上属于行政管理职能和行政执法活动的组成部分，所以用行政管理或行政执法即可涵盖，因此一般意义上的行政监督主要是指对行政权力的监督，其监督对象是行政主体及其工作人员。

行政监督可根据不同的标准进行分类。

（1）按行政监督的对象是否特定为标准，可以分为一般监督与特别监督。

（2）按行政监督的内容为标准，可以分为公安、工商、海关、资源、环境保护、审计等行政监督。

（3）按其实施的时期为标准，可以分为事前监督、事中监督和事后监督。

（4）按其主体的任务为标准，可分为依职权的监督与依授权的行政监督。

（五）原则

行政监督是行政管理活动的一个重要组成部分，因此，行政监督应该遵循一定的原则，以保证行政监督的合法性和有效性。

（1）合法性原则：行政监督的合法性是行政监督主体从事行政监督的必要条件。这种合法性主要体现在行政监督主体的合法性、行政监督活动符合法定程序、行政监督活动符合法定方式 3 个方面。

（2）经常性原则：行政监督作为一种经常性活动，存在于行政管理活动的全过程，具体贯穿于决策、协调、执行等各个环节。经常性监督，有利于及时发现政府行政组织和公务员在处理公务中的不当行为、违法现象，并及时纠正和处理，避免增加社会成本。

（3）平等性原则：依法监督，法律面前一律平等，是社会主义行政监督的基础。不论是领导机关还是被领导机关，不论是专门监督机构还是一般机构，不论是领导者还是一般公民，在进行监督的权利和接受监督的义务上完全平等，不存在不受监督的特权或享有特权的监督。

（4）广泛性原则：主要指监督主体、监督对象和监督范围的广泛性。行政监督的性质决定了全体公民对政府的公务活动均有实施监督的权利，这种广泛性还表现在行政监督要对一切政府行政机关的行政行为、行政措施、行政制度的实施进行监督。

（5）有效性原则：主要体现在行政监督实施后的结果如何。有效的行政监督就要做到客观、公正、准确、及时，做到违法违纪必究，执法必严。

第二节　控制

一、控制的含义

控制，即掌握对象不使其任意活动或超出范围。

控制是指按既定计划、标准和方法对工作进行对照检查，发现偏差，分析原因，进行纠正，以确保组织目标实现的过程。可以说，管理的过程就是控制的过程。控制既是管理的一项重要职能，又贯穿于管理的全过程。

法约尔认为，控制是管理的重要职能之一。

控制是一个过程，是为了确保组织的目标以及为此而拟定的计划能够得以实现的过程。各级主管人员根据事先确定的标准或因发展的需要而重新拟定的标准，对下级的工作进行衡量、测量和评价，并在出现偏差时进行纠正，以防止偏差继续发展或今后再度发生的过程。一方面根据组织内外环境的变化和组织的发展需要，在计划的执行过程中，对原计划进行修订或制订新的计划来调整管理工作；另一方面，控制是为使人们的行为遵循规范，所采取的监督和矫正等管理行为。控制的目的是指出偏差，以便纠正错误，并防止重犯。

特征如下：

（1）目的性：控制是一项有目的的活动，是提高员工管理能力、业务能力、自我控制能力以及提高计划的完成质量的重要手段。如果没有明确的目的或目标，就无所谓控制。

（2）过程性：控制是一个过程，是一个对计划执行偏差进行纠偏的过程。

（3）监督性：控制过程就是一个监督过程，是对计划实施的一种督查和纠偏。

二、为什么需要控制

在组织进行各项活动中，无论计划制定的如何周密，总会由于各种各样的原因，人们在执行计划的活动中总是会或多或少地出现与计划不一致的现象。这就需要利用控制手段，尽可能地使计划执行较少偏离原计划。

计划执行过程与原计划发生偏离的原因很多，主要有以下几点：

第一，环境发生了变化。组织环境包括内环境和外环境。内环境变化如组织结构变化、人员结构变化等，外环境变化包括政治、经济、社会等环境发生变化。这就必然致使计划发生变化，因此，就要对原计划进行调整。

第二，管理权力分散。由于任何组织都是一个群体，都存在分工和分层。分工越细，管理层次越多，就越需要有控制。否则，可能各部门和各个人对计划执行发生了偏离都没有被管理人员发现，造成最后不可弥补的损失。如果控制的内容太多、太复杂、涉及面太大，不易由部门的一般人员来承担时，就应该让一些专业人员来做，即设立专门的检查员、监督员或专门的监督机构。

第三，工作能力的差异。各级人员的工作能力、理解能力不同，造成计划执行时有差异，需要有专门部门督促指导和协调。

三、控制的目的和作用

1. 控制的目的

（1）限制偏差的累积以及防止新偏差出现。偏差随时出现，但可以在计划允许的范围内，一旦出现不可逆转的偏差，并且在实际工作中不断放大，到最后可能导致计划的失败。

（2）适应环境的变化。通过控制工作，使得组织活动在维持平衡的基础上，螺旋上升，即适应环境变化，取得管理突破。

2. 控制的作用

（1）通过控制可以使复杂的组织活动能够协调一致地运作。由于现代组织的规模有着日益扩大的趋势，组织的各种活动日趋复杂化，要使组织内众多的部门和人员在分工的基础上能够协调一致地工作，完善的计划是必备的基础，但计划的实施还要以控制为保证手段。

（2）通过控制可以避免和减少管理失误造成的损失。组织所处环境的不确定性，以及组织活动的复杂性，会导致不可避免的管理失误。控制工作通过对管理全过程的检查和监督，可以及时发现组织中的问题，并采取纠偏措施，以避免或减少工作中的损失，为执行和完成计划起着必要的保障作用。

（3）通过控制可以有效减轻环境的不确定性对组织活动的影响。现代组织所面对的环境具有复杂多变的特点，再完善的计划也难以将未来出现的全部变化考虑在内。因此，为了保证组织目标和计划的顺利实施，就必须有控制工作，以有效控制一降低环境的各种变化对组织活动造成的影响。

（4）通过控制使组织的计划目标得以有效实现。没有控制就很难保证组织计划的顺利执行，而计划不能执行，组织目标就无法实现，这是由组织的外部环境和内部条件变化所决定的。只有通过管理控制，才能为管理人员提供必要的信息，了解计划执行中的问题，采取措施，保证计划顺利进行，从而达成组织的目标。

（5）通过控制保证其他管理职能有效运行。控制通过发现和纠正偏差的行动与计划、组织、领导等职能紧密结合在一起，使管理过程形成一个相对封闭的系统。在这个系统中，计划的制订确定了组织的目标、使命、战略、政策和实现的程序等，然后通过组织、领导工作去实现计划的内容。为保证计划内容顺利实施，就必须在实施过程中进行监督，并进行控制和纠偏。因此，控制存在于管理活动的全过程，它不仅可以维持其他职能的正常运转，而且也可以通过纠偏措施来改变其他职能的活动。

四、控制与计划的关系

关系如下：

（1）计划为控制提供衡量的标准。

（2）计划和控制的效果分别依赖于对方。

（3）一切有效的控制方法首先就是计划方法，如预算、政策、程序、规划等。

（4）计划工作本身也必须有一定的控制。

五、控制的内容

（一）管理控制的内容

1. 对组织目标和计划的控制

组织计划的制订也确立了组织的目标。组织计划要顺利实施，必须要将计划分解到各部门和各级组织。下级组织也要制定相应的执行计划，这些计划在实际执行过程中，不可避免地会产生与原计划的偏差，这就需要有专门组织来进行督促和纠偏。如果因为环境发生了变化，原计划就必须要改变，以实现组织目标。

2. 对资源投入控制

资源的合理使用是实现组织目标的重要保证。组织资源控制是多方面的，主要有以下几方面。

（1）人员控制。任何活动都要人去完成，人是任何组织的最重要资源。因此，组织管理中对人员的控制也是最为常见的控制。对人员的控制主要是对员工的诚信度、职业道德和才能的评估与监督，对计划执行的督促与检查。控制的方法有：甄选、激励、职务设计、约束、监督、培训、传帮带等。

（2）资金控制。资金控制即财务控制，包括资金投入和资金使用的控制，即对组织的资金投入及收益过程和结果进行衡量与校正，以确保组织目标以及为达到此目标所制定的财务计划得以实现。任何组织要发展，都要降低成本，提高资金使用效率，这就需要对资金使用进行严格控制，否则，组织发展就会受挫。

财务控制方法主要有：预算、决算与审计。

（3）设备资产控制。设备和资产也是生产成本的重要方面，组织要发展需要有相应设备和资产进行支撑，特别是生产型企业。企业不是设备和资产越多越好，而应该将设备控制在与生产规模相适应的范围内，提高设备利用率。

（4）物资消耗控制。理论上，物资消耗越少越好，但过少不能保证组织正常运转需要。因此，要进行合理控制，既保证组织正常运转，又要使物资消耗最低。

（5）库存控制。库存多少直接关系到企业能否持续发展的重要方面。既要保证供应顺畅，又要降低库存、保证资金运转，这就需要进行科学的控制。

（6）信息控制。信息控制包括商业机密、组织内部管理制度、个人工资待遇、客户信息等方面的控制。

3. 对组织运行活动的控制

（1）组织绩效控制。通过考核评价的形式规范组织中各级管理者及员工的经济目标和经济行为。绩效考评控制要求各个组织科学设置业绩考核指标体系，对照预算指标、盈利水平、投资回报率、安全生产目标等方面的业绩指标，对各部门和员工当期业绩进行考核和评价，以此兑现奖惩，强化对各部门和员工的激励与约束。

（2）生产作业控制。生产作业是企业组织最基本的活动。生产作业控制包括生产过程控制、生产效率控制、生产质量控制等多方面。

（3）公关行为控制。组织都是社会的组织，独立于社会的组织是不存在的。既然是社会的组织，就要发生各种社会关系，就需要公关。公关的内容很多，主要有各种社会关系公关、销售广告、危机应急管理等方面，这些关系控制处理得当，有益于组织的健康发展。

（二）企业内部控制的内容

企业内部控制是以专业管理制度为基础，以防范风险、有效监管为目的，通过全方位建立过程控制体系、描述关键控制点和以流程形式直观表达生产经营业务过程而形成的管理规范。

企业内部控制主要包括下列 5 方面要素。

1. 内部环境

内部环境是企业实施内部控制的基础，直接影响企业员工的控制意识。一般包括员工的诚信度、职业道德和才能，管理者的管理思想和经营风格，权责分配方法、人事政策，董事会的经营重点和目标治理结构，机构设置及权责分配，内部审计，企业文化等方面。

2. 风险评估

风险评估是指企业及时识别、系统分析经营活动中与实现内部控制目标相关的风险，合理确定风险而采取的应对策略。

3. 控制活动

控制活动是企业根据风险评估结果，采用相应的控制措施，将风险控制在可承受程度之内。

4. 信息控制

信息与沟通是指企业及时、准确地收集、传递与内部控制相关的信息，确保信息在企业内部、企业与外部之间进行有效沟通。

5. 内部监督

内部监督是企业对内部控制建立与实施情况进行督促检查，评价内部控制的有效性，发现内部控制缺陷，及时加以改进的措施。

六、控制的类型

控制是管理的基本活动环节。由于管理活动多种多样，管理对象和管理目标都不一样，因此，在不同的管理活动中运用的控制方式也不一样，存在多种不同的控制类型。下面介绍常见的几种分类。

（一）根据控制点所处的位置分为：事前控制、事中控制、事后控制

1. 事前控制

也叫预先控制或前馈控制。是指实际工作开始之前，通过最新信息或经验教训，对可能发生的情况进行预测，对影响因素进行提前控制。预先控制的侧重点在于预先防范，主要是防患于未然，对事不对人。

2. 事中控制

也称过程控制、现场控制或同步控制。是在系统进行到中间过程中，对活动中的人和事进行指导和监督，以便管理者在问题出现时及时采取纠正措施。在工作进行的过程当中，管理者亲临现场，所实施的控制。有监督和指导两项职能。过程控制的侧重点在于及时了解情况并予以指导。

3. 事后控制

是常见的控制类型。当系统最后阶段输出产品或服务时，来自系统内部对产生结果的总结和系统外部顾客与市场的反应，都是在计划完成后进行的总结和评定，具有滞后性的特点，但可为未来计划的制订和活动的安排以及系统持续的运作提供借鉴，更好地把握规律。事后控制的侧重点在于矫正偏差。

（二）按控制性质分为：预防性控制、检查性控制、纠正性控制

1. 预防性控制

它是为了避免产生错误和尽量减少今后错误的一种纠正活动，防止资金、时间和其他资源的浪费。

2. 检查性控制

检查性控制通常是管理层用来监督实现流程目标的控制，目的是发现流程中可能发生的错误。

3. 纠正性控制

它常常是由于管理者没有预见到问题，当出现偏差时采取措施，使行为或活动返回到事先确定的或所希望的状态上来。

（三）按控制方式分为：集中控制和分散控制

1. 集中控制

集中控制是指在组织中建立一个相对稳定的控制中心，由控制中心对组织内外的各种信

息进行统一的加工处理，发现问题并提出问题的解决方案。

2. 分散控制

分散控制是指系统中的控制部分表现为若干个分散的、有相对独立性的子控制机构，这些机构在各自的范围内各司其职，互不干涉，各自完成自己的目标。当然这些目标是整个系统目标中的分目标。

（四）按控制手段分为：间接控制和直接控制

1. 间接控制

间接控制是指根据计划和标准考核工作的实际结果，分析出现偏差的原因，并追究责任者的个人责任以使其改进未来工作的一种控制方法，多见于上级管理者对下级人员工作过程的控制。

2. 直接控制

直接控制是相对于间接控制而言的，是控制者与被控制对象直接接触进行控制的形式。

（五）按控制的主动性分为：主动控制和被动控制

1. 主动控制

主动控制是在预先分析各种风险因素及其导致目标偏离的可能性和程度的基础上，拟订和采取有针对性的预防措施，从而减少乃至避免目标偏离。

主动控制是一种事前控制。它必须在计划实施之前就采取控制措施，以降低目标偏离的可能性或偏离后果的严重程度，起到防患于未然的作用。

2. 被动控制

被动控制是从计划的实际输出中发现偏差，通过对产生偏差原因分析，研究制定纠偏措施，以使偏差得以纠正，使之恢复到原来的计划状态，或虽然不能恢复到计划状态但可以降低偏差的严重程度。

被动控制是一种事中控制和事后控制，也是一种反馈控制，是一种面对现实的控制。

（六）根据控制过程性质分为：反馈控制与前馈控制

1. 反馈控制

反馈控制指从组织活动进行过程中的信息反馈中发现偏差，通过分析原因，采取相应的措施纠正偏差。

2. 前馈控制

前馈控制又称指导将来的控制，即通过对情况的观察、规律的掌握、信息的分析、趋势的预测，预计未来可能发生的问题，在其未发生前即采取措施加以防止。

（七）根据实施控制的来源分为：内部控制、外部控制

1. 内部控制

内部控制是指组织为了实现其目标，而在组织内部采取的自我调整、约束、规划、评价和监督的一系列方法、手段与措施的总称。

2. 外部控制

外部控制指控制主体与控制客体处于不同的组织，如政府部门对企业、事业单位的控制，包括财政控制、税务控制、政府审计控制等；中介机构对企业的控制、对企业的审计等都属于外部控制。

七、控制过程

（一）控制的一般过程

确定标准：确定控制标准和标准体系，包括数量、质量等验收标准。

（1）控制标准的基本要求：简明，适用，一致，可行，可操作，灵活。

（2）常用控制标准：定量与定性。

（3）制定控制标准的步骤：确立控制对象，选择控制关键点，通常用统计和经验判断的方法制定控制标准。

衡量成效：衡量工作成效的信息质量应准确，及时，可靠适用。管理者通过亲自观察，分析报表资料，抽样调查，召开会议，口头报告，书面报告等方式，准确、及时收集可靠适用信息，衡量工作成效。

纠正偏差：一是分析偏差产生的主要原因，确定纠偏的对象；二是采取有效措施进行控制。

控制的一般过程图如图 7-1 所示。

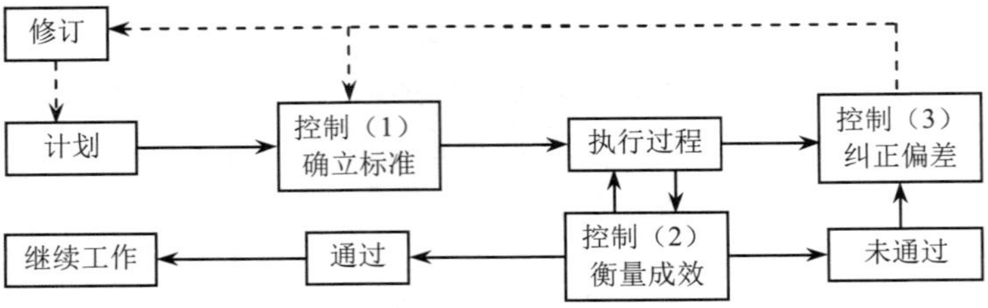

图 7-1　控制流程图

（二）企业风险控制过程

企业风险控制是有效对各种风险进行管理，为企业作出正确的决策、保护企业资产的安全和完整实现企业的经营活动目标的过程。

企业风险控制过程：风险识别（捕捉风险）、风险分析（预测和衡量风险产生的后果）、风险控制（选择有效的手段规避风险）、总结评价（避免下一次出现重复风险），详见图 7-2。

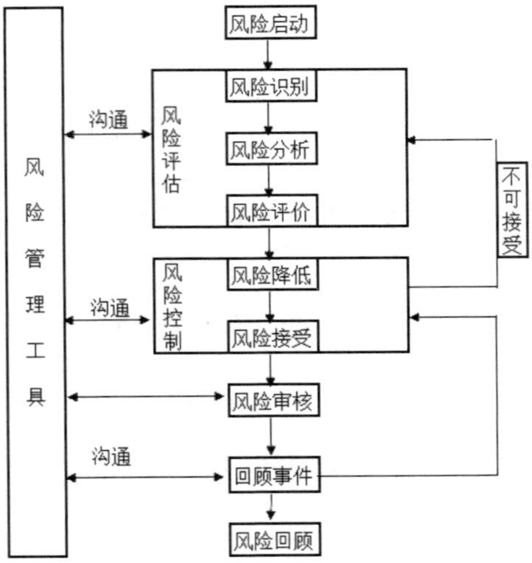

图 7-2　企业风险控制流程图

八、控制注意事项

注意事项如下：

（1）实时监督与控制：可以避免发生更大的偏差。建立预警机制和危机处理机制。

（2）适度控制：全面控制与重点控制相结合，防止过度控制或控制不足。

（3）客观准确控制：不能凭想象，不能盲目。

（4）弹性控制：要有灵活性、应变性，不能刻板。

【本章考核】

考核标准

<table>
<tr><th>序号</th><th>考核项目</th><th>主要内容</th><th>评分标准</th><th>分数</th><th>学生自评</th><th>教师评分</th></tr>
<tr><td rowspan="5">1</td><td rowspan="5">知识学习（40分）</td><td rowspan="5">监督与控制的概念理解</td><td>知道监督的含义、作用和类型</td><td>8</td><td></td><td></td></tr>
<tr><td>知道企业内部监督的目的、内容和方法</td><td>8</td><td></td><td></td></tr>
<tr><td>知道控制的含义、特征</td><td>8</td><td></td><td></td></tr>
<tr><td>知道控制在管理过程中的目的和作用</td><td>8</td><td></td><td></td></tr>
<tr><td>知道各种控制类型的含义</td><td>8</td><td></td><td></td></tr>
<tr><td rowspan="3">2</td><td rowspan="3">技能提升（40分）</td><td rowspan="3">监督与控制的概念运用</td><td>能够运用所学知识进行日常学习生活行为的自我监督与自我控制</td><td>10</td><td></td><td></td></tr>
<tr><td>能区别监督、控制和计划的关系</td><td>10</td><td></td><td></td></tr>
<tr><td>自己选择一家企业，帮助其做一份管理控制的计划书</td><td>10</td><td></td><td></td></tr>
<tr><td rowspan="2">3</td><td rowspan="2">职业素养（20分）</td><td rowspan="2">监督与控制的习惯养成</td><td>养成自觉监督与控制自己行为的习惯</td><td>5</td><td></td><td></td></tr>
<tr><td>养成同学之间相互督促的良好习惯</td><td>5</td><td></td><td></td></tr>
<tr><td colspan="4">合计</td><td>100</td><td></td><td></td></tr>
<tr><td>学生签字</td><td colspan="2">年 月 日</td><td>教师签字</td><td colspan="3">年 月 日</td></tr>
</table>

【本章作业】

一、归纳总结本章内容

二、知识测试

（一）概念解释

1. 监督
2. 控制
3. 社会监督
4. 舆论监督
5. 前馈控制

（二）选择题

1. 按监督时间点分，监督可以分为（　　）。
   A. 长期监督　　B. 事前监督
   C. 事中监督　　D. 事后监督
2. 行政监督方式通常有（　　）。
   A. 行政内部监督　　B. 司法监督
   C. 社会舆论监督　　D. 媒体监督
3. 行政监督的常用方法有（　　）。
   A. 检查　　B. 巡视
   C. 审查　　D. 调查
4. “治未病”是指控制的（　　）。
   A. 事前控制　　B. 实时控制
   C. 事后控制　　D. 反馈控制
5. 控制的特征有（　　）。
   A. 目的性　　B. 超前性
   C. 过程性　　D. 监督性
6. 关于控制，下列说法正确的是（　　）。
   A. 控制是一项管理职能　　B. 控制存在于整个管理过程
   C. 最重要的控制是事前控制　　D. 控制会阻碍计划的实施
7. 财务控制方式通常有（　　）。
   A. 预算　　B. 决算
   C. 监督　　D. 审计
8. 企业内部控制包含的内容有（　　）。
   A. 内部环境　　B. 风险评估
   C. 信息控制　　D. 内部监督
9. 现场检查属于（　　）。
   A. 事前控制　　B. 事中控制
   C. 事后控制　　D. 反馈控制
10. 控制过程包括（　　）。
    A. 确定标准　　B. 衡量成效
    C. 纠正偏差　　D. 反馈信息

（三）简答题

1. 简述监督与控制的关系。
2. 简述监督与控制的作用。
3. 简述控制与计划的关系。
4. 简述行政监督的作用。
5. 简述控制的内容与方法。

三、技能训练

1. 按时作息

每组 5～6 人，监督自己和其他人一周，每天是否按时作息。将监督的结果记录下来，能够坚持按时作息的获胜。

姓名	周一	周二	周三	周四	周五
	起床：	起床：	起床：	起床：	起床：
	早餐：	早餐：	早餐：	早餐：	早餐：
	上午上课：	上午上课：	上午上课：	上午上课：	上午上课：
	午休：	午休：	午休：	午休：	午休：
	下午上课：	下午上课：	下午上课：	下午上课：	下午上课：
	晚上睡觉：	晚上睡觉：	晚上睡觉：	晚上睡觉：	晚上睡觉：

2. 传话游戏

（1）每 5 人一组上台按顺序排好。每组的第一个同学先抽一张写有一句话的纸条（如“永远都不要以为自己是无人能取代的重要人物”），并将纸条上的话记住，同时悄悄告诉第二个同学（注意不能让第三人知道，而且只能说一遍），以此类推，直至第 5 人。记下所用时间，并由第 5 人复述听到的话，与纸条上的话对比是否相同。

（2）接着其他组进行。

（3）评分规则：复述准确率高，用时短的小组获胜。

四、小组讨论

（一）制定控制自己行为习惯的方案，邀请关系最好的同学进行监督。

（二）韩雅琴同学大学毕业后立即创业，和同学顾丽萍一起开了一家小型餐饮店。她们知道，要经营成功，除了要有可口的饭菜，餐厅周到的服务、与顾客搞好关系也是十分重要的。为此，她们采取了如下控制措施：

1. 在店内显眼位置挂一本顾客意见簿，欢迎顾客提出意见和批评。
2. 每天让领班严密监视服务人员的行为，有错必纠。
3. 在员工上岗前进行工作技能和服务态度培训。
4. 明确规定半年后对服务质量好的员工进行奖励。

分组讨论：以下哪种说法正确？

（1）4 和 1 一样都属于事后控制。

（2）1 是事后控制，2 是现场控制，3 是事前控制。

（3）4 属于激励措施，不是控制。

（4）3 属于激励措施，不是控制。

五、案例分析

扁鹊是我国战国时期著名医学家，约生于公元前 407 年，卒于公元前 310 年。扁鹊还有两个哥哥都是名医，但扁鹊最为出名。

有一天，魏文王问扁鹊："你们家兄弟 3 人，都精于医术，到底哪一位最好呢？"扁鹊回答说："我家长兄最好，中兄次之，我最差。"文王疑虑，再问："那为什么你最出名呢？"扁鹊答说："我长兄治病，是治病于病情发作之前。由于一般人不知道他能事先铲除病因，所以他的名气无法传出去，只有我们家的人才知道。我二兄治病，是治病于病情初起之时。一般人以为他只能治轻微的小病，所以他的名气只及于本乡里。而我扁鹊治病，是治病于病情严重之时。一般人都看到我在经脉上穿针管来放血、在皮肤上敷药等大手术，所以以为我的医术高明，名气因此响遍全国。"

分组讨论：大家从案例中获得哪些启示？

六、延伸阅读

扫描二维码阅读：企业缺乏内部控制导致倒闭的案例分析。

第八章　考核与评价

【管理名言】

员工需要的不是管理，而是激励。

——韦尔奇

绩效管理是 20 世纪管理学最伟大的发明之一。

——德鲁克

【本章介绍】

经过目标设置、决策计划、组织建立、领导实施和监督控制后，组织的目标是否实现、谁的贡献大，都需要进行评估和考核，并对结果进行评价，以此进行激励，为下一轮计划的实施做准备。本章主要介绍人员管理与激励、绩效考核与评价等概念。

【学习目标】

1. 知识目标

（1）知道绩效考核的含义。

（2）了解人力资源管理概念。

（3）掌握常用激励理论。

（4）了解人员管理的内容。

2. 能力目标

（1）会使用常用激励方法进行激励。

（2）能制定绩效考核方案。

3. 素质目标

（1）培养自我激励的意识。

（2）树立以人为本的思想。

【情境导入】

M 公司每季度都要召开各部门经理会议，目的是对一季度以来的工作业绩进行考核和评价，另一方面让大家彼此知道其他部门的业绩成果。开会之前，公司按照各部门一季度以来的业绩成果进行 A、B、C、D 四级排序。A 首先发言，随后按照 B、C、D 顺序发言。由于谁也不愿最后一个发言，所以都加倍努力工作，形成良性竞争。通过这样的方式方法进行业绩评价和考核，充分达到了激励的目的。

问题：你是否赞同 M 公司做法？为什么？

第一节 人员管理与激励

人员管理即人力资源管理，是管理的重要内容。

一、人员管理概念

（一）人力资源概念

广义的人力资源是指一个国家或地区中，具有劳动能力（智力和体力）的人口之和。人力资源也指一定时期内组织中的人所拥有的能够被组织所用、且对价值创造起贡献作用的智力、知识、能力、技能、经验、体力等的总称。狭义的人力资源就是企事业单位独立经营的团体所需人员具备的能力。

人力资源是存在于人的体能、知识、技能、能力、个性、行为特征与倾向等载体中的经济资源。人力资源与其他物力资源、财力资源、信息资源、时间资源一样具有物质性、可用性、有限性。人力资源是一切资源中最宝贵的资源，是第一资源。能动性、社会性、时效性是人力资源有别于其他资源的特征。人力资源是管理的第一客体。

（二）人力资源管理概念

人力资源管理简称人员管理，是指根据组织发展战略的要求，有计划地对人力资源进行合理配置，通过对组织中员工的招聘、培训、使用、考核、激励、调整等一系列过程，调动员工的积极性，发挥员工的潜能，为组织创造价值，给组织带来效益，确保组织战略目标的实现。

人员管理以前叫人事管理，即对组织内的人的管理。发展到现在将人看成是组织资源，因此叫人力资源管理。任何组织最重要的组成要素就是人，离开人，组织就不存在，因此，对人的管理是组织管理的重要方面。人力资源管理通常由人力资源部或人事处等专门部门管理，是整个组织管理的重要部门。

人力资源管理的具体内容有：

（1）人员配备，包括人员规划、人员招聘、人员培训、人员考核等。

（2）薪酬管理。

（3）绩效管理。

（4）劳动关系管理。

（三）人员管理内容

1. 人员配备

（1）含义。人员配备是根据组织目标和任务要求，通过甄选、任用、培育、考核等手段，根据人岗匹配、人尽其才的原则将合适的人匹配到组织结构的岗位之中，以完成组织目标和任务的职能活动。人员配备是人力资源管理的重要内容。

（2）人员配备原则。

要根据组织结构所规定的职务数量和要求，对所需人员进行恰当而有效配备，必须坚持以下几个重要的人员配备原则。

1）因事择人原则。是应以所设职位和工作的实际要求为标准，来选拔符合标准的各类人员，即我们通常所说的“因岗设人”，而不是“因人设岗”。该原则是实现人、事（岗）匹配的基本要求，也是组织中人员配备的首要原则。

2）责权利一致原则。就是要保证组织中的各类人员的权力、责任和利益相一致，使人的潜能得到最充分的发挥，使人的工作热情得到最大限度的激发。

3）公开竞争原则。公平、公正、公开竞争是任何组织选人、用人、留人的有效原则，是防止消极腐败的有力手段。通过“三公”原则，可以使组织获得优秀人才。

4）用人所长原则。是指管理者在用人时不能够求全责备，而应注重发挥人的长处。在现实中，由于人的知识、能力、个性发展是不平衡的，组织中的工作任务要求又具有多样性，因此，完全意义上的“通才”“全才”是不存在的，即使存在，组织也不一定非要选择用这种“通才”，而应该选择最适合空缺职位要求的候选人。有效的管理就是要能够发挥人的长处，并使其弱点减少到最小。

5）动态平衡原则。处在动态环境中的组织，是不断变革和发展的。组织对其成员的要求也是在不断变动的，同时，工作中人的能力和知识也是在不断提高和丰富的。因此，人与事的配合需要进行不断的协调平衡。所谓动态平衡，就是要使那些能力发展充分的人，去从事组织中更为重要的工作，同时也要使能力平平、不符合职位需要的人得到识别及合理的调整，最终实现人与职位、工作的动态平衡。

2. 人员规划

（1）含义。人员规划也叫人力资源规划，是指根据组织发展战略和目标的要求，从质量和数量两个方面科学地分析，预测组织内、外环境变化中的人力资源需求和供给状况，制定必要的政策和措施，确保在组织未来发展的各个阶段获得合适人才，并使组织和个人得到长期的利益。

组织目标需要配备合格的人员来实现，人员的配备需要有科学的人力资源规划。人员规划是组织人员配备的宏观指导性工作，是一个对组织人员流动进行动态预测和选择应对策略的过程。人员规划将预测组织的人员需求和可能的供给，确保组织在需要的时间和岗位上获得所需的人员，在实现组织发展战略的同时，保证员工个人的利益。

（2）人员规划内容。人员规划要根据组织的发展战略和目标需求，结合实际工作岗位需求而进行编制。完整的人员规划包括以下内容：

第一，总体规划。即根据组织战略确定人力资源管理的总体目标和配套政策。

第二，职位编制计划。阐述组织的结构、职位设置、职位描述、职位的资格要求。

第三，人员配备计划。根据组织中处于不同职务、部门或工作类型的人员分布状况进行分析从而制定的计划。人员规模随着组织内外部环境和条件变化而变化。

第四，人员需求计划。根据总体规划、职位编制计划、人员配备计划可以得出人员需求计划。需求计划应该阐明需求的职务名称、人员数量、希望到岗时间。

第五，人员供给计划。阐述人员的供给方式（外部招聘还是内部竞聘）、人员内部流动政策、人员外部流动政策、人员获取途径和获取实施计划等。

第六，人员补充计划。当组织出现人员配置不足时，意味着每个员工需要承担的责任与处理的事务变多了，这样就会降低他们所完成任务的质量与效率。从而，他们得更加努力才能维持工作的正常运行。所以，组织需要通过人员配置计划及时对人员进行补充。

第七，人员调配计划。组织的部门人员过多，会出现管理混乱，容易发生互相推诿等现象。而组织实行人员计划调配，就可以减少这种情况发生，可以通过出台相关制度措施，例如把剩余的员工分配到劳动力不足的部门，既可以让员工发挥自身的价值，又可以帮助组织创造更多的利润财富。

第八，人员开发计划。对满足组织发展需求的人员，要有计划、有目的地进行上岗培训和岗位培训，确保其能跟上对应的岗位要求。

（3）人员规划过程。

第一，进行工作分析。根据组织的结构、职位设置、职位描述、职位的资格要求以及处于组织中不同职务、部门或工作类型的人员分布状况进行分析，并形成规范的职务说明书。

第二，制定用人计划。根据工作分析所得出的人员数量和质量要求，制定用人计划，用人数量、层次和结构符合组织的目标任务和组织机构设置的要求。

第三，确定人员来源。即确定是从外部招聘还是从内部重新调配人员。

第四，确定备选人员。对应聘人员根据岗位标准要求进行考查，确定备选人员。

第五，确定人选。在备选人员中选择合适人员到合适的岗位。必要时进行上岗前培训，以确保能适用于组织需要。

第六，动态调整。对员工的业绩进行考评，并据此决定员工的续聘、调动、升迁、降职或辞退等。

3. 人员招聘

（1）含义。

人员招聘是组织及时寻找、吸引并鼓励符合要求的人到本组织中任职和工作的过程，是组织运作中一个重要环节。

一般来说，新设立一个组织、组织扩张、调整不合理的人员结构、员工因故离职而出现的职位空缺等情况时，组织都需要招聘员工。

从广义上讲，人员招聘包括招聘准备、招聘实施和招聘评估 3 个阶段。狭义的招聘即指招聘的实施阶段，其中主要包括招募、筛选（或称选拔、选择、挑选、甄选）、录用 3 个具体步骤。

人员的招聘，是人员配备中最关键的一个步骤，因为这一工作的好坏不仅直接影响到人员配备的其他方面，而且对整个管理过程的进行，乃至整个组织的活动，也都有着极其重要和深远的影响。“得人者昌，失人者亡”，这是古今中外都公认的一条组织成功的要诀。

员工招聘通常有内部提升和外部招聘两种途径，两种方式各有优劣势。人员招聘要按照一定的程序并遵循必要的原则进行。

招聘依据：一是根据用人计划，二是根据岗位职责要求。

（课堂练习：说说内聘和外招的优劣势。）

（2）人员招聘程序。

一是用人部门提出申请。部门领导向人事部门提出所需人数、岗位、要求、并解释理由。

二是人力资源部门复核各部门需求，确定招聘的职位名称和所需的名额，并制定招聘计划，由最高管理层审核招聘计划。

三是对应聘人员基本要求即资格及条件限制，比如该职位所限制的学历、要求的年龄、所需能力和经验等。

四是所有招聘职位的基本工资和预算工资的核定。

五是制作招聘资料，包括通知单、单位宣传资料、招聘广告等。招聘广告包括本单位的基本情况、招聘岗位、应聘人员的基本条件、报名方式、报名时间、地点、报名时需携带的证件、材料以及其他注意事项。

六是选择合适渠道发布招聘资料，汇集应聘者信息，进行资格筛选。安排考核时间、场地和考核方式。

七是组织考核（测试、笔试、面试、技能考核等）。

八是确定人选，办理试用期入职手续，合格录用及转正手续。

九是签订合同并存档。

（3）人员招聘原则。

一是客观公正原则。人事部门及经办人员在人员招聘中，必须克服个人好恶，以客观的态度及眼光去甄选人员，做到不偏不倚、客观公正。

二是德才兼备原则。人才招聘中必须注重应聘人员的品德修养，在此基础上考察应聘者的才能，做到以德为先、德才兼备。

三是先内后外原则。人事部门及用人部门在人才招聘中，应先从单位内部选聘合适人才，在此基础上进行对外招聘，从而充分运用和整合单位现有人力资源。

四是实施回避原则。德才兼备、唯才是举是各单位用人的基本方针，因此对单位现有员工介绍的亲朋，单位要在充分考察的基础上予以选用，但与之有关联的相关人员在招聘过程中应主动予以回避，同时不能对招聘过程或人员施加压力，以免影响招聘的客观性、公正性。

（4）招聘面试技巧。

第一，招聘渠道要精选。人才市场、网络招聘、校园招聘等。

第二，信息发布讲技巧。明确目标，突出重点。

第三，面试地点要安静。招聘室、会议室。

第四，面试发问要铺垫。寒暄，交流。

第五，察言观色两不误。听其言，观其色。

第六，评估总结要及时。成功，失败。

（5）招聘面试方式。

招聘面试方法很多，下面介绍常用的几种。

第一种，结构化面试方式。

结构化面试，应该算是使用频次最高的面试方式。

这个方法主要是根据工作分析的结果设计面试问题。过程对所有候选人相同，采用统一、规范化（基本是事先确定）的相同问题、测评要点和评分标准。面试问题主要由用人部门提前制定好的试题和 HR 的常规问题组成。另外，场地的布局、时间的选择、内容的确定等都是需要考虑的，如面试间、等候间的安排。

结构化面试优点在于：所提问题仅与工作职责、胜任力要求有关，有效性高，成本也较低，更易于被 HR 所接受。

其不足是：面试官对评分标准、候选人的回答理解不统一，面试过程程式化，缺乏灵活性。

问题举例：

1）请用一分钟自我介绍一下。

2）你从原单位离职的原因是什么？

3）你能详细说一下你的岗位工作经验吗？

第二种，行为面试方法。

行为面试法是通过要求应试者描述其过去某个工作或者生活经历的具体情况，面试官根据应聘者描述的情况进行提问，从而了解应试者素质特征的方法。

行为面试法一般是以一对一的形式进行，也可以多对一，即多位面试官与一位应试者。

场地设置较为简单，可以是专门的场地，也可以是办公室或小型会议室，其基本要求是尽量安静、免受干扰。

行为面试法可以看作传统面试法的升级，最大限度地消除了面试官提问的随意性。且行为面试的问题设置，不是一成不变的，主要针对简历中的疑问地方、模糊地方、想深入了解的地方进行提问；也有 HR 会根据面试时候，对不同候选人进行临时分析及加问。

问题举例：

1）你简历中有两个月的空档期，请问是有什么原因吗？

2）你刚刚介绍到你是某学校毕业的，能给我们介绍一下这所学校吗？

3）你说过销售是一个神奇的岗位，为什么？

第三种，角色扮演方法。

角色扮演是要求应试者扮演某一特定的管理角色，在特定的工作情境中对一系列人际关系和工作问题进行处理。考官根据应试者的言语、行为表现，对其相关能力和个性特征作出相应的评价和反馈的方法。

例如：招聘老师时，需要试讲；招聘销售员时需要模拟推销产品等。

角色扮演方法的评价内容包括：

角色的把握性。被试者是否能迅速地判断形势并进入角色情境，按照角色规范的要求采取相应的对策行为。

角色的行为表现。包括被试者在角色扮演中所表现出的行为风格，价值观，人际倾向，口头表达能力，思维敏捷性，对突发事件的应变能力等。

角色的外在。角色的衣着，仪表与言谈举止是否符合角色及当时的情境要求。

其他内容。包括缓和气氛化解矛盾技巧，达到目的的程度，行为策略的正确性，行为优化程度，情绪控制能力，人际关系技能等。

第四种，情景模拟面试方法。

情景面试又叫情景模拟面试、情景性面试等，是面试的一种类型也是目前最流行的面试方法之一。

在情景性面试中，面试题目主要是一些情景性的问题，即给定一个情景，看应聘者在特定的情景中是如何反应的。

此类面试主要是问一些与应聘者过去工作经验有关的问题。例如，模拟法庭、模拟上课、模拟辩论、模拟生活场景等。

第五种，STAR 行为面试法。

STAR 是 Situation（背景）、Task（任务）、Action（行动）和 Result（结果）4 个英文字母的首字母组合。

在招聘面试中，仅仅通过应聘者的简历无法全面了解应聘者的知识、经验、技能的掌握程度及其工作风格、性格特点等方面的情况。而使用 STAR 技巧则可以对应聘者做出全面而客观的评价。

首先要了解应聘者工作业绩取得的背景。通过不断提问与工作业绩有关的背景问题，可以全面了解该应聘者取得优秀业绩的原因，从而获知所取得的业绩有多少是与应聘者个人有关，多少是和市场的状况、行业的特点有关。

其次，要详细了解应聘者为了完成业务工作，都有哪些工作任务，每项任务的具体内容是什么样的。通过这些可以了解应聘者的工作经历和经验，以确定他所从事的工作与获得的经验是否适合所空缺的职位。

再次，继续了解该应聘者为了完成这些任务所采取的行动，即了解他是如何完成工作的，都采取了哪些行动，所采取的行动是如何帮助他完成工作的。通过这些，可以进一步了解他的工作方式、思维方式和行为方式。

最后，才来关注结果，每项任务在采取了行动之后的结果是什么，是好还是不好，好是因为什么，不好又是因为什么。

问题举例。

请讲出一件你通过学习尽快胜任新工作任务的事。追问：

1）这件事发生在什么时候？——S

2）你要从事的工作任务是什么？——T

3）接到任务后你怎么办？——A

4）你用了多长时间获得完成该任务所必需的知识？——深层次了解

5）你在这个过程中遇见困难了吗？——了解坚韧性

6）你最后完成任务的情况如何？——R

第六种，无领导小组讨论方式。

无领导小组讨论即没有“领导”的小组讨论，面试官给一组应聘者（一般不超过 8 人为宜）一个问题，让考生们思考 3～5 分钟，然后轮流介绍自己观点，各人介绍完后再互相讨论，甚至可以争论，最后自行选出一位代表进行陈述，观点必须一致。一般用于集体面试，多用于校招或多人应聘情况。

面试官以此来观察应聘者的组织协调能力、口头表达能力、说服能力、处理人际关系的技巧、非言语沟通能力（如面部表情、身体姿势、语调、语速和手势）等各个方面的能力和素质，由此综合评价应聘者之间的优劣。

观察举例。

1）是否在面试讨论中容易激动或动怒或特别冷静？

2）在面试中是主动讨论还是坐等答案？

3）是否具有组织能力？

第七种，压力面试法。

压力面试是将应考者置于一种人为的紧张气氛中，让应考者接受诸如挑衅性的、非议性的、刁难性的刺激，以考察其应变能力、压力承受能力、情绪稳定性等。

压力面试往往先提一个不甚友好的问题，一开始就劈头浇你一盆冷水，让应聘者在委屈和激愤中露出本色。

通过此种“压力发问”方式，逼迫候选人充分表现出对待难题的机智灵活性、应变能力、思考判断能力、气质性格和修养等方面的素质，从而探究应聘者真实的能力与个性。

问题举例：

1）你自我感觉不错，但我们不录取你，你会怎么想？

2）你缺乏经验，怎能胜任工作？

3）你工作5年还毫无建树，我们怎么能相信你是优秀的人才？

4. 人员培训

（1）含义。

人员培训是给组织内相关人员进行传授其完成某种行为必需的思维认知、基本知识和技能的过程。是组织为开展业务及培育人才的需要，采用各种方式对员工进行有目的、有计划的培养和训练的管理活动。

员工培训有员工技能培训和员工素质培训。员工技能培训是企业针对岗位的需求，对员工进行的岗位能力培训。员工素质培训是企业为提高员工综合素质的培训，主要有心理素质、个人工作态度、人际沟通等方面培训。

培训方法有讲授、视听、实操、讨论、案例研讨、角色扮演、自学、网络培训、场景还原等。

（2）培训内容。

第一，理念培训。理念培训是使组织成员在思维方式和观念上发生转变，树立与组织理念相一致、与外界环境相适应的新观念和思维方式，培养从新角度看问题的能力。

第二，心态培训。心态培训是培训的中心和重心，但却最容易被忽略。心态培训旨在建立个人或员工（或其他社会关系）的心态，从而为完成某项任务创造心理条件。

第三，能力培训。能力培训是培训的基础，建立个人或员工（或其他社会关系）的能力基础。应包含对完成任务的理解（内容掌握和控制）与支持（技术、管理、协调、辅助等）。

第四，技能培训。指完成岗位工作必备的技能，包括网络应用、软件操作、外语培训、贸易知识、专业技能等方面。

（3）企业培训形式。

一般而言，企业培训的形式主要有入职培训、在职培训、脱产培训3种形式，每种形式各具优缺点。企业应根据不同的目的、不同的对象、不同的内容、不同的要求采用不同的培训形式。

第一，入职培训。也叫岗前培训，是指新入职员工还未上岗前的培训。其目的是使新职工了解和掌握企业的基本情况，对他们进行职业道德、基础技术理论、生产工艺和实际操作技术、劳动纪律等方面的教育，使他们初步了解企业的生产、工作特点，自觉遵守企业各项规章制度，接受企业文化。

第二，在职培训。在职培训是指员工在不脱离现有岗位的情况下，接受企业的培训。其主要优点是比脱产培训更容易实施，可一边工作一边培训，费用较低，培训是实际而非抽象的，可因材施教。其主要缺点是很难做到工作培训两不误，培训内容无法统一，培训员工的数量少，效率低。

第三，脱产培训。脱产培训是指员工离开现任的工作岗位去接受培训。其主要优点是员工可在专家指导下专心接受培训并学习高度专业化的知识和技能，参训者可相互学习增强培训效果，容易培养参训者团队意识。其主要缺点是培训费用较高，培训成果无法及时运用，培训会影响正常工作进度。

5. 人员考核

（1）含义。

人员考核是指组织或上级管理者按照一定的标准，采用科学的方法，衡量与评定员工完成岗位职责任务的能力与效果的管理方法，其主要目的是为了让员工更好的工作，为组织服务。

（2）考核目的。

一是发掘与有效利用员工的能力；二是通过考核，对员工给予公正的评价与待遇，包括奖惩与晋升等。最终目的都是有效实现组织目标。

（3）考核作用。

1）考核有利于评价、监督和促进员工的工作，有明显的激励作用。

2）为确定员工的劳动报酬与其他待遇提供科学依据。

3）为个人认识自我、组织进行考核，为促进员工的全面发展创造条件。

4）有利于管理者了解下属，以便进行合理的岗位调整及职务晋升。

（4）考核内容。

德：即考核员工的思想政治表现与职业道德。

能：是指员工的工作能力。主要包括员工的基本业务能力、技术能力、管理能力与创新能力等。

勤：是指员工的工作积极性和工作态度。

绩：主要指工作业绩。包括可以量化的刚性成果和不易量化的可评估成果。

廉：做事是否公正、私心是不是太重、是否有贪腐行为等。

个性：主要了解员工的性格、偏好、思维特点等。

创新：主要考核员工是否有创新意识和创新思维，要鼓励员工发扬创新精神。

责任感：对要事的担当，敢于承认错误，愿意对事件发生后果负责。

质量：对工作或服务严谨认真，追求卓越，逐步完善工序流程。

纪律性：凡事以大局为重，原则性很强，不钩心斗角。

协调：对于矛盾和突发事件积极引导，能按要求客观处理应急事件，化解矛盾缓解压力，在原则下和平共处。

（5）考核要求。

1）考核最基本的要求是必须坚持客观公正的原则。

2）要建立由正确的考核标准、科学的考核方法和公正的考核主体组成的考核体系。

3）要实行多层次、多渠道、全方位、制度化的考核。

4）要注意考核结果的正确运用。

（6）考核程序。

1）制定针对性的考核计划。

2）制定考核标准、设计考核方法、培训考核员工。

3）衡量岗位工作、岗位信息收集。

4）分析考核信息、作出综合评价。

5）考核结果公布以及考核结果运用。

（7）考核方法。

1）实测法，是指通过各种项目实际测量进行考评的方法。例如，对员工进行生产技术技能的考评，通常采用现场作业，通过对其实际测量，进行技术测定、能力考核。

2）成绩记录法，是指将取得的各项成绩记录下来，以最后累积的结果进行评价的方法。这种方法主要适用于能实行日常连续纪录的生产经营活动，如生产数量、进度、质量投诉等。

3）书面考试法，是指通过各种书面考试的形式进行考评的方法。这种方法适合对员工所掌握的理论知识进行测定。

4）直观评估法，是指依据对被考评者平日的接触与观察，由考评者凭主观判断进行评价的方法。这种方法简便易行，但易受考评者的主观好恶影响，科学性差。

5）情景模拟法，是指设计特定情境，考察被考评者现场随机处置能力的一种方法。

6）民主测评法，即由组织的员工进行评定或集体打分评估的考核方法。

7）因素评分法，即分别评估各项考核因素，为各因素评分，汇总后确定考核结果的一种考核方法。

6. 薪酬管理

（1）含义。

所谓薪酬管理，是指一个组织针对所有员工所提供的服务来确定他们应当得到的报酬总额以及报酬结构和报酬形式的一个过程。在这个过程中，组织就薪酬水平、薪酬体系、薪酬构成以及特殊员工群体的薪酬做出决策。同时，作为一种持续的组织过程，组织还要持续不断地制定薪酬计划、拟定薪酬预算，就薪酬管理问题研究，同时对薪酬系统的有效性做出评价而后不断予以完善。

（2）薪酬管理目的。

1）吸引和留住组织需要的优秀员工。

2）鼓励员工积极提高工作所需要的技能和能力。

3）鼓励员工高效率地工作。

（3）薪酬管理影响因素。薪酬管理对几乎任何一个组织来说都是一个比较棘手的问题，主要是因为组织的薪酬管理系统一般要同时达到公平性、有效性和合法性 3 大目标。组织发展对薪酬管理的要求越来越高，但受到的限制因素也越来越多，除了基本的经济承受能力、政府法律法规外，还涉及组织不同时期的战略、内部人才定位、外部人才市场以及行业竞争者的薪酬策略等因素。

（4）薪酬管理原则。

1）补偿性原则：要求补偿员工恢复工作精力所必要的衣、食、住、行费用，以及补偿员工为获得工作能力、身体成长所先行付出的费用。

2）公平性原则：要求薪酬分配全面考虑员工的绩效、能力及劳动强度、责任等因素，考虑外部竞争性、内部一致性要求，达到薪酬的内部公平、外部公平和个人公平。

3）透明性原则：要求薪酬方案公开。

4）激励性原则：要求薪酬与员工的贡献挂钩。

5）竞争性原则：要求薪酬有利于吸引和留住人才。

6）经济性原则：要求比较投入与产出效益。

7）合法性原则：要求薪酬制度不违反国家法律法规。

8）方便性原则：要求内容结构简明、计算方法简单和管理手续简便。

（5）薪酬制定依据。

1）依据组织的历史、现状和未来战略发展定位的需要。

2）依据同行业、同地区、同等职位的薪酬福利水平。

3）依据工作绩效考核结果。

4）依据组织的财务状况。

5）依据员工付出劳动量的大小。

6）依据职务的高低和重要性。

7）依据技术与训练水平的高低。

8）依据工作的复杂程度。

9）依据年龄与工龄。

10）依据劳动力和人才市场的供求状况。

（6）薪酬体系。

薪酬体系包括经济性报酬和非经济性报酬两部分。

第一部分，经济性报酬。

1）基本薪资：是企业对已完成工作的员工支付的基本现金薪酬。由岗位职能等级薪资、学历薪资、技能薪资、工龄工资、特聘薪资等组成。

2）绩效薪资：即根据业绩而进行的分配，是对过去工作行为和已取得成就的认可。作为基本工资之外的增加，绩效工资往往随雇员业绩的变化而调整。

3）激励薪资：股权激励、销售激励、业务提成等。

4）员工福利：包括休假、食宿、保障（社保、医保等）、工会福利、节假日、生日慰问等，福利越来越成为薪酬的一种重要形式。

5）奖金津贴：包括电话津贴、夜班津贴、兼职津贴；全勤奖金、绩效奖金、效益奖金，以及超时工资、加班费等组成。

第二部分，非经济性报酬。

1）职业性激励：职业发展、职业安全、自我实现、职业荣誉等。

2）社会性激励：社会地位、社会交往、社会尊重、社会情感等。

常见薪酬体系见表 8-1。

表 8-1 常见薪酬体系表

<table>
<tr><td rowspan="9">薪酬体系</td><td rowspan="9">经济性报酬</td><td rowspan="9">直接经济报酬</td><td rowspan="3">工资</td><td>基本工资：职能等级薪资、学历薪资、技能薪资、工龄工资、特聘薪资</td></tr>
<tr><td>绩效工资：效益工资</td></tr>
<tr><td>激励工资：股权激励、销售激励、业务提成</td></tr>
<tr><td rowspan="6">奖金</td><td>绩效奖</td></tr>
<tr><td>贡献奖</td></tr>
<tr><td>职务奖</td></tr>
<tr><td>建议奖</td></tr>
<tr><td>红利、佣金</td></tr>
<tr><td>节约奖</td></tr>
</table>

续表

薪酬体系	经济性报酬	间接经济报酬	公共福利：五险一金
			个人福利：食宿、交通、生日、工会福利
			有偿假期：培训、法定假、年假、事假、病假、婚假、生育假
			生活福利：子女教育、员工优惠、公司活动
	非经济性报酬	职业性激励	职业发展、职业安全、自我实现、职业荣誉
		社会性激励	社会地位、社会交往、社会尊重、社会情感

二、人员激励

（一）激励的概念

何谓激励（Motivation）？心理学的观点认为激励是激发人的动机、诱导人的行为，使其发挥内在潜力，为实现所追求的目标而努力的过程。而动机是指引起人的行为，维持该行为，并使该行为导向某一目标的心理过程。

管理学的观点认为激励就是管理者运用各种管理手段，刺激被管理者的需要，激发其动机，引导并促进被管理者产生有利于管理目标行为的过程。采用奖励、表扬、鼓励等方式的激励称之为正激励，采用批评、处罚等方式的激励称之为负激励。

简言之，管理上的激励就是如何激发劳动者工作积极性的手段。

美国管理学家贝雷尔森（Berelson）和斯坦尼尔（Steiner）给激励下了如下定义："一切内心要争取的条件、希望、愿望、动力都构成了对人的激励。它是人类活动的一种内心状态。"

激励也是人力资源管理的重要内容，激励这个概念用于管理，是指激发员工的工作动机，也就是说用各种有效的方法去调动员工的积极性和创造性，使员工努力去完成组织的任务，实现组织的目标。

可以从以下 3 个方面来理解激励这一概念：

（1）激励是一个过程。人的行为都是在某种动机的推动下完成的。对人的行为的激励，实质上就是通过利用能满足人需要的诱因条件，激发行为动机，从而推动人采取相应的行为，以实现目标，然后再根据人们新的需要设置诱因，如此循环往复。

（2）激励是外因。激励要与被激励者的需要、理想、价值观和责任感等内在的因素相吻合，才能产生较强的影响力，从而激发和强化工作动机，否则不会产生激励作用。

（3）激励具有时效性。每一种激励手段的作用都有一定的时间限度，超过时限就会失效。因此，激励不能一劳永逸，需要持续进行。

有效的激励会点燃员工的激情，促使他们的工作动机更加强烈，让他们产生超越自我和他人的欲望，并将潜在的巨大内驱力释放出来，为企业的愿景目标奉献自己的热情。

与强制、压迫、权威的管理手段相比，激励使被管理者产生内驱力和自觉性，因而是一种常用的管理手段。

（二）激励的作用

对一个企业来说，科学的激励制度至少具有以下几个方面的作用。

1. 吸引优秀人才

人才是组织发展的主要因素，谁拥有卓越人才谁就能在激烈的竞争环境中立于不败之地。

现在各个组织都在通过各种优惠政策、丰厚的福利待遇、快捷的晋升途径等激励措施来吸引组织所需人才。

2. 激发员工潜能

美国哈佛大学的威廉·詹姆斯（William James）教授在对员工激励的研究中发现，按时计酬的分配制度仅能让员工发挥20%～30%的能力，如果受到充分激励的话，员工的能力可以发挥出80%～90%，两种情况之间60%的差距就是有效激励的结果。管理学家的研究表明，员工的工作绩效是员工能力和受激励程度的函数，即绩效 F=能力×激励。如果把激励制度对员工创造性、革新精神和主动提高自身素质意愿的影响考虑进去的话，激励对工作绩效的影响就更大了。

3. 留住优秀人才

德鲁克（Peter Druker）认为，每一个组织都需要三个方面的绩效：直接的成果、价值的实现和未来的人力发展。缺少任何一方面的绩效，组织注定非垮不可。因此，每一位管理者都必须在这三个方面均有贡献。在三方面的贡献中，对“未来的人力发展”的贡献就是来自激励工作。合适的激励能够留住优秀人才。

4. 营造良性竞争环境

科学的激励制度包含有竞争精神，它的运行能够创造出一种良性的竞争环境，进而形成良性的竞争机制。在具有竞争性的环境中，组织成员就会感受到环境的压力，这种压力将转变为员工努力工作的动力。正如麦格雷戈（Douglas M. Mc Gregor）所说：“个人与个人之间的竞争，才是激励的主要来源之一。”在这里，员工工作的动力和积极性成了激励工作的间接结果。

（三）激励原则

1. 目标结合原则

在激励机制中，设置目标是一个关键环节。管理者应设置实现组织目标的具体要求，并确保每位员工都清楚，通过激励将个体成员的积极性集中体现到组织目标上来，以实现个体与集体的协调发展。

2. 物质激励和精神激励相结合的原则

物质激励是基础，精神激励是根本。在两者结合的基础上，逐步过渡到以精神激励为主。

3. 引导性原则

引导性原则是激励过程的内在要求。外在的激励措施能不能达到预期的效果，不仅取决于激励措施本身，还取决于被激励者对激励措施的认识和接受程度。对于被激励者，激励应该是自觉接受而非管理者强加的。因此，需要管理者进行激励引导。

4. 合理性原则

激励的合理性原则包括两层含义：其一，激励的措施要适度。要根据所实现目标本身的价值大小确定适当的激励量；其二，奖惩要公平，要实事求是。

5. 明确性原则

激励的明确性原则包括三层含义：一是明确。激励的目的是什么和必须怎么做；二是公开。公开很重要，特别是奖金分配等大量员工关注的问题，更为重要；三是直观。实施物质奖励和精神奖励时都需要直观地表达它们的指标，让员工明白激励的内容。直观性与激励影响的心理效应成正比。

6. 时效性原则

要把握激励的时机，“雪中送炭”和“雨后送伞”的效果是不一样的。激励越及时，越有利于将人们的激情推向高潮，使其创造力连续有效地发挥出来。

7. 正激励与负激励相结合的原则

所谓正激励就是对员工符合组织目标的期望行为进行奖励。所谓负激励就是对员工违背组织目的的非期望行为进行惩罚。正负激励都是必要而有效的，不仅作用于当事人，而且会间接地影响周围其他人。

8. 按需激励原则

激励的起点是满足员工的需要，但员工的需要因人而异、因时而异，并且只有满足最迫切需要（主导需要）的措施，其效果才高，激励强度才大。因此，领导者必须深入地进行调查研究，不断了解员工需要层次和需要结构的变化趋势，有针对性地采取激励措施，才能收到实效。

（三）激励理论

激励理论很多，主要有内容激励理论、过程激励理论、行为激励理论三大类（见表 8-2）。

表 8-2 激励理论分类表

1. 内容激励理论	1. 马斯洛的需求层次理论：五个层次
	2. 赫兹伯格的“双因素”理论：保健因素、激励因素
	3. 麦克利兰成就需要理论：人人渴望成功
	4. 奥德弗 ERG 理论：生存－相互关系－成长需要理论简称
2. 过程激励理论	1. 弗鲁姆的期望激励理论：激励力量＝期望值×效价
	2. 亚当斯的公平激励理论：与他人比较是否公平
3. 行为激励理论	1. 亚当斯的挫折理论：不能满足即会挫折
	2. 斯金纳的强化激励理论：正强化与负强化
	3. 海德的归因激励理论：外部原因和个人原因

比较著名的是马斯洛的需求层次理论和赫兹伯格的双因素理论。

1. 马斯洛的需求层次理论

（1）内容。马斯洛需求层次理论是行为科学的理论之一，由美国心理学家亚伯拉罕·马斯洛于 1943 年在《人类激励理论》论文中提出。书中将人类需求像阶梯一样从低到高按层次分为 5 种，分别是：生理需求、安全需求、社交需求、尊重需求和自我实现需求（见图 8-1）。

第一层次，生理需求。

生理需求包括：衣、食、住、行、睡、喝、呼吸和其他维持生命的因素，因此也叫生存需求。这是人类最基本和最低层次的需求，如果这些需求得不到满足，人类个人的生理机能就无法正常运转，生命就会因此受到威胁。人类为了生存，就会想方设法去获取这些需求。这些需求没有得到满足，人类就不会追求更高层次需求，其他更高层次的需求就起不到激励作用。只有这些最基本的需要满足到维持生存所必需的程度后，其他的需求才能成为新的激励因素，而到了此时，这些已相对满足的需求也就不再成为激励因素了。

生理需求未满足时，人们什么都不会想，只想让自己活下去，其思考能力、道德观明显变得脆弱。显然严重影响工作、生活和社会稳定等。

管理应用激励措施：增加工资、改善劳动条件、给予更多的业余时间和工间休息、提高福利待遇等，给予最基本的生活保障。

第二层次，安全需求。

当人类最基本的生理需求得到满足后就会追求更高一层次的需求，即安全需求。安全需求是指人类通过各种感官和心理进行感受，以求获得安全的需求，包括生命安全、健康安全、职业安全、财产安全、家庭安全、社会保障、社会稳定。如果这些需求没有得到满足，心里就会不安，就会想方设法去获取这些需求。当这些需求得到满足后，人类的生活水平就有一个很大的提升，但这层需求就不会再成为激励的因素了，人类要追求更高层次的需求。

缺乏安全感时心理焦虑，心情紧张，彷徨不安，对工作影响很大。

管理应用激励措施：完善规章制度、职业保障、福利待遇、安全环境，保护员工不致失业，提供医疗保险、失业保险和退休福利等，消除员工后顾之忧。

第三层次，社交需求。

当人们的生理需求和安全需求得到满足后，人们就开始追求更高一层次的需求，即社交需求，也叫归属需求。社交需求是指人们的情感需求，是一种希望与别人交往、交流并和谐相处的欲望。主要包括亲情、友情、爱情、关爱、归属等方面的需求。这些需求得不到满足，人们的情绪、精神等就会受到影响。

社交需求缺乏时会孤独敏感，情绪低落，感受不到别人的关怀，从而产生封闭情绪，会认为自己没有价值活在这世界上，严重影响工作效率。

管理应用激励措施：提供同事间社交往来机会，支持与赞许员工寻找及建立和谐温馨的人际关系，开展有组织的文娱体育活动和集体聚会等。

第四层次，尊重需求。

尊重需求是指人们希望自己能够得到认可，希望自己能得到别人尊重的需求。人人都希望自己有稳定的社会地位，个人的能力和成就得到社会承认。尊重的需要可分为自尊和受尊。自尊是指一个人希望在各种不同情境中有实力、能胜任、充满信心、能独立自主。受尊是指一个人希望有地位、有威信，受到别人的尊重、信赖和高度评价。马斯洛认为，尊重需要得到满足，能使人对自己充满信心，对社会满腔热情，体验到自己活着的用处价值。反之，就会产生自卑感，就会对学习、生活、工作等失去信心。

尊重需求无法满足时，产生自卑，失去自信，很爱面子，比较虚荣。影响人际关系，进而影响工作。

管理应用激励措施：教育员工自尊，尊重员工人格，公开奖励和表扬，强调工作任务的艰巨性以及成功所需要的高超技巧，颁发荣誉奖章、在公司刊物发表文章表扬、优秀员工光荣榜等，激发员工工作热情和欲望。

第五层次，自我实现需求。

自我实现需求，是指人们为了实现自身所期望价值的需求。自我实现需求是人类需求的最高层次，在这个层次，人们总是希望发挥自己最大潜能，去实现个人的才能以及远大的理想。这个需求满足后，各方面的能力都会有所提升，使自己能成为自己所向往的那个人，从而能够感受到内心的愉悦。当然，自我价值的实现是一个永无止境的过程，一个目标实现了，会有新的目标去追求。

自我实现需求缺乏时会感到空虚，缺乏动力，没有上进心。

管理应用激励措施：设计工作时运用复杂情况的适应策略，给有特长的人委派特别任务，在设计工作和执行计划时既要有挑战性又要留有余地。尽可能使员工实现自己目标和价值。

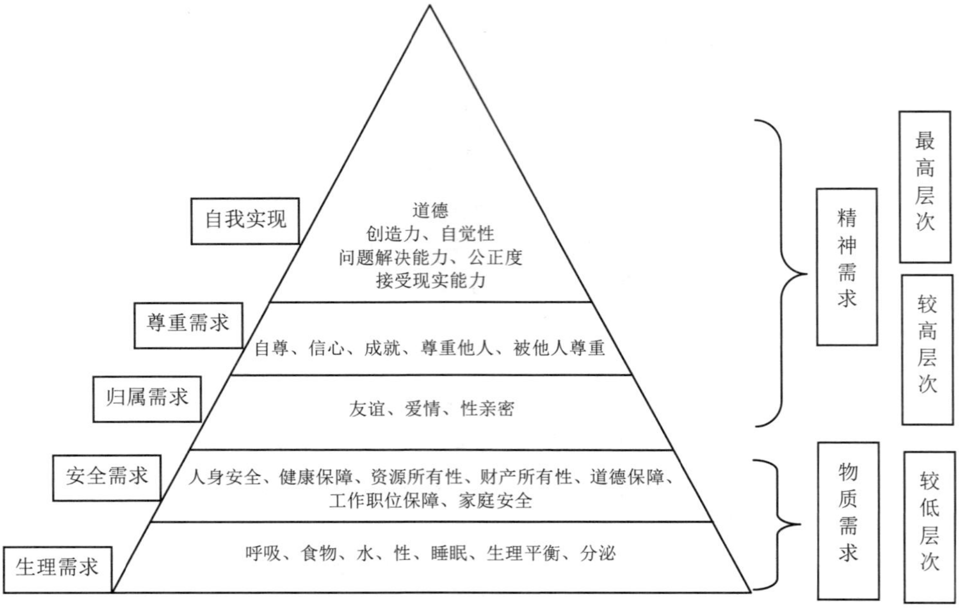

图 8-1　马斯洛需求层次图

（2）解析。

第一，5 种需求像阶梯一样从低到高，按层次逐级递升，但这种次序不是完全固定的，可以变化，也有种种例外情况。同一时期，一个人可能有几种需求，但每一时期总有一种需求是占支配地位的，对行为起决定作用。任何一种需求都不会因为更高层次需求的发展而消失。各层次的需求是相互依赖和重叠的，高层次的需求发展后，低层次的需求仍然存在，只是对行为影响的程度大大减小。

第二，需求层次理论有两个基本出发点，一是人人都有需求，某层需求获得满足后，另一层需求才出现；二是在多种需求未获满足前，首先满足眼前最迫切的需求。该需求满足后，后面的需求才显示出其激励作用。

第三，一般来说，某一层次的需求相对满足了，就会向高一层次发展，追求更高一层次的需要就成为驱使行为的动力，层次越高，越难实现。相应的，获得基本满足的需求就不再是一股激励力量。

第四，5 种需求可以分为 3 级，其中生理上的需求、安全上的需求属于物质层面的需求，是较低一级的需求，这些需求通过外部条件就可以满足，但是在所有需求中，它们是最重要的需求。而社交情感需求和尊重的需求属于精神层面的需求，是较高需求，要通过内外因素共同作用才能实现，它们是较重要的需求。自我实现的需求也属于精神层面的需求，是最高需求，要通过自身因素才能得到满足，是次重要的需求。自我实现的需求是无止境的。

第五，马斯洛和其他的行为心理学家都认为，一个国家多数人的需要层次结构，是同这个国家的经济发展水平、科技发展水平、文化和人民受教育的程度直接相关的。在发展中国家，生理需要和安全需要占主导的人数比例较大，而高级需要占主导的人数比例较小。在发达国家，则刚好相反。

（3）对管理实践的启示。

第一，要正确认识被管理者需要的多层次性，要灵活区别看待和满足其不同的需求。高层管理人员和基层管理人员相比，高层管理人员更容易满足较高层次的需求，因为高层管理人员面临着有挑战性的工作，在工作中他们能够自我实现。另一方面，基层管理人员更多地从事常规的工作，满足较高层需求就相对困难一些，而且需求的满足要根据一个人在组织中所做的工作、年龄、组织规模以及员工文化背景等因素的不同而有所差异。

第二，注重满足员工的物质需求的同时，要更多关注员工多层次的精神需求和心理需求的满足。要引导并帮助员工往自我实现的层次去追求。

第三，需求层次理论不是万能的，有其局限性。特别是较高层次的需求标准是不明显的，这给管理者带来困难，要求管理者要深入调研，了解员工的各类需求，从而有针对性进行激励。

2. 赫兹伯格的双因素理论

（1）含义。

双因素理论又称激励、保健理论，是激励理论的代表之一，由美国心理学家赫茨伯格于1959年提出。

该理论认为引起人们工作动机的因素主要有两个：一是与工作环境或工作条件相关的因素，称为保健因素；二是与工作内容紧密相连的因素称为激励因素。只有激励因素才能够给人们带来满意感，从而具有激励作用。而保健因素只能消除人们的不满，但不会带来满意感，因而没有激励作用。

传统理论认为，满意的对立面是不满意，而据双因素理论，满意的对立面是没有满意，不满意的对立面是没有不满意。因此，影响职工工作积极性的因素可分为两类：保健因素和激励因素，这两种因素是彼此独立并且以不同的方式影响人们的工作行为（见图 8-2）。

保健因素（环境）	激励因素（工作本身）
• 薪金	• 工作本身
• 监督、管理方式	• 赏识
• 地位	• 进步
• 安全	• 成长的可能
• 工作环境	• 责任
• 政策与行政管理	• 成就
• 人际关系	

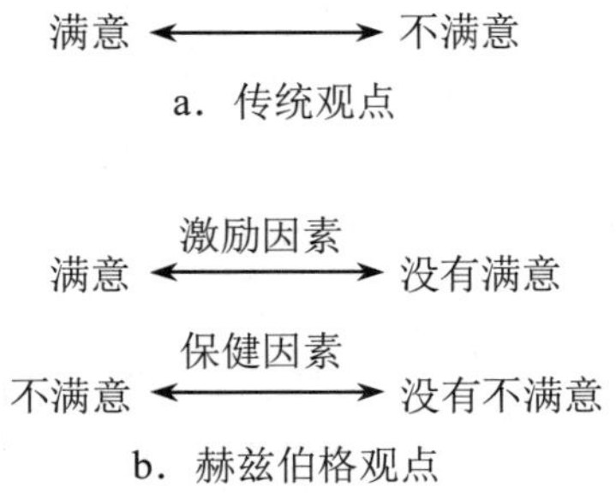

图 8-2　赫兹伯格双因素激励示意图

（2）解析。

第一，不是所有的需求得到满足就能激励起人们的积极性，只有那些被称为激励因素的需求得到满足才能调动人们的积极性。

激励因素是指能让员工感到满意的因素。激励因素的改善而使员工感到满意的结果，能够极大地激发员工工作的热情，提高劳动生产效率。但激励因素得不到满足，往往也不会使员工感到十分不满意，所以就激励因素来说，“满意”的对立面应该是“没有满意”。

赫茨伯格调查了1753个案例，从中发现，使员工感到非常满意的因素，主要是工作富有成就感，工作本身带有挑战性，工作的成绩能够得到社会的认可，以及职务上的责任感和职业上能够得到发展和成长等。这些因素的满足，能够极大地激发员工的热情，对于员工的行为动机具有积极的促进作用，它常常是一个管理者调动员工积极性，提高劳动生产效率的好办法。研究表明这类因素解决不好，也会引起员工的不满，它虽无关大局，却能严重影响工作的效率。因此，赫茨伯格把这种因素称为激励因素。

激励因素是积极的，是影响人的工作动机并长期起主要作用的因素，是职工工作动机的源泉。据此，赫茨伯格认为，为了增加“激励”因素，提高生产率，需要用“工作丰富化”的管理方法来取代“流水作业线”的生产程序和管理方法，这样可以减少工人的不满情绪，降低旷工率，提高产品质量。

第二，当保健因素恶化到人们认为可以接受的水平以下时，就会产生对工作的不满意。但是，当人们认为这些因素很好时，它只是消除了不满意，并不会导致积极的态度，这就形成了某种既不是满意、又不是不满意的中性状态。

保健因素是指造成员工不满的因素。保健因素得不到满足，容易使员工产生不满情绪、消极怠工，甚至引起罢工等对抗行为。但在保健因素得到满足后，无论再怎样对这些因素进行改善往往也很难使员工感到满意，因此也就难以再由此激发员工的工作积极性，所以就保健因素来说“不满意”的对立面应该是“没有不满意”。保健因素通常包括公司的政策与管理方式、上级的监督、工资报酬、工作条件、企业政策、行政管理、劳动保护、领导水平、福利待遇、安全措施、人际关系等。这些因素均属于工作环境和工作关系方面的因素，容易引起员工的不满，这些不能激发其员工工作热情的因素称之为“保健因素”，也叫维持因素。这些因素的改善，虽然不能使员工变得非常满意而真正地激发员工的积极性，却能消除员工的不满，有预防作用。

第三，激励因素和保健因素都有若干重叠现象，如赏识属于激励因素，基本上起积极作用。但当没有受到赏识时，又可能起消极作用，这时又表现为保健因素。工资是保健因素，但有时也能产生使职工满意的结果。

第四，赫茨伯格在研究的过程中还发现在两种因素中，如果把某些激励因素，如表扬和某些物质的奖励等变成保健因素，或任意扩大保健因素，都会降低一个人在工作中所得到的内在满足，引起内部动机的萎缩，从而导致个人工作积极性的降低。

双因素理论与马斯洛的需求层次理论是相吻合的，马斯洛理论中低层次的需求，相当于保健因素，而高层次的需求相似于激励因素。两者的比较见表8-3。

（3）对管理实践的启示。

1）采取了某项激励的措施并不一定就带来满意，要提高职工的积极性首先得注意保健因素，以消除职工的不满、怠工和对抗。但保健因素并不能使职工变得非常满意，也不能激发他们的工作积极性，所以更重要的是要利用激励因素来激发职工的工作热情和工作效率。因此，企业如果只考虑到保健因素而没有充分利用激励因素，就只能使职工感到没有不满意却不能使职工变得非常满意，则企业就只能维持，很难创造一流的业绩。

表 8-3　需求层次论与双因素论比较

需求层次论	双因素论	
自我实现	激励因素	工作本身
尊重		成就
社交		成长可能性
安全		发展空间
生理		尝试
	保健因素	地位
		人际关系
		监督
		企业政策和管理
		工作保障
		薪金
		个人生活

2）在企业管理实践中，欲使奖金成为激励因素，必须使奖金与职工的工作绩效相联系。如果采取不讲部门和职工绩效的平均主义“大锅饭”做法，奖金就会变成保健因素，奖金发得再多也难以起到激励的作用。因此，企业应该建立灵活的工资、奖金制度，防止僵化和一成不变，在工资、奖金分配制度改革中既注重公平又体现差别。

3）在我国的企业管理中，哪些是保健因素、哪些应属于激励因素，与国外企业略有不同，企业的管理者在对职工进行激励时，必须要考虑到这种文化差异，因地制宜，制定有效的激励措施和采取有效的激励手段。

4）激励是组织管理的重要环节，被认为是“最伟大的管理原理”。就组织工作而言，对职工激励至关重要，但对职工进行激励的时候必须注重多种激励方式的综合运用，将物质激励和精神激励有机结合起来。物质需要是人的第一需要，合理而富有竞争力的薪酬制度是企业激励职工、留住人才的基本方略。同时，企业更要注重精神激励的重要作用。学习型组织为我们提供了一个典型的精神激励模式：通过培养员工自我超越的能力，打破旧的思维限制，创造出更适合组织发展的新心智模式，在这种更为开阔的思维中发展自我，并朝着组织的整体目标和共同愿景努力。

（四）激励方法与技巧

1. 物质激励方法

物质需求是人们最基本的生活需求。物质激励就是以物质利益为诱饵，来激发人们的行为动机，调动人们积极性的一种激励方法，是一种外在的激励。

通过物质的刺激手段，鼓励组织成员积极工作。它的主要表现形式有正激励，如发放工资、奖金、津贴、福利以及生活关怀等。还有负激励，如经济处罚等。

物质激励应注意以下几方面：

第一，物质激励要与组织目标和个人目标相结合，激励机制要为了实现组织目标而设计。

第二，物质激励应与相应制度结合起来，相应制度的建立为了实现组织目标而制定。

第三，物质激励必须公平、公正，做到奖勤罚懒，奖优罚劣。

第四，物质激励要适当，以能调动职工积极性为标准。

2. 精神激励方法

精神激励是指通过一系列非物质激励的手段和方法，来激发人内心的饥渴感、满足感、愉悦感、成就感等内在因素，从而调动人们积极性的一种激励方法。这种方法能让人发自内心地对组织或者自己的工作产生认同，进而热爱。是一种内在的激励，廉价的激励。

精神激励通常有以下方法：

（1）目标激励。目标激励是以组织目标和个人目标为诱因，通过制定切实可行的目标来激发员工奋发工作，不断取得进步的行为方式。人的任何行为都是有目的的行为，是为了实现某一目标而采取行动的行为，因此，合理设置目标能起到激发人的动力作用。目标是一种刺激和满足人的需要的外在诱因，是希望通过努力而达到的成就和结果。合适的目标能够诱发人的动机，规定人的行为方向。目标同人的需求一起调节着人的行为，把行为引向一定的方向。目标本身是行为的一种诱因，具有诱发、导向和激励行为的功能。因此，适当设置目标，能够激发激发员工斗志，激励他们更出色地完成工作。

（2）民主参与激励。民主激励是以员工参与组织管理为诱因，通过让员工充分参与企业经营管理，增强其主人翁意识的激励方法。让员工参与公司目标和决策的制定，使员工对公司的目标和决策有认同感，视公司成败为自己的成败，因此，会更加努力工作。

（3）荣誉激励。荣誉激励是以荣誉需要作为激励的诱因，通过满足人们的自尊需要而达到激励的目的。人人都希望获得荣誉，获得荣誉意味着获得尊重、获得信任、获得赏识，这是激发人们不断进步的动力源泉。管理者要善于运用荣誉激励，利用赞美、赏识、信任以及树榜样、多表扬、颁奖章、选模范、评优评先、晋升职务等手段，激发员工干事创业热情。

（4）情感激励。情感激励是以情感为诱因，通过管理者与员工之间建立起的相互信任、相互融洽的人际关系，来激发员工的积极性。

情感是人们情绪和感情的反映。情感激励既不是以物质利益为诱导，也不是以精神理想为刺激，而是指领导者与被领导者之间以感情联系为手段的激励方式。领导者和被领导者的人际关系既有规章制度和社会规范的成分，更有情感成分。人都是有感情的，管理者对员工信任，员工会感激，从而努力按照管理者意愿进行工作，达到激励的目的。

3. 工作激励方法

工作激励是以工作为诱因，通过分配恰当的工作，满足职工自我实现和尊重的需要，从而激发员工的责任感、主动性和工作热情的方法。如果我们能让员工干其最喜欢的工作，就会产生这种激励。

美国企业家德普雷说：“人们之所以需要工作，是希望得到自由发挥的机会。对于热爱工作的人来说，工作本身就是对他的最佳激励。”

工作需要是人的基本需要，不仅是人获得物质的基础，也是人实现自我价值的需要。愉快的工作可以使人不断进步，因此，管理者要善于运用工作安排来激发员工积极性。

（1）工作分配要尽量考虑到职工的特长和爱好，使人尽其才。

（2）安排的工作要使尽量具有挑战性，要能充分发挥职工的潜能。

（3）要尽可能让职工参与管理，树立职工主人翁意识，从而激发员工积极性。

（4）通过各种手段使员工愉快工作，从而激发员工持续的工作热情。

4. 激励技巧

（1）物质激励与精神激励相结合。对于调动人的积极性来说，物质、精神激励都是不可缺少的。虽然二者的目标是一致的，但是它们的作用对象却是不同的。前者作用于人的生理方面，是对人物质需要的满足，后者作用于人的心理方面，是对人精神需要的满足。随着人们物质生活水平的不断提高，人们对精神与情感的需求越来越迫切。比如期望得到爱、得到尊重、得到认可、得到赞美、得到理解等。

（2）注意创造良好激励的气氛。激励在良好、浓厚的气氛下进行，如举办颁奖仪式、召开表彰大会等，能增强被激励者产生荣誉感、责任感、进取心，并且会对其他被激励者产生心理压力，同时也会产生示范效应，更好地调动全体员工积极性。

（3）激励程度要与贡献程度相当。这是激励的一个重要心理学原则。体现了激励以贡献为主的原则，使激励成为导向目标，激发人性的积极性与创造性，充分发挥其智力因素和非智力因素，为组织创造更多的财富。激励过度，起不到激励效果，反而会影响其他人的不满。激励不足，也达不到激励效果，会引起当事人的不满。因此，激励要恰当。

（4）激励要有针对性。同样的激励，形式不同，激励的心理效应不同。或者同样的激励内容或形式，对不同的人，或者同一个人的不同时期，其激励效果也不尽相同。根据需求层次论，对不同的个体采用不同的奖励内容和形式，将会起到较好效果。如有的人看重金钱，有的人看重荣誉，有的人看重晋升等，针对性的激励方法会产生良好效果。

（5）注意运用负激励方法。所谓负激励就是当一个人的行为不符合组织的需要时，通过处罚的方式来抑制这种行为，以达到减少或消除这种行为的目的。负激励起负强化的作用，是对行为的否定。运用负激励原则是，要少用、慎用、恰当的用。要使当事人心服口服，对其他人起到警示作用。

（五）激励过程

激励过程是一个由需要开始，到需要得到满足为止的连锁反应。当人产生需要而未得到满足时，会产生一种紧张不安的心理状态，在遇到能够满足需要的目标时，这种紧张不安的心理就转化为动机，并在动机的驱动下向目标努力，目标实现了激励就结束了，进入到下一轮激励循环。

心理学把人的行为发生过程概括为如下模式：需求－刺激－心理紧张－动机－行为－目的－需求满足/消除紧张－新的需求。这个模式说明了人们行为发生的全部过程。激励过程也是激发人的动机以满足其需求的过程，如图 8-3 所示。

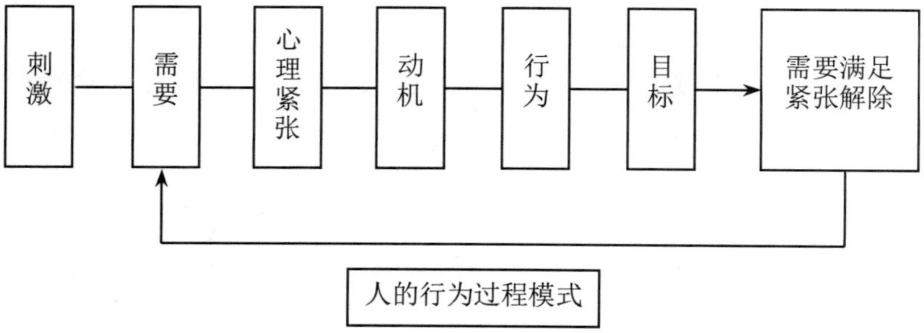

图 8-3　人的行为激励过程示意图

一个人产生某种行为的根源是某种需要。根据心理解剖学的研究，当某种需要对人的大脑产生刺激，大脑在接受这种刺激的时候，便产生一系列活动。“激励理论”可以简单地概括为：需要引起动机，动机决定行为。员工的需要使员工产生了动机，行为是动机的表现和结果。也就是说，是否对员工产生了激励，取决于激励政策是否能满足员工的需要，所以说，激励来自于员工的需求，也就是内因。

第二节　绩效考核与评价

考核评价是管理环节的重要一环，包含两方面内容：一是对组织目标和组织绩效的考核评价；二是对组织内员工的绩效进行的考核评价。对组织目标的评价主要是考核组织原来制定的计划目标是否实现，实现的程度如何？目标没有实现的原因分析等内容。对员工个人的考核评价主要是根据员工在为组织目标实现的过程中所做出的贡献大小进行的考核评价。

一、组织绩效考核评价

1. 含义

绩效评价是指运用一定的评价方法、量化指标及评价标准，对组织及组织中的职能部门为实现其职能所确定的绩效目标的实现程度，以及为实现这一目标所安排预算的执行结果而进行的综合性评价。

2. 企业绩效评价指标体系

绩效评价体系是企业管理控制系统中一个相对独立的子系统，它一般由以下几个基本要素构成：

（1）评价目标。目标是一切行动的指南，任何企业绩效评价体系的建立必须服从和服务于企业目标。

（2）目标关系。绩效评价体系要处理好评价系统目标和企业目标之间的依存关系。企业目标的实现需要各方面的共同努力：组建有效的组织结构、建立管理控制系统、制定科学的预算、设计绩效评价体系和激励系统等。

（3）评价对象。绩效评价体系一般有两个评价对象：一是企业，二是经营管理者，两者既有联系又有区别。评价对象的确定是非常重要的，评价的结果对绩效评价对象必然会产生一定影响，并涉及评价对象今后的发展问题。对企业的评价关系到企业的扩张、保持、重组、收缩、转让或退出行为活动；对经营管理者的评价关系到其奖惩、升降及聘用等问题。

（4）评价指标。绩效评价指标是指对评价对象的哪些方面进行评价。绩效评价体系关心的是评价对象与企业目标的相关方面，即所谓的关键成功因素。关键成功因素既有财务方面的，如投资报酬率、营业利润率、每股收益率等；也有非财务方面的，如与客户的关系、售后服务水平、产品质量、创新能力等。因此，作为用来衡量绩效的指标也分为财务指标和非财务指标。如何将关键成功因素准确地体现在各具体指标上，是绩效评价体系设计的重要问题。

（5）评价标准。绩效评价标准是指判断评价对象业绩优劣的标杆。选择什么标准作为评价的标杆取决于评价的目的。在企业绩效评价体系中常用的三类标准分别为年度预算标准、历史标准及行业标准。为了全面发挥绩效评价体系的功能，同一个系统中应同时使用这三类不同的标准。在具体选用标准时，应与评价对象密切联系。

（6）评价报告。绩效评价分析报告是绩效评价体系的输出信息，也是绩效评价体系的结论性文件。

绩效评价人员以绩效评价对象为单位，通过会计信息系统及其他信息系统，获取与评价对象有关的信息，经过加工整理后得出绩效评价对象的评价指标数值或状况，将该评价对象的评价指数的数值状况与预先确定的评价标准进行对比，通过差异分析，找出产生差异的原因、责任及影响，得出评价对象绩效优劣的结论，形成绩效评价报告，见表 8-4。

表 8-4　某企业财务经营绩效考核表

一级考核指标	二级考核指标	考核要点	达成度	原因分析
财务效益状况	净资产收益率、总资产报酬率	资本保值增值率，营业利润率，成本费用利润率		
资产营运状况	总资产周转率、流动资产周转率	存货周转率，应收账款周转率，不良资产周转率，资产损失比率		
偿债能力状况	资产负债率	流动比率、速动比率、现金流动负债比率、长期资产适合率、经营亏损账比率		
可持续发展能力	营业增长率、资本积累率、产品质量、创新能力	总资产增长率、固定资产增长率、三年利润平均增长率、三年资本平均增长率、产品质量、创新能力		

二、个人绩效考核

没有考核，就没有管理。现在各级组织都是通过对员工考核进行评价的，特别是利用绩效进行考核，是现代管理运用较多的手段之一。

（一）含义

绩效考核通常也称为业绩考评，是组织针对每个部门或员工所承担的工作，应用各种科学的定性和定量的方法，对员工行为的实际效果及其对组织的贡献或价值进行考核和评价。

绩效考核是企业绩效管理中的一个环节，是指考核主体对照工作目标和绩效标准，采用科学的考核方式，评定员工的工作任务完成情况、员工的工作职责履行程度和员工的发展情况，并且将评定结果反馈给员工的过程，对员工将来的工作行为和工作业绩产生正面引导的过程和方法。常见绩效考核方法包括 BSC、KPI 及 360° 考核等。绩效考核是一项系统工程。

绩效考核是对人员完成任务情况的一个跟踪、记录、考评。绩效考核也是收集、分析、传递有关个人在其工作岗位上的工作行为表现和工作结果方面的信息情况的过程。

绩效考核是组织人事管理的重要内容，也是组织管理强有力的手段之一。业绩考评的目的是通过考核提高每个个体的效率，以最大限度的实现组织目标。

（二）人员绩效考核的作用

作用如下：

（1）绩效考核是人员聘用的依据。对员工的工作、学习、成长、效率、培训、发展等进行全方位的定量和定性的考核，按照岗位工作说明书的标准要求，考核合格与否，决定了员工的聘用与否。

（2）绩效考核是人员职务升降的依据。考核的基本依据是岗位说明书和绩效考核方案，工作的绩效是否符合该职务的要求，是否具有升职条件，如果不符合职务要求应该予以降免。

（3）绩效考核是人员培训的依据。通过绩效考核，可以准确地把握工作的薄弱环节，并可具体掌握员工的培训需要，从而制定切实可行和行之有效的培训计划。

（4）绩效考核是确定劳动报酬的依据。根据岗位说明书和考核方案的要求，对应制定的薪酬制度，要求按岗位取得薪酬，而岗位目标的实现是依靠绩效考核来实现的。因此根据绩效确定薪酬，或者依据薪酬衡量绩效，使得薪酬设计不断完善、更加符合企业运营的需要。

（5）绩效考核是人员激励的手段。通过绩效考核，把员工聘用、职务升降、培训发展、劳动薪酬相结合，使得企业激励机制得到充分运用，有利于企业的健康发展；同时对员工自己，也便于建立不断自我激励的心理模式。

（6）把绩效考核与未来发展相联系。无论是对公司或是员工个人，绩效考核都可以对现实工作作出适时和全面的评价，便于查找工作中的薄弱环节，便于发现与现实要求的差距，与时俱进，保持企业的持续发展和个人的不断进步。

（三）考核原则

- 客观评价原则：应尽可能进行科学评价，使之具有可靠性、客观性、公正性。
- 全面考评的原则：就是要多方面、多渠道、多层次、多角度、全方位地进行立体考评。
- 公平公开原则：应使考评标准和考评程序科学化、明确化和公开化。
- 差别化原则：考评等级之间应当产生较鲜明差别界限，才会有激励作用。
- 反馈原则：考评结果一定要反馈给被考评者本人，否则难以起到绩效考评的教育作用。

（四）绩效考核方法

绩效考核方法很多，下面简单介绍几种：

1. 写实考评法

写实考评法通常又包括实绩统计法、调查询问法、行为记录法、能力记录法、现场观察法、印象评价法、评语表述法、关键事件法、群众投票法。

2. 绝对考评法

绝对考评法又包括等级考评法、分数考评法（领导打分、群众打分、成果记分）、要素图示法、作业标准法。

3. 相对考评法

相对考评法包括成果评定法、个体排序法、人员比较法等。

（五）考核要注意的问题

要注意的问题如下：

（1）要依据岗位职责和工作标准进行绩效考核。

（2）要有考核方案和目标，就是说要有个游戏规则。

（3）做好原始记录，包括检查记录。原始记录是考核的重要依据，任何一件事或是一项工作做得好坏一定要有记录，通过事实和数据说话。

（4）考核结果要反馈。其目的是让被考核人知道不足的地方是什么，以便于改进。

【本章考核】

考核标准

序号	考核项目	主要内容	评分标准	分数	学生自评	教师评分
1	知识学习（40分）	人员管理与激励、绩效考核与评价等概念的理解	对人力资源概念的理解	4		
			对人力资源管理概念的理解	4		
			知道人员配备的内容	4		
			知道人员招聘的含义、原则和程序	4		
			知道人员培训的含义、内容和方法	4		
			知道人员考核的目的意义和内容	4		
			知道薪酬管理的概念、内容和体系	4		
			理解激励概念和激励理论	4		
			对马斯洛需求层次理论的理解	4		
			对赫兹伯格的“双因素”理论的理解	4		
2	技能提升（40分）	人员管理与激励、绩效考核与评价等概念运用	选择一个新的创业企业，帮助其制定一份人员需求规划书	8		
			选择一个熟悉企业，帮助其制定一份人员招聘需求书	8		
			选择一个熟悉企业，帮助其制定一个人员考核方案	8		
			选择一个熟悉企业，帮助其制定一个合理的薪酬方案	8		
			运用马斯洛需求层次理论分析人的需求，举例说明	8		
3	职业素养（20分）	激励与评价的意识	自我激励的良好习惯	10		
			自我正确评价	10		
合计				100		
学生签字	年　月　日		教师签字	年　月　日		

【本章作业】

一、归纳总结本章内容

二、知识测试

（一）概念解释

1．人力资源

2．人力资源管理

3．人员配备

4．人员规划
5．人员招聘
6．绩效考核

（二）选择题

1．人力资源管理的内容包括（　　）。
A．人员配备　B．薪酬管理　C．绩效管理　D．劳动关系管理

2．人员配备原则包括（　　）。
A．用人所长　B．用人择事　C．责权利统一　D．“三公”原则

3．人员规划的内容包括（　　）。
A．职位规划　B．人员配备计划
C．人员调整计划　D．人员辞退计划

4．人员规划过程的第一步是（　　）。
A．制定用人计划　B．进行工作分析
C．确定人员来源　D．确定备选人员

5．人员招聘依据是（　　）。
A．内部依据　B．环境因素　C．用人计划　D．岗位要求

6．人员招聘的最后一道程序是（　　）。
A．面试　B．确定人选　C．体检　D．签订合同

7．人员培训包括（　　）。
A．观念　B．心态　C．知识与理念　D．能力

8．新员工一般要经过（　　）。
A．入职培训　B．综合培训　C．技能培训　D．离职培训

9．（　　）属于经济性薪酬。
A．基本工资　B．带薪休假　C．颁发证书　D．脱产培训

10．劳动关系管理的内容有（　　）。
A．签合同　B．解纠纷　C．做思想工作　D．人员关系

11．按照马斯洛需求层次理论，最重要的需求是（　　）。
A．自我实现的需要　B．尊重的需要
C．安全需要　D．生存需要

12．按照赫兹伯格理论，能起激励作用的因素有（　　）。
A．工资　B．奖金　C．自我实现　D．领导信任

13．企业绩效考核的内容通常有（　　）。
A．财务状况　B．资产状况　C．偿债能力　D．可持续发展能力

（三）简答题

1．简述人力资源与人力资源管理的区别。
2．说说招聘有哪些程序？
3．常用面试方法有哪些？
4．什么是结构化面试？
5．什么是无领导小组面试？

6．对企业来说激励有什么作用？
7．简述常见激励理论流派有哪些。
8．简述马斯洛需求层次理论。
9．简述赫茨伯格的双因素激励理论。
10．常用的激励方法有哪些？

三、技能训练

1．无领导小组面试

学生自愿举手，选择 11 人，分成两组。一组 6 人作为考生，一组 5 人作为考官。针对下列描述进行面试。

背景材料：现在发生海难，一游艇上有 8 名游客等待救援，但是现在直升飞机每次只能够救一个人。游艇已坏，不停漏水。寒冷的冬天，刺骨的海水。游客情况如下：

（1）将军，男，69 岁，身经百战；
（2）外科医生，女，41 岁，医术高明，医德高尚；
（3）大学生，男，19 岁，家境贫寒，参加国际奥数获奖；
（4）大学教授，50 岁，正主持一个科学领域的项目研究；
（5）运动员，女，23 岁，奥运金牌获得者；
（6）经理人，35 岁，擅长管理，曾将一大型企业扭亏为盈；
（7）小学校长，53 岁，男，劳动模范，五一劳动奖章获得者；
（8）中学教师，女，47 岁，桃李满天下，教学经验丰富。

请将这 8 名游客按照营救的先后顺序排序。

要求：

（1）考生小组每人 3 分钟阅题时间，1 分钟自我观点陈述，15 分钟小组讨论，5 分钟自行选出代表总结陈词。

（2）考官一组根据考生一组的表现为每位考生打分，计算考生每人平均分，排序录用。

2．团队成员激励

每个小组按照顺序，依次说出自己心里面认为小组其他人的优势是什么？必须每个人都要被点评，每个人都要开口说。

注意：评价的过程中只允许谈优势，不可谈劣势。

这样做完之后，分析大家是否会有几个明显的改变：

（1）每个人自信心是否明显上升？
（2）每个人是否都更加充分了解一同并肩作战的伙伴？
（3）了解别人的优势之余是否也明白了自己的劣势，有了要改变的方向？

四、小组讨论

1．班上每年评优、评先都是靠投票产生，你认为这样合理吗？有没有更好的年度考核方案？

2．某民营企业的老板通过学习有关激励理论，受到很大启发，并着手付诸实践。他赋予下属更多的工作和责任，并通过赞扬和赏识来激励下属员工。结果事与愿违，员工的积极性非但没有提高，反而对老板的做法强烈不满，认为他是在利用诡计来剥削员工。

请根据所学习的有关激励等理论，分析讨论该老板做法失败的原因并提出建议。

五、案例分析

G 公司是一家由日本三家世界 500 强企业和国内两家大型国有企业合作创办的中日合资企业，成立于 20 世纪 90 年代中期，生产销售勘探和开采石油用的石油钻杆。企业依靠自身的技术优势和创业者们的不懈努力，经过短短 8 年就获得了快速发展，目前在国内石油钻杆市场上与另外 3 家国内企业基本形成了四分天下的局面。

在企业创立之初，公司引入日本先进的生产管理系统建立健全了质量管理体系，从 2003 年开始公司又着手建立一系列的人力资源管理制度，依靠自身的力量制定一套员工绩效考核制度，对员工进行半年一期的绩效考核，考核结果被作为分配奖金的依据。

但是在实际绩效考核过程中，管理者们发现由于公司给员工制度的考核指标和评分标准模糊，给下属打分时十分困难。员工则认为管理者打分不公正，纷纷质问上级和人力资源部为何给自己较低的分数，加之考核需要填写大量的表格，员工满腹牢骚。几个考核期下来，管理者和下属都十分苦恼。管理者们为了不给自己制造太多的麻烦，就倾向于给下属相同的分数，这样一来，绩效考核便成为一种形式，失去了应有的作用。

案例讨论：1．G 公司的绩效考核制度到底出了什么问题？

2．如何才能改变这种状况？

六、延伸阅读

扫描二维码阅读：考核绩效案例分析。

第九章　总结与创新

【管理名言】

善于总结过去，才能不惧未来。

——佚名

创新是企业的灵魂，是企业持续发展的保证！

——海尔集团

【本章介绍】

总结是管理环节的最后一环，也是非常重要的一环。总结就是把过去一定阶段内的有关情况进行分析研究，做出有指导性的结论。在过去的一定阶段内，通过计划制定，组织实施，考核评价等环节，组织的计划目标执行和实现的情况如何？存在哪些问题？哪些是成功的？哪些是失败的？这些都要通过总结来分析。总结还是为未来、为下一轮管理循环提供经验，提供创新思路的重要手段。总结包括对组织的综合总结和员工个人的工作总结。

创新是民族进步的灵魂，创新也是管理工作的重要内容。组织没有创新就不能进步，就没有竞争力。有的学者认为创新是管理的一个职能。

本章主要介绍管理总结的概念、总结的撰写方法、格式要求，管理创新的概念，创新的方法等。

【学习目标】

1. 知识目标

（1）知道总结的概念。

（2）知道创新的含义。

2. 能力目标

（1）会写学习、工作总结。

（2）具有创新思维能力。

3. 素质目标

（1）养成写总结的习惯。

（2）养成创新思维的习惯。

【情境导入】

《伊索寓言》——石头汤

从前，一个穷人到处讨饭，讨的都是人家的残羹剩饭，几乎没有吃过新鲜的食物。于是，穷人总结和反思了自己讨饭的经验与教训，想出了一个办法。

一天，他到富人家去讨饭。

“滚开！”仆人说，“不要来打搅我们。”

穷人说：“只要让我进去，在你们的火炉上烤干衣服就行了。”仆人以为这不需要花费什么，就让他进去了。

进去后他要求厨娘给他一个小锅，以便他“煮点石头汤喝。”

“石头汤？”厨娘说，“我倒想看看你怎样能用石头做成汤。”于是她就答应了。穷人于是将路上拣来的石头洗净后放在锅里煮。

“可是，我总得放点盐吧。”他跟厨娘说，于是厨娘给他一些盐。后来又给了豌豆、薄荷、香菜。最后，又把做饭剩下的碎肉末都放在汤里。

穷人美美地喝了一锅肉汤后，把石头捞出来扔在回家的路上了。

问题：故事中“穷人”是怎样成功喝到肉末汤的？

第一节　总结与提升

没有总结就是虎头蛇尾，有始无终，组织就不能进步。善于总结才能无惧未来。那么什么是总结呢？

一、总结的含义

汉语词典中将总结定义为把一定阶段内的有关情况分析研究，做出有指导性的结论；综合各方面的情况。

管理学的含义：总结是指社会团体、企事业单位和个人在自身的某一时期、某一项目或某些工作告一段落或者全部完成后进行回顾检查、分析评价，从而肯定成绩，得到经验，找出差距，得出教训以及一些规律性认识的一种书面材料。同时总结是一个词语，可做动词，也可做名词，是一种应用文体。

总结与计划是相辅相成的，总结要以工作计划为依据，制订计划总是在总结经验的基础上进行的。其间有一条规律：计划－实践－总结－再计划－再实践－再总结。

而工作总结是对一定时期内的工作加以总结，分析和研究，肯定成绩，找出问题，得出经验教训，摸索事物的发展规律，用于指导下一阶段工作的一种书面文体。

二、总结的目的与作用

没有总结就形成不了经验，没有经验就没有创新。总结所要解决和回答的中心问题，不是某一时期要做什么，如何去做，做到什么程度的问题，而是对某种工作实施结果的总鉴定和总结论，是对以往工作实践的一种理性认识。

总结的过程，既是对自身社会实践活动的回顾过程，又是人们思想认识提高的过程。通过总结，人们可以把零散的、肤浅的感性认识上升为系统、深刻的理性认识，从而得出科学的结论，以便改正缺点，吸取经验教训，使今后的工作少走弯路，多出成果。它还可以作为先进经验而被上级推广，为其他单位所汲取、借鉴，从而推动实际工作的顺利开展。

（1）总结是做好各项工作的重要环节。通过它，可以全面地、系统地了解以往的工作情况，可以正确认识以往工作中的优缺点。可以明确下一步工作的方向，少走弯路，少犯错误，提高工作效益。

（2）总结是推动工作前进的重要方法。任何一项工作，不管是个人或团体去做，都需要多次反复操作、辛勤劳动才能完成。每一次具体实践，都有成绩与失误、经验与教训，及时总结就会及时取得经验教训，提高认识和工作技能。不断实践，不断总结，对客观事物的认识也就越来越深刻，知识越来越广，智慧也越来越高，所进行的事业才会不断发展、前进。

（3）总结是认识世界的重要手段。总结是由感性认识上升到理性认识的必经之路。通过总结，使零星的、肤浅的、表面的感性认识上升到全面的、系统的、本质的理性认识上来，寻找出工作和事物发展的规律，从而掌握并运用这些规律改进工作。

（4）总结有利于提高管理者的管理水平。写好工作总结，须勤于思索。善于总结，可以提高领导的管理水平，培养出更多理论与实践相结合、具有工作能力的干部。

三、总结的内容与形式

总结包括：标题、正文和落款。

（一）标题

总结的标题分为单标题和双标题两种。单标题又可分为公文式标题和文章式标题。公文式标题："单位名称"+"时限"+"总结内容"+"文种"。如标题下或总结末尾有单位署名，标题可省略单位名称。文章式标题一般是直接标明总结的基本观点，常用于专题总结。双标题是同时使用正副两种标题，一般正标题用文章式标题，副题采用公文式标题，补充说明单位、时限、内容等，如《××市财政局1999年工作总结》《××厂2000年上半年工作总结》。

有的总结标题只是内容的概括，并不标明"总结"字样，但一看内容就知道是总结，如《一年来的工作及感想》《提高企业效能的做法》等。

双标题总结的正标题点明文章的主旨或中心，副标题具体说明文章的内容和文种，如《构建农民进入市场的新机制——××麦棉产区发展农村经济的实践与总结》《加强医德修养，树立医疗新风——××医院××科精神文明建设的经验》。

（二）正文

（1）开头：概述情况，总体评价；提纲挈领，总括全文。

总结的开头主要用来概述基本情况。包括单位名称、工作性质、主要任务、时代背景、指导思想，以及总结目的、主要内容提示等。作为开头部分，应以简明扼要的文字写明在本总结所包括的期限内的工作根据、指导思想以及对工作成绩的评价等内容。它是工作总结的引言，便于把下面的内容引出来，只要很短的一段文字就行了。

（2）主体：分析成绩与缺憾，总结经验及教训。

这是总结的主要部分，内容包括成绩和做法、经验和教训、今后打算等方面。这部分篇幅大、内容多，要特别注意层次分明、条理清楚。

工作总结主体部分常见的结构形态有3种，要根据实际需要选择好。

第一，纵式结构。就是按照事物或实践活动的过程安排内容。写作时，把总结所包括的时间划分为几个阶段，按时间顺序分别叙述每个阶段的成绩、做法、经验、体会。这种写法主要以工作回顾连带谈及经验教训。基本上是按工作展开的程序和步骤，分段说明每个步骤和阶段的工作情况，夹叙夹议地引出相应的经验教训。这样写，主要着眼于工作过程的回顾。这种写法的好处是事物发展或社会活动的全过程清楚明白。

第二，横式结构。按事实性质和规律的不同分门别类地依次展开内容，使各层之间呈现相互并列的态势。这种写法的优点是各层次的内容鲜明集中。

第三，纵横式结构。安排内容时，即考虑到时间的先后顺序，体现事物的发展过程，又注意内容的逻辑联系，从几个方面总结出经验教训。这种写法，多数是先采用纵式结构，写事物发展的各个阶段的情况或问题，然后用横式结构总结经验或教训。具体写法一般是先归纳和提炼出几条经验或教训，分别展开论述，把工作过程、工作办法、取得的成效等穿插在里面写，使经验和教训看起来更加充实。但是这样写，整个工作回顾会被拆开来分别为阐明观点服务，显得零散。为了弥补这一不足，可以在基本情况部分适当加以详述，使人对工作概貌有一个总的了解。

（3）结尾：分析问题，明确方向。

结尾是正文的收束，应在总结经验教训的基础上，提出今后的工作方向、任务和措施，表明决心、展望前景。这段内容要与开头相照应，篇幅不应过长。有些总结在主体部分已将这些内容表达过了，就不必重复在结尾、结语部分提及。即使要写打算，也只需写很短的一段话。写得长了，反而冲淡了主题。

（三）落款

署名，日期。总结正文写完以后，应该在正文的右下方，写上总结单位的名称、执笔人、总结的年月日。

四、总结的注意事项

总结中，须对工作的失误等有正确的认识，勇于承认错误，可以形成批评与自我批评的良好作风。写好总结，须从以往的工作实际出发，可养成调查研究之风。

（1）一定要实事求是，成绩不夸大，缺点不缩小，更不能弄虚作假。这是分析、得出教训的基础。

（2）条理要清楚。总结是写给他人看的，条理不清，人们就看不下去，即使看了也不知其所以然，这样就达不到总结的目的。

（3）要剪裁得体，详略适宜。材料有本质的、有现象的、有重要的、有次要的，写作时要去粗存精。总结中的问题要有主次、详略之分，该详的要详，该略的要略。

五、总结的种类

从性质、时间、形式等角度可划分出不同类型的总结。总结也有各种别称，如自查性质的评估及汇报、回顾、小结等都有总结的性质。

（1）根据内容的不同，可以把总结分为工作总结、生产总结、学习总结、教学总结、会议总结等。

（2）根据范围的不同，可以分为全国性总结、地区性总结、部门性总结、本单位总结、班组总结等。

（3）根据时间的不同，可以分为月总结、季总结、年度总结、阶段性总结等。

（4）根据内容和性质的不同，可以分为全面总结和专题总结两类。全面总结又称综合总结，它是对某一时期各项工作的全面回顾和检查，进而总结经验与教训。专题总结是对某项工作或某方面问题进行专项的总结，尤以总结推广成功经验为多见。

六、工作总结写法

以上说的是一般性总结，下面着重谈谈工作总结，这将是伴随我们一辈子的事情。

（一）含义

工作总结是指专门对工作进行的总结，包括部门和个人的工作总结。

当工作进行到一定阶段或告一段落时，需要回过头来对所做的工作认真分析研究，肯定成绩，找出问题，归纳出经验教训，提高认识，明确方向，以便进一步做好工作，并把这些用文字表述出来，就叫做工作总结。以年终总结、半年总结和季度总结最为常见和多用。

工作总结与工作计划是相辅相成的，要以计划为依据，而制订计划总是在前一轮总结经验的基础上进行的。

（二）作用

作用如下：

（1）它是培养、提高工作能力的重要途径。善于总结就能积累经验，有了经验就能解决和处理实际工作问题。因此，工作总结是提高能力的重要手段。

（2）它是人们寻找工作规律的重要手段。事物总是互相联系的，有其发展规律的。工作也是如此，如果总结出了规律性的东西，今后的工作就会事半功倍。而要找寻工作规律，进行工作总结是最好的办法。

（3）它是指导今后工作的基础。今后工作的好坏很大程度上是能否克服以往工作的错误，吸取过去工作的经验和教训。如果没有总结，很可能曾经犯过的错误会继续犯，这样工作永远不会进步。

（4）它还是争取领导支持的好方法。通过总结把成绩、经验、问题和今后的努力方向等向领导汇报，能引起领导的重视，争取领导的支持、指导。同时，可以体现自我价值的作用，让领导、同事认可。

（三）工作总结写法

书写工作总结要用第一人称，即要从本单位、本部门的角度来撰写。表达方式以叙述、议论为主，说明为辅，可以夹叙夹议。工作总结要想写得有理论价值，一方面，要抓主要矛盾，无论谈成绩或是谈问题，都不需要面面俱到；另一方面，对主要矛盾进行深入细致分析，如谈成绩要写清怎么做的，为什么这样做，效果如何，经验是什么。谈存在问题，要写清是什么问题，为什么会出现这种问题，其性质是什么，教训是什么。这样的工作总结，才能对前一段的工作有所反思，并由感性认识上升到理性认识。

正确处理好“总”和“结”的关系。一是善于“总”，即归纳过去的工作；二是善于“结”，即吸取以往工作的经验、教训、规律。总是结的依据，结是总的概括。

1. 格式

工作总结的格式，也就是工作总结的结构，是组织和安排材料的表现形式，其格式不固定，一般有以下几种：

（1）条文式。条文式也称条款式，是用序数词给每一自然段编号的文章格式。通过给每个自然段编号，总结被分为几个问题，按问题谈情况和体会。这种格式有灵活、方便的特点。

（2）两段式。总结分为两部分，前一部分为总，主要写做了哪些工作，取得了什么成绩；后一部分是结，主要讲经验，教训。这种总结格式具有结构简单，中心明确的特点。

（3）贯通式。贯通式是围绕主题对工作发展的全过程逐步进行总结，要以各个主要阶段的情况，完成任务的方法以及结果进行较为具体的叙述。常按时间顺序叙述情况、谈经验。这种格式具有结构紧凑、内容连贯的特点。

（4）标题式。把总结的内容分成若干部分，每部分提炼出一个小标题，分别阐述。这种格式具有层次分明，重点突出的特点。

一篇总结，采用何种格式来组织和安排材料，是由内容决定的。所选结论应反映事物的内在联系，服从全文中心。

2. 内容

（1）基本情况。这是对自身情况和形势背景的简略介绍。自身情况包括单位名称、工作性质、基本建制、人员数量、主要工作任务等。形势背景则包括国内外形势、有关政策、指导思想等。

（2）肯定成绩，分析缺点和错误，这是总结的中心。总结的目的就是要肯定成绩，找出差距。成绩有哪些，有多大，表现在哪些方面，是怎样取得的。缺点有多少，表现在哪些方面，是什么性质的，怎样产生的，都应讲清楚。这些都是工作总结的主要内容，需要较多事实和数据。

（3）总结经验和教训。做任何一件事，总不可能十全十美，总会有经验和教训。为便于今后的工作，须对以往工作的经验和教训进行分析、研究、概括、集中，发现规律性的东西，并上升到理论的高度来认识。

（4）今后的打算。根据今后的工作任务和要求，吸取前一时期工作的经验和教训，明确努力方向，提出改进措施等。

下一步提出将怎样纠正错误，如何发扬成绩，准备取得什么样的新成就，不必像计划那样具体，但一般不能少了这些计划打算。

第二节　创新与发展

创新是民族进步的灵魂，创新是社会发展的动力，创新也是组织生存发展的前提。可见创新的重要性，那么什么是创新呢？

一、创新的含义

（一）社会学上的创新含义

汉语词典中的定义是创新亦作“剏新”，一指创立或创造新的；二指首先。

社会学上的含义：创新是指以现有的思维模式提出有别于常规或常人思路的见解为导向，利用现有的知识和物质，在特定的环境中，本着理想化需要或为满足社会需求，而改进或创造新的事物、方法、元素、路径、环境，并能获得一定有益效果的行为。

创新的本质是突破，即突破旧的思维定势，旧的常规戒律。创新活动的核心是“新”，它或者是产品的结构、性能和外部特征的变革，或者是造型设计、内容的表现形式和手段的创造，或者是内容的丰富和完善。

创新是以新思维、新发明和新描述为特征的一种概念化过程，包括更新、改造、创造等方面。从本质上说，创新是创新思维的外化、物化和形式化。

创新的内容有理论创新、制度创新、科技创新、文化创新等，具体包括：新思想、新理论、新思路、新技术、新材料、新产品、新工艺、新方案、新经验、新知识、新方法、新体制、新机制、新模式等方面。

（二）经济学上的创新含义

奥地利经济学家熊彼得提出的创新理论认为，创新在经济应用方面是指"新的组合"，包括5种情况：

（1）采用一种新的产品。包括消费者还不熟悉的产品，或一种产品的一种新的特性。

（2）采用一种新的生产方法。包括运用新的生产工具、采用新的生产流程、新的生产工艺等。

（3）开辟一个新的市场。部门或产品以前不曾进入的市场，不管这个市场以前是否存在过。

（4）原材料来源于一种新的供应渠道。不管这种来源是已经存在的，还是第一次创造出来的。

（5）实现一种工业的新组织。比如形成一种垄断地位或打破一种垄断地位。

后来人们将他这一段话归纳为 5 个创新，依次对应产品创新、技术创新、市场创新、资源配置创新、组织创新。

（三）管理学上的创新含义

杨加陆、方青云老师在《管理创新》（2003）一书中将管理创新定义为：在特定的时空条件下，通过计划、组织、指挥、协调、控制、反馈等手段，对系统所拥有的生物、非生物、资本、信息、能量等资源要素进行再优化配置，并实现人们新诉求的生物流、非生物流、资本流、信息流、能量流的目标活动。

王祖成教授在《世界上最有生命力的管理——创新》中提出，管理创新就是根据客观规律和现代科技发展的态势，在有效继承的前提下对传统的管理进行改进、改革、改善和发展。管理创新包括管理思想、管理观念、管理理论、管理制度、管理机制、管理体系、管理组织机构、管理模式方法及管理人才的培养组织等方面及其组合的创新。

蒋明杰教授认为管理创新是创造一种新的或更有效的资源整合范式，这种范式既可以是新的有效整合资源以达到组织目标的全过程式管理，也可是某方面的细节管理。至少可以包括以下 5 个方面情况：一是提出一种新的经营思路并加以有效实施，如果经营思路可行就是一种管理创新；二是设计一个新的组织机构并使之有效运作；三是提出一个新的管理方式、方法，它能提高生产效率，协调人际关系或能更好地激励员工；四是设计一种新的管理模式；五是进行一项制度创新。

通俗地讲，管理创新是指组织将新的管理要素，如新的管理方法、新的管理手段、新的管理模式等，或将要素组合引入组织管理系统以更有效地实现组织目标的活动。

二、管理创新的作用

创新的作用从宏观层面讲包括：满足人类生存与发展的客观需要；深化人类对客观世界的认知；提高人类对客观世界的驾驭能力。

从企业层面讲，创新是企业的一项基本功能，是管理者的一项重要职责。创新在企业管理中具有重要作用。

（1）提高企业的生存能力。知识经济下竞争日趋激烈，生存是一个很大的问题。研究表明，一个时期内新建立的企业5年后可能只剩一半，10年后剩10%，20年后就更少，50年后就所剩无几了。美国著名管理学大师彼得·德鲁克说过："不创新就死亡。"企业只有不断地进行创新才能够有实力面对竞争，跟上时代发展的步伐。如果不进行创新很可能遭到淘汰。

（2）提高企业竞争力。管理创新的目标是提高企业有限资源配置效率。这一效率虽然可以在众多指标上得到反映，如资金周转速度加快，资源消耗系数减小，劳动生产率提高等，但最终还要在经济效益指标上有所体现，即提高企业的经济效益。提高企业经济效益分为两个方面：一是提高目前的效益；二是提高未来的效益即企业的长远发展。管理诸多方面的创新，有的是提高前者，如生产组织优化创新，有的是提高后者，如战略创新与安排。无论是提高当前的效益还是未来的效益，都是在增加企业实力和竞争力，从而有助于企业下一轮的发展。

（3）降低交易成本。通过管理创新，可使生产和分配过程中使用的设备和人员得到更好地利用，从而得以提高生产率并降低成本。此外，管理上的创新协调可使现金的流动更为可靠稳定，付款更为迅速。

（4）提高企业的发展能力。管理与技术是企业发展的两个轮子。管理创新的结果是为企业提供更有效的管理方式、方法和手段。管理创新为企业不断注入新的活力，使企业不断焕发勃勃的生机。因而，管理创新是企业发展的动力。

（5）提高企业的环境适应能力。当今社会，各种力量纵横交错，组织与外界的联系更加密切，组织每时每刻都受到外界各种力量的制衡。企业唯有在生存过程中不断创新与外界交互作用的方式，才能寻找到一个有利于自己的均衡点，以赢得一个良好的外部环境。

（6）提高企业的竞争力。管理创新若在市场营销方面进行，则可帮助企业有力地拓展市场、展开竞争。企业在进行市场竞争和市场拓展时，将遇到众多竞争对手，如厂商和顾客等。因此，这一竞争过程实为多个博弈对象的动态博弈过程，一个企业若能在这一过程中最先获得该博弈的均衡方法，即有完整的管理创新具体方案，便能战胜对手，获得博弈的胜出。这个方法无非是在能预见对手们的相应对策条件下寻找出最佳的、新的市场策略和运行方式而已，这就是一种管理的创新。许多跨国公司在瞄准中国市场后，所采取的一系列市场行为，均有其战略意图，这一意图本身就是一种创新。

三、管理创新的内容

管理创新包括管理思想、管理理论、管理知识、管理方法、管理工具等的创新。管理培训师何道谊按功能将管理创新分解为目标、计划、实行、检馈、控制、调整、领导、组织、人力9项管理职能的创新。按业务组织的系统，将创新分为战略创新、模式创新、流程创新、标准创新、观念创新、风气创新、结构创新、制度创新。以企业职能部门的管理而言，企业管理创新包括研发管理创新、生产管理创新、市场营销和销售管理创新、采购和供应链管理创新、人力资源管理创新、财务管理创新、信息管理创新等类创新。

管理创新的内容通常也可以分为5个方面：一是管理思想创新，二是管理理论创新，三是管理制度创新，四是管理模式创新，五是管理技术创新。它们相互联系、相互作用。

四、创新的方法

创新方法有很多，通常有组合法、分解法、类比法、联想法、延伸法、移植法、扩展法、仿生法、变异法、迂回法等。

1. 组合法

组合法就是将两个或多个要素、手段、原理或产品，或几个各自独立的发明等结合成一体，往往会产生新的发明，如新材料、新工艺、新产品、新设备等的一种创造技法。

组合可分为同物组合和异物组合，同物组合就是将若干相同或相似的东西进行组合；异物组合就是将两种或两种以上不同种类的事物进行组合。如带橡皮的铅笔，带灯罩的台灯，以及现在普遍使用的水性笔就是综合了以前的钢笔和圆珠笔而形成的。

2. 分解法

分解法是指将一个整体事物进行分解后，使分解出来的那部分，经过改进完善后成为单独的整体，形成一个新产品或新事物。例如，普通的螺丝刀，刀把、刀头是固定的，遇到不同规格的螺钉就要准备不同的螺丝刀。通过分解，把刀把、刀头分开，改造后发明出多用活动螺丝刀。

3. 类比法

类比法是一种确定两个以上事物并寻找同异关系的思维方法。即根据一定的标准尺度，把与此有联系的几个相关事物，既可是同类事物，也可是不同类事物，加以对照，把握住事物的内在联系进行创造。如飞鸟与飞机，电风扇与抽油烟机等。

4. 联想法

联想法是依据人的心理联想而发明的一种创造方法。心理学认为，联想就是由一事物想到另一事物的心理现象。这种心理现象在人的回忆、推理、创造的过程中起着重要的作用。许多新的创造都来自于人们的联想或想象。屎壳郎与推土机，钢管与冰管等。

5. 延伸法

对原有产品在宽度、大小、范围、功能等进行延长、拓展等，从而使之更为完美，如手机中的相机、牙膏的妙用等。

6. 移植法

移植法是将某个学科、领域中的原理、技术、方法等，应用或渗透到其他学科、领域中，为解决某一问题提供启迪、帮助的创新思维方法。一般是把已成熟的成果转移、应用到新的领域，用来解决新的问题，因此，它是现有成果在新情境下的延伸、拓展和再创造。有原理移植、技术移植、方法移植、结构移植、功能移植、材料移植等方法。

例如，电子语音合成技术最初用在贺年卡上，后来就把它用到了倒车提示器上，又有人把它用到了玩具上，出现会哭、会笑、会说话、会唱歌、会奏乐的玩具。

7. 扩展法

在原有产品的基础上，赋予其新的功能、新的用途，使老产品能继续获得消费者的欢迎，如普通水杯创新升级为保温杯等。

8. 仿生法

仿生法是通过模仿某些生物的形状、结构、功能、机理以及能源和信息系统，来解决某些技术问题的一种创新技术。飞机、潜艇等的发明都是依据仿生法发明的。

9. 变异法

变异法是对现有技术通过结合变化构思出新结构类型的方法，如积木、变形金刚等。

10. 迂回法

创新在很多情况下，会遇到许多暂时无法解决的问题。这时人们就要开动脑筋、另辟蹊径进行解决，这就是迂回法。因为有时通过解决侧面问题或外围问题以及后继问题，可能会使原来的未知问题迎刃而解。如乌鸦喝水、曹冲称象、司马光砸缸等都是利用的这一原理。

总之，创新是有方法可循的，人们经过学习和训练会使创造力获得迅速提高，创造潜能得到有效开发。这对于我们提高技术创新效率、创新水平、创新成果的产业化极为有益。

（课堂练习：利用相关创新原理将身边的物品如开关、笔头、橡皮、凳子、教鞭、水杯等进行改造，使之更为合理。）

五、创新思维训练

创新思维是思维的高级形式，它包括一切发现新事物、揭示新规律、创立新理论、创造新方法、创作新作品、发明新技术、研制新产品、解决新问题的思维过程。

（一）创新思维培养

要具备创新思维，通常从以下几方面着手培养。

1. 培养创新精神

创新精神是指要有能够综合运用已有的知识、信息、技能和方法，提出新方法、新观点的思维能力和进行发明创造、改革、革新的意志、信心、勇气和智慧。

创新是一个国家和民族发展的不竭动力，创新精神是一个现代人应该具备的基本素质。

培养创新精神就是要经常做到不满足已有认识，包括掌握的事实、建立的理论、总结的方法等，不断追求新知；不满足现有的生活生产方式、方法、工具、材料、物品等，根据实际需要或新的情况，不断进行改革和革新；不墨守成规，对已有规则、方法、理论、说法、习惯等敢于打破原有框框，探索新的规律，新的方法；不迷信书本、权威，敢于根据事实和自己的思考，同书本和权威质疑；不盲目效仿别人的想法、说法、做法，勇于提出自己的观点。

2. 学习创新方法

前面已论述，创新方法很多，平时要多加学习，多加训练。同时还要学习别人的经验、教训、想法，加以改造。通过学习，提高创新能力，通过学习，不断进行创造力发挥，从而养成创新的习惯。

3. 训练创新思维

创新思维是创新的源头，是一个人的重要思维品质。如联想思维、逆向思维、转向思维、发散思维、逻辑思维等都是创新过程中常用的思维方式。

4. 破除创新障碍

人们在日常工作中，容易根据以往思维方式形成思维定势，要有意识破除这种定式思维，此外，还要破除习惯性思维、传统性思维、思维惯性、封闭性思维等思维习惯。

5. 提高创造能力

根据一定的目的和任务，运用一切已知条件和信息，开展能动思维活动，经过反复研究和实践，产生某种新颖、独特、有价值的成果，这种能力我们叫创造力。要提高创造力就要大胆实验，不要怕失败，适度紧张能够产生创造力、想象力，要注意发挥团队合作精神。

（二）创新思维训练方法

常用创新思维训练方法有以下几种。

1. 三三两两讨论法

此法可归纳为每两人或三人自由成组，在 3 分钟中内，就讨论的主题，互相交流意见及分享。3 分钟后，再回到团体中作汇报。

2. 脑力激荡法

脑力激荡法即头脑风暴法，是最为人所熟悉的创意思维策略，此法强调集体思考的方法，着重互相激发思考，鼓励参加者于指定时间内，构想出大量的意念，并从中引发新颖的构思。脑力激荡法虽然主要以团体方式进行，但也可于个人思考问题和探索解决方法时，运用此法激发思考。该法的基本原理是仅专心提出构想而不加以评价。不局限思考的空间，鼓励想出越多主意越好。

3. 心智图法

是一种刺激思维及帮助整合思想与信息的思考方法，也可说是一种观念图像化的思考策略。此法主要采用图志式的概念，以线条、图形、符号、颜色、文字、数字等各种方式，将自己的意念和信息快速地以上述方式摘要下来，成为一幅心智图（Mind Map）。结构上，具备开放性及系统性的特点，让使用者能自由地激发扩散性思维，发挥联想力，又能有层次地将各类想法组织起来，以刺激大脑做出各方面的反应，从而得以发挥全脑思考的多元化功能。

4. 曼陀罗法

曼陀罗法是一种有助扩散思维的思考策略，利用像九宫格图的形式，将主题写在中央，然后把由主题所引发的各种想法写在其余的 8 个圈内，从多方面进行思考，找出其中联系。

5. 创意分合法

此法是由美国经济学家麦伦·戈登提出来的，主要是将原不相同亦无关联的元素加以整合或将一个整体进行分割，产生新的意念和思想。戈登的创意分合法实际上是将过去所认为神秘的创造过程，用简单的话语归纳为两种心理运作的过程：使熟悉的事物变得新奇（由合而分）；使新奇的事物变得熟悉（由分而合）。

6. 逆向思考法

就是从一个事情的反面或者另一个角度来思考。好多事情用普通的逻辑思维往往想不到解决方法，可以试着换个角度来想一下，就可能得到很多的答案。

7. 属性列举法

属性列举法，也称特性列举法，是美国尼布拉斯加大学的克劳福德（Robert Crawford）教授于 1954 所提倡的一种著名的创意思维策略。此法强调使用者在创造的过程中观察和分析事物或问题的特性或属性，然后针对每项特性提出改良或改变的构想。

8. 希望点列举法

这是一种不断提出“希望”“怎样才能更好”等思想和愿望，进而探求解决问题和改善对策的技法。

10. 优点列举法

这是一种逐一列出事物优点的方法，进而探求解决问题和改善对策的技法。

11. 缺点列举法

这是一种不断针对一项事物，检讨此一事物的各种缺点及缺漏，并进而探求解决问题和改善对策的技法。

12. 大胆试一试

许立言、张福奎教授提出了 12 个“聪明的办法”，指导青少年儿童创造发明。

（1）加一加。在这件东西上添加些什么，会有什么结果？

（2）减一减。在这件东西上减去些什么，会怎么样呢？

（3）扩一扩。把这件东西放大、扩展，结果会如何呢？

（4）缩一缩。把这件东西压缩、缩小，会怎么样呢？

（5）变一变。改变一下形状、颜色、音响、味道、气味，会怎么样？改变一下次序会怎么样？

（6）改一改。这件东西还存在什么缺点？有改进这些缺点的办法吗？

（7）联一联。把某些东西或事情联系起来，能帮助我们达到什么目的吗？

（8）学一学。有什么事物可以让自己模仿、学习一下吗？

（9）代一代。有什么东西能代替另一样东西吗？

（10）搬一搬。把这件东西搬到别的地方，还能有别的用处吗？

（11）反一反。如果把一件东西、一个事物的正反、上下、左右、前后、横竖、里外颠倒一下，会有什么结果？

（12）定一定。为了解决某一个问题或改进某一件东西，为提高学习、工作效率和防止可能发生的事故或疏漏，需要规定些什么吗？

（课堂练习：想一想还有哪些方法？）

【本章考核】

考核标准

序号	考核项目	主要内容	评分标准	分数	学生自评	教师评分
1	知识学习（40分）	总结与创新的概念理解	知道总结的含义、目的和作用	6		
			知道总结的内容与形式	6		
			知道总结的不同类型	6		
			知道工作总结的基本格式	6		
			知道不同领域的创新概念、作用	8		
			知道管理创新的内容和常用方法	8		
2	技能提升（40分）	总结与创新的概念运用	写出一份自己本学年的学习总结	15		
			选择生活中常用物品，利用所学创新方法进行改进	10		
			提出班级或学生会工作的管理创新建议	15		
3	职业素养（20分）	总结与创新的习惯养成	学会总结，善于总结	10		
			培养自己的创新思维	10		
合计				100		

学生签字	年 月 日	教师签字	年 月 日

【本章作业】

一、归纳总结本章内容

二、知识测试

（一）概念解释

1．总结
2．工作总结
3．管理创新
4．创新思维
5．创造力

（二）选择题

1．总结是一种（　　）。
A．应用文体　B．书面材料　C．口头语言　D．公文
2．总结包括（　　）。
A．标题　B．正文　C．主体　D．落款
3．创新是创新思维的（　　）。
A．物化　B．外化　C．内化　D．形式化
4．经济学上的创新包括（　　）。
A．产生新的工艺　B．开发新产品
C．开拓新市场　D．建立一个新组织
5．管理学上的创新包括（　　）。
A．管理思想创新　B．管理理论创新
C．管理方法创新　D．管理工具创新

（三）简答题

1．总结有什么作用？
2．总结的内容是什么？
3．写总结要注意什么？
4．工作总结如何写？
5．创新内容有哪些？
6．创新方法有哪些？
7．工作中如何创新？
8．简述管理创新的作用。

三、技能训练

1．每位同学写一份自己入学以来的总结。

2．5～6 人一组，发 5～6 个回形针。通过小组独立讨论，说说回形针的用途，时间 3 分钟，每组都写下来。3 分钟后分组派代表说出自己组的统一意见。每组抽一人做评委，根据例

举的用途数量和有效性进行评判，去掉一个最高分和最低分，分高者胜。

四、分组讨论

1．前面是3个装满水的杯子，后面是3个空杯，只能动一个杯子，便使盛满水的杯子和空杯子顺序间隔起来。

讨论：做一做，如何才能做到？

2．我国古代的两个脍炙人口的典故——“曹冲称象”“司马光砸缸”，还有寓言故事“乌鸦喝水”等都是典型的创新思维的例子。

讨论：曹冲和司马光运用了什么创新思维和方法？乌鸦用的是什么方法？

五、案例分析

卖梳子给和尚

一家生产梳子的公司招聘业务员，经过面试后剩下 6 个人，最后一道题是技能题：谁能把梳子卖给和尚？半个月后，6个人回来了。

第一个人：出了公司门就骂：“什么狗屁公司，和尚都没有头发，还卖什么梳子给他们！”于是找了个酒馆喝起了闷酒，睡了一觉，回去告诉招聘经理，和尚没有头发，梳子无法卖！招聘经理微微一笑，没有说话。

第二个人：来到了一个寺庙，找到了和尚，对和尚说：“我想卖给你一把梳子。”和尚说：“我没用。”那人就把他面试的事说了一遍，说如果卖不出去，就会失业，让和尚发发慈悲！和尚就买了一把。

第三个人：也来到一个寺庙卖梳子，和尚说：“真的不需要。”那人在庙里转了转，对和尚说：“拜佛是不是要心诚？”和尚说：“是的。”“心诚是不是需要心存敬意？”和尚说：“要敬”。那人说：“你看，很多香客从很远的地方来到这里，他们十分虔诚，但是却风尘仆仆，蓬头垢面，如何敬佛？如果庙里买些梳子，让这些香客把头发梳整齐了，把脸洗干净了，不是对佛的尊敬吗？”和尚认为该人说得有理，就买了10把。

第四个人：也来到一个寺庙卖梳子，和尚说：“真的不需要。”那人对和尚说：“如果庙里备些梳子作为礼物送给香客，又实惠、又有意义，香火会更旺的。”和尚想了想，有道理，就买了100把。

第五个人：也来到一个寺庙卖梳子，和尚说：“真的不需要。”那人对和尚说：“你是得道高僧，书法造诣深，如果把您的字刻在梳子上，刻些‘平安梳’‘积善梳’送给香客，是不是既弘扬了佛法，又弘扬了书法？”老和尚微微一笑，“无量佛！”就买了1000把梳子。

第六个人：也来到一个寺庙卖梳子，和尚说：“真的不需要。”那个人对和尚说了一番话，却卖出了一万把梳子。

那人说了些什么？

他告诉和尚：“梳子是善男信女的必备之物，经常被女香客带在身上，如果大师能为梳子开光，成为她们的护身符，既能积善行善、又能保佑平安，很多香客还能为自己的亲朋好友请上一把。保佑平安，弘扬佛法，扬我寺院之名，岂不是天大善事？大师岂有不做之理？“阿弥陀佛，善哉！善哉！”大师双手合十，“施主有这番美意，老衲岂能不从？”

就这样，寺院买了一万把，取名“积善梳”“平安梳”，由大师亲自为香客开光，竟十分兴隆。当然，开光所捐的善款也不菲！

于是，第六个人决定放弃应聘，自己创业。

分析：

第一个人受传统观念的束缚太厉害，用常理去考虑销售，是不适合做销售的。

第二个人是在卖同情心，这是最低级的销售方法，叫“叩头营销”，是不能长久的。

第三、四个人为客户着想，可以说是“顾客满意战略”，自然会有好的效果。

第五人不仅能够让顾客满意，还能迎合顾客心理，自然就不会差。

第六人就已经达到了物我两重天的境界，不是在卖梳子，而是在卖护身符，把顾客的价值最大化，自然也就不足为奇了。

前五个人都回去给招聘经理报到了，第六个人没有回去。他去找更多的寺院，他发掘到了一个市场，他要自己干。自然，他成功了，他去成千上万的寺院卖梳子，掘到了第一桶金。

问题：从故事中你能悟出什么道理？

六、延伸阅读

扫描二维码阅读：买土豆的故事。

第三篇　管理技术

【本篇介绍】

管理技术是管理者运用管理原则、管理方法、管理规律和其他管理手段的总称。管理原则是对管理活动及其运动规律的概括，是对管理活动和过程的内在本质的反映，对管理活动具有普遍的指导意义。管理方法是在管理活动中为实现管理目标，保证管理活动顺利进行所采取的工作方式、方法和手段的总称。管理方法是管理理论、原则的自然延伸和具体化、实际化，是管理原则指导管理活动的必要中介和桥梁。管理定律是反映管理活动在一定条件下发展变化的客观规律，它们构成一个完整的管理方法体系。

管理技能是指管理者运用管理知识、管理原则、管理方法和管理定律完成管理任务的能力。因此，管理者要提高自身的管理能力，就必须要掌握管理的基本知识、管理的一般原则、管理的一般方法、管理的一般定律等。管理的基本知识在第一篇中有所介绍，本篇章重点介绍管理者日常管理中所需的常用管理原则、方法和定律等。

本篇是第十章，包括下列三节：

第一节　管理的一般原则

第二节　管理的一般方法

第三节　管理的一般定律

第十章　管理的一般原则、方法和定律

【管理名言】

要管理，人们就需要依据一些原则，也就是说，需要依据一些被接受、被论证过的道理。法规代表了某个时期的这些道理的总和。

——法约尔

管理是一种工作。因此管理有其技能，有其工具，也有其技术。

——德鲁克

【本章介绍】

管理知识和管理过程是管理者必须掌握的管理内容，除此之外，管理还具有一些原则、方法和定律可以借鉴。本章主要介绍了管理过程中常用到的管理原则、管理方法和管理定律的概念及启示。这些原则、方法和定律是人们在长期的管理实践中总结提升出来的。掌握这些管理原则、管理方法和管理定律，对于提高大家的管理水平和帮助个人成长有重要作用。

【学习目标】

1. 知识目标

（1）知道管理的一般原则。

（2）知道管理的一般方法。

（3）知道管理的一般定律。

2. 能力目标

（1）在管理实践中能针对性运用管理的一般原则。

（2）在管理实践中能针对性运用管理的一般方法。

（3）在管理实践中能针对性运用管理的一般定律。

3. 素质目标

（1）在管理实践中能养成遵守管理原则的习惯。

（2）学习本章后对自己的管理素质有所提高。

【情境导入】

文化病变：人性与责任

X 公司是国内一家知名的上市公司，公司董事长兼总经理 A 从工人干起，一步步地成为了当家人。多年来，在他的带领下，公司一直保持着高速发展，并于 1997 年底成功上市。

在 A 总的引领下，公司的文化不乏一些闪光的亮点。

重视人才——从 1994 年开始，公司每年都招收大量的高学历新员工，给予较高的工资、福利待遇，很快聚集了大量名校的毕业生，极大地提高了公司的产品技术含量和质量。公司造就了一种尊重人才的氛围。

唯才是举——每年年底，中层干部开始一年一度的干部竞争上岗，干部岗位完全开放。竞岗者必须要交书面“竞争上岗报告”，通过后，还要经过答辩。每一年都有干部落马，都有新人、能人上岗。公司造成了一种紧迫感和危机感。

但是，由于A总个人价值观上的一些致命缺陷，导致了公司内部不良文化的滋生和蔓延，使得X公司在一种畸形的氛围中走入了歧途。

首先，缺乏人情味。

A总比较独断专权。在公司内部，严厉打击异己以及不太驯服的员工和干部。不论你以前有多大的贡献，一旦冒犯“天威”，你是一定要下来。曾经有一位技术部的经理，只说了句不太恰当的闲话，就被处罚，写悔过书，三十七八的男子汉，在保卫处痛哭流涕地检讨自己“我罪该万死……”即使这样，部门经理职位还是被撤掉了，并且以后永远不得翻身。

其次，等级制度森严、压抑了人的主动性和创造力。

A总喜欢搞一言堂，上行下效。公司内打小报告盛行。公司有不成文的规定，不允许与辞职人员来往。有一位同志，与从X公司辞职的朋友一起到海边游泳，被人看到，报告了A总，该同志的工资被降了下来，几年里，一直不给他涨工资。X公司的工资水平在他们所在城市是第一位的，没人愿意丢掉饭碗。所以，大家说话办事都极其小心。一谈到什么敏感话题，一些年长的员工就神秘兮兮地说“莫谈国事，莫谈国事……”于是，大家都很知趣地闭上嘴巴。

第三，过度追究责任、矫枉过正，导致扯皮推诿。

这一点在生产部门、技术部门、质检部门体现得尤为突出。公司的质量标准制定是这样的：技术部门出检验方法、标准，生产部门按设计生产，质检部门按照技术部的标准检验。一般来讲，一旦产品出问题，先找质检部门，质检部门说，“我们检验的时候没问题，这是质量不稳定，应该找技术部门”，或者说，“我们是按标准检验，是不是技术出的标准有问题？”技术部更聪明，把检验标准提高、再提高，一直到完美无缺的地步。生产部门做不出那么高水平的产品，但质检部门按照完美无缺的标准检验，于是产品就开始在车间里积压，生产线中止，而3个部门各不相让。时间耽搁长了，销售部开始着急——因为延迟交货是要罚款和丢失客户的。

问题：1. 案例中体现了哪些管理的一般原则？

2. 怎样才是有效的管理？

案例中关于X公司领导者A在管理中的某些观念和做法，显然不符合现代管理的一般要求。那么在管理中应该遵循的管理一般原则与方法有哪些？在管理实践中如何运用它们？本章将就这些问题进行探讨。

第一节 管理的一般原则

管理原则是对管理活动的科学总结，是从管理实践经验中总结出来的管理活动的行为准则。管理原则是管理活动的一般规律的体现，是人们在管理活动中为达到组织的基本目标，在处理人、财、物、信息等管理基本要素及其相互关系时所遵循和依据的准绳。一方面管理原则是对管理活动的科学抽象，是对管理规律的总结和概括，是管理理论的重要组成部分；另一方面，管理原则是以客观事实为依据并在管理实践中逐步产生和发展起来的。管理原则是管理者做好管理工作的行动规范。常见的管理原则有以下几种。

一、实事求是原则

（一）含义

“实事”，就是客观存在着的一切事物；“是”，就是客观事物内在的必然联系，即规律性；“求”，就是去研究和探讨。

指从实际对象出发，探求事物的内部联系及其发展的规律性，认识事物的本质。通常指按照事物的实际情况办事和处理问题。

实事求是，是辩证唯物主义的思想路线和重要原则，也是我们党历来经验的科学总结，是我们做人做事、处理问题必须坚持的基本原则。科学决策和管理各环节同样离不开这一基本原则。

（二）管理运用

坚持实事求是，最基础的工作在于搞清楚“实事”，就是了解实际、掌握实情。这就要求管理者必须不断对实际情况作深入系统地调查研究，把工作对象本身的基本情况如性质、要素、结构、层次、发展规律及趋势等弄清楚，使思想、行动、决策符合客观实际。只有通过调查研究，努力掌握全面、真实、丰富、生动的第一手材料，真正搞清楚本地区、本部门、本单位的实际情况和问题，管理者才能进行科学决策。

坚持实事求是，关键在于“求是”，就是探求和掌握事物发展的规律。对事物客观规律的认识，只能在实践中完成。勇于实践、善于实践，在实践中积累经验、进行理论升华，再用以指导实践、推动实践，在实践中使认识得到检验、修正、丰富和发展，这是认识客观规律的根本途径，也是把握客观规律的必由之路。任何组织和个人作决策、办事情、谋发展，都要认识规律、遵循规律。

要坚持以联系的、全面的、发展的观点看待管理中出现的问题。只有这样才能全面把握事物之间的联系，才能对问题有一个全面系统的认识，才能更好地预测事物未来的走向，才能客观解决实际问题。

这一原则运用于决策工作时的基本要求是：

（1）要从决策对象的实际出发，决策对象的规律是制约决策的最根本的实际。这就要求把决策对象本身的基本情况如性质、要素、结构、层次、发展规律及趋势等弄清楚。

（2）要从决策环境的客观实际出发。决策环境从范围上分，有国际环境、国内环境和所在组织单位的环境；从性质上分，有自然环境（如地理环境、资源、气候等）、社会环境（如政治、经济、科技、文化等）、意识环境（如群众的心理、观念等）。决策者一方面要认识到环境对决策行为的影响，要适应环境，另一方面，要认识决策影响和改造环境的责任。

（3）要从决策主体的实际出发。即决策者对决策组织内部的诸种情况做到心中有数、量力而行。

（4）要从现代决策活动本身的特点和规律出发。现代决策最突出的特点是决策的问题新、涉及面广、规模宏大、动态性强，因此，要求决策者解放思想，实事求是，一切从实际出发。

（课堂练习：你认为实事求是原则还可以用在哪里？）

二、“三公”原则

（一）含义

“三公”原则是指公平、公正、公开的原则。

公平：是指管理者对待人或对待事要“一视同仁”。它所强调的是衡量标准的“同一个尺度”（制度），即：用同一个尺度衡量所有的人或所有的事，或者说是强调一视同仁，用以防止对于不同的人不同的事采取不同标准的情形。至于尺度本身是不是合理、正当的，公平原则并不予考虑。

“公平”是可以被量化的，可以形成文字，可以有标准。只要执行者严格按照规则执行，公平的主要问题就能解决。

公正：伦理学的基本范畴，意为公平正直，没有偏私。没有偏私是指依据一定的标准而言没有偏私，因而，公正是一种价值判断，内含有一定的价值标准，在常规情况下，这一标准便是当时的法律。公正在英文中为 justice，英语中的 jus 本身就有法的意思，公正以 jus 为词根演变而来，也说明了这一点，任何一个社会都有自己的公正标准。所以，公正并不必然意味着“同样的”“平等的”。公平讲的是平等，公正讲的是合理，当然，合理要建立在公平的制度之上。

例如：公司的福利每人一份就是公平，福利多发或优先给困难的员工就是公正。

公开：是要求任何的相关信息必须真实、准确、完整地予以披露，让大家有知情权（当然涉及机密的除外）。公开制定有关的规则与标准，确保管理活动和制度的指向性和合法性。信息要公开披露，公开信息必须真实、准确、完整，不得有虚假陈述、重大遗漏或者误导性陈述。

（二）管理运用

“三公”原则体现在组织管理的各个方面，组织管理若能在各方面都做到公平与公正，将大大提高员工的满意度，激发他们内心深处的潜能，从而为组织不遗余力地奉献才智。

1. “三公”原则的重点是信息透明，监督有效

开展公平、公正、公开的管理工作要做到以下方面：

第一，行为必须阳光化。在制定和出台具体方法时就应该充分考虑这个因素，对于这一过程中涉及的每个环节，特别是对于重大信息或者利益相关的信息及时披露，都应该做到公开透明，该公示的公示，该通告的通告。

第二，要有监督机制，制定严密的、严肃的监督机制，有权威的、令人信服的监督机构。既要对行为是否科学进行监督，又要对整个过程中是否公平公正进行监督。

第三，要讲求科学性。制定的规则要统一适用，力求科学性。在执行时，也要一碗水端平，不能有特例。

第四，要保持连续性。作为一项政策的出台，不能朝令夕改，更加不能因人而改。在出台前经过反复论证，广泛征求公众意见。一旦问世则需要保持其相对稳定性和连续性。

2. 要制定系列的相关制度作为保障

（1）要建立公平的薪酬体系。

组织成员是否感到公平，最主要的衡量标准是付出与报酬之间比较出来的相对报酬。如果其感觉相对报酬合理，就会获得公平的感受，否则就产生不公平的心理。当获得公平感受时，员工就会心情舒畅，努力工作；当得到不公平感受时，员工就会出现心理上的紧张、不安，从

而影响其工作。

组织成员对自己的报酬进行比较（横比、纵比）这是必然现象。管理者如果不加以重视，很可能出现员工“增收”同时亦“增怨”的现象。所以，要尽可能实现相对报酬的公平性。若出现不公平现象时，要做好工作，积极引导，防止负面作用发生，并通过改革与管理科学化，消除不公平，或将不公平产生的不安心理引导到正确行事的轨道上来。

因此，要制定有利于调动和保护大多数人积极性的政策，充分体现按劳分配为主，效率优先、兼顾公平的分配原则，突出投入产出的效率原则。同时，正激励手段的使用要多于作为负激励手段的惩罚，奖罚分明以及重奖有突出贡献者。

（2）建立公平的绩效考核制度。

要运用科学的考核标准和方法，对员工的绩效进行定期考评。制定科学合理的绩效考核办法和考核标准，对员工的实际工作进行定性考核和定量测定，并做到真实具体。对每个员工进行客观公正的评判，建立各种监督机制，以保证考核工作的公正和公开，从而使员工心服口服。

（3）要建立公平处罚制度。

处罚作为一种负激励手段，与奖励这种正激励手段是共生的，二者缺一不可。它可以有效地防止和纠正各种非期望行为，借以保护多数员工的主动性和积极性。但处罚制度应合理，而且处罚的目的是鼓励员工在工作中行为审慎。在一个机构中，规章制度所起的作用与法律在社会中的作用一样，违反了这些规章制度就必须受到纪律处分，所以组织要确立一个公平的纪律处分程序。完善组织的沟通体系，要不断加深员工参与制度的程度，只要员工有参与的权利，公平感就会有很大提高，可以使组织的沟通更有效、改善上下级关系、促进分配程序公正性。

（4）要建立畅通的申诉制度。

可以建立多种申诉方式以保证申诉渠道畅通和有效，如专门的邮件、微信、电话等。这样可以使上级主管部门及时了解员工的实际情况，以制定合理的解决方案，降低员工的不公平感。

（5）建立有效的监督制度。

为了保证制度的严格执行，组织需要设立相应机构来监督制度执行的程序和结果。监督者与被监督者在利益上应该是相互独立的，要采取多种监督方式将其落到实处，以保证制度执行中的程序公正，提高员工公平感。

（6）科学合理的用人和晋升制度。

科学合理的用人和晋升制度有利于员工朝既定目标努力，当企业目标与个人价值目标一致时，员工会增加对工作的投入以实现自我价值，即使得不到晋升，员工也会因制度公平而减少不公平感，并进一步以此指导以后工作。

为了使各种人才脱颖而出，在员工的选拔任用上，应做到文凭和水平兼顾、专业和专长兼顾、现有能力与潜在能力兼顾。把员工放在同一起跑线上去考核，为各类人员提供公平的竞争舞台。

关注员工公平感是以人为中心管理的重要内容，组织的管理层应把对员工公平感的关注融于日常的工作中，从大处着眼，从细处入手，以提高员工工作热情和积极性。

三、以人为本原则

就是指组织的各项管理活动，都应以调动和激发人的积极性、主动性和创造性为根本，追求人的全面发展的一项管理原则。

（一）含义

“以人为本”的管理是指在管理过程中以人为出发点和中心，围绕着激发和调动人的主动性、积极性、创造性展开的，以实现人与组织共同发展的一系列管理活动。以人为本的管理致力于人与组织的共同发展，这是管理理论发展到20世纪末的主要特点。组织成员是组织的主体，组织成员参与组织的管理是组织进行有效管理的关键。使人性得到最完善的发展是现代管理的核心，服务于人是管理的根本目的。

“人”在哲学上，常常和两个东西相对，一个是神，一个是物，人是相对于神和物而言的。因此，提出以人为本，要么是相对于以神为本，要么是相对于以物为本。

“本”在哲学上可以有两种理解，一种是世界的“本原”，一种是事物的“根本”。以人为本的本，不是“本原”的本，是“根本”的本，它与“末”相对。

人是管理中最基本的要素，人是能动的，与环境是一种交互作用。创造良好的环境，可以促进人的发展和组织的发展。个人目标与组织目标是可以协调的，将组织变成一个学习型组织，可以使得员工实现自己目标。在此过程中，组织进一步了解员工，使得组织目标更能体现员工利益和员工目标。以人为本的管理要以人的全面发展为核心，人的发展是组织发展和社会发展的前提。以人为本不仅是治国方略也是管理者的一种领导方式或理念。

“以人为本”的管理具有下列几个特点：

（1）以人为本的管理主要是指在组织管理过程中以人为出发点和中心的指导思想。

（2）以人为本的管理活动围绕着激发和调动人的主动性、积极性和创造性来展开。

（3）以人为本的管理致力于人与组织的共同发展。

企业以人为本管理的重要性在于它是提高企业知识生产力的重要条件。企业的知识生产力指企业利用其知识资源创造财富的能力，是适应企业国际化经营的基本管理方式，是建立在企业中人与其他要素良好关系的必要条件，是企业持续发展的基石。

（二）管理运用

人本原理，是管理学重要原理之一，顾名思义就是以人为本的原理。它要求人们在管理活动中坚持一切以人为核心，以人的权利为根本，强调人的主观能动性，力求实现人的全面、自由发展。其实质就是充分肯定人在管理活动中的主体地位和作用。同时，通过激励调动和发挥员工的积极性和创造性，引导员工去实现预定的目标。

1. 基本要求

（1）要重视人的需要。前面已有论述，人的需要是人能够生存和发展的基本动力。按照马斯洛的观点，人的需要分成5个层次，依次从低到高。那么管理者就要根据不同人在不同阶段的需要进行管理，尽量满足其一定阶段的需要，这样才能充分调动人的积极性。

（2）要以鼓励员工为主。人是感情动物，都要面子，都希望得到别人的赞扬，不喜欢别人的批评。俗话说：“良言一句三冬暖，恶语一声暑天寒。”正常人都喜欢受到表扬和鼓励，这是人之常情。确实鼓励会使人们更加积极，更加健康发展，而批评打击的一句话，会让人变得畏缩犹疑、烦躁不安。因此，对员工多进行表扬鼓励能充分调动员工的积极性和主动性。

（3）要重视对员工培养。对员工进行培养，不仅可以增强组织的竞争力，也是组织对员工关怀的重要体现。人人都需要成长进步，渴望成功，个人的成长进步当然主要依靠个人的努力，但任何人的成长进步和成功都离不开组织的培养和关怀。因此，组织对员工的培养，能提高员工对组织的认同感，从而提高工作积极性。

（4）组织设计以人为中心。组织管理要做到以人为本，在源头设计上就要考虑到。以人为本的组织设计就是在设计组织结构前要综合考虑现有的人力资源状况以及组织未来几年对人力资源素质、数量等方面的需求，以人为本进行设计，切忌拿所谓先进的框架往自己组织身上套，更不能因人设岗，因岗找事。

2. 建立机制

（1）建立激励机制。包括物质激励和精神激励。管理者应能找准员工的真正需要，并将满足员工需要的措施与组织目标的实现有效结合起来。

（2）建立压力机制。包括竞争压力和目标责任压力。竞争经常使人面临挑战，使人有一种危机感。正是这种危机感和挑战，会使人产生一种拼搏向前的力量。如目标责任制就在于能使人有明确的奋斗方向和责任，迫使人去努力履行自己的职责。

（3）建立约束机制。包括制度规范和伦理道德规范。制度是一种有形的约束，伦理道德是一种无形的约束。制度是指组织的法规要使人的行为有所遵循，使人知道应当做什么，如何去做并怎样做对，是一种强制约束。伦理道德是靠自我约束和社会舆论来约束。

（4）建立保障机制。包括法律保证和社会保障体系的保证。法律保证主要是指通过法律保证人的基本权利、利益、名誉、人格等不受侵害。社会保障体系主要是保证员工在病、老、伤、残及失业等情况下的正常生活。在社会保障体系之外的福利制度，则是作为一种激励和增强组织凝聚力的手段。

（5）构建竞争机制。主要指员工有自由选择职业的权力，有应聘和辞职、选择新职业的权力，以促进人才的合理流动，与此同时，组织也有选择和解聘的权力。

（6）构建环境机制。主要指人际关系和工作本身的条件和环境。和谐、友善、融洽的人际关系，会使人心情舒畅，在友好合作、互相关怀中愉快地进行工作，工作效率会更高。创造良好的人际关系环境和工作条件环境，让所有员工在欢畅、快乐的心境中工作和生活，不仅会提高工作效率，也会促进人们文明程度的提高。

我们说管理是以人为中心的，是为人服务的，是为了实现人的发展，这个“人”当然不仅包括企业内部、参与企业生产经营活动的人，而且包括存在于企业外部的、企业通过提供产品为之服务的用户。

以人为本就是要尊重人、理解人、关心人，就是要把不断满足人的全面需求、促进人的全面发展，作为发展的根本出发点。

（课堂练习：你认为企业应该如何以人为本？）

四、效益优先原则

效益优先原则是一种资源配置的机制。是指将组织的各种资源进行有效配置，从而实现组织效益最优化。

（一）含义

所谓效益最优原则，是指在一定条件下，管理系统内部根据内外条件的相互作用，使管理系统的某个方面最大限度 （或最小限度）地接近或适合某种客观标准，实现最优化。

组织管理的共同目标是取得和提高其效益，包括经济效益、社会效益和生态效益。因此，组织的计划必须围绕这个中心来制定和展开，要从合理处理局部与全局、近期与长期、内部与外部、微观与宏观等方面关系出发，统筹兼顾，权衡利弊，以促进效益最大化。

（二）管理运用

效益优先的原则是经济学的概念，是以最小的投入获取最大的收益。运用在管理学上也是一条基本原则。如果管理只求效率，不讲成本，没有效益，那么就偏离了管理的目标，失去了管理的意义。效益原则在管理中的运用：管理的任务是设计和维持一种环境，使在这一环境中工作的人们能够用尽可能少的支出实现既定的目标，或者以现有的资源实现最大的目标。可细分为 4 种情况：①产出不变，支出减少；②支出不变，产出增多；③支出减少，产出增多；④支出增多，产出增加。这里的支出包括资金、人力、时间、物料、能源等的消耗。总之，管理基本的原则是“用力少，收效多”，以越少的资源投入、耗费，取得越大的效益、效果。管理的作用，在于通过更有效地开展活动，改善工作，更有效得实现组织的需要，提高效果、效率和效益。

任何组织的管理都是为了获得某种效益最优，效益最优的高低直接影响着组织的生存和发展。效益最优是有效产出与投入之间的一种比例关系，可从社会和经济这两个不同角度去考察，即社会效益最优和经济效益最优。经济效益最优是讲求社会效益最优的基础，而社会效益最优又是促进经济效益最优的重要条件。经济效益最优可以运用若干个经济指标来计算和考核，而社会效益最优则难以量化计量，必须借助其他形式来间接考核。

在管理实践中，运用这一原则要注意做好以下几点：

首先，要树立效益概念。效益观念是人们在经济活动中用降低投入、增加产出的方法表达追求盈利的态度。效益是指经济活动中投入的资源、费用与产出的有用成果的比率。如果产出高于投入而有盈利，就有效益；如果产出低于投入而出现亏损，就没有效益。为了提高效益，人们总是考虑如何以最少的投入取得最多的产出，以增加盈利，这就是效益观念。有了效益观念，才能有效运用效益原则。

其次，注重效益原则的运用。效益优先原则在企业管理中更加凸显。效益最优原则要求企业管理不仅要追求效益，而且要综合分析，追求最优效益。同时效益最优是一个相对的、动态的概念，短期最优不一定长期最优，局部最优不一定整体最优。效益最优要求企业必须从全局的角度考虑企业长远的发展。

在管理领域中，效益最优原则几乎存在于各个方面。在生产管理、质量管理、财务管理、人事管理等方面都有最优化或最优的存在。然而，实现最优化是长期奋斗的过程，这是一个动态的概念，不可能一劳永逸。因此，坚持这条原则是管理的最高境界，是每个管理者不可忘却的准绳。

管理活动的目的是以最少的投入获得最大的效益。依据这一目的，在实施这一管理模式时，必须认识到控制成本是实现企业经济效益最优的重要途径，但不是唯一途径。它们之间既存在统一的一面，也存在矛盾的一面。要以效益最优为最终目标来处理降低成本与寻求效益最优之间的关系，以及与技术进步、安全等方面的关系。要将降低成本与提高质量、保证安全、促进企业技术进步有机结合起来，以达到局部效益与整体效益，当前效益与长远效益和谐统一。

五、依法管理原则

（一）含义

依法管理是指组织在运行过程中，必须以国家法律法规为依据，在生产经营、人财物管理等各个方面，遵守和实施法律法规的各项规范，实现组织运行的和谐。

依法管理是组织管理工作的基本原则之一。任何组织都必须依法管理，大到国家要依法治国，小到单位要依法管理，就是个人也要遵纪守法。

在组织依法管理的范畴中，制度和规章的制定与执行是组织依法管理的基本框架，如果没有制度和规章，组织就会陷入混乱、无序状态。

“法”即国家法律法规、组织的规章制度等。如果是企业组织进入市场，从事交易，参与竞争，必须遵守市场交易规则、竞争规则和市场管理规则，依法规范自己的经营行为。

（二）管理运用

对政府组织和各类社会组织来说，依法管理原则是其必须遵守的第一原则。对于企业组织，依法管理同样重要。企业组织要在复杂激烈的市场竞争中赢得主动，必须在法律提供的空间内施展自己的经营战略，依法做出正确的决策。企业组织要规避市场风险，防止吃亏上当，必须对其经营行为进行充分的法律论证，依法保护自身合法权益。任何组织要实行依法管理都要求做到以下几点：

（1）树立依法管理的思想。思想决定行动，有了依法管理的思想，就会有依法管理的行动。不仅管理者要有依法管理思想，所有组织成员都要有依法管理的意识，这样才能营造组织依法管理的氛围。

（2）依法建立组织的各种制度。建立的规章制度不仅要保护组织的健康发展，也要注重保护组织成员的合法权益。

（3）建立依法管理的组织文化。要增强组织的凝聚力就要加强组织文化建设。依法管理的组织文化就是把依法管理和组织文化建设相结合。只有不断加强组织文化建设，才能不断增强组织的凝聚力。组织的文化是一个组织长远发展的重要动力源泉，对组织的发展至关重要。

（4）实行法律顾问制度。设立法律服务机构，实行法律顾问制度是确保组织依法管理的重要途径。通过法律顾问，解决组织内部与外部相关的法律问题，从而实现依法管理。

在管理实践中，依法管理处于管理的各个环节。

1. 依法决策

决策是管理的首要环节，决策的好坏，决策的合法与否，决定组织的前途和命运。因此，在决策过程中要实行科学决策，依法决策。

要建立科学决策和依法决策机制。科学决策就是要建立民主决策机制，依据科学预测进行。依法决策就是要依法明确、合理界定组织内部不同事务的决策权，健全决策机构的职权和议事规则，完善组织重大事项集体决策规则，大力推进决策的科学化、民主化、法治化。

2. 依法监督

完善决策执行与监督机制。要在组织内形成决策权、执行权与监督权相互制约又相互协调的内部治理结构，保证管理与决策执行的规范、廉洁、高效。

3. 民主管理

完善民主管理是组织依法管理的重要方面。组织成员参与管理，既可以提高其主人翁意识和工作主动性，也有更多的人能为组织出谋划策，使组织减少风险，和谐发展。

4. 制度管理

既是要管理，就要有制度。通过制度进行管理是依法管理的主要途径。组织通过各种制度来规范成员的行为，组织成员更多的是依据其共同的契约即制度来处理各种事务，更好制约组织中那些“谋人者”和“投机者”，促使组织地运行逐步走向标准化和规范化。

具有可行性的规章制度是组织进行依法管理的基础。组织应该注重管理机制的建立和完善，把国家相关法律法规与组织的内部规章制度高度统一起来，用规范化的制度来对组织的各种行为进行有效的约束。通过制定完善的规章制度，规范组织管理行为，强化组织内部管理，规避各种风险，填补漏洞，为组织的决策提供法律依据，从制度上促进和保障组织的健康发展。

六、延旧创新原则

延旧创新原则也是管理中的基本原则。延旧是维持、延续的意思，创新就是使用新的管理方法。顾名思义，延旧创新就是延续旧的管理模式、管理方法和管理手段，在延旧的基础上进行改造、变革和创造新的模式、方法和手段等。

（一）含义

延旧就是延续旧的看法或做法而不改变，使之保持原来的样子并持续下去。而创新则是指人们为了发展需要，运用已知的信息和条件，突破常规，发现或产生某种新颖、独特的有价值的新事物、新思想的活动。创新是对旧事物的否定，要突破旧事物的局部甚至全部，是对新事物的探索，是在不断的尝试中找出新程序、新方法、新组合、新布局、新功能、新概念等。担任何创新都是在现实基础上创新，即使推倒重来，也是有现实基础的，不可能是凭空产生的。

“延旧”和“创新”作为管理的两个基本手段，对组织系统的生存发展都是非常重要的，两者是相互联系不可或缺的，这并不矛盾。创新是在延旧的基础上发展的，而延旧则是创新的逻辑延续。延旧和创新是保证组织系统生存、发展的必要条件，延旧是前提，创新是必要途径。

（二）管理运用

现代组织系统的管理工作可以概括为：设计系统的目标、结构和运行规划，启动并监视系统的运行，使之按预定的规则操作，分析系统运行中的变化，进行局部或全局的调整，使系统不断呈现新的状态。因此，管理的核心内容就是：维持与创新。任何组织系统的任何管理工作无不包含在“维持”或“创新”中。维持和创新是管理的基本内容，有效地管理在于适度的维持与适度创新的组合。这里的“维持”即是延旧或延续的意思。

在管理实践中要正确运用延旧创新原则，既不能固执守旧，也不能突变创新，而要做到延旧创新。

1. 管理工作要保持延续

管理工作的维持或延续就是要严格地按预定的规划来监视和修正系统的运行，尽量避免各子系统之间的摩擦，或减少因摩擦而产生的结构内耗，以保持系统的有序性。没有维持，组织系统的目标就难以实现，计划就无法落实，各成员的工作就有可能偏离计划的要求，组织系统的各个要素就可能相互脱离、各自为政、各行其是，从而整个系统就会呈现出一种混乱的状况。所以，维持对于系统生命延续是至关重要的。延续既是保证系统活动顺利进行的基本手段，也是系统中大部分管理人员，特别是中层和基层管理人员要花大部分精力从事的工作。因此，要求各级管理人员在一定阶段内要能维持现有的决策目标、组织结构、计划实施方法、领导模式和控制措施等管理手段。

2. 管理工作要致力创新

任何社会系统又都是一个由众多要素构成的，和外界不断发生物质、信息、能量交换的动态、开放的非平衡系统。系统的外部环境是在不断地发生变化的，这些变化必然会对组织系统的活动内容、活动形式和活动要素产生不同程度的影响；同时，系统内部的各种要素也是在不断发生变化的。组织系统内部某个或某些要素在特定时期的变化，必然要求或引起组织系统内其他要素的连锁反应，从而对组织系统原有的目标、活动要素间的相互关系等产生一定的影响。组织系统若不及时根据内外环境条件变化的要求，适时进行局部或全局的调整，则可能被变化的环境条件所淘汰，或为改变了的内部要素所不容。这就要求组织系统要适应系统内外变化，进行局部和全局调整，这种为适应组织系统内外变化而进行的局部和全局的调整，便是管理的创新原则。但创新是一个过程，必须充分考虑自己的实际，并预测到其结果能充分实现，不能蛮干，不能为创新而创新，搞形式主义。

3. 管理决策既要延旧，又要创新

决策一经确立，就要延续一段时间，不能短时间内变来变去。否则大家不知如何执行决策，那么决策目标就难以实现。但任何决策都是对未来目标计划的思考，而未来有太多不确定因素，因此，决策要随着时间环境的变化进行调整和创新，这样才能使组织系统稳定和发展。

4. 管理制度既要延旧，又要创新

所谓制度延续就是制定的制度在一定时间内，要维持稳定，不能朝令夕改，否则制度无法执行，容易造成混乱。但制度总是过去式，随着时间和环境变化必须要变化，这就要求制度要做一些改变。制度创新就是对现有制度进行的革新，这种变革是支配人们行为和相互关系规则的变更，是组织与其外部环境相互关系的变更，其直接结果是激发人们的创造性和积极性，促使不断创造新的知识，促进社会资源的合理配置，让社会财富源源不断地涌现，最终推动社会组织的发展。

5. 管理职能既要延旧，也要创新

传统意义上的管理职能包括计划、组织、领导、控制等，是实现组织目标所不可能缺少的基本活动。为了保证组织正常运转，这些职能就必须要有延续性，以保证组织系统按预定的方向和规则进行，从这个角度看，这些职能是“维持性职能”。但任何组织都是在动态环境中生存的社会经济系统，仅靠一般性维持是不够的，还必须不断调整系统活动的内容和目标，进行创新，以适应环境变化的要求。

（课堂作业：你是如何理解延旧与创新的关系？）

七、民主集中制原则

（一）含义

民主集中制由列宁最早提出，就是在民主基础上的集中和集中指导下的民主相结合。它既是我们党的根本组织原则，是群众路线在党的生活中的运用，也是我们在管理工作中必须坚持的原则。

民主与集中是辩证统一的关系。首先，民主与集中存在着内在的一致性，是相互联系、相互促进的。民主是集中的基础，集中是民主的必然要求。如果民主发扬得不好，集中就会失去坚实的基础，就难以保证其正确性，甚至导致独断专行。如果集中得不到贯彻执行，也是对民主的践踏和背离；其次，民主与集中具有各自的独立性，是相互制约的，这种制约作用表现在：必须将集中置于民主的基础上，脱离了这个基础，集中只能是空的、假的和错误的；民主也必须置于集中的制约之下，否则就可能导致极端民主化、分散主义和无政府主义。

（二）管理运用

在组织管理实践中，民主集中制越来越受到各类组织重视。特别是大型组织，都逐步采用民主集中制的管理体制。民主集中制原则在管理运用上的主要做法有以下几方面。

1. 集体决策

决策是一个地方、一个组织、一个部门领导班子最基本的职能。建立健全科学民主的重大事项决策机制，提高领导班子决策水平，是加强民主集中制建设的重要内容。要按照“集体领导、民主集中、个别酝酿、会议决定”的原则，进一步建立完善管理班子内部的分工、议事、决策规则和程序，保证决策的科学、民主，防止和克服重大事项决策的随意性和盲目性。坚持重大事项决策前，充分发扬民主、广泛征求意见。研究决策重大事项，严格按照规定的程序进行。重大事项决定后，认真组织实施，确保决策落到实处。

2. 民主管理

传统管理是一种以“任务为中心”“以事务为中心”的管理，运用经济刺激手段和集权式的管理方式，通过重奖重罚的手段达到管理的目的。这种管理方式把人看成是生产“工具”，是一种落后的管理模式。现代组织管理强调“以人为中心”的管理，充分尊重人的价值，管理者和被管理者平等互信，共同参与管理。民主管理是相对于服从绝对权威的管理而言的，即管理者在“民主、公平、公开”的原则下，将科学的民主管理思想进行传播，协调各组织达到管理目的的一种管理方法。民主管理又是一种群众参与下的自我管理或多数人管理多数人的管理。民主管理符合人们的心理要求和“以人为本”的管理思想，是管理者所追求的一种管理艺术。民主管理有利于唤醒人的主体意识，弘扬人的主体精神，发挥人的主体能力。因此，在管理过程中，领导者要注意让群众参与管理工作。

因为民主管理实际上就是组织成员参与组织管理的一种管理方式。这种管理方式，要求员工要了解他们贡献的重要性和在组织中的作用。教育员工识别影响其工作的制约条件。在本职工作中，应让员工有一定的自主权，并承担解决问题的责任。应将组织的总目标分解到职能部门和层次，让员工看到更贴近自己的目标，激励员工为实现目标而努力，使员工充分发挥创造力。建立员工参与管理的激励机制，并充分评价员工的业绩。启发员工积极寻找机会来提高自己的能力、知识和经验，鼓励员工积极为组织提出各种意见或建议。

3. 集中管理

集中管理不等于“集权管理”。集中管理有两层意思：一是集中管理主要是信息的集中，处理权仍在不同的利益团体。其效果和用一个遥控器管理家中所有电器一样简单，可大大简化管理员的管理工作；二是集中领导，统一指挥。是指组织的各级机构及个人必须服从一个上级的命令和指挥，只有这样才能保证政令统一，行动一致。如果两个领导人同时对同一个人或同一件事行使他们的权力，就会出现混乱。多头领导，就会造成目标不统一、评价不唯一、回报不确定、责任不清楚的高风险。在这种情况下，员工不会有正确的工作态度，因而就不可能有好的工作行为。

4. 民主集中

民主集中制原则是一种重在强调沟通的管理方式，管理者不是自上而下地发号施令，而是将自己定位为领队或企业管理教练，遇到问题与下属一道进行讨论，集思广益，找出最佳的解决方案。鼓励员工勇于尝试，即使出现偏差也不过分苛求员工，在一种特殊的民主气氛中让员工逐步提高管理和决策水平，从而实现既民主又集中的良好局面。

（课堂练习：我们党的根本组织原则是什么？具体内容是什么？）

八、责权利相统一原则

（一）含义

“责权利”是责任、权力、利益的简称，是经济学的概念。在管理学上，权责利相统一原则是指管理过程中的权力、责任、利益既结合又统一的管理方式和管理过程。权力、责任、利益是管理过程中管理者实施管理的“三要素”，缺一不可。责就是管理主体应当担负的责任，是职务上所对应的义务，是管理者分内应做的事情。责任有两层含义：一是指分内应做的事，是职务上应承担的义务，如职责、尽责任、岗位责任等；二是指没有做好自己工作，对不利后果应当承担的责任或强制性义务。权就是管理主体的权力，是个人职责范围内的支配力量，包括对物的支配权及对人的管理权，是组织赋予管理主体（个人、领导者或领导团体）支配公共价值资源份额的一种资格。利就是管理主体的利益，也就是得到的好处，利益有物质的也有精神的，包括工资、福利及名誉等。

权力与责任不可分，有责就应该有权。有责任无权力，责任要落空。有权力而无责任，导致权力滥用。权力所到，即责任所在；权力越大，责任也越大。每级机构、每个人都要有明确的责任和权力，不越级指挥。责任和利益要统一，有责任而无利益，造成轻视责任；有利益而无责任，培养懒人。责权利是相辅相成、相互制约、相互作用的。一般都说责权利要对等，才能调动积极性。也就是说负有什么样的责任，就应该具有相应的权利，同时应该取得相对称的利益。

（二）管理运用

责权利统一性原则虽然是经济学上的概念，但在管理学上也有重要启示。

在物理学中，鼎足而立是较为稳固的一种物理状态，它由此形成了一个三角形，而等边三角形则是三角形中最稳固的形态。在管理学中也存在这样一个“等边三角形”，这就是责、权、利对等原则。

如果每个人的责、权、利都能够保持平衡，这样就可以充分调动管理者的积极性，发挥其最大的潜力。但这是管理者追求的一种理想状态，现实中是很难做到的。如果责权利失去平衡，会产生不利后果。例如，对一个管理者而言，如果权力过大，相应的责任较小、利益较少，就容易形成独权。独权容易产生腐败，甚至导致决策失败，不利于组织的健康发展。如果利益过大，相应的责任不大，权力不大，容易培养利益倾心的人。如果责任过大，权力不大，利益不大，事情不可能做好，即使做好了也没有什么利益，因此容易产生消极怠工现象。

责权利三者是统一的，没有权力的管理是空泛的，没有管理的权力是虚构的，权力与管理是紧密相关的。责任既是权力的过程，也是管理的过程；利益既是权力的实现，也是管理的实现。不应该存在没有责任的权力，也不应该存在没有权力的责任；同样，不应该存在没有权力与责任的利益，也不应该存在没有利益的权力和责任。这就说明，管理的过程，实际上也就是责权利结合与统一的过程，当然也是责权利使用与实现的过程。

责权利三者之间，责任是传导层次，也是关键环节。离开了责任，权力就会落空，当然利益也就丧失了。因而，现代管理理论强调“责任绝对性”，高层管理者分权也好，授权也好，都要对分权与授权的结果负最终责任。本级管理者也要为自己的权力行为负责任。

在管理实践中，责权利原则还要与相应管理者的能力相匹配，大材小用与小材大用都会使责权利原则难以落实。从现代管理的角度看，能力是实现责权利原则的关键因素，因为管理者的能力是责任的关键因素。一个没有能力的人，就不能承担管理任务，也就不存在负什么责任。管理是一门科学，也是一门艺术。管理者既要有社会、政治、经济、文化、心理、专业等方面的知识，又要有能处理好人际关系方面的组织才能，还要有一定的管理实践经验，这些方面结合并形成习惯，就成为素质。素质的外化与体现，就是能力。应当说，就个人的管理能力而言，既是有限的，也是有差异的，这就决定了贯彻责权利原则时必须考虑相应管理者的能力，以免误事。

九、随机应变原则

（一）含义

词典中，机表示时机，形势。随机应变指随着情况的变化灵活机动地应付。在管理中，随机应变就是管理者要根据组织环境的变化而采取相应的管理措施和办法进行应对的一种管理方式。随机应变既是做事的一条原则，也是做人的一种态度和处世的一种智慧。“随机”就要学会观察把握时机，“应变”就是要适时做出反应，将事件向有益有利的方向发展。

管理所面临的问题是多样的，这些问题既存在复杂联系又是经常变化的，事先不能精确估计。因此，管理的计划方案、管理的方法都应当有一定弹性，也就是适应性和应变的能力。

（二）管理运用

随机应变在管理实践中，是指管理必须要有很强的适应性和灵活性，用以适应系统外部环境和内部条件千变万化的形势，实现灵活管理。灵活管理可以从增加组织管理弹性入手，而增强管理弹性可以从增强组织的弹性，增强计划、目标、战略的弹性和增强管理者随机应变、灵活管理这三方面入手。

1. 增强组织的弹性

组织系统的弹性，主要是指组织系统能在外部环境发生变化时迅速地做出反应。采取积极的行动，适应环境的变化，能动地达成组织目标的应变能力。组织系统的弹性必须通过富有弹性的管理来实现，既包括增强组织内各组成部分的局部弹性，如确定各部门、各环节职能时留有余地，还包括增强组织系统的整体弹性，如通过调整组织系统内各组成部分的相互关系来增强组织系统的应变能力。

2. 增强计划、目标、战略的弹性

要求在制订计划时，既充分考虑到各种有利条件，又充分考虑到各种不利因素，指标既不过高、又不过低，充分留有余地。根据外部环境及内部条件的变化，适时、适当地加以调整。组织系统的目标和方案的制订也要留有充分的余地，计划和决策的制定要充分考虑需要与可能，从最坏处着想，从最好处入手，指标的确定应以平均先进水平为准。防止任务过重、目标过高造成组织承受压力太大而使组织断裂和任务过轻造成资源浪费的现象发生。方案和目标的制定与实施要有阶段性、灵活性，要不断根据变化的条件进行调整，防止一成不变的僵化和形而上学。

3. 增强管理者随机应变、灵活管理的能力

管理活动本身并无一成不变的规定，针对管理过程中可能出现的各种新情况、新问题，管理者必须运用自己的经验和智慧审时度势、随机应变、巧妙应对，提高管理的艺术性，要做到这一点的关键是提高管理者的素质。

管理者素质的提高是增强管理弹性的重要条件。管理人员要培养自己应付环境变化、处

理意外管理实践的应变能力。这种应变能力可以说是一种活的弹性、最具有能动性。要增强管理者处理非程序性管理问题的能力，必须提高其科学知识水平，增强其随机应变、灵活管理的管理技巧和艺术水平。管理者应在管理理论的学习和管理实践锻炼中，有意识地提高自己的理论水平和艺术水平，培养自己的组织才能、联络才能和社交才能等，以提高处理管理问题的应变力，从而提高管理的弹性水平。

（课堂练习：举例说明生活中随机应变的应用）

十、“二八”原则

（一）含义

二八原则，又称为帕累托法则。是 19 世纪末 20 世纪初意大利经济学家帕累托发现的。他认为，在任何特定群体中，重要的因子通常只占少数，而不重要的因子则占多数，因此只要能控制具有重要性的少数因子即能控制全局。这个原则经过多年的演化，已变成当今管理学界所熟知的二八原则，也叫重点法则，又叫关键少数法则或多数不重要法则。

根据二八原则可知，原因和结果、投入和产出、努力和报酬之间本来存在着无法解释的不平衡。结果、产出或报酬的 80%取决于 20%的原因、投入或努力。

一个典型的模式表明，80%的产出源自 20%的投入；80%的结论源自 20%的起因；80%的收获源自 20%的努力。二八原则这一数据仅仅是一个比喻和实用基准。真正的比例未必正好是 80%∶20%。二八原则极其灵活多用，它能有效地适用于任何组织及任何组织中的功能和任何个人工作。它最大的用处在于当你分辨出所有隐藏在表面下的作用力时，你就可以把大量精力投入到最大生产力上，并防止负面影响的发生。

（二）管理运用

二八原则不仅在经济学上运用广泛，在管理学领域应用也非常广泛，它对我们的自身发展也有重要启示，特别是时间管理，让我们学会避免将时间和精力花在琐事上，要学会抓主要矛盾。一个人的时间和精力都是非常有限的，要想真正“做好每一件事情”几乎是不可能的，要学会合理分配我们的时间和精力。要想面面俱到还不如重点突破。把 80%的资源花在能出关键效益最优的 20%的方面，这 20%的方面又能带动其余 80%的发展。

对企业来说，二八原则体现更加明显。管理者要善于运用二八原则进行管理，这样既使自己相对轻松，又能提高管理效率。

一是善于运用“二八管理原则”。就是要抓好 20%的关键骨干力量的管理，特别是对企业的核心员工，要结合 80/20 原则，从岗位安排、薪资设计以及职位晋升等方面做好核心员工的各项工作。再以 20%的少数员工带动 80%的多数员工，以提高企业效率。

二是善于运用“二八决策原则”。就是善于抓住企业普遍问题中的最关键性问题进行决策，以达到纲举目张的效应。问题很多，但影响全局的只有 20%，因此，决策时要抓住这 20%的问题进行深入剖析，从而做出科学的决策。

三是善于运用“二八融资原则”。融资是企业管理者常遇到的比较棘手的工作。由于资金总是有限的，不可能面面俱到，这就要求管理者要将有限的资金投入到经营的重点项目，以此不断优化资金投向，来提高资金使用效率。

四是善于运用“二八营销原则”。管理者要善于找出那些能给企业带来 80%利润、总量却仅占 20%的关键客户，加强重点服务，以此达到事半功倍的效果。

总之，“二八原则”要求管理者在工作中不能“胡子眉毛一把抓”，而是要抓关键人员、关键环节、关键用户、关键项目、关键岗位。

除了以上讲的常见管理原则外，还有法约尔的管理 14 条原则（第一篇第二章中有论述）。还有人提出了 12 条原则、8 条法则的分类，在此不一一论述。

（课堂练习：举例说明生活中的二八原则应用）

第二节　管理的一般方法

方法，是解决思想、言语、行动等问题的途径、窍门、先后的次序等技法。管理方法是指用来实现管理目的而运用的手段、方式、途径和程序的总称，是管理理论、原理的自然延伸和具体化、实际化，是管理原理指导管理活动的必要桥梁，是实现管理目标的途径。它的作用是管理理论和原理本身所无法替代的。管理方法，是管理学中的重要内容，它是人们解决具体问题行之有效的工具与武器。在许多时候和场合，具体的管理方法能直接解决实际问题。所以掌握一些管理方法很管用，非常必要。不仅可以提升管理水平，也能帮助做出更好的工作成绩。

常用的、具体的、实用的管理基本方法有经验管理法、科学管理法、标准管理法、程序管理法、PDCA 循环法、精细化管理法、目标管理法、5S 现场管理法、因果图法等。有的分行政管理方法、经济管理方法、法律管理方法、社会心理学方法等，但这些分类还是很笼统。本节主要讲述具体的、实用的一些管理方法。

一、经验管理法

（一）概念

经验管理指凭借个人经验，以分析成功的管理案例为主的方法来进行的管理。经验管理可以追溯到管理活动的开始，管理活动产生伊始，管理者就是凭借自己的经验进行管理的。一直到手工业时代，基本都是经验管理。

企业经验管理的主要特点：

（1）企业的管理者一般就是企业的资本所有者。

（2）管理和生产工作主要凭个人的经验办事。工人主要凭自己的经验进行操作，没有统一的标准；管理人员主要凭自己的经验来进行管理，没有统一的管理办法。

（3）工人的培训主要是采用师父带徒弟传授个人经验的办法来进行。

（二）代表人物

经验管理是通过研究利用实际管理工作者的管理经验、教训和企业管理的实际经验来进行的管理，强调用比较的方法来研究和概括管理经验。创始人是彼得•德鲁克，代表人物有欧内斯特•戴尔，艾尔弗雷德•斯隆等。经验管理学派是当代管理理论主要流派之一，以大企业管理人员的管理经验为主要研究对象，重视经验和案例分析。主张从企业管理实际出发，通过研究各种各样成功和失败的管理案例，了解和研究管理问题。

（三）经验管理的步骤

1. 经验积累

将管理者自己以往的管理经验记录下来，包括成功的、失败的经验，同时将别人成功和失败的经验也记录下来，进行分析研究，为未来管理使用。

2. 经验分类

将积累的经验进行分类，不同的管理问题有不同的对应解决方法，因此，要将经验进行分类研究，为以后针对性解决问题提供帮助。

3. 经验存储

将积累的经验和收集到的经验存储起来，成为经验库。可以记在脑海里、可以成书、可以电子存储；可以文字、可以图片、可以影像等。

4. 经验重用

将获得的经验进行筛选，选择合适的经验重新运用。根据要解决的问题有针对性地选择经验方法。利用合适的经验和方法解决新问题。

经验管理法也存在不足：由于强调经验而无法形成有效的原理和原则，无法形成统一完整的管理理论，管理者可以依靠自己的经验，而无经验的初学者则无所适从。而且，过去所依赖的经验未必能运用到将来的管理中。当然，在所有管理实践中都还是离不开经验管理。

二、科学管理法

（一）传统科学管理概念

传统科学管理，是以美国 F.W.泰罗（又译为：F.W.泰勒）为代表的管理阶段、管理理论和管理制度的统称，又称古典管理理论、传统管理理论。科学管理是相对于经验管理而言的。科学管理排除了个人的主管臆断，通过对客观事物进行调查和实验的结果为依据行事，遵循客观的原则、程序和方法，蕴科学于管理之中。

泰罗把科学管理概括为科学，而不是单凭经验办事；和谐，而不是合作；合作，而不是个人主义；以最大限度的产出，取代有限的产出，每人都发挥最大的工作效率，获得最大的成功，就是用高效率的生产方式代替低成本的生产方式，以加强劳动力成本控制。工作主要是通过时间和动作研究及工作分析来达到这一目标。

泰罗科学管理的主要观点：

（1）通过科学的观察、记录和分析，致力于“时间动作研究”，探讨提高劳动生产率的最佳方法，制定出合理的日工作量。

（2）挑选和培训一流的工人。是指适合某种工作并且愿意努力工作的工人。

（3）要使工人掌握标准化的操作方法，使用标准化的工具、机器和材料，在标准化的工作环境中操作。

（4）采用刺激性的工资报酬制度激励工人努力工作。通过制定合理的工作定额，实行差别计件制。完成任务得到正常报酬，未达到标准得到低酬，超标准得到高酬等基本措施实现。

（5）工人和雇主两方面都应当来一次“精神革命”。双方合作，共同致力于提高劳动生产率，把“蛋糕”做大，即使不改变分配的比例也有利于双方。劳资双方应变对立为合作，共同为提高劳动生产效益而努力。

（6）把计划职能和执行职能分开，以科学工作方法取代经验工作方法。

（7）实行职能工长制。一个工长负责一方面的职能管理工作，细化生产过程管理。

（8）管理控制中实行例外原则。即日常事务授权部下负责，管理人员只对例外事项或重大事项保留处置权。

（二）现代科学管理概念

随着政治、经济、科技等方面的发展，为现代科学管理方法的诞生提供了契机。现代科学管理的发展，实际上是在过去的古典科学管理和行为科学管理的基础上，应用现代科学的思想方法和新的手段发展起来的。现代科学管理包括两个方面内容：一是应用科学管理方法，如计划管理、绩效管理、组织管理、经营业务管理、市场与价格管理等行之有效的方法；二是运用管理科学新的技术工具和方法，如计算机、管理软件及模拟法、统筹法、实验法、调查研究、系统工程等运用于管理之中，对企业的经营业务活动进行定量分析、决策，从而有效实现企业目标。

现代科学管理的特点，大致有以下几个方面：

（1）管理思想的科学化。这主要体现在系统论、控制论、信息论在管理方面的应用，使管理者能够以系统的观点、发展的观点去分析事物，重视信息，加强控制，提高管理效益。

（2）管理方法的数量化。管理科学已经由经验型的、定性的管理，逐步向重视定量分析、科学预测方向发展。系统工程学的产生就是数学运筹学方法应用的产物。

（3）管理手段的电子化。由于电子技术和通讯技术的发展，运用电子计算机、电视、电讯以及各种管理软件等，使管理加快了速度，提高了精确度，解决了复杂运算费时费力现象，推进管理日益科学化。

（4）管理人员的专业化。现代的管理者，不仅应该有较高的文化科学知识，更重要的是要善于管理，能进行科学的管理。管理成为一种跨越各种专业知识的专业，称之为“软专业”。管理者应该是“软专家”。

现代科学管理是传统的管理理论（如古典管理理论、行为科学管理理论）和现代科学方法（如新三论）与技术（如计算机、网络、管理软件等）的有机综合，它使管理理论走向了更高的层次和水平。

三、标准化管理法

（一）概念

所谓标准，是指依据科学技术和实践经验的综合成果，在协商的基础上，对经济、技术和管理等活动中，具有多样性的、相关性的重复事物，以特定的程序和形式形成的统一规定。标准可分为技术标准和管理标准两大类。

（二）标准化作用

一流企业做标准、二流企业做品牌、三流企业做产品。

标准化是制度化的最高形式，可运用到生产、开发设计、管理等方面，是一种非常有效的工作方法。作为一个企业能不能在市场竞争当中取胜，决定着企业的生死存亡。企业的标准化工作能不能在市场竞争当中发挥作用，这决定标准化在企业中的地位和存在价值。

（三）企业标准化管理体系的建立

1. 企业标准化工作基本任务

企业在实行标准化管理的过程中，要建立健全以技术标准为主体核心，以管理标准为支持，以工作标准为保障的企业标准化体系。设立企业标准化管理部门统一负责管理本企业的标准化工作，编制适应本企业的标准化管理体系，组织标准的实施和对标准的实施进行监督检查和考核。

2. 企业标准化管理体系的构成

（1）技术标准。

技术标准是标准化管理体系的核心，是实现高产品质量的重要前提，其他标准都要围绕技术标准进行，并为技术标准服务。具体来说，技术标准是对生产相关的各种技术条件，包括生产对象、生产条件、生产方式等所作的规定。如产品标准、半成品标准、原材料标准、设备标准、工艺标准、计量检验标准、包装标准、安全技术标准、环保卫生标准、设备维修标准、设计标准、能源标准等。

企业技术标准的形式可以是标准、规范、规程、守则、操作卡、作业指导书等。

任何企业都应首先以其高质量的产品（包括有形产品和无形产品）标准为中心，以高质量的产品（或工程服务）标准为中心，建立完善的企业技术标准体系。

（2）管理标准。

管理标准是生产经营活动和实现技术标准的重要措施，它把企业管理的各个方面以及各个单位、部门岗位有机地结合起来，统一应用到产品质量的管理上，以获得最大的经济效益。

管理标准是对有关生产、技术、经营管理各个环节运用标准化原理所作的规定，它涉及各个管理方面，包括企业经营决策管理、生产管理、技术管理、质量管理、计划管理、人事管理、财务管理、设备管理、物资供运销管理、经济实体管理及标准化管理等。

（3）工作标准。

工作标准是对企业标准化领域中需要协调统一的工作事项制定的标准，是以人或人群的工作为对象，对工作范围、责任、权限以及工作质量等所做的规定。工作标准主要是研究规定各个具体人在生产经营活动中应尽的职责和应有的权限。对各种工作的量、质、期以及考核要求所做出的规定。

企业工作标准化管理，主要是明确工作标准的内容和对象，科学制定工作标准；认真组织实施工作标准；对工作标准的完整性、贯彻情况、取得的成效进行严格考核。

企业标准化管理实质上就是对由技术标准、管理标准、工作标准这三大标准体系所构成的企业标准化系统（或企业标准体系）的建立与贯彻执行。

ISO9000 质量管理体系是国际标准化组织（ISO）制定的国际标准之一，该标准可帮助企业组织实施并有效运行质量管理体系，是质量管理体系通用的要求和指南。

四、程序化管理法

（一）概念

程序化管理也叫流程化管理，是现代管理的主要方法之一。可以理解为，对于按照工作内在逻辑关系而确定的一系列相互关联的活动所实施的管理方式。通常，程序化管理要说明进行某种活动或完成某项工作的内容、操作方法及其相应的规则系统和前后衔接递进关系，甚至也可以包括运营结果的前反馈机制。管理者一般把反复出现的业务编制成具有相对确定性的程序，执行人员只要按照编好的程序去做，就能得到较好的效果。程序化管理存在于一切活动中，科学地制定程序，有助于提高管理和工作效率。

程序化管理作为一种基础性的管理工作在企业生产管理中得到了广泛的应用，并从生产管理领域拓展到了企业整体运营领域；电子计算机的出现和应用，使程序化管理步入科学化的阶段，在相当大的程度上提高了企业的管理效率。

现代管理虽然强调战略管理、人本管理，但并不否认以标准化、程序化为核心的基础管理工作存在的必要性，相反，如果没有坚实、稳固的基础管理工作，则战略管理和人本管理就会成为无源之水，是根本不可能得以实现的。

（二）程序化管理的作用

程序化管理的目的在于通过程序化管理，规范各类人员的行为，加强企业的基础管理工作，为企业战略管理和实施人本管理奠定坚实的基础；提高企业运营过程的合理性和规范性，使企业在组织管理活动的过程中能够更高效地支配自己所拥有的资源，以适应激烈的市场竞争要求。具体作用有：

（1）明确职责权限，规范各类人员行为。

（2）有利于调动员工的积极性。

（3）有利于提高劳动生产率。

（4）为绩效考核标准的制定提供依据。

（5）有利于提高管理效率。

（6）为战略管理和人本管理创造条件。

（三）程序化管理的运用

（1）建立适度的集权与分权：努力做到不同层级上的管理者各负其责的同时，加强他们之间的沟通联络，达到协调行动，规范管理的目的。

（2）进行工作分析：将那些经常反复出现的工作编制成相应的程序，管理者按照规定的程序操作即可。明确提出岗位工作任务、职责权限以及本岗位同其他工作岗位的关系，将岗位工作进行必要的分解，为推行程序化管理提供依据。

（3）编制程序图：在明确各级各类管理者职责任务及其隶属关系的基础之上，按照“权利线”的内在逻辑关系绘制程序化管理运行图。程序化管理运行图的绘制实质上是一种严密的逻辑思维的展开过程，把同一工作岗位上的各种不同的工作内容按照先后逻辑关系进行排列，一步一步推理绘制而成。

（4）对程序图做注释：要具体说明每项工作由谁负责，经由什么样的组织审批程序，谁来执行等一系列问题（见图 10-1）。

五、PDCA 循环法

（一）概念

PDCA 循环也称戴明环，它是一个持续改进模型，包括持续改进与不断学习的 4 个循环反复的步骤，即计划（Plan）、执行（Do）、检查（Check）、改进（Action）。

PDCA 循环就是按照这样的顺序进行质量管理，并且循环不止地进行的科学程序。

P，包括方针和目标的确定，以及活动规划的制定。

D，根据已知的信息，设计具体的方法、方案和计划布局；再根据设计和布局，进行具体运作，实现计划中的内容。

C，总结执行计划的结果，分清哪些对了，哪些错了，明确效果，找出问题。

A，对总结检查的结果进行处理，对成功的经验加以肯定，并予以标准化；对于失败的教训也要总结，引起重视。对于没有解决的问题，应提交给下一个 PDCA 循环中去解决。

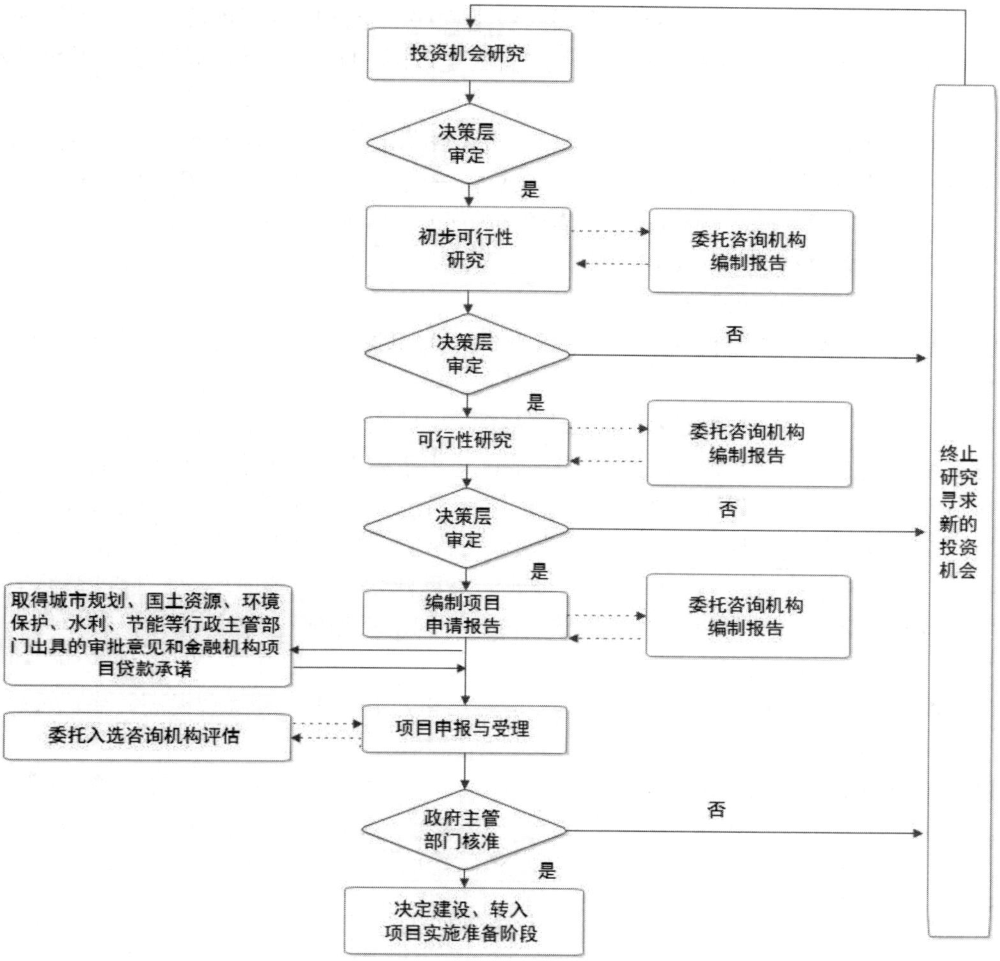

图 10-1　某企业投资项目决策程序图

以上 4 个过程不是运行一次就结束，而是周而复始地进行，一个循环完了，解决一些问题，未解决的问题进入下一个循环，呈阶梯式上升，如图 10-2 所示。

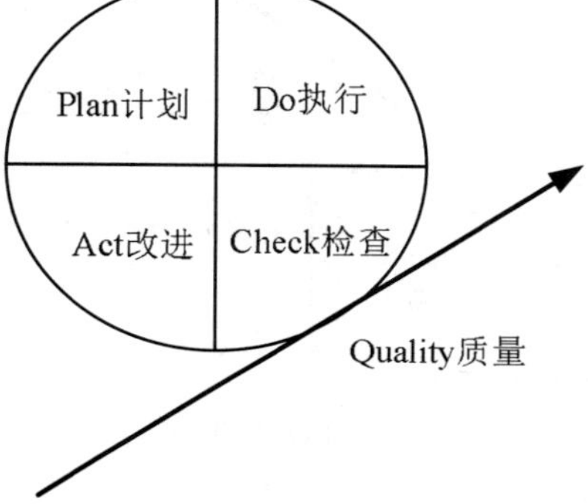

图 10-2　PDCA 循环图

PDCA 循环是全面质量管理所应遵循的科学程序。全面质量管理活动的全部过程，就是质量计划的制订和组织实现的过程，这个过程就是按照 PDCA 循环，不停顿地周而复始地运转的。

也有人对 PDCA 循环做了新的理解：P——计划职能包括 3 小部分：目标（Goal）、实施计划（Plan）、收支预算（Budget）；D（Design）——设计方案和布局；C（4C）——4C 管理：检查（Check）、沟通（Communicate）、清理（Clean）、控制（Control）；A（2A）——执行，对总结检查的结果进行处理（Act）、按照目标要求行事，如改善、提高（Aim）。

（二）PDCA 循环法的特点

PDCA 循环，可以使我们的思想方法和工作步骤更加条理化、系统化、图像化和科学化。它具有如下特点：

1. 大环套小环、小环保大环、推动大循环

PDCA 循环作为质量管理的一般方法，不仅适用于整个工程项目，也适应于整个企业和企业内的科室、工段、班组以至个人。各级部门根据企业的方针目标，都有自己的 PDCA 循环，层层循环，形成大环套小环，小环里面又套更小的环。大环是小环的母体和依据，小环是大环的分解和保证。各级部门的小环都围绕着企业的总目标朝着同一方向转动。通过循环把企业上下或工程项目的各项工作有机地联系起来，彼此协同，互相促进。

2. 不断前进、不断提高

PDCA 循环就像爬楼梯一样，一个循环运转结束，生产的质量就会提高一步，然后再制定下一个循环，再运转、再提高，不断前进，不断提高。

PDCA 循环不是在同一水平上循环，每循环一次，就解决一部分问题，取得一部分成果，工作就前进一步，水平就进步一步。每通过一次 PDCA 循环，都要进行总结，提出新目标，再进行第二次 PDCA 循环，使品质治理的车轮滚滚向前。PDCA 每循环一次，品质水平和治理水平均更进一步，如图 10-3 所示。

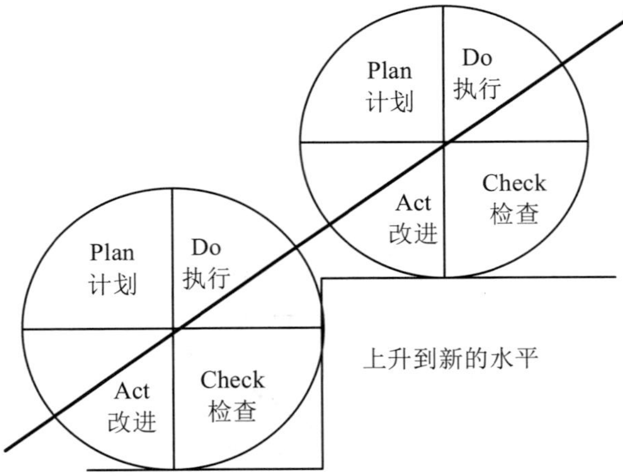

图 10-3 PDCA 循环图

（三）PDCA 循环法的作用

PDCA 循环法适用于日常管理，且同时适用于个体管理与团队管理。戴明环的过程就是发

现问题、解决问题的过程。运用于项目管理，有助于持续改进提高，有助于供应商管理，有助于人力资源管理，有助于新产品开发管理，有助于流程测试管理。是现代管理的重要管理方法之一。

（四）使用 PDCA 循环法的方法和步骤

PDCA 循环法使用方法和步骤可以参照表 10-1。

表 10-1 PDCA 循环表

阶段	步骤	主要办法
P	1．分析现状，找出问题	排列图、直方图、控制图
	2．分析各种影响因素或原因	因果图
	3．找出主要影响因素	排列图，相关图
	4．针对主要原因，制定措施计划	回答“5W2H” 为什么制定该措施（Why）？ 达到什么目标（What）？ 在何处执行（Where）？ 由谁负责完成（Who）？ 什么时间完成（When）？ 如何完成（How）？ 多少预算（How money）？
D	5．执行、实施计划	按照计划行事
C	6．检查计划执行结果	排列图、直方图、控制图
A	7．总结成功经验，制定相应标准	制定或修改工作规程、检查规程及其他有关规章制度
	8．把未解决或新出现的问题转入下一个 PDCA 循环	进行新的 PDCA 循环

六、精细化管理法

（一）概念

精细化管理，是一种管理理念和管理技术，是通过规则的系统化和细化，运用程序化、标准化、数据化和信息化的手段，来组织管理各单元精确、高效、协同和持续运行的一种管理方法。它最早起源于泰勒的科学管理，在 20 世纪 50 年代的日本普遍运用。它是社会分工精细化以及服务质量精细化对现代管理的必然要求，是建立在常规管理的基础上，并将常规管理引向深入的基本思想和管理模式，是一种以最大限度减少管理所占用的资源和降低管理成本为主要目标的管理方式。现代管理学认为，科学化管理有三个层次：第一个层次是规范化，第二层次是精细化，第三个层次是个性化。

1．精细化管理的特征：精、准、细、严

（1）精是做精、精湛、精益求精，追求最佳、最优。就是切中要点，抓住运营管理中的关键环节。

（2）准是准确、准时、精准。

（3）细是细节、最小的工作单元，具体是把工作做细，管理做细，流程管细。“细”是精细化必经的途径，就是管理标准具体量化、考核、督促和执行。

（4）严就是严格执行，主要体现在对管理制度和流程的严格执行与控制上。

2. 精细化管理的意义

细节决定成败。精细化是一种意识，是一种观念，是一种认真的态度，是一种精益求精的文化，精细化管理是企业管理理念上的转变。

（1）它是一种对战略和目标分解细化和落实的过程，让企业的战略规划能有效贯彻到每个环节并发挥作用的过程，同时也是提升企业整体执行能力的一个重要途径。

（2）企业管理更重要的是以实现提高企业运营绩效为目的，实现这一目的的手段就是要向科学管理要效益、要能力。

（3）要全面、协调和可持续发展，必然要求企业有强大的执行能力和运作水平，所有这些都依赖于精细化管理的强大支撑。

（二）精细化管理内容

（1）精细化的操作：是指企业活动中的每一个行为都有一定的规范和要求。每一企业的员工都应遵守这种规范，从而让企业的基础做得更加正规化、规范化和标准化，为企业的拓展提供可推广性、可复制性。

（2）精细化的控制：是精细化管理的一个重要方面。它要求企业业务的运作要有一个流程，要有计划、审核、执行和回顾的过程。控制好了这个过程，就可以大大减少企业业务运作的失误，杜绝部分管理漏洞，增强人员的流程参与感与责任感。

（3）精细化的核算：是管理者清楚认识自己经营情况的必要条件和最主要的手段。这就要求在企业经营活动中，凡与财务有关的行为都要记账、核算。还要通过核算去发现经营管理中的漏洞和污点，减少企业利润的流失。

（4）精细化的分析：是企业取得核心竞争力的有力手段，是进行精细化规划的依据和前提。精细化分析主要是通过现代化的手段，将经营中的问题从多个角度去展现、从多个层次去跟踪。同时，还要通过精细化的分析，去研究提高企业生产力和利润的方法。

（5）精细化的规划：是容易被管理者忽视的一个问题，但精细化规划是推动企业发展的一个至关重要的关键点。企业的规划包含两个方面：一方面是企业高层根据市场预测和企业的经营情况而制定的中远期目标，这个目标包括了企业的规模、业态、文化、管理模式和利润、权益等；另一方面是企业的经营者根据企业目标而制定的实施计划。所谓精细化的规划则是指企业所制定的目标和计划都是有依据的、可操作的、合理的和可检查的。

（三）精细化管理的实施

精细化管理就是要用具体、明确的量化标准取代笼统、模糊的管理要求，把抽象的战略、决策，转化为具体的、明确的发展举措，就是充分落实管理责任，将管理责任具体化、明确化，它要求每一个管理者都要到位、尽职。第一次就把工作做到位，工作要日清日结，每天都要对当天的情况进行检查，发现问题及时纠正、及时处理等。

实施精细化管理，其具体要求是在企业日常管理工作中，做到“八化”和“四细”。

1. “八化”

（1）细化：任务分解要细化（横向到个人，纵向到时间）；布置工作要细化（符合 SMART 原则）；制订计划要细化（符合 5W2H 原则）；指挥、指导要细化（有效沟通原则）。

（2）量化：绩效衡量标准要量化或行为化，不能量化或行为化的指标不能作为关键绩效指标。

（3）流程优化：要本着复杂问题简单化，简单问题流程化和规范化的思路，不断改进和优化关键业务流程，提高结构性效率。

（4）协同化：工作流程的上下游、工作单元之间的衔接配合要协同。

（5）模板化：核心业务流程的关键节点输出产品要模板化。包括产品输出的文档格式、数据格式、内容结构等都要实现模板化。

（6）标准化：统一规格标准、操作标准、服务标准。具体包括各种公文格式的标准化、各种记录的标准化、各种作业流程的标准化、各种服务的标准化等。

（7）实证化：绩效评估实证化。以事实为依据，对照绩效标准，进行事实结果核对比较，强调日常数据及事实的收集。

（8）严格化：执行的标准和控制偏差的标准要精细，结果的处理要严肃、严格。

2. 四细

（1）细分市场和客户，全面准确把握市场变化和客户需求、企业发展战略和产品定位准。

（2）细分企业组织机构中的职能和岗位，企业管理体系健全，责权利明确、到位。

（3）细分每一个战略、决策、目标、任务、计划、指令，使之落实到人。

（4）细化企业管理制度的编制、实施、控制、检查、激励等程序和环节，做到制度到位。

七、目标管理法

（一）概念

目标管理是美国管理大师彼得·德鲁克于 1954 年在其名著《管理实践》一书中最先提出来并进行实验的一种管理方法。随后他又提出“目标管理和自我控制”的主张。目标管理是一种由员工参与的、民主的、自我控制的管理方法，也是一种把个人需求和组织目标结合起来的管理方法。它调动了组织员工的主动性、创造性和积极性，将个人利益和组织利益紧密联系起来了，因而能鼓舞士气，极大地激励组织人员为实现目标而努力，具有很好的激励功能。

目标管理亦叫“成果管理”，俗称责任制，基本特征是以目标为导向，以人为中心，以成果为标准，使组织和个人取得最佳业绩。目标管理在企业中普遍运用。它是在企业个体职工的积极参与下，自上而下地确定工作目标，并在工作中实行“自我控制”，自下而上地保证目标实现的一种管理办法。

（二）实施步骤

目标管理的具体做法分三个阶段：第一阶段为目标的设置与分解；第二阶段为实现目标过程的管理；第三阶段为测定与评价所取得的成果。

1. 目标的设置与分解

这是目标管理最重要的阶段，第一阶段又可以细分为 4 个步骤：

（1）高层管理预定目标，这是一个暂时的、可以改变的目标预案。即可以由上级提出，再同下级讨论；也可以由下级提出，上级批准。无论哪种方式，必须共同商量决定。领导者必须根据企业的使命和长远战略，估计客观环境带来的机会和挑战，对该企业的优劣有清醒的认识，对组织应该和能够完成的目标心中有数。

（2）预定目标确立后重新审议组织结构和职责分工。目标管理要求每一个分目标都有确定的责任主体。因此预定目标之后，需要重新审查现有组织结构，根据新的目标分解要求进行调整，明确目标责任者和协调关系。

（3）确立下级的分目标。首先下级明确组织的规划和目标，然后商定下级的分目标。在讨论中上级要尊重下级，平等待人，耐心倾听下级意见，帮助下级发展一致性和支持性目标。分目标既要具体量化，便于考核，又要分清轻重缓急，以免顾此失彼，还要有挑战性，又要有实现可能性。每个员工和部门的分目标要和其他的分目标协调一致，支持本单位和组织目标的实现。

（4）上级和下级就实现各项目标所需的条件以及实现目标后的奖惩事宜达成协议。分目标制定后，要授予下级相应的资源配置权力，实现权责利的统一。由下级写成书面协议，编制目标记录卡片，整个组织汇总所有资料后，绘制出目标分解表，参见表 10-2。

表 10-2　4S 店目标分解表示例

一级目标	二级目标	指标分解
一、年销售汽车 200 辆（20 分+20 分）	1．销售桥车 100 辆（10 分） 2．销售越野车 100 辆（10 分）	1．每销售 1 辆得分 0.1 分，顾客满意得 0.1 分； 2．每销售 1 辆得分 0.1 分，顾客满意得 0.1 分。
二、年维修保养汽车 300 辆次（30 分）	……	……
三、……		

目标尽可能量化，不能量化的要细化描述。目标有一级目标（大的），二级目标（具体的），三级目标（考核验收要点）等。

分解目标是指将企业整体目标分解成部门目标，部门目标分解为个人目标，并量化为经济指标和管理指标。

2. 实现目标过程的管理

目标管理重视结果，强调自主、自治和自觉，但并不等于领导可以放手不管。由于形成了目标体系，一环失误，就会牵动全局，因此领导在目标实施过程中的管理是不可缺少的。首先要进行定期检查，利用双方经常接触的机会和信息反馈渠道自然地进行；其次要向下级通报进度，便于互相协调；再次要帮助下级解决工作中出现的困难问题，当出现意外、不可测事件严重影响组织目标实现时，也可以通过一定的手续，修改原定的目标。

3. 总结和评估

达到预定的期限后，下级首先进行自我评估，提交书面报告；然后上下级一起考核目标完成情况，决定奖惩；同时讨论下一阶段目标，开始新循环。如果目标没有完成，应分析原因、总结教训，切忌相互指责，以保持相互信任的气氛。

4. 实施目标管理要注意的问题

（1）企业的目的和任务必须转化为目标，由单目标评价转变为多目标评价。

（2）各级各类人员和部门都要制定目标。如果一项工作没有特定的目标，这项工作就难以做好，部门及人员也不可避免地会出现“扯皮”问题。

（3）目标管理的对象包括从领导者到员工的所有人员，大家都要被“目标”所管理。

（4）实现目标与考核标准一体化，即按实现目标的程度实施考核，由此决定升降奖惩和工资的高低。

（5）强调发挥各类人员的创造性和积极性。每个人都要积极参与目标的制定和实施。领导者应允许下级根据企业的总目标设立自己参与目标的制定，以满足“自我成就”的要求。

（6）任何分目标，都不能离开企业总目标自行其是。目标管理是现代企业运用较多的一种管理方法，有利有弊。优点在于：目标明确，人人参与，激励明显，管理者负担减轻，对事不对人，管理效率高。不足是：对于关键产品，如果只管目标，不管过程，一旦过程出现问题就会满盘皆输，如制造子弹、手机等，一旦过程中出现问题，造出不合格产品，损失无法估量。所以，目标管理还应结合过程管理。

八、5S 现场管理法

（一）概念

5S 是整理（Seiri）、整顿（Seiton）、清扫（Seiso）、清洁（Seiketsu）和素养（Shitsuke）这 5 个词的缩写，又被称为“五常法则”或“五常法”，如图 10-4 所示。

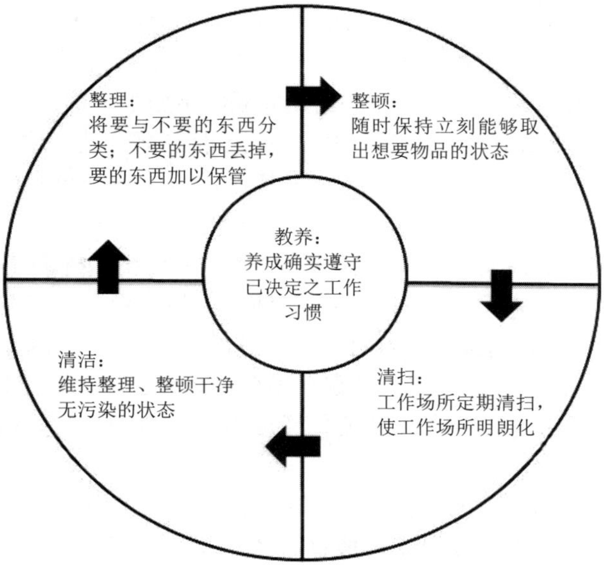

图 10-4　5S 示意图

5S 现产管理法起源于日本，是指在生产现场中对人员、机器、材料、方法等生产要素进行有效管理，这是日本企业独特的一种管理办法。

（1）整理：将要与不要的物品进行整理，现场只保留必需的物品。

对生产现场摆放的各种物品进行分类，看看什么是现场需要的，什么是现场不需要的。然后，对于车间里各个工位或设备的前后、通道左右、厂房上下、工具箱内外，以及车间的各个死角，都要彻底搜寻和清理，达到现场无不用之物。

目的：①改善和增加作业面积；②现场无杂物，行道通畅，提高工作效率；③减少磕碰的机会，保障安全，提高质量；④消除管理上的混放、混料等差错事故；⑤有利于减少库存量，节约资金；⑥改变作风，提高工作情绪。

（2）整顿：必需品按规定定位，按一定方法摆放整齐有序，明确标示。

把需要的物件加以定量、定位，整理后，再对生产现场需要留下的物品进行科学合理的布置和摆放，以便用最快的速度取得所需之物，在最有效的规章制度和最简洁的流程下完成作业。

目的：不浪费时间寻找物品，提高工作效率和产品质量，保障生产安全。

要点：①物品摆放要有固定的地点和区域，以便于寻找，消除因混放而造成的差错；②物品摆放地点要科学合理，如根据物品使用的频率，经常使用的东西应放得近些（如放在作业区内），偶尔使用或不常使用的东西则应放得远些（如集中放在车间某处）；③物品摆放目视化，使定量装载的物品做到过目知数，摆放不同物品的区域采用不同的色彩和标记加以区别。

（3）清扫：清除现场内的脏污、清除作业区域的物料垃圾。

将工作场所的污垢去除，使造成异常的发生源很容易发现，是实施自主保养的第一步，主要是提高设备利用率。

目的：清除“脏污”，保持现场干净、明亮。

要点：①自己使用的物品，如设备、工具等，要自己清扫，不要依赖他人，不增加专门的清扫工；②对设备的清扫，着眼于对设备的维护保养。清扫设备要同设备的点检结合起来，清扫即点检，清扫设备要同时做设备的润滑工作，清扫也是保养；③清扫也是为了改善。当清扫地面发现有飞屑和油水泄漏时，要查明原因，并采取措施加以改进。

（4）清洁：将整理、整顿、清扫实施的做法制度化、规范化，维持其成果。

坚持整理、整顿、清扫活动并不断深入，从而消除发生安全事故的根源。创造一个良好的工作环境，使职工能愉快地工作。

目的：认真维护并坚持整理、整顿、清扫的效果，使环境保持最佳状态。

要点：①车间环境不仅要整齐，而且要做到清洁卫生，保证工人身体健康，提高工人劳动热情；②不仅物品要清洁，而且工人本身也要做到清洁，如工作服要清洁，仪表要整洁，及时理发、刮须、修指甲、洗澡等；③工人不仅要做到形体上的清洁，而且要做到精神上的“清洁”，待人要讲礼貌、要尊重别人；④保证要使环境不受污染，进一步消除浑浊的空气、粉尘、噪音和污染源，消灭职业病。

（5）素养：人人按章操作、依规行事，养成良好的习惯，使每个人都成为有教养的人。

努力提高员工的自身修养，使员工养成良好的工作、生活习惯和作风，让员工能通过实践 5S 获得人生境界的提升，与企业共同进步，是5S 活动的核心。

目的：提升“人的品质”，培养对任何工作都讲究、认真的人。

（二）推行目的

（1）改善和提高企业形象。

（2）促成效率的提高。

（3）改善零件在库周转率。

（4）减少直至消除故障，保障品质。

（5）保障企业安全生产。

（6）降低生产成本。

（7）改善员工的精神面貌，使组织活力化。

（8）缩短作业周期，确保交货及时。

（三）实施意义

5S 是现场管理的基础，是 TPM（全员参与的生产保全）的前提，是 TQM（全面品质管理）的第一步，也是ISO9000有效推行的保证。

5S 现场管理法能够营造一种“人人积极参与，事事遵守标准”的良好氛围。有了这种氛围，推行 ISO、TQM 及 TPM 就更容易获得员工的支持和配合，有利于调动员工的积极性，形成强大的推动力。

5S 是现场管理的基础，5S 水平的高低，代表着管理者对现场管理认识的高低，这又决定了现场管理水平的高低，而现场管理水平的高低，制约着 ISO、TPM、TQM 活动能否顺利、有效地推行。通过 5S 活动，从现场管理着手改进企业“体质”，能起到事半功倍的效果。

（四）推行步骤

步骤 1：成立推行组织。

步骤 2：拟定推行方针及目标。

步骤 3：拟定工作计划及实施方法。

步骤 4：教育剖析。

步骤 5：活动前的宣传造势。

步骤 6：实施过程。

步骤 7：活动评比办法确定。

步骤 8：查核督促。

步骤 9：评比及奖惩。

步骤 10：检讨与修正。

步骤 11：纳入定期管理活动中。

（五）常用实施方法

- 抽屉法：先把所有资源视作无用的，再从中选出有用的。
- 樱桃法：在从整过程理中挑出影响整体绩效的部分。
- 四适法：适时、适量、适质、适地。
- 疑问法：该资源需要吗？需要出现在这里吗？现场需要这么多数量吗？
- IE 法：根据运作经济原则，将使用频率高的资源进行有效管理。
- 装修法：通过系统规划将有效的资源利用到最有价值的地方。
- 三易原则：易取、易放、易管理。
- 三定原则：定位、定量、定标准。
- 流程法：对于布局，按一个流程的思想进行系统规范，使之有序化。
- 标签法：对所有资源进行标签化管理，建立有效的资源信息。
- 三扫法：扫黑、扫漏、扫怪。
- OEC 法：日事日毕，日清日高。
- 雷达法：扫描权责范围内的一切漏洞和异端。
- 矩阵推移法：由点到面逐一推进。
- 荣誉法：将美誉与名声结合起来，以名声决定执行组织或个人的声望与收入。
- 流程再造：执行不到位不是人的问题，是流程的问题，流程再造能解决这一问题。
- 模式图：建立一套完整的模式图来支持流程再造的有效执行。

- 教练法：通过摄像头式监督和模拟教练训练，使一切别扭的要求变成真正的习惯。
- 疏导法：像治理黄河一样，对严重影响素养的因素进行疏导。

九、因果图法

（一）概念

因果图是由日本管理大师石川馨先生所发明的，故又名石川图。因果图是一种发现问题“根本原因”的方法。问题的特性总是受到一些因素的影响，我们通过头脑风暴法找出这些因素，并将它们与特性值排列一起，按相互的关联性整理成层次分明、条理清楚，并标出重要因素的图形就叫因果图或特性要因图。因其形状如鱼骨，所以又叫鱼骨图（下文统称鱼骨图），它是一种透过现象看本质的分析方法。如图10-5所示，鱼骨图用在各种流程中，如会议流程、生产流程等。

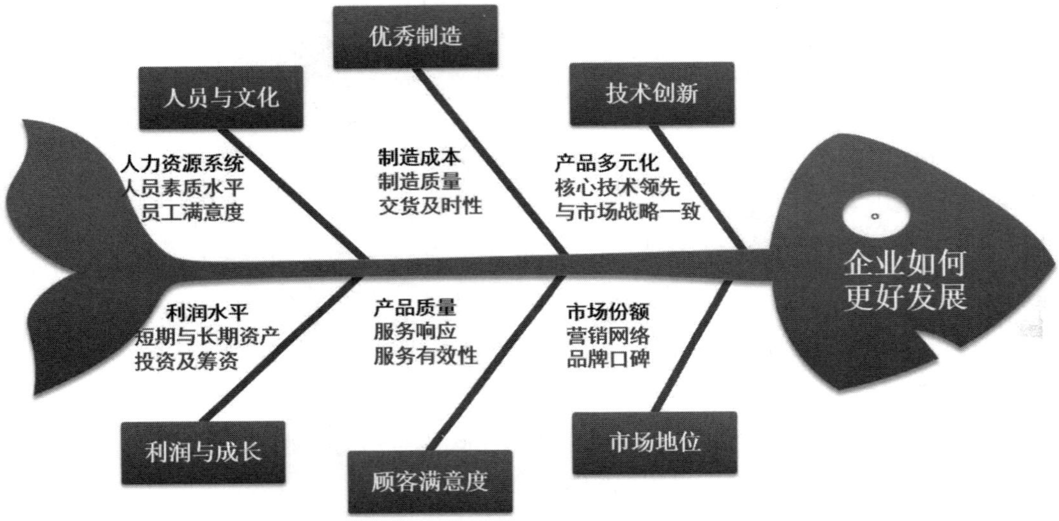

图10-5 鱼骨图

（二）鱼骨图类型

（1）整理问题型鱼骨图：各要素与特性值间不存在原因关系，而是结构构成关系。

（2）原因型鱼骨图：鱼头在右，特性值通常以“为什么……”来写。

（3）对策型鱼骨图：鱼头在左，特性值通常以“如何提高/改善……”来写。

（三）鱼骨图的制作

1. 分析问题原因/结构

（1）针对问题点，选择层别方法（如人、机、料、法、环等）。

（2）按头脑风暴分别对各层别类别找出所有可能原因（因素）。

（3）将找出的各要素进行归类、整理，明确其从属关系。

（4）分析选取重要因素。

（5）检查各要素的描述方法，确保语法简明、意思明确。

2. 分析要点

（1）确定大要因（大骨）时，现场作业管理一般从“人机料法环”着手，管理类问题一般从“人事时地物”层别进行，应视具体情况决定。

（2）大要因必须用中性词描述（不说明好坏），中、小要因必须使用价值判断（如……不良）。

（3）脑力激荡时，应尽可能多而全地找出所有可能原因，而不仅限于自己能完全掌控或正在执行的内容。对人的原因，宜从行动而非思想态度方面着手分析。

（4）中要因跟特性值、小要因跟中要因间有直接的原因问题关系，小要因应分析至可以直接到对策。

（5）如果某种原因可同时归属于两种或两种以上因素，请以关联性最强者为准（必要时考虑三现主义：即现时到现场看现物，通过相对条件的比较，找出相关性最强的要因归类。）

（6）选取重要原因时，不要超过 7 项，且应标识在最末端原因。

3. 绘制鱼骨图

（1）首先画一条主干骨及鱼头。

（2）将要解决的问题写在鱼头之上。

（3）接下来要为这条骨头加工画大骨了，一般画 6 条大骨，与主骨呈 60° 角。这 6 条大骨就是分析问题的 6 个方面。

（四）鱼骨图使用方法

（1）查找要解决的问题。

（2）把问题写在鱼骨的头上。

（3）召集同事共同讨论问题出现的可能原因，尽可能多地找出问题。

（4）把相同的问题分组，在鱼骨上标出。

（5）根据不同问题征求大家的意见，总结出正确的原因。

（6）拿出任何一个问题，研究为什么会产生这样的问题。

（7）针对问题的答案再问为什么，这样至少深入 5 个层次（连续问 5 个问题）。

（8）当深入到第 5 个层次后，认为无法继续进行时，列出这些问题的原因，而后列出至少 20 个解决方法。

第三节　管理的一般定律

管理定律是反映管理活动在一定条件下发展变化的客观规律。管理定律是用来描述特定情况、特定尺度下的管理活动现实，在其他尺度下可能会失效或者不准确。管理定律是管理者需要遵守的法则，同时，对于做人也有重要启示。以下列举常用的 10 个一般管理定律，希望对我们学习管理知识有所帮助。

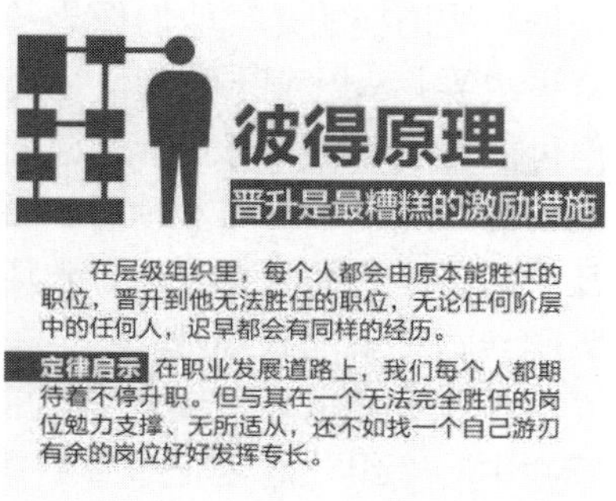

一、彼得定律

（一）含义

彼得定律的具体内容是：“在一个等级制度中，每个职工趋向于上升到他所不能胜任的地位”。彼得指出，每一个职工由于在原有职位上工作成绩表现好（胜任），就将被提升到更高一级职位；其后，如果继续胜任则将进一步被提升，直至到达他所不能胜任的职位。由此彼得推论："每一个职位最终都将被一个不能胜任其工作的人所占据。层级组织的工作任务多半是由尚未达到不胜任阶层的人完成的"。每一个人最终都将达到彼得高地，在该处他的提升商数（PQ）为零。

每个组织都是由各种不同的职位、等级或阶层排列所组成的，每个人都隶属于其中的某个等级。在各种组织中，组织成员总是趋向于晋升到不称职的位置。所以，彼得原理有时也被称为"向上爬"原理。

（二）管理启示

这种现象在现实生活中无处不在：一名称职的教授被提升为大学校长后，却无法胜任；一个优秀的运动员被提升为主管体育的官员，而无所作为。对于一个组织而言，相当部分的人被推到不称职的级别（彼得高地），就会造成组织的人浮于事，效率低下，导致平庸者出人头地，而组织发展停滞。因此，这就要求改变单纯的根据贡献决定晋升与否的晋升机制，不能因某人在某个岗位上干得很出色，就推断此人一定能够胜任更高一级的职务。将一名职工晋升到一个无法很好发挥其才能的岗位，不仅不是对本人的奖励，反而使其无法很好发挥才能，也给企业带来损失。

二、污水定律

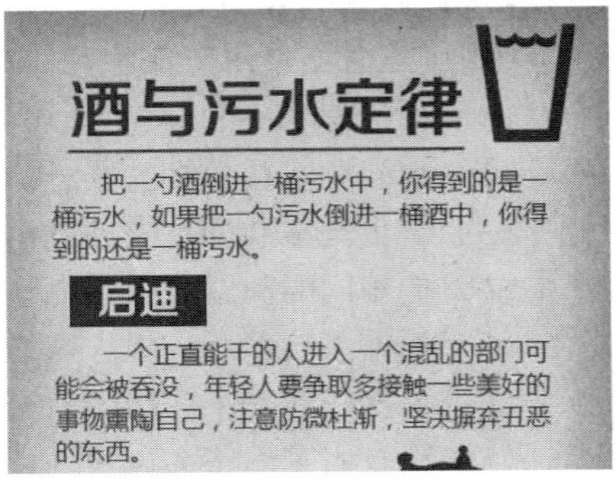

（一）含义

酒与污水定律是指把一匙酒倒进一桶污水，得到的是一桶污水；如果把一匙污水倒进一桶酒，得到的还是一桶污水。

显而易见，污水和酒的比例并不能决定这桶东西的性质，真正起决定作用的就是那一勺污水，只要有它，再多的酒都成了污水。酒与污水定律说明对于坏的组员或东西，要在其开始破坏之前及时处理掉。

（二）管理启示

中国有句俗语：一粒老鼠屎坏了一锅粥；一条臭鱼坏了一锅汤。

在任何组织里，几乎都存在几个"麻烦"的人物，他们存在的目的似乎就是为了把事情搞糟。最糟糕的是，他们像果箱里的烂苹果，如果不及时处理，它会迅速传染，把果箱里其他苹果也弄烂。烂苹果的可怕之处在于它那惊人的破坏力。一个正直能干的人进入一个混乱的部门可能会被吞没，而一个无德无才者能很快将一个高效的部门变成一盘散沙。组织系统往往是脆弱的，是建立在相互理解、妥协和容忍的基础上的，很容易被侵害、被毒化。破坏者能力非凡的另一个重要原因在于，破坏总比建设容易。一个能工巧匠花费时日精心制作的陶瓷器，一头驴一秒钟就能毁坏掉。

一个组织其实就是一群人的集合，这个组织的整体效率就是取决于其内部组员的行为。若其中一个组员总是把事件弄糟，或者搬弄是非、传播流言、破坏整个组织内部和谐，这样的组员就是一个组织内的污水。他们有着惊人的破坏力，使集体分化，组员相互猜忌，一个组织便因此而不再团结、不再高效。因此，管理者要尽量避免有污水出现，如果有了污水后要尽快清理掉。

三、木桶定律

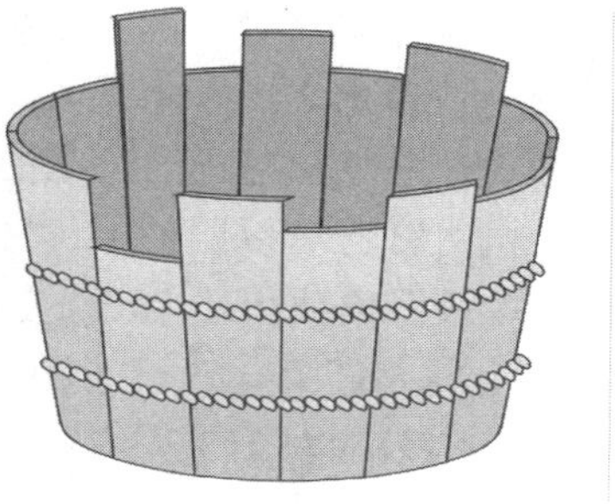

（一）含义

一只木桶能装多少水，这完全取决于它最短的那块木板。这就是说任何一个组织，都可能面临一个共同的问题，即构成组织的各个部分往往是优劣不齐的，而劣势部分往往决定整个组织的水平。木桶定律与酒与污水定律不同，污水定律讨论的是组织中的破坏力量，而木桶中最短的木板却是组织中有用的一个部分，只不过比其他部分差一些，你不能把它们当成烂苹果扔掉。强弱只是相对而言的，无法消除，问题在于组织能容忍这种弱点到什么程度，如果严重到成为阻碍工作的瓶颈，就不得不有所动作，进行修理或改革。

（二）管理启示

启示 1：改变木桶结构可增加储水量。

从木桶原理中，我们可以发现，木桶的最终储水量，不仅取决于最短的那块木板，还取决于木桶的使用状态和木板间的衔接与配合。在特定的使用状态下，通过相互配合，可在一定程度上增加木桶的储水量，比如：有意识地把木桶向长板方向倾斜，木桶的储水量就会比正立时还多得多，这就是长板原理；或为了暂时地提升储水量，可以将长板截下补到短板处，从而提高木桶储水量。

启示 2：通过激励让“短木板”变长

毫无疑问，在企业中最受欢迎、最受关注的是明星员工，即少数能力超群的员工。管理者往往器重明星员工，而忽视对一般员工的利用和开发。这样做很容易打击团队的士气，从而使“明星员工”的才能与团队合作之间失去平衡。想要避免这个问题，管理者就需要多关注普通员工，特别是对那些“短板员工”要多一些鼓励、多一些赏识。

启示 3：别让“短板”葬送自己

如果把木桶比做人生，那么“短板”实际上就是我们生命中的一些弱点。比如，很多人不注意个人习惯，导致在生活和工作中出现失误。缺点和毛病就是人的“短板”，因为它们的存在，制约了一个人才能的发挥。有时候，一些不良的习惯甚至有可能葬送一个人的事业。所以，我们不能被缺点牵着鼻子走，而要主动将“短板”加长，将缺点纠正过来。

四、马太效应

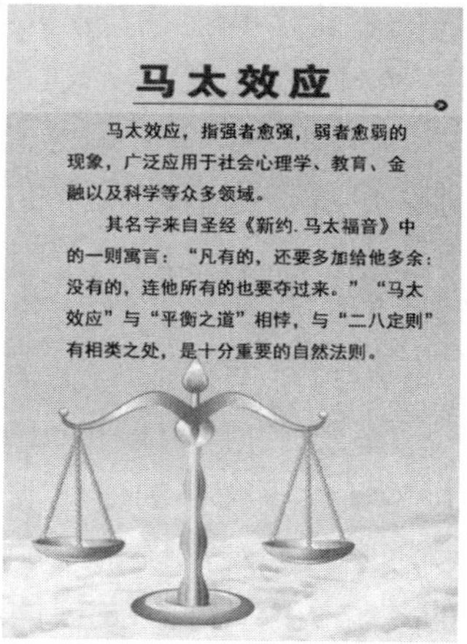

（一）含义

马太效应（Matthew Effect），是指好的愈好，坏的愈坏，多的愈多，少的愈少的一种现象。即两极分化现象。广泛应用于社会心理学、教育、金融、管理等领域。马太效应揭示了一个不断增长个人和组织资源的需求原理，关系到个人事业成功和生活幸福与否，因此它是影响组织发展和个人成功的一个重要法则。

日常生活中，总能发现：

一个人越成功就越有名，越有名就越成功（组织也如此）。

有钱人越来越有钱，贫穷落后就越来越贫穷（企业也如此）。

名牌越来越贵，越贵品牌效应越强（个人也如此）。

企业越出名，人才越多，人才越多，企业越出名。

一个餐饮店越出名，来的人就越多，来的人越多就越出名。

马太效应可以归纳于：“任何个体、群体或地区，一旦在某一个方面（如金钱、名誉、地位等）获得成功和进步，就会产生一种积累优势，就会有更多的机会取得更大的成功和进步。”

（二）管理启示

马太效应对于领先者来说就是一种优势的累计，当你已经取得一定成功后，那就更容易取得更大的成功。强者总会更强，弱者反而更弱。物竞天择，适者生存，所以如果你不想在任何所在的领域内被打败的话，你就要成为这一领域的领头羊，并且不断壮大。当你成为领头羊后，即便你的投资回报率相同，你也能更轻易地获得比弱小的同行更大的收益。当目标领域有强大对手的情况下，就要另辟蹊径，找准对手的弱项和自己的优势。

对个人职业发展来说，要充分运用马太效应，尽快积累自己的经验，取得职业发展主动权。那些没有发展目标、没有发展规划、也无积极心态的人，在发展中容易陷入负面循环，局面会越来越局促并难以突破。而那些从一开始有目标、有计划且心态积极、有闯劲的人，即使遇到一些困难，也能通过不断努力排除障碍，破茧成蝶，往越来越好的方向发展。这样的两极分化，就是职业生涯中的马太效应 。

马太效应对个人发展最严重的影响就是它所产生的连锁反应。当个人职业发展不好，其所接触到的资源、平台和人脉也越来越贫乏。在外部环境、条件和资源都越来越欠缺的状况下，个人发展是很难有所突破的。将此放入组织内部考察就会发现，在组织规模越大的企业里，马太效应越发明显。核心部门的员工、业务骨干与边缘部门及辅助人员除了薪资有巨大的差别外，所拥有的资源、晋升机会、发展平台、人脉等也相差甚远。

要避免马太效应对自身职业发展的负面影响，需要激流勇进：一是要明确职业定位，树立清晰目标；二是要通过自身努力和优化，获得好资源、好平台；三是要让好心态成为好运气的吸金石。有的职场人错误地以为，不咸不淡地待着就能自保饭碗。其实弱者是很难参与分配优质资源，没有好资源就难发展，而终将难逃被淘汰的命。

马太效应理论也存在一些缺陷：

（1）缺乏辩证思维，只看到事物发展的短期趋势，只反映了数量方面的变化，忽视了性质的变化，不能用于分析事物发展的长期趋势。事实上，在客观世界，任何事物都遵循发生一发展一成熟一衰老一灭亡的规律，没有什么是永远不变的。

（2）不具备普遍意义，只是对短期趋势理论的一种假说，难以证明普遍的真理性。比如，难以解释在很多领域存在的“后发优势”现象。

五、蝴蝶效应

（一）含义

蝴蝶效应（The Butterfly Effect）是指在一个动力系统中，初始条件下微小的变化能带动整个系统长期的巨大连锁反应，物理学上叫混沌现象，是由美国气象学家洛伦兹于 1963 年提出的。他认为，事物发展的结果，对初始条件具有极为敏感的依赖性，初始条件的极小偏差，都将可能会引起结果的极大差异。

他说，一只在南美洲亚马逊河流域的热带雨林中的蝴蝶，偶尔扇动几下翅膀，两周后可能在美国德克萨斯州引起一场龙卷风。其原因在于：蝴蝶翅膀的运动，导致其身边的空气系统发生变化，并引起微弱气流的产生，而微弱气流的产生又会引起四周空气或其他系统产生相应的变化，由此引起连锁反应，最终导致其他系统的极大变化。洛伦兹把这种现象戏称为“蝴蝶效应”，意思是一件表面上看来毫无关系、非常微小的事情，可能带来巨大的改变。

天气预报为什么难以100%准确，就是因为自然界一些微小的影响是难以避免的，从而使天气具有不可预测性或不准确性。长时期大范围天气预报是对于地球大气这个复杂系统进行观测计算与分析判断，它受到地球大气温度、湿度、压力等诸多随时随地变化的因素的影响与制约，可想其综合效果的预测是难以精确无误的，蝴蝶效应是在所难免的。

任何事物发展均存在定数与变数，事物的发展过程其发展轨迹有规律可循，同时也存在不可测的“变数”，甚至往往还会逆向发展，一个微小的变化能影响事物的发展，说明事物的发展具有复杂性。

“蝴蝶效应”在社会学界用来说明：一个微小的不良机制，如果不加以及时引导、调节，会给社会带来非常大的危害，戏称为“龙卷风”或“风暴”。一个好的微小机制，只要正确指引，经过一段时间的努力，将会产生轰动效应，或称为“革命”。

生活中的蝴蝶效应：千里之堤溃于蚁穴；差之毫厘，失之千里；失去一枚钉子，亡了一个帝国；一个烟头毁坏一片林；一个新冠病毒带来世界灾难。

（二）管理启示

要防微杜渐，不要因为事小而不处理，小事会变成大事，相信细节决定成败。

记住古人的话：“勿以善小而不为，勿以恶小而为之。”

六、破窗效应

（一）含义

破窗效应是犯罪学的一个理论，该理论由詹姆士・威尔逊（James Q. Wilson）及乔治・凯林（George L. Kelling）提出的。此理论认为，如果有人打坏了一幢建筑物的窗户玻璃，而这扇窗户又得不到及时维修，别人就可能受到某些示范性的纵容去打烂更多的窗户。久而久之，这些破窗户就给人造成一种无序的感觉，在这种公众麻木不仁的氛围中，犯罪就会滋生、繁荣。

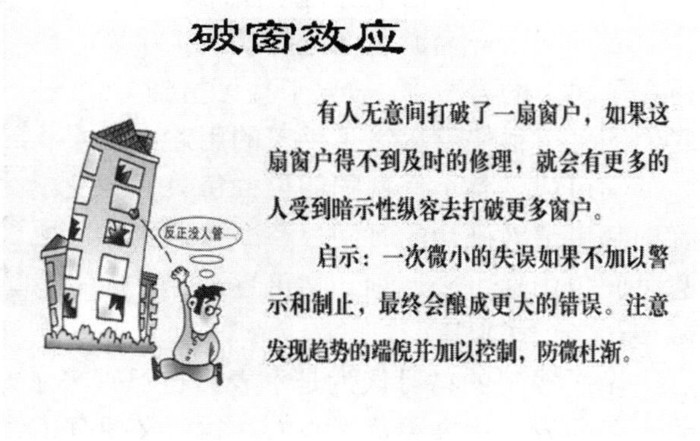

我们日常生活中也经常有这样的体会：在一个很干净的地方，人们会很不好意思扔垃圾，但是一旦地上有垃圾出现，人们就会（产生从众心理）毫不犹豫地随地乱扔垃圾，丝毫不觉得羞愧。一面墙上如果出现一些涂鸦没有清洗掉，很快墙上就布满了乱七八糟、不堪入目的东西。桌上的东西不及时整理就会越来越乱。敞开的大门，可能使本无贪念的人心生贪念。对于违反公司程序或廉政规定的行为，有关组织没有进行严肃处理，没有引起员工的重视，从而使类似行为再次甚至多次重复发生。对于工作不讲求成本效益的行为，有关领导不以为然，（放纵）使下属员工的浪费行为得不到纠正，反而日趋严重等都属破窗效应。

（二）管理启示

从“破窗效应”中，我们可以得到这样一个道理：任何一种不良现象的存在，都在传递着一种信息，这种信息会导致不良现象无限扩展，同时必须高度警觉那些看起来是偶然的、个别的、轻微的“过错”，如果对这种行为不闻不问、熟视无睹、反应迟钝或纠正不力，就会纵容更多的人“去打烂更多的窗户玻璃”，就极有可能演变成“千里之堤，溃于蚁穴”的恶果。

破窗效应认为环境中的不良现象如果被放任存在，会诱使人们仿效，甚至变本加厉。“破窗”实际上是一种示范效应，日常管理中，要尽量防止“破窗”，有了“破窗”要及时修补。要尽量保持完好无损、明亮洁净的窗。

从“破窗效应”可以看出来，当我们自己有不好的行为时，就必须要马上制止，不要让它成为对自己不利的“破窗效应”，就是不能成为平常说的“破罐子破摔”，因此，及时修好“第一扇被打碎的窗户”很重要。

生活中，处理上下级关系、朋友关系、亲情关系、同学关系，新房维护、新车养护等无不用到破窗原理。

当然，如果我们自己有好的行为，则要不断保持和发展，使它成为对自己有利的“完窗效应”。

七、手表定律

（一）含义

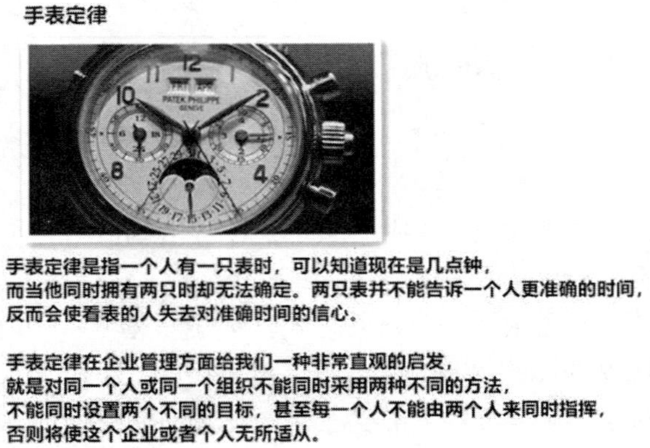

从前，森林里生活着一群猴子，每天太阳升起的时候它们外出觅食，太阳落山的时候回去休息，日子过得平淡而幸福。

有一天，一名游客穿越森林，把手表落在了树下的岩石上，被猴子猛可拾到了。聪明的猛可很快就搞清了手表的用途，于是，猛可成了整个猴群的明星，每只猴子都向猛可请教确切的时间，整个猴群的作息时间也由猛可来规划。猛可逐渐建立起威望，当上了猴王。

做了猴王的猛可认为是手表给自己带来了好运，于是它每天在森林里寻找，希望能够拾到更多的表。功夫不负有心人，猛可又拥有了第二块、第三块表。

但出乎猛可意料的是，得到了三块手表后有了新的麻烦，因为每块手表的时间显示的都不相同，猛可不能确定哪块手表上显示的时间是正确的。群猴也发现了，每当有猴子来问时间时，猛可总是支支吾吾回答不上来。猛可的威望大降，整个猴群的作息时间也变得一塌糊涂。不久，猛可就被众猴推下了猴王的位置。

只有一块手表，可以知道时间，拥有两块或两块以上的手表并不能告诉一个人更准确的时间，反而会让看表的人失去对准确时间的判断，这就是著名的手表定律。

（二）管理启示

手表定律带给我们一条非常直观的启发：对于任何一件事情，企业不能同时设置两个不同的目标或标准，否则将使这个企业无所适从，如果用两个以上标准进行考核，也难以实施。对于一个人来说，不能同时选择两种不同的价值观，否则，其行为将陷于混乱。一个人不能由两个以上的人来指挥，否则将使这个人无所适从。而对于一个企业，不能同时采用两种不同的管理方法，否则将使这个企业无法发展。

当面临多块手表时，要果断扔掉多余的手表，只留下其中一块，只选择一个导向。

八、鲶鱼效应

（一）含义

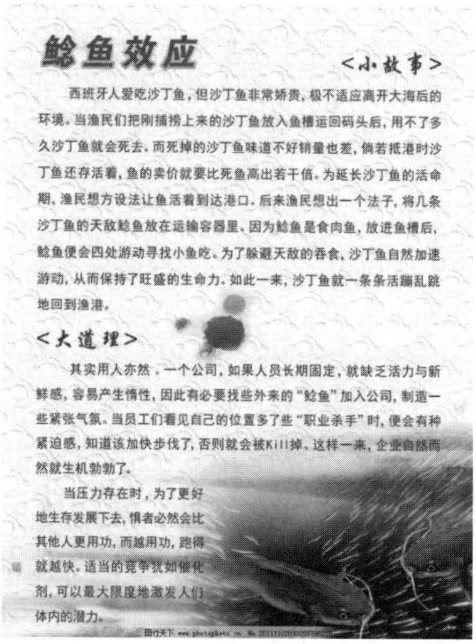

挪威人爱吃沙丁鱼，尤其是活鱼，挪威人在海上捕得沙丁鱼后，如果能让它们活着抵港，卖价就会比死鱼高好几倍。但是，由于沙丁鱼生性懒惰，不爱运动，返航的路途又很长，因此捕捞到的沙丁鱼往往一回到码头就死了，即使有些活的，也是奄奄一息。只有一位渔民的沙丁鱼总是活的，而且很生猛，所以他赚的钱也比别人的多。该渔民严守成功秘密，直到他死后，人们打开他的鱼槽，才发现只不过是多了一条鲶鱼。原来鲶鱼以其他鱼为主要食物，放入鱼槽后，由于环境陌生，就会四处游动，而沙丁鱼发现这一异己分子后，也会紧张起来，加速游动，如此一来，沙丁鱼便活着回到港口。这就是所谓的“鲶鱼效应”。运用这一效应，通过个体的“中途介入”，对群体起到竞争作用，它符合人才管理的运行机制。

鲶鱼在搅动小鱼生存环境的同时，也激活了小鱼的求生能力。管理中，鲶鱼效应是采取一种手段或措施，刺激一些企业活跃起来，积极投入到市场中竞争中，从而激活市场中其他同行业企业。

（二）管理启示

正确运用激励手段。渔夫采用鲶鱼来作为激励手段，促使沙丁鱼不断游动，以保证沙丁鱼活着，以此来获得最大利益。在企业管理中管理者要实现管理的目标，同样需要引入鲶鱼型人才，以此来改变企业相对一潭死水的状况。

为鲶鱼人才提供自我价值实现的环境。鲶鱼型人才是企业管理必需的一环。鲶鱼型人才是出于获得生存空间需要而出现的，并非是一开始就有如此的良好动机。对于鲶鱼型人才来说，自我实现始终是最根本的。

激起“沙丁鱼”员工（或组织）的忧患意识。沙丁鱼型员工的忧患意识太少，一味地想追求稳定，但现实的生存状况是不允许沙丁鱼有片刻的安宁。“沙丁鱼”如果不想窒息而亡，就应该也必须活跃起来，积极寻找新的出路。

九、蘑菇定律

（一）含义

“蘑菇管理定律”指的是组织或个人对待新进者的一种管理心态。因初学者常被置于阴暗的角落，不受部门的重视，只做一些打杂跑腿的工作，有时还会被浇上一头“大粪”，受到无端的批评、指责、代人受过。组织或直属领导任其自生自灭。初学者得不到必要的指导和提拔，这种情况与蘑菇的生长情况极为相似，所以叫蘑菇定律。一般在管理机构比较正式的大企业和公司里，这种情况比较多。管理者要提早认识到这种现象并加以预防利用，才能达到事半功倍的管理效果。

蘑菇定律的说法，是20世纪70年代由国外的一批年轻电脑程序员总结出来的。蘑菇定律是指初入世者常常会被置于阴暗的角落，不受重视、打杂跑腿，接受各种无端的批评、指责、代人受过，得不到必要的指导和提携，处于自生自灭过程中，就像蘑菇培育还要被浇上大粪，蘑菇生长必须要经历这样一个过程，而人的成长也肯定会经历这样一个过程。

（二）管理启示

任何人，在成长过程中，都注定会经历不同的苦难、荆棘，被苦难、荆棘击倒的人，就必须忍受生活的平庸，战胜苦难、荆棘的人，则能突出重围，拥抱卓越。

蘑菇定律告诉年轻人：必须从基层干起，从基层做起才能了解企业的生产经营和整体运作，日后工作中方能更得心应手；从基层干起有利于积累经验和人气，培养诚信的品质，这是获取成功不可缺少的要素；从基层干起，可让员工经受艰苦的磨砺和考验，体验不同岗位乃至于人生奋斗的艰辛，更加懂得珍惜，企业也便于从中发现人才、培养人才、重视人才，所以说“蘑菇”的经历对年轻人来说是成长必经的一步。如何快速高效地走出职业生涯中最初的那段“蘑菇期”，为日后积累工作经验和人生阅历，是每个经过十几年寒窗苦读而踏入社会的年轻人必须面对的问题。

蘑菇定律还告诉年轻人：要从最简单、最单调的事情中学习，努力做好每一件小事，多工作，少抱怨，更快进入社会角色，赢得前辈们的认同和信任，从而较早地结束“蘑菇”时期，进入真正能发挥才干的领域。

“蘑菇”经历是事业上最为漫长的磨炼，也是最痛苦的磨炼之一，它对人生价值的实现起到至关重要的作用。经过这个阶段的磨炼，你就会熟练地掌握当前从事工种的操作技能，提升一些为人处世的能力，以及战胜挫折、失败的意志，这也是最重要的。诸多能力的具备，为你将来职业的顺利发展铺平了道路。从这个意义上来说，“蘑菇”经历是人生的一笔宝贵的财富。职业道路上的磨炼，不是舞台上的演出，不仅需要进入角色，还要承受现实生活的种种不幸，经历事业上屡挫屡败的痛苦。事业中总有种种不如意，但一个意志坚强的人，却能将逆境变成顺境，能在挫折中找到转机。相反，有许多人，因为缺少生活的磨炼，一旦遭遇突如其来的挫折或不幸，一次输给了自己，就永远地输给了自己。所以说，一帆风顺的人很难取得超常的成就。

很多大学生走出校园都抱着很高的期望，觉得自己十年寒窗苦读，学富五车，在新的单位应该得到重用，应该得到丰厚的报酬。一旦得不到重用，工资达不到预期，就容易失去信心，失去工作的热情，进而消极地对待工作。所以，大学生毕业后第一次选择就业单位尤其重要。选择适合自己的单位等于成功一半，什么样的单位最好，在不同人的眼里也有不同的标准。有人认为单位大、薪水多、工作环境优越就是好去处，实际不完全对，成才环境和发展潜力等也需要综合考量在内。有的企业虽然小或者工作环境艰苦，但是艰苦的工作环境更锻炼人，更考验人，也更善于起用新人。在这样的企业，新人更容易脱颖而出。如果你不想在“阴暗”的角落里被埋没太久，这样的企业是一个好去处。

毕业生一旦走向社会，才发现梦想与现实总是存在很大的差距。当你到了一个并不满意的公司，或者被分配在某个不理想的岗位，做着也许还很没劲甚至很无聊的工作时，肯定会产生前途茫然的感觉，如果收入又不理想，你肯定会郁闷万分，此时就是蘑菇定律在考验你的适应能力。请记住达尔文的忠告：要想改变环境，必须先适应环境。

记住习近平总书记的话：“每个优秀的人都有一段沉默的时光，那段时光是付出了很多努力却得不到结果的日子，我们把它叫做扎根。”

十、不值得定律

（一）含义

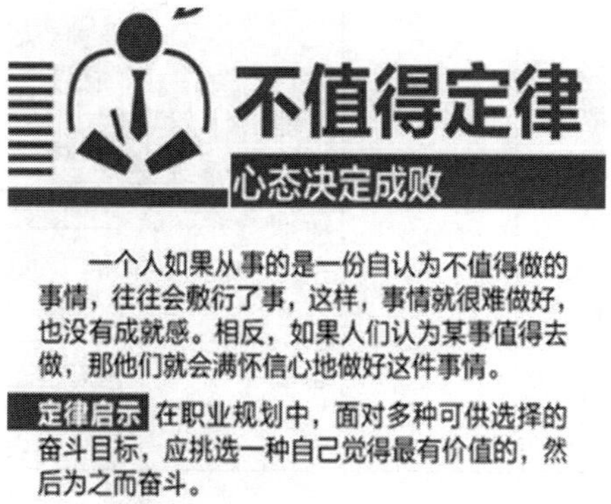

最直观的表达为：不值得做的事情，就不值得做好，这就是“不值得”定律，一个管理学中的经典定律。这个定律反映出人们的一种心理，一个人如果从事的是一份自认为不值得的事情，往往会持冷嘲热讽、敷衍了事的态度。不仅成功率小，即使成功，也不会觉得有多大的成就感。那么，到底什么事值得做呢？那就是符合我们的价值观，适合我们的个性与气质，并能让我们看到期望的事情。

（二）管理启示

这个定律看似简单，实则深奥，它给人们的一个重要反思和启示是：值得做的事就要把它做好。当你遵循这个启示行为处事时，在不经意间会发现，它给那些徘徊于主观意愿与客观环境的矛盾中、纠结于随波逐流还是激流勇进的人们指明了方向，让他们不再消极被动，而是从容淡定地坚持“选择你所爱的，爱你所选择的”。

不值得定律给管理者的启示是：要善于培养和满足员工的成就感，这样他就会觉得所从事的工作是值得做的，这样他就会拿出全部的热情去把工作做好。

不值得定律给个人的启示是：许多人不知道自己应该做什么，结果做了些不值得做的事情。做不值得做的事，会让你误以为自己在完成某些事情。你耗时费力，得到的可能仅仅是一丝自我安慰和虚幻的满足感。不值得做的事会消耗时间与精力。资源是稀缺的，用在一项活动上的资源不能再用在其他的活动上。

当然，管理定律还有很多，如墨菲定律、帕金森定律、华盛顿合作定律、羊群效应、多米诺效应等，读者可自行查阅，在此不一一介绍。

【本章考核】

考核标准

序号	考核项目	主要内容	评分标准	分数	学生自评	教师评分
1	知识学习（40 分）	管理原则、管理定律和管理方法的了解	了解管理的一般原则对管理活动的指导意义	8		
			了解管理的一般定律的现实意义	5		
			熟悉管理的一般方法的实施步骤	8		
			掌握管理的一般方法的运用领域	8		
			掌握管理的一般原则的运用	5		
			了解管理的一般定律对管理工作的启示	6		
2	技能提升（40 分）	管理原则、管理定律和管理方法的运用	能够熟练使用管理的一般方法和管理工具	20		
			能够研究设计新环境下管理方法的形式	10		
			能够熟练运用一般管理方法解决工作中的问题	10		
3	职业素养（20 分）	管理原则、管理定律和管理方法的素养养成	建立从管理原则和管理定律观察事物的习惯，形成理性思维的职业素养	5		
			培养多方面思考问题的工作作风，形成完整健全的人格	5		
			能够把管理原则和管理定律泛化于工作和生活中，提升工作生活质量	5		
		态度考勤	态度端正，学习积极，考勤合格	5		
合计				100		

学生签字	年　月　日	教师签字	年　月　日

【本章作业】

一、归纳总结本章内容

二、知识测试

（一）概念解释

1．以人为本

2．戴明环

3．随机应变

4．民主集中制

5. “三公”原则

6. 延旧创新

（二）选择题

1. 目标管理概念率先由（　　）提出。

A. 彼特·德鲁克　B. 西蒙　C. 巴纳德　D. 法约尔

2. 目标管理特别强调人的（　　）。

A. 社会性　B. 自我实现　C. 利益性　D. 团体性

3. 实事求是中的“是”的含义是（　　）。

A. 正确　B. 肯定　C. 客观规律　D. 追求的目标

4. 5S 管理的最后一步是（　　）。

整理　B. 整顿　C. 清洁　D. 素养

5. 依法管理的各个环节不包括（　　）。

A. 依法决策　B. 建立法规　C. 民主管理　D. 制度管理

6. 下列各项中，属于管理定律的是（　　）。

A. 精细化管理　B. 目标管理　C. 5S 现场管理　D. 蘑菇原理

7. 下列各项中，不属于管理原则的是（　　）。

A. 民主集中制　B. 以人为本　C. 马太效应　D. 公平公正公开

（三）简述题

1. 什么是以人为本原则？它与法律、效益最优之间的关系是什么？

2. 试述管理的方法创新在现代管理中的必要性。

3. 管理的 PDCA 循环法的内容是什么？在现代管理中如何实施 PDCA 循环法？

4. 什么是以人为本的管理原则？为什么 21 世纪的管理是以人为中心的管理？

5. 系统原则、以人为本原则和效益最优原则这三者之间有无联系？为什么？

三、技能训练

1. 分组讨论班级年度目标责任制的方案，然后每组派代表汇报，大家评判，看看哪组方案被班级采纳。

2. 每两人制作一张 PDCA 学习计划循环表，相互监督执行，看看谁执行较好。

四、小组讨论

在一个管理经验交流会上，有两个厂的厂长分别论述了他们各自如何进行有效管理的看法。

A 厂长认为，企业首要的资产是员工，只有员工们都把企业当成自己的家，都把个人的命运与企业的命运紧密联系在一起，才能充分发挥他们的智慧和力量为企业服务。因此，管理者有什么问题，都应该与员工们商量解决；平时要十分注重对员工需求的分析，有针对性地给员工提供学习、娱乐的机会和条件，每月的黑板报上应公布当月过生日的员工姓名，并祝他们生日快乐；如果哪位员工生儿育女了，厂里应派车接送，厂长应亲自送上贺礼。在 A 厂长厂里，员工都普遍把企业当做自己的家，全心全意地为企业服务，工厂日益兴旺发达。

B 厂长认为，只有实行严格的管理才能保证实现企业目标所必须开展的各项活动顺利进行。因此，企业要制定严格的规章制度和岗位责任制，建立严格的控制体系，注重上岗培训，实行计件工资制等。在 B 厂长厂里，员工们都非常注重遵守规章制度，努力工作以完成任务，工厂发展迅速。

分组讨论：

1．A、B 厂长分别运用了什么管理思想？

2．结合该案例谈谈你对“现代管理的核心是使人性得到最完美的发展”这句话的看法。

3．结合该案例谈谈你对管理的动力原则的看法。

五、案例分析

福特汽车的科学管理方法

福特汽车公司之所以能取得今天的巨大成就，与福特汽车公司创始人亨利·福特推行科学管理是分不开的。1910 年，福特开始在高地公园新厂进行工厂自动化实验。他率领一群高效率的专家，检查装配线上的每一个环节，试验各种方法，以求提高生产力。而他最重要的突破就是利用甘特图表进行计划控制，创造了世界第一条汽车装配流水线，实现了机械化的大工业生产，大幅度提高了劳动生产率，出现了高效率、低成本、高工资和高利润的局面。1914 年，福特宣布 8 小时日工资为 5 美元（取代了 9 小时 2.34 美元的工资标准），这个报酬是当时技术工人正常工资的两倍。福特的想法是这样，制造汽车的工人就能够成为汽车的拥有者了。5 美元一个工作日的消息一公布，大约有数万人不顾冰冷刺骨的天气，涌到福特的海兰公园制造厂申请工作。亨利·福特开创了一个新时代，他独特的汽车生产线和为大众服务的经营理念一方面给自己带来了丰厚的利润，另一方面也改变了美国人的消费观念，从此，美国成了汽车的王国。

问题：福特汽车使用的管理方法有哪些？

六、延伸阅读

扫描二维码阅读：×公司的独裁管理。

第四篇　自我管理

所谓自我管理，就是指个体对自己的目标、思想、心理和行动等方面进行的管理。简单地说，所谓自我管理，就是指自己把自己组织起来，自己管理自己，自己约束自己，自己激励自己，自己管理自己的事务，最终完成自我奋斗目标的一个过程。自我管理包括自我认知管理、自我时间管理、自我情绪管理、职业规划管理、日常生活管理、学习管理、形象管理、健康管理等内容。自我管理对任何人都很重要，对大学生来说更是十分重要，对企业来说也很重要，企业能够做到让员工自己管理好自己，企业的管理成本就会大大降低。

德鲁克认为知识社会中所有组织和个人所面临的最重要的挑战之一就是自我管理。世界上最难管理的是自己，如果能够把自己征服，我们便成功了一半。管理的终极和最高境界是自我管理。

自我管理在我们的日常生活、工作和学习中扮演着相当重要的角色。我们要想发展，必须善于自我管理，知道自己的位置处于哪里，才能发挥自己的长处，取得更高的成就。

本篇主要介绍自我管理的一般概念、自我认知管理、自我时间管理、自我情绪管理等内容。

本篇共三章:

第十一章　认知管理

第十二章　时间管理

第十三章　情绪管理

第十一章　认知管理

【管理名言】

知人者智，自知者明。

——老子

不知人之短，不知人之长，不知人长中之短，不知人短中之长，则不可以用人，不可以教人。

——魏源

【本章介绍】

认知管理是自我管理的基础与重要组成，一个人只有学会认知，才能发现事物的优缺点，进而探索成长的道路，最终提升自身的素养。本章从自我认知能力培养的角度出发，对认知自我、认知他人的概念与方法进行介绍，帮助同学们提升知己知人能力，为自我认知管理能力素养的提高奠定基础。

【学习目标】

1. 知识目标

（1）了解认知自我的概念与方法。

（2）了解认知他人的概念与方法。

（3）了解认知测评工具。

2. 能力目标

（1）能正确的认知自我、剖析自我。

（2）能正确认知他人、评价他人。

3. 素质目标

（1）具有正确对待自我的思想。

（2）具有正确对待他人的意识。

【情境导入】

曾慧的苦恼

曾慧是高职大三的学生，进入最后一学期，她也和许许多多的毕业生一样，即将投身到实习、找工作的洪流中去。然而，让曾慧甚为苦恼的是，找工作在即，她似乎还不知道自己能做些什么。她学的是商务英语专业，平时学习也很用功，但她觉得现在学英语的大有人在，自己也没什么专业优势。说到兴趣，她觉得自己没有什么特别感兴趣的工作，似乎每种工作都差不多。至于性格，她觉得自己性格文静、细心，应该比较适合从事文员工作，但觉得有点不甘心，觉得太平淡了，希望能从事如销售这样有挑战的工作。总之，面临找工作的曾慧，感到迷茫、焦虑。请你帮助曾慧分析一下其产生迷茫和焦虑的原因。

第一节 认知自我

希腊古城德尔斐的阿波罗神殿上刻有 7 句名言，其中流传最广、影响最深的就是：“人啊，认识你自己”。自我管理的前提，在于对自身特点的认知，古人亦有云：“君子博学而日参省乎己，则知明而行无过矣。”可见是否能深刻反思自身的价值观、性格、兴趣、能力，是自我管理，自我决策的前提与根基。

一、自我认知的含义

自我认知，也叫“自我意识”或“自我”。自我是一种意识，是个体对自己存在的觉察，其中既有对行为的认知，也有对心理的认知。认识自己，客观评价自己，是个体自我素养完善与提升的重要前提。

从自我认知的内容上来看，自我认知可以分为对生理、心理和社会的自我认知。自我生理认知是指个体对自己的生理属性的认识，如身高、体重、长相；自我心理认知是指个体对自己心理属性的认识，如心理过程、能力、气质、性格等；自我社会认知是指给对自己社会属性的认识，如自己在各种社会关系中的角色、地位、权力等。

二、自我认知的重要性

不少人兢兢业业忙碌一生，可是却不知道自己应该追求什么，什么才是适合自己发展的方向和路径，耗费了时光和精力，虽然很努力，却因为从事着与自己特质不相符的职业与工作，事倍功半，收获远远小于付出，个人的价值与贡献没有得到合适的体现。

渴望成功的人往往都喜欢完美，但经验告诉我们，对完美的追求不可能面面俱到，成功的关键在于两点，一是如何把自己的特长发挥到极致；二是如何规避自己的不足之处。如果一个人是将自己的精力用在提高弱项上，不仅收效甚微，还会影响其他方面的发挥，最终也只能是一个毫无特色的人。

三、自我认知能力的塑造

自我认知是一个多维度、多层次、多因素的心理反应，它在内容、形式和自我观念上体现了“正确的自我判断”“宽容的自我接纳”“有效的自我控制”等三个方面。

1. 正确的自我判断

俗话说得好：“不识庐山真面目，只缘身在此山中。”个体对自身的认知往往会存在一定的偏差，要想正确认知自己，我们需要从以下几个方面着手：

（1）正确认识。全面而正确的认识自我，是自我认知能力里面的第一构成要素。人们只有客观地认识自己，才能科学对待自己的过去，确立自我发展的方向，合理规划未来的发展路径，进而在社会情境中找到自己恰当的位置。人们应该忠实于自己的内心，认真仔细想一想自己的特性，用尽量多的形容词和动词描述自己，将自己意识中的个体形象具化出来。

（2）综合评价。通过自我评价和听取他人对自己的评价，来辅助认识自己。人们应该在正确自我认识的基础上，从父母、同学、老师、朋友、恋人等维度，继续探索他人对自己的评价，寻找这些评价中的共同特点，将其归类，描述的角度越多，分类越细，对自我探索的精细度就越高。

（3）积极反思。缺乏自我反思的人，是无法达成自我完善的。只有通过反思分析自己成功或失败的原因，对自己严于剖析，敢于批评，提高自我评价的精确性，才能更好定位自己，更好认知自我。

2. 宽容的自我接纳

自我接纳是对自己本来面目的肯定与认可，是自我认知的关键。一个人可以远离不喜欢的人，但是却不能回避自己，个体只有欣然接受自我，才有勇气和信心去面对真实的自我，才会珍惜自己的人格和名誉，注重自我修养，使自己发展到一个较高的境界。宽容的自我接纳可以从以下几点做起：

（1）喜欢自己。我们应该学会发现自身的闪光点，探索自身存在价值的独特性。人生而有价值，每个人不必纠结于自己是否完美，要学会体会自己的独特性，在此基础上感知价值、幸福、愉快与满足。

（2）接纳自己。我们要学会接受自己的不完美，坚定正确的认知观。世界上没有人会是完美的，每个人都是优缺点的综合体，即不会事事行，也不会事事不行，不能只盯着自己的短处，过于妄自菲薄，要善于克服自己的缺点，扬长避短，更好地发挥自身潜力。当然，也不能只看到自己长处，骄傲自满。

（3）释放自己。面对挫折或困境，我们要学会适当解压，这比良药更能缓解疲劳与痛苦。不论是工作、生活、还是学习，我们都会有各种不如意，或者面对新环境或新问题时，都可能会面临压力、挫折与冲突的考验，如果我们不能以释然的心态面对这一切，就无法越过困境。

3. 有效的自我控制

有效的自我控制是自我认知的关键环节，我们要做到有效的自我控制，应该要做到以下几点：

（1）培养意志。人生的伟大不在于是否有目标，而在于使目标实现。不少人很早就为自己设立了远大的目标，但是在努力的过程中，缺乏足够的自制能力和强大的意志，经受不住挫折和打击，最终空有目标而无法实现。

（2）提高自信。自信是一种对自我的肯定，它体现在个体的行为当中，在自我意识里的表现形式往往是“我行”“我能”“我可以”“我能做到”等。自信对个体来说非常重要，自信能提供积极的自我暗示，改进个体完成任务的效率，提高个体完成任务的成功率。当我们面对困难的任务，感到信心不足时，适当的给自己鼓劲，可以激发自身潜力。

（3）超越自我。认知自我，接纳自我，都是为了塑造自我，超越自我。对我们而言，超越自我是终身努力的目标。在行动上，无论对人对事，均全力以赴，使自己的能力品行得到最大限度发挥。超越是一种境界，更是一种过程，一种“超我”形成的过程，绝不会是一帆风顺的，需要付出艰辛的努力和沉重的代价。

四、认知能力训练

荀子的《劝学》有这样一句话：“君子博学而日参省乎己，则知明而行无过矣。”要做好个人的管理，首先要学会自我认知，要客观认识自我，分析自我，识别自己的价值观、能力、性格、兴趣等。要做到这些可以通过自我分析能力训练达到，方法是：

（1）进行任务描述。每一位同学在“自我分析表”上认真诚实地填写有关自己的内容，然后结合自己所填内容写一份150字左右的趣味自我介绍。

（2）提出任务目标。训练自我分析能力，提高自我认知水平。

（3）进行任务实施。制定自我分析表格，如实填写自己基本状况。可参考表11-1。

表11-1　自我分析能力训练表

项目	外貌特征	家庭情况	经济条件	身心状况	人际关系	整体评价	原因
分数							
100							
90							
80							
70							
60							
50							

（4）结合自我分析表做一个口头的一分钟趣味自我介绍。

第二节　认知他人

一、知人的含义

知人就是通过一定方式方法认知他人。由于人是具有复杂情感的高级动物，因此，人与人的交往是一种互动过程。

人与人的认识过程可包括感知和认知。感知是对人外部特征与行为的知觉，属印象范畴。认知是对人内心世界、心理活动的理解，属理性范畴。认知可包括感知，它是在感性基础上的进一步认识活动，依据自身的认识素质，在社会环境作用下，不断对信息进行选择、反馈、加工和处理。感知具有随机性、随弃性。萍水相逢、一面之交便可以产生感知，信息没有价值时，被感知的客体随之被放弃而不作为目标。认知具有目的性，只有当认知者觉得被感知的客体有进一步了解的价值时，才有可能进一步去了解。认知是主动地、有组织地去知觉，感知带有知觉的被动性、非组织性。人在社会交往中，总是根据自身交往的需要来选择对客体感知还是认知。

二、知人的内容

1. 对人感情的认知

感情包括情感和情绪。第一是对人表情的认知，包括面部表情、身段表情和语调表情，这是直接获得交往信息的方法。虽然人具有双重性格，一般情况下，人心理活动总是通过他的外部行为表现出来，内心和外表是统一的。如一个人眉飞色舞、喜笑颜开，一定是人逢喜事精神爽；一个人垂头丧气、萎靡不振，一定是遇到了不顺心的事。可以说，喜怒哀乐是人内心世界的晴雨表。第二是对人情绪的认知。对人的情绪认知包括对心境、激情和应激3种心理行为的认知。通常主要是对人心境进行认知。如日常交往中，出色的领导要关心同事与部下，亲密的伙伴要互相关心，慈爱的家长要关心自己的孩子。人的心境是一种持久的、微弱的、影响人的整个心理活动的情绪状态。当人的心境处于一种不顺心、不愉快，或者沮丧、悲伤、疑惑等状态时，尤其需要他人的关心与帮助，温暖人心的话犹如雪中送炭。农村孩子因家境贫寒不得不辍学时，上级领导送来关怀，孩子怎能不感恩戴德；战士父母重病而经济拮据，班排连长悄悄寄去自己的津贴，战士怎能不安心献身国防；孩子高考落榜、万念俱灰，父母几句开导安慰鼓励的话，就能使其振作精神。人的双重性格并非无法认识，如强装笑脸、故作愁容、笑里藏刀、虚情假意等可隐藏一时，难以掩盖永久、滴水不漏，往往在激情状态下，即狂喜、暴怒、强悲、极愤、急躁等短促爆发式情感支配下就会表露出来。

2. 对人能力的认知

能力是指人适应社会的本领或本事。人的能力有多种内容，如思维能力、学习能力、工作能力、组织能力、生活能力、交际能力、创造能力、应变能力等。司马迁《史记·货殖列传》说："能者辐辏，不肖者瓦解。"所谓能者，指不仅自己有能力，而且可以使用别人的能力，辐辏指能者像车轴，使人心汇聚如车辐集中于车轴一样。一般说来，生活中一个能够吸引或团结人的人，就是有能力的人，如领导吸引群众，作家吸引读者，歌唱家艺术家吸引观众，科学家吸引同行等。能力有高下之分、宽窄之分，最佳的能力或"能者"，能够发挥自己的能力，吸收和借鉴别人的能力，组织和借用别人的能力，调动一切积极因素，用集体的智慧丰富自己的智慧。

3. 对个性倾向的认识

包括对人的需要、动机、兴趣、理想、信念与世界观的认知。社会交往中需要对个人倾向作出积极认知的内容是很多的，未必能兼顾到各个方面，大多只是其中的一部分。如自我实现或社会化使人产生交往欲望，交往是有一定动机的，这种动机是真诚的、友善的？还是虚假的、权宜的？是来求助的？还是来交流的？彼此交往要有共同的兴趣，所谓趣味相投就是说没有共同爱好就无法深入交往，如集邮迷、戏迷就易谈在一起。兴趣也要作出判断与认知，是短期兴趣还是长期兴趣？是真兴趣还是假兴趣？是专业兴趣还是业余兴趣等？人的理想、信念与世界观代表了一个人的精神寄托和事业追求。理想、信念与世界观不同的人，也可以在一定条件下互相交往、互相理解，如社会主义制度下的中国人可以和资本主义制度下的西方人友好往来，无神论者可以和宗教人士友好往来，双方在价值观的矛盾中求同存异，寻找人类日常交往的和谐。在社会主义国家内部，如果人的理想、信念与世界观不同，工作、学习、生活上会反映出不同的态度，所以交往离不开判断和认知，有些可以求同存异，但有些必须符合我国的国情，必须去异求同。

4. 对个性特征的认知

个性特征包括气质、性格和能力等。其中能力包含智力，智力一定程度上反映人的认识能力。能力也影响人的气质和性格，有能力的人常充满自信心，气质安静，性格理智，办事有条不紊，举重若轻。人的性格代表了人对社会的态度，并以习惯化的行为方式表现出来。人的性格有好坏之分，作为管理者或交友都要注意认识人的性格。

德裔英国心理学家艾森克（H.J.Eysenck）曾提出人格二维模型，有助我们在实际交往中认知人的性格。他把人的性格分为内向－外向、稳定－不稳定两个维度，进一步分为 4 个小区：稳定内向型（黏液质）、稳定外向型（多血质），不稳定内向型（抑郁质）、不稳定外向型（胆汁质）。艾森克认为，每个人的性格特征都可以从内向－外向、稳定－不稳定两个维度、4 个象限加以描述，并可用来分析变态性格。内向指在环境刺激下，自制性比较强的稳定和好静的倾向；外向指在环境刺激下，自制性较弱的易冲动和冒险的倾向。如稳定内向型具有镇静、情绪平和、可信赖、有节制等特质，不稳定内向型具有敏感、不安、攻击、兴奋、多变、冲突等特质。

三、知人的意义

认知是社会交往中自我能动性的表现，认知的目的在于自我实现。但认知不是容易的事，特别是认知他人。正确认知他人，于个人于组织来说都有重要意义。

1. 知人非相

《荀子》中有一篇叫《非相》，意思说交往中不要以貌取人，晕轮效应会使判断出错误。《非相》说：舜和周公旦都是矮个子，孔子相貌凶神恶煞，舜时掌管刑法的皋陶面色青绿，商汤宰相伊尹脸上没有胡须和眉毛，大禹是瘸腿，商汤是跛足，但他们的人品很高。夏桀和商纣王长相英俊魁梧，但他们都是残害天下的暴君。因此，荀子认为，观看一个人容貌体态，不如研究他的思想，研究他的思想，不如看他选择的思想方法。人的品德高下与高矮、胖瘦、容貌体态无关。所以，“形（体态）相（容貌）虽恶而心术善，无害为君子也；形相虽善而心术恶，无害为小人也”。所以，平时不能以貌取人。

2. 知人善交

社会交往，可使人在生活群体中选择朋友，互相帮助，互相学习。《论语·述而》云：“三人行，必有我师焉。择其善者而从之，其不善者而改之。”选择的朋友不同，对自己的影响就不同。《墨子·所染》云：“染于苍则苍，染于黄则黄，所入者变，其色亦变”，认为“非独国有染也，士亦有染”。《荀子·劝学》云：“白沙在涅，与之俱黑”。“君子居，必择乡。游，必就士，所以防邪僻而近中正也”。晋·傅玄《太子少傅箴》：“近朱者赤，近墨者黑，声和则响清，形正则影直。”诸葛亮《前出师表》认为，交往中与不同的人保持不同的亲疏关系，会有不同的结果，“亲贤臣，远小人，此先汉所以兴隆也；亲小人，远贤臣，此后汉所以倾颓也”。因此，交友要慎。

3. 知人善教

社会交往中，自我实现最基本的内容之一就是传授经验和知识，要因人施教，循循善诱。如老师对于学生，上级对于下级、长辈对于晚辈，朋友对于朋友，都会有言传身教作用。孔子提出“有教无类”，孟子把“得天下英才而教育之”作为人生第三大乐趣，还说知人善教有 5 种方法：“君子之所以教者五：有如时雨化之者；有成德者；有达财（才）者；有答问者；有私淑艾者。此五者，君子之所以教也。”意思是君子教育人的方法有 5 种：有像及时雨那样灌溉的；有成全其品德的；有培训才能的；有解答疑难问题的；有才学影响使后人自学获益的。

4. 知人善任

通过了解人，合理的安置人，量才使用。《尚书·皋陶谟》说：“知人则哲，能官人。”意思是说能了解别的人，才是聪明睿智的人，才能用人得当。樊迟曾问孔子什么叫“智”，孔子答曰；“知人”，即“举直错（放置）诸枉（弯曲），能使枉者直”（《论语·颜渊》）。还说：“举直错诸枉，则民服；举枉错诸直，则民不服”（《为政》）。

5. 知人善举

就是通过认知，把德才兼备的人推荐出来。季氏的总管仲弓问怎样治理政事，孔子回答说："先有司，赦小过，举贤才"（《论语・子路》）。即给手下各部门管事的人带头，对他们的小过错不加追究，选拔德才兼备的人。西汉韩婴记载子贡与孔子的一段对话，孔子认为"荐贤贤于贤"，并说："知贤，知（智）也；推贤，仁也；引贤，义也"。能发现贤才，是聪明才智；能推荐贤才，是大仁；能引导贤才，是大义，能够发现和推举贤才者，常喻之为善识千里马的伯乐。宋代黄庭坚诗云："世上岂无千里马，人间难得九方皋。"知人善举是人类的美德，但并不是所有人都可做到。白居易在常乐里居住时，曾写了一篇《养竹记》，文章中认为竹子被人赋予树德、正直、虚心、立志等品性。竹子混杂草木之中，要靠人爱惜赏识它，发现人才也同此理。故"竹不能自异，唯人异之；贤不能自贤，唯用贤者异之"。

6. 知人善谏

知道别人的不足，要善于批评指出。我国古代曾实行谏官制度，专门批评朝廷得失。唐太宗和魏征的故事是大家熟知的。宋代，刘安世也是著名的谏官，号称"殿上虎"，"知无不言，言无不尽"，每次批评皇帝，雷霆震怒，"少霁复前，或至四、五（次）"。刘安世一度曾担心连累老母，其母深明大义说："谏官为天下诤臣，汝父欲为之而弗得，汝当舍身报主，勿以母老为虑。"日常交往中，搞好人际关系，不等于一团和气、抹稀泥，对于缺点和错误，及时提出善意的批评和建议，这是对朋友同事的爱护和关心，可以避免因小误大，铸成大错，酿成大祸。

7. 知人善去

组织管理人事，要把无能的人、品行不正的人及有严重过失者从领导岗位上撤下来，不搞异地做官升迁。承担一般工作，发现心术不正，歪门邪道之人，要善于疏远之。《韩非子・外储说左下》提出任人应有术，赏罚分明、爱憎分明，"信赏以尽能，必罚以禁邪"。又说："利所禁，禁所利，虽神不行；誉所罪，毁所赏，虽尧不治。"认为应该禁止的使其得利，应该得利的却加以禁止，即便如神仙一样无所不能，禁令也不能实行，应该惩罚的却加以赞美，应该奖赏的却加以诋毁，即使尧那样的贤君也不能治好国家。

8. 知人善学

自古以来，我们都认为通过知人，可以向别人学习。一是把品德高尚的人作为自己学习的榜样，二是别人的长处，自己都应吸取，成为自己的品行。孔子说："见贤思齐焉，见不贤而内自省也。"《孟子・公孙丑上》说："大舜有大焉，善与人同，舍己从人，乐取于人以为善……取诸人以为善，是与人为善也。"意思是舜有大德，善于取人的优点，放弃自己的成见而接受别人的意见，能够愉快地吸取别人的长处而行善……能够吸收他人之长而行善，这就是赞许别人共同行善。

9. 知人善助

助人为乐，先人后己，舍己为人等品质，从来是我国传统文化所崇尚的美德，也是中华民族的优良传统。孔子说："君子成人之美，不成人之恶，小人反是。（《颜渊》）"认为"博施于民而能济众"者是圣人，又说"夫仁者，己欲立而立人，已欲达而达人。能近取譬，可谓仁之方也已"（《雍也》）。就是说有仁德的人，自己要想站得住，同时也要让别人站得住。自己要通达，同时也要让别人通达。凡事都要以自身为例想到别人，这就是实行仁德的方法。《荀子・修身》说："劳苦之事则争先，饶乐之事则能让。"又说"行乎冥冥施乎无报"，暗中做好事而无需报答。《礼记・杂记》也说："君子贵人而贱己，先人而后己，则民作让。"

四、知人的方法

1. 我国古代对人认知的方法

我国古代在社会交往中，总结了许多认知方法。孔子说："始吾于人也，听其言而信其行；今吾于人也，听其言而观其行。(《公冶长》)"。他又说："视其所以，观其所由，察其所安，人焉瘦哉？"即考察他的行为，观察他所从走的道路，察看他以什么为安，那么这个人怎么能隐藏呢？

孟子认为，知人应观察对方的眼睛，他说："存乎人者，莫良于眸子。眸子不能掩其恶。胸中正，则眸子瞭（光明）焉；胸中不正，则眸子眊焉。听其言也，观其眸子，人焉瘦哉？"(《孟于·离娄上》)。他还认为，根据人的言辞可以判断人的品性为人，"诐辞知其所蔽，淫辞知其所陷，邪辞知其所离，遁辞知其穷。"即偏颇的言辞能剖析它的表面性，放荡的言辞能剖析它的沉溺性，邪辟的言辞能剖析它的狡辩性，躲闪的言辞能剖析它的理屈性。

《吕氏春秋》专门有一篇叫《论人》，介绍如何识别人的"情伪、贪鄙、美恶"的方法。指出认知一个人，"外则用八观六验"，"内则用六戚四隐"的方法。

"八观"是根据人所处的地位来认知，内容是：

"通则观其所礼"，即显贵之时看其所行的宾礼。用之于今就是说，有地位时看是否脱离群众、蛮横无理、趾高气扬。

"贵则观其所进"，即任要职之时看其举荐的是什么人。用之于今就是说，作为领导是用人唯贤还是用人唯亲。

"富则观其所养"，即富裕之时看其所养的门客宾客，用之于今就是说，作为先富者，要看他用财结交什么人，是吃喝嫖赌，还是为大众服务。

"听则观其所行"，即听他所言之后要看他如何去做。用之于今就是说，不仅要说的好听，而且要言行一致，不能光打雷，不下雨。

"止则观其所好"，即无事之时看其追求崇尚什么。用之于今就是说，通过物质和精神的追求，可以看出其是追求享受还是乐于奉献，是低级趣味还是助人为乐。

"习则观其所言"，即作为帝王的近习（亲信）看其所进之言。用之于今就是作为领导身边的工作人员，要看他是出好主意还是坏主意。

"穷则观其所不受"，即穷困之时看其受不受非分之财。用之于今就是说，作为普通公职人员，看其是安贫乐道、清正廉洁还是索贿受贿。

"贱则观其所不为"，即贫贱之时看其为不为非义之事。用之于今就是说，尽管地位低下，决不做有损国格、人格之事，堂堂正正，掷地有声。

"六验"是依据人的情感来认知人，内容是："喜之以验其守"，即使之喜悦，看其是否不变操守；"乐之以验其僻"，即使之高兴，看其是否邪僻不正；"怒之以验其节"，即使之发怒，看其是否能自我约束；"惧之以验其特（持）"，即使之恐惧，看其是否不失持守；"哀之以验其人"，即使之悲哀，看其是否不变其人，能否节哀自制；"苦之以验其志"，即使其处于艰苦环境，看其是否有大志。

"六戚"指"父、母、兄、弟、妻、子"，他们代表了个人的家庭关系。考察六戚，就是看能否处好家庭成员之间的关系，家庭没有伦理道德，不讲和睦，就难以处好社会关系。

"四隐"指"交友、故旧、邑里、门郭"，他们代表了个人的社会联系，是狐朋狗友还是良朋益友、高朋净友。通过社会交往、居住环境，考察“人以群分”，可以分析交往趣味情操，哪些人值得交往，哪些人不值得交往。

2. 现代社会知人的方法

在复杂的现实生活中，我们常常会感慨“画虎画皮难画骨，知人知面不知心”，一个人不仅要做到正确认识自己，还应该学会正确认识他人。实际上，不少人并不擅长认知别人，其中存在的最大问题是缺乏认知他人的方法。

缺乏对他人的认知，不仅会阻碍自己的正常社会交往，还可能会影响自身的成长与进步。为了更快更好地融入校园及社会生活，我们应该有意识地培养认人的方法，提高知人的能力。我们可以从以下几个方面改善认知他人的能力：

（1）主动接触。认知他人，最好的方式就是主动接触。如果沉默寡言，畏手畏脚，不可能了解他人。要想正确的认知他人，就要勇于与他人交往，向他人敞开心扉，沟通彼此的心灵，加深相互的了解。

（2）减少偏见。每个人都不会是完美的。在认知他人的过程中，我们不应把他人的家庭背景、教育经历、职业情况、生活习惯作为认知判断的主要依据，而应作为认知的参考。认知他人要深交流、重实感、享过程，不要执着于所谓第一印象，要冷静分析，仔细观察，避免出现知觉偏差。

（3）消除情绪。我们常常会把自己的情感投射到外部事物上。心情舒畅时，会觉得什么都是美好的；心情烦闷时，又会感到万物非常糟糕。我们认知他人的过程中，要注意消除情绪因素的影响，尽可能舒缓心情，防止以自己的情感去歪曲别人的情感。

（4）细心观察。在认知他人的过程中，要留意观察认知对象的行为举止。不但要看他如何对待自己，还要看他如何对待他人。将所感知的情况进行比较分析，辩证把握认知对象的本质，以更好的认知他人。注意这一切应该是在与人为善的交往中完成的，不要做一个冷漠的旁观者，不然反而会引起他人的误解或反感，最终会导致认知出现偏差。

3. 知人的技巧与细节

有研究表明，有55%的信息可以依据表达者的身体语言（如动作、眼神、表情）来获知，有38%的信息可以从表达者说话的语气或声调中获知，剩下的7%则来自于其他细节。因此，留意交往中的细节将有助于我们更好地了解他人。

（1）通过寒暄了解对方。

寒暄是人们相见开始时最常用的方式，虽然只是短短的一瞬间，但如果仔细观察，仍然有助于了解对方。

1）表情。眼睛柔和地注视对方，笑容自然放松的人内心从容自信；眼睛睁大直视对方、表情夸张的人有表现欲；目光躲闪、口中忙不迭地问好的人有自卑倾向；目光游离、表情僵硬的人比较傲慢。

2）握手的力度。握手短促有力的人热情而自信，握手轻飘飘的人心不在焉或缺乏自信，不断地摇晃手臂的人有恭维对方的心理。

3）手掌的湿度。若对方的手掌潮湿，说明对方的精神处于兴奋状态，心理上处于不平衡状态。

（2）通过表情了解对方。表情是心情的镜子。人要装出若无其事的样子或制造出与自己的真实想法完全不同的表情来，是很困难的。了解人的心情与表情关系见表11-2。

表 11-2　人的心情与表情关系表

	喜	怒	悲	厌	恐
眉	正常	聚成八字前后皱起	聚为倒八字	微皱	上扬
眼	下眼睑上扬	眼角有皱纹，睁大	大部分或全部闭上	变细，眼珠活动	睁大
鼻	正常	鼻翼扩张	鼻翼收缩	鼻根有皱纹，鼻翼扩张	鼻翼扩张，上扬
嘴	露上齿	扩长拉宽	露下齿	张开，微上扬	张开弯曲
唇	向后方伸展	上唇扬起两角下垂	下唇用力，两角下垂	两角下垂，下唇突出	下唇颤抖，两角下垂
下颚	下垂	颤抖	使劲向前突出	上扬	下垂固定

（3）通过视线了解对方。人类从外界得来的信息，有 70% 来自眼睛。眼睛也最有表现力，有道是“眼睛是心灵的窗口”。为此观察对方的视线有助于了解对方。

1）视线柔和自然的人内心从容自信。

2）视线不停乱动的人心不在焉，或者喜欢算计，善于察言观色。

3）眼睛惊恐，不断被对方表情左右的人有自卑感，没有主见，或急于讨好对方。

4）微微低头、视线向上望着对方的人可能有敬畏的心理，抬头向下望着对方则表示傲慢。

5）大睁眼睛直视对方的人如果不是充满敌意，则多半精力充沛，或控制欲强。

（4）通过言谈了解对方。

1）语速：说话一直慢条斯理，突然变得快速急促，往往是因为心中感到不安或恐惧，想迅速把事情说出来以得到解脱。同样的，一直能言善辩，突然变得吞吞吐吐或者一直说话不得要领，突然间滔滔不绝等情况，都要引起注意。

2）音调：一个人在表达反对意见时，为在气势上压制对方，往往会提高音调。人在激动时，无论是高兴还是生气，也常提高音调。相反，人们在平静、颓丧、沉思时，往往降低音调。

3）节奏：有自信、心地坦荡、性格乐观的人，说话必然富有节奏感。相反，如果一个人说话经常张口结舌、语无伦次，则多半是缺乏自信或心中有鬼。如果一个人说话有板有眼，说明他对所谈事情清楚明白，立场坚定，不怕对方反驳；相反，匆匆忙忙想要结束谈话，或支支吾吾、语气暧昧的人，多半不愿承担责任，处世圆滑。

（5）通过行为举止了解对方。行为举止是一个人长期以来形成的一种习惯，通过观察一个人的行为举止，能有助于了解他的习惯和性格等特征。

1）手姿：手是最容易表现人习惯的部位。比如有的人喜欢有意无意地玩弄领带、钢笔、挖鼻、抚弄头发、掰关节等，双手总是忙个不停，这样的人不安稳，欠成熟；笑时用手掩住嘴的人有女人气；手势过多过大的人表现欲强，或者思维活跃，急于表达。

2）坐姿：坐下时两膝靠拢的人，比较内敛拘谨；双腿叉开的人不拘小节；喜欢跷起“二郎腿”的人，控制欲比较强，希望获得优越感；习惯将脚神经质般不停晃动、前伸、翘起的人，比较喜欢引人注意，表示自己“对此事不在意”。

3）站姿：哈着腰、弓着背望着对方，一个“刘罗锅”似的人，缺乏自信和主见，急于讨好对方；喜欢双手提着包垂在身前，像个侍者一样笔直地站着的人，多半自以为形象不错，而且看重别人对自己的印象。

4）行姿：走路快、步幅大的人一般是急性子；走路东张西望、慌里慌张的人可能喜欢算计；走路磨磨蹭蹭、总喜欢靠着墙角走路的人是沉默的内向者，或者有自卑倾向；喜欢把手插到裤袋里的人希望引起别人注意。

五、认知他人能力训练

1．回忆一下与一位陌生人的初次见面，当时你是如何观察和评价他的？通过表 11-3 记录并分析。

表 11-3 认知他人能力训练表

	他的表现	你的判断
寒暄		
表情		
视线		
言谈		
行为举止		

2．从他后来的表现看，你观察得“准”吗？偏差出现在哪里？

3．想一想，你自己还有哪些观察了解他人的有效方法？

【本章考核】

考核标准

序号	考核项目	主要内容	评分标准	分数	学生自评	教师评分
1	知识学习（40 分）	自我认知概念的理解	了解自我认知的含义	5		
			掌握认知他人的含义	5		
			掌握“古人”“现代人”认知他人的方法	15		
2	技能提升（40 分）	自我认知方法运用	能够运用自我认知方法对自己的价值观、能力、性格、兴趣展开认知	20		
			能从“判断、接纳、控制”三个角度熟悉认知自我的方法	15		
			能够运用认知他人方法对他人情绪、能力、个性展开认知	20		
3	职业素养（20 分）	自我认知意识和习惯	养成自我认知的习惯	10		
			学会接受对他人认知的偏差，改进认知他人的方法	10		
合计				100		

学生签字	年 月 日	教师签字	年 月 日

【本章作业】

一、归纳总结本章内容

二、知识测试

（一）概念解释

1. 知人
2. 六戚
3. 四隐

（二）选择题

1. 要正确认识自己，应该要（　　）。
   A. 客观认识自己　　B. 多方位综合评价自己
   C. 多总结自己的优点　　D. 对自己做一分为二的分析
2. 要实现有效的自我控制，应该要（　　）。
   A. 有意识的培养坚定的意志　　B. 只做自己能做到的事情
   C. 有效的强化自己的自信心　　D. 努力实现对自己的超越
3. 提升对他人的认知水平，可以从（　　）等方面改善。
   A. 主动接触　　B. 减少偏见
   C. 消除情绪　　D. 细心观察
4. 招聘时，作为面试官的你，应该选择什么样的应聘者？
   A. 视线不停乱动的　　B. 眼神惊恐的
   C. 眼睛直视你的　　D. 视线柔和自然的

（三）简述题

1. 简述现代社会知人的方法。
2. 浅谈可以通过哪些行为举止了解对方。
3. 谈谈知人的作用。

三、技能训练

1. 扫章节末尾二维码，完成自我气质测试。
2. 完成自我行为方式测试——DISC 个人行为模式。

四、小组讨论

1. 还能从哪些方面更好的认知自我与他人。

2. 琪琪是一个初三的女生。她说：“性格内向、相貌普通的我并不太愿意向别人吐露心声，所以和别的同学也很少交流，可能班上的同学都很少注意到我的存在。但其实我的心里也有很多苦恼，平凡而普通，我感到十分的自卑。在班里我不是一个出众的学生，有的任课老师竟然叫不出我的名字。我太平凡了，不，应该说我太不出色了。虽然每天我也像其他同学一样上学、放学，可我总感到自己是在做那些学习好的同学的陪读。有朝一日他们都考上大学了，我的历史使命也就完成了。每天浑浑噩噩地生活，我不知道自己的人生方向在哪里。我现在的生活很消极也很乏味，我觉得这样不好，但是我能怎么做呢？”

（1）这个故事里面的女生对自己的描述正确吗？

（2）如果琪琪是你的朋友，你怎样开导她？

五、案例分析

琼瑶，在少年时期，学业和竞争的压力让她喘不过气来。学习上最糟糕的是数学，每次考试，不是 0 分，就是 20 分。父母对于这个功课如此之差的孩子简直失望至极，认为这个考不上大学的孩子在事业上不会有所成就。可琼瑶对自己并不灰心，她对文学情有独钟，9 岁多的时候就已经写出了她的第一篇小说《可怜的小青》，并成功地刊登在《大公报》的儿童版上。如今，她已成为著名作家。

著名历史学家吴晗报考清华大学的“100 分与零分”之事，曾轰动京城。吴晗报考了清华大学，文史和英文都是 100 分，数学却是零分。清华大学不拘一格破例录取了吴晗。最终，吴晗成为一代明史专家。

1．琼瑶和吴晗有何相似之处？这说明了什么？

2．你从两个人的事迹中能感悟到什么？

六、延伸阅读

扫描二维码阅读：

1．如何摆脱迷茫，成为一个自我认知清晰的人。

2．自我气质测试。

第十二章　自我时间管理

【管理名言】

不能管理时间，便什么都不能管理。

——彼得·德鲁克

一寸光阴一寸金，寸金难买寸光阴。

——《增广贤文》

【本章介绍】

人生这趟列车，从不卖回头票，过往的时光，任凭你拿多少金钱也无法买回。所谓珍惜生命，实质就是要做时间管理。很多人常常感叹生活与工作压得自己无法喘气，其实压力的背后往往是因为无法有效利用时间，因为人生犹如一盘棋，坐在对面跟你下棋的正是时间。时间管理能力是自我管理能力的核心组成，大学生要学会了解时间、感悟时间、利用时间，把握自己的青春年华，为自己未来的发展培养良好的时间使用习惯。本章从时间管理的角度出发，对时间管理的现状、步骤、方法、技能展开探讨，力求帮助同学们提高时间管理知识与能力素养。

【学习目标】

1. 知识目标

（1）了解时间管理的现状。

（2）掌握时间管理的步骤。

（3）掌握时间管理四象限法则。

2. 能力目标

（1）会根据时间管理四象限法则安排行程。

（2）学会改善自己的时间管理方法。

3. 素质目标

（1）养成良好的时间管理习惯。

（2）养成时间管理的大局观。

【情境导入】

忙碌的农夫

农夫早上起来，对妻子说要去耕地了。可是当他走到要耕的那片地时，发现耕地的机器需要加油了，农夫就准备去加油。可是刚想给机器加油，就想起家里的四五头猪早上还没喂。这机器没油就是不工作，猪没加油，也就是没吃饱可是要饿瘦了。农夫决定回家先喂猪。当他经过仓库的时候，又看到几只土豆，一下子想到自家种的土豆可能要发芽了，应该去看看。农夫就朝土豆地走去。半路经过了木柴堆，想起来妻子提醒了几次，家里的木柴要用完了，需要抱一些木柴回去。当他刚走近木柴堆，农夫发现有只鸡躺在地下，他认出来这是自己的鸡，原来是脚受伤了……就这样，农夫一大早就出门了，直到太阳落山才回来，忙了一天，晕头转向，结果呢？猪也没喂，油也没加，地也没耕。

请问：农夫为什么忙碌了一天，却什么事情也没有做好？

第一节　时间管理的含义

高效的管理者往往不是从任务开始计划，而是从时间管理开始。他们并不是先制订计划，而是先查明时间的实际去处，然后努力管理时间，削减那些无效的时间需求，最终他们尽可能地将那些零散的时间整合成大块连续的时间。

一、时间管理的含义

时间管理是指运用一定的技巧、方法与工具，在同样的时间消耗下，为提高时间的利用率和有效性而进行的控制工作。时间管理是从对人管理的角度实现对时间的灵活与有效运用，从而实现个人或组织的既定目标。

时间管理的发展由来已久，早期的时间管理关注的是管理的载体，比如是利用便条，还是使用备忘录来调配时间。随后的时间管理关注的是管理的方法，例如采取“日程表管理”还是使用“目标管理”来规划管理过程。随着管理研究的不断发展，研究者们发现，不管是管理的载体，还是管理的方法，其中最重要的因素始终是人。因此，今天的时间管理，不再局限于只关注“时间”本身，而是转为关注对“人”的管理。新的时间管理观念认为时间管理实质是个人管理，是个人针对时间做的自我管理。时间管理的目的，就是要“以终为始”，“做正确的事”，并且努力去“正确的做事”。

二、时间管理的重要性与特性

1. 时间管理的重要性

时间对每个人来说都是非常重要的，不管我们做什么事，一旦缺少时间管理意识，无论计划有多好、目标有多高、能力有多强，也将会是竹篮打水一场空。

1968 年美国麻省理工大学的研究人员做了一次“时间利用问题”的调查研究。他们先后调查了 3000 名美国职业经理人，调查发现，凡是成功的经理都能做到两点：一是限定自己的工作范围，把职责内的工作尽量做好；二是合理安排时间，使时间的浪费减少到最低限度。可见，时间的合理运用对于成功具有较明显的作用力。

我们都知道的谚语：“明日复明日，明日何其多。我生待明日，万事成蹉跎。”可见时间的重要性。

2. 时间管理的特性

（1）供给无弹性：时间的供给量是固定不变的，在任何情况下不会增加、也不会减少，每天都是 24 小时，所有人都无法开源。

（2）不能积累：时间不像人力、财力、物力和技术那样可以被积蓄储藏。不论我们愿不愿意，都必须消费时间，所以所有人都无法节流。

（3）无法取代：任何一项活动都有赖于时间的堆砌，这就是说，时间是任何活动所不可缺少的基本资源。因此，时间是无法取代的。

（4）稍纵即逝：时间无法像失物一样失而复得。一旦丧失就是永远丧失。金钱损耗尚可赚回，但倘若挥霍了时间，任何人都无力挽回。

三、时间管理的十条金律

1. 要与自身价值观保持一致

个体一定要确立自己的价值观，假如价值观不明确，你就很难知道什么对你最重要。当你价值观不明确，时间的分配就一定不好。对时间的管理，重要的就是如何分配时间。每件事都做，时间肯定是不够的，但是如果优先做重要的事，时间绰绰有余。

2. 设立明确的目标

成功等于目标，时间管理的目的是让你在最短时间内实现尽可能多你想要实现的目标。你必须把本年度的目标写出来4～10个，找出一个核心目标，并将其他按重要性依次排列，然后根据目标制定详细的计划，成功的关键就是依照自己制定的计划进行。

3. 改变传统的管理思维

美国心理学之父威廉·詹姆斯对时间行为学研究时发现有两种对待时间的态度“这件工作实在讨厌，所以我能拖便尽量拖”和“这虽然不是件令人愉快的工作，但它必须完成，所以我得马上动手，好让自己能早些摆脱它”。当你有了动机，迅速踏出第一步是很重要的。不要想立刻推翻自己的整个习惯，只需强迫自己现在就去做你所拖延的某件事。然后，从明早开始，每天都从你的工作清单中选出最不想做的事情先做。

4. 遵循20/80定律

生活中肯定会有一些突发困扰和迫不及待要解决的问题，如果你发现自己天天都在处理这些事情，那表示你的时间管理并不理想。想要成功的人应该花最多时间（80%）做最重要的事情（20%），而不是最紧急的事情上。

5. 安排“不被干扰”的私密时间

每天至少要有半小时到一小时的“不被干扰”的私密时间。假如你能有一个小时完全不受任何人干扰，把自己关在自己的空间里面思考或者工作，这一个小时可以抵过你一天的工作效率，有时这一小时甚至比你三天工作的效率还要好。

6. 严格限定完成期限

巴金森在《巴金森法则》一书中，写过这样一段话：“你有多少时间完成工作，工作就会自动变成需要那么多时间。”如果你有一整天的时间可以做某项工作，你就会花一天的时间去做它。而如果你只有一小时的时间可以做这项工作，你就会更迅速的在一小时内做完它。

7. 做好时间日志

你花了多少时间做哪些事情，把它详细地记录下来，早上出门（洗漱、换衣、早餐等）花了多少时间，搭车花了多少时间，出去拜访客户花了多少时间……把每天花的时间一一记录下来，你会清晰地发现浪费了哪些时间。这和记账是一个道理。当你找到浪费时间的根源，你才有办法改变。

8. 理解时间大于金钱

用你的金钱去换取别人的成功经验，一定要抓住一切机会向顶尖人士学习。仔细选择你接触的对象，因为这会节省你很多时间。假设与一个成功者在一起，他花了 40 年时间成功，你跟 10 个这样的人交往，你不就浓缩了 400 年的经验？

9. 学会列清单

把自己要做的每一件事情都写下来，这样做首先能让你随时都明确自己手头上的任务。不要轻信自己可以用脑子把每件事情都记住，当你看到长长的清单时，无疑会产生紧迫感。

10. 同一类的事情最好一次把它做完

假如你在做纸上作业，那一段时间内都做纸上作业；假如你是在思考，用一段时间只作思考；打电话的话，最好把电话累积到某一时间一次打完。当你重复做一件事情时，你会熟能生巧，效率一定会提高。

第二节　时间管理方法

时间管理并不是要我们把所有事情做完，而是寻求如何更有效地运用时间。时间管理不是完全的掌控，而是降低变动性，是要通过事先的规划，达成一种提醒与指引。因此，时间管理的实质就是选用适当的方法，帮助我们完成工作，实现目标。

一、时间管理方法

很多人都觉得自己很忙：响个不停的电话、喋喋不休的老板、不断增加的工作、没完没了的会议、推迟不掉的聚会、需要照顾的家人。就像《忙人的告白》一书中写到的：“每件事都让我们非常忙碌”，“每件事好像都很重要”。但是哪怕这些人起早贪黑、废寝忘食、四处奔波，他们也还是觉得“时间不够，忙不过来”。每件事看起来都很急，每件事看起来也都很重要，但实际上，这种情况的出现反映的恰好是一个人没有掌握时间管理和高效能工作方法的表现。下面介绍常用的几种时间管理方法，重点介绍象限法和二八法则时间管理方法。

1. 取消法

所有的事情，首先分析其必要性，能取消的就取消，能回避的就回避，集中做对自己的目标实现最有价值的事情。

2. 以人替时法

不重要的事情，如果能让别人代劳，自己就不要做，学会合理分配任务。因为每个人的精力与时间都是有限的，要把自己的精力和时间用在最能体现自己价值的方面。

3. 改善效率法

学习最新的知识，掌握最新的工具，改进效率，本来花 1 个小时的工作，想办法半小时完成，这样可以节省更多的时间用于学习。

4. 以钱购时法

乘坐最快的、最有助于休息和学习的交通工具。采用最有效率的学习方法，工作上用运行良好的工作设备，说服你的老板不要在设备上斤斤计较，要懂得好的设备节省的时间所带来的价值。

5. 碎片化时间法

利用等人、乘车时的间隙时间进行学习和处理事务。例如，城市里很多人乘地铁上下班通勤时间大约 2 小时，如果把这 2 小时的时间用来学习或思考，每周可以有 10 小时，一年 52 周可以有 520 小时，哪怕只能利用到其中的 60%也有 300 多小时，不论用来做什么都可以取得较大的收益。

6. 帕累托法

帕累托法又称“80/20”法则，指生活中 80%的结果来源于 20%的活动。因此，时间应该被优先用来做能带来最高回报的事情，而用剩下的时间做其他事情。

7. 艾维利六点优先工作制

把每天所要做的事情，按重要性进行排序，分别从“1”到“6”将这 6 件最重要的事情标出来。每天一开始，全力以赴做好标号为“1”的事情，直到它被完全做好或完全准备好，然后再全力以赴地做标号为“2”的事情，以此类推。

8. 麦肯锡 30 秒电梯理论

麦肯锡要求公司员工凡事要在最短的时间内把结果表达清楚，凡事要直奔主题、直奔结果。麦肯锡认为，一般情况下人们最多记得住一二三，记不住四五六，所以凡事要归纳在 3 条以内。

9. 莫法特休息法

莫法特休息法来源于“间作套种”，这是农业上常用的一种科学种田的方法。人们在实践中发现，连续几季都种相同的作物，土壤的肥力就会下降很多，因为同一种作物吸收的是同一类养分，长此以往，地力就会枯竭。人的脑力和体力也是这样，如果长时间持续同一项工作内容，就会产生疲劳，使活动能力下降。如果这时改变工作内容，就会产生新的优势兴奋灶，人的脑力和体力就可以得到有效的调剂和放松。

10. 四象限法

（1）时间管理四象限分类。

时间管理要着眼于工作，我们可以按事情的紧急程度和重要程度对工作进行分类。

第一类是按工作紧急程度的不同。有些工作特别紧急，刻不容缓，需优先处理。而有些工作是不太紧急或不紧急的，可以另行安排时间去做。因此，优先顺序原则就是紧急的在前，不紧急的在后。在工作中要集中精力和时间将紧急工作做好，不太紧急或根本就不紧急的工作可以暂时放下或授权、委托他人完成。

第二类是按工作重要程度来划分。对于重要的工作要花费较多的时间和精力去做，对于不太重要或不重要的工作不必去做，或只花费很少时间去做。因此，优先顺序原则就是重要的在前，不重要的在后。在工作中要集中精力和时间将重要工作做好，不太重要或根本就不重要的工作可不做或授权、委托他人去做。

工作的重要性与紧迫性，可以这样划分：重要的事，必须完成，如果不完成就会有严重影响；不重要的事，如果不完成不会有严重影响；紧迫的事，今天工作的要点，不能拖延；不紧迫的事，什么时候做都可以，不会有严重影响。

事实上，在我们的工作和生活中，所有的工作都可能既有紧急程度的不同，也有重要程度的不同，那么如何更好地确定某项工作的优先顺序，可以看这两个维度的交错结果：

优先顺序=重要性×紧迫性

根据这两个维度的交错情况，我们可以将工作分成四个象限，见图 12-1。

第一象限：紧迫又重要的工作（如公关危机、客户投诉、临期任务、财务危机等）。

第二象限：重要但不紧迫的工作（如人际沟通、人员培训、制定措施等）。

第三象限：紧迫但不重要的工作（如电话、访客、检查、部门会议等）。

第四象限：不紧迫也不重要的工作（如闲谈、上网、游戏等）。

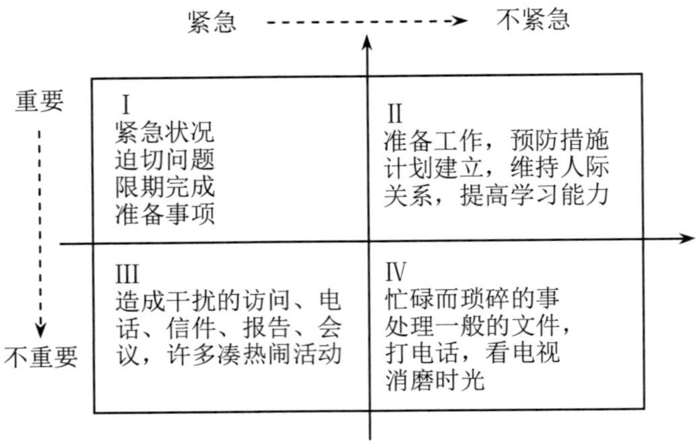

四象限原理解析

图 12-1　时间四象限原理图

（2）时间管理四象限法应用。人的精力与时间都是有限的，能否高效分配、使用好自己的精力与时间，是普通人与成功人士的分水岭。由图 12-2 可见，普通人的时间常用于处理紧急但不重要的事情，而成功人士则更关注于提前处理重要但不紧急的事情。

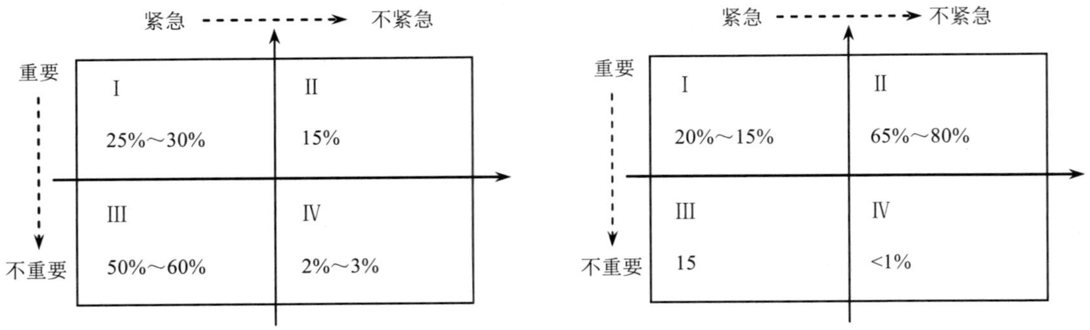

普通人的时间安排　　成功人士的时间安排

图 12-2　普通人与成功人士的时间安排比较

不同任务的时间分配，说明了什么问题？

如果时间花在Ⅰ，说明你总是忙于应付那些紧急事，始终忙忙碌碌，却效率低下。

如果时间花在Ⅱ，说明你有着“做要事而不是急事”的良好习惯，这正是成功人士的思考方式和行为模式——把时间用在重要的事情上。这些事情虽不紧急，但它却决定了未来的发展、受教育程度、工作业绩等。有了这个良好的习惯，你会始终保持良好的状态。

如果时间花在Ⅲ，说明你的工作自主性与效率都不高。你盲目地追随繁杂的事务，而不考虑它对你是否有益。你会发现自己的时间紧紧束缚在别人的议事日程上。如果不努力改变，你的生活和工作都将陷入被动局面。

如果时间花在Ⅳ，说明你把大量的时间花在毫无价值的事情上面，既没有工作效率，也没有工作效能，长期下去，难成大业。

11．80/20 法则时间管理法

（1）80/20 法则概念。前面已论述了二八法则，80%的价值是来自 20%的因子，其余 20%的价值则来自 80%的因子。也称帕累托定律。

“二八”法则对时间管理的一个重要启示：在我们所做的努力中，通常有 80%的收获来自于 20% 的时间付出；另外 80%的时间付出，则只带来 20%的收获。如果一天的工作有 10 件事要完成，依据 80/20 的原则，其中只有 2 件事是需要集中你 80%精力和时间完成的，完成这些工作，你就可以取得 80%的价值，也就是最大的价值，所以你要认真地挑选价值 80%的 2 件事情去做。而其他的 8 件事可以慢慢去做，或授权、委托他人去做，或另作安排，或暂时不做，因为这 8 项工作所取得的价值，远远低于你所选出的 2 个项目的价值。详见图 12-3。

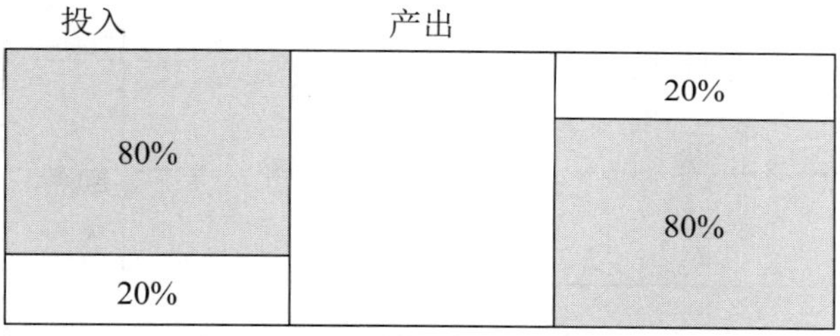

图 12-3　二八法则示意图

（2）80/20 法则应用。

第一步，将规定时间内要完成的工作全部列出来。

第二步，对工作进行分类：

价值 80%的工作	价值 20%的工作
事项一： 事项二： 事项三：	事项四： 事项五： ……

第三步，时间和精力分配：

价值 80%的工作	价值 20%的工作
事项一：需 2 小时集中精力 事项二：需 1 小时不受打扰 事项三：需 2 小时整块时间	事项四：可往后推 事项五：可委托下属 ……

凡事都有轻重缓急，重要性最高的事情，不应该与重要性最低的事情混为一谈，应该优先处理。大多数重大目标我们无法达成的主因，就是因为把大多数时间都花在了次要的事情上，

所以，必须学会根据自己的核心价值，排定日常工作的优先顺序。建立起优先顺序后，坚守这个原则，并把这些事项安排到自己的例行工作中。

帕累托定律告诉我们：应该用 80%的时间做能带来最高回报的事情，而用 20%的时间做其他事情。记住这个定律，并把它融入工作当中，对最具价值的工作投入充分的时间。“分清轻重缓急，设计优先顺序”，这是时间管理的精髓。

二、时间管理方法能力训练

1. 时间管理方法认知实训

（1）实训描述：学生自由分组，每组不超过 5 人，采用头脑风暴法讨论、分析、列举自己看到、听到或者实际用过的时间管理方法。然后小组选出代表，阐述自己小组列举的时间管理方法及使用成效情况，可参照表 12-1。

表 12-1　时间管理方法训练表

组别	有效管理方法	理由	支持率
	1 3		
	1 2		
	1 2		

（2）实训目标：训练学生总结归纳能力，帮助学生思考掌握时间管理方法。

（3）实训实施：以小组为单位研讨，20 分钟内完成时间管理方法的列举与分析。

2. 时间管理能力实训

时间管理拼图。

（1）目的：巩固大家思考如何合理安排自己的时间（以一周为例安排）。

（2）过程：

1）准备纸笔。

2）同学们都把下个星期自己要做的事情罗列出来，想到什么就写什么，尽量把需要做的事情全部具体地罗列出来。

3）分享，根据下表进行分类，大家再安排分配时间，看大家的安排是否有所改变。

	紧急	不紧急
重要	A	B
不重要	C	D

（3）感受。

1）你知道你下周要做什么吗？

2）你的时间安排为什么会改变？

3）你从中悟到了什么？

【本章考核】

考核标准

序号	考核项目	主要内容	评分标准	分数	学生自评	教师评分
1	知识学习（40分）	时间管理的含义、作用和方法认知	掌握时间管理的特性与十一条金律	5		
			了解时间管理的基本方法	10		
			掌握时间管理四象限法则的基本原理和方法	15		
			掌握时间管理80/20法则的基本原则和方法	10		
2	技能提升（40分）	时间管理方法运用	完成时间管理能力实训，根据四象限法则规划工作行程	30		
			根据环境与工作内容合理选择自己的时间管理方法	10		
3	职业素养（20分）	时间管理习惯养成	反思总结自身时间管理存在的问题，确立任务解决的优先顺序	10		
			交流自身的时间规划经验，学习并改进自己的时间管理观念	10		
合计				100		

学生签字	年　月　日	教师签字	年　月　日

【本章作业】

一、归纳总结本章内容

二、知识测试

（一）概念解释

1. 时间管理
2. 帕累托法

（二）选择题

1. 根据四象限法的理念，我们可以把工作划分为（　　）。
   A. 既紧急又重要、重要但不紧急、紧急但不重要、既不紧急也不重要
   B. 紧急、不紧急、重要、不重要
   C. 重要且紧急、重要不紧急、紧急不重要、不重要不紧急
   D. 先执行、后执行、暂缓执行、不执行
2. 帕累托定律告诉我们（　　）。
   A. 要尽力做好计划里面80%的事情，这样才能实现成功
   B. 关注20%可以带来长久回报的事情
   C. 应该用80%的时间做能带来最高回报的事情，而用20%的时间做其他事情
   D. 计划里面有20%的事情不需要耗费太多时间

（三）简述题

1．简述时间管理的特性。

2．简述时间管理方法。

三、技能训练

完成自我时间管理测试。

四、小组讨论

交流自身的时间规划经验。

五、案例分析

鲁迅珍惜时间的故事

鲁迅的成功，有一个重要的秘诀，就是珍惜时间。鲁迅 12 岁在绍兴城读私塾的时候，父亲正患着重病，两个弟弟年纪尚幼，鲁迅不仅经常上当铺，跑药店，还得帮助母亲做家务。为免影响学业，他必须作好精确的时间安排。

有一次，父亲病重，鲁迅一大早就去当铺和药店，回来时老师已经开始上课了。老师看到他迟到了，就生气地说："十几岁的学生，还睡懒觉，上课迟到，下次再迟到就别来了。"鲁迅听了，点点头，没有为自己作任何辩解，低着头默默回到自己的座位上。第二天，他早早来到学校，在书桌右上角用刀刻了一个"早"字，心里暗暗地许下诺言：以后一定要早起，不能再迟到了。

以后的日子里，父亲的病更重了，鲁迅更频繁地到当铺去卖东西，然后到药店去买药，家里很多活都落在了鲁迅的肩上。他每天天不亮就早早起床，料理好家里的事情，然后再到当铺和药店，之后又急急忙忙地跑到私塾去上课。虽然家里的负担很重，可是他再也没有迟到过。

在那些艰苦的日子里，每当他气喘吁吁地准时跑进私塾，看到课桌上的"早"字，他都会觉得开心，心想："我又一次战胜了困难，又一次实现了自己的诺言。我一定加倍努力，做一个信守诺言的人" 。

后来父亲去世了，鲁迅继续在三味书屋读书，私塾里的寿镜吾老师，是一位方正、质朴和博学的人。老师的为人和治学精神，以及那个曾经为鲁迅留下深刻记忆的三味书屋和那个刻着"早"字的课桌，一直激励着鲁迅在人生路上继续前进。

问题：鲁迅是怎样管理自己的时间的？

六、延伸阅读

扫描二维码阅读：精力变化与时间安排。

第十三章　情绪管理

【管理名言】

任何时候，一个人都不应该做自己情绪的奴隶，不应该使一切行动都受制于自己的情绪，而应该反过来控制情绪。

——罗伯·怀特

能克服自己的愤怒，便能克服最强的敌人。

——德鲁克

忧愁、顾虑和悲观，可以使人得病；积极、愉快和坚强的意志和乐观的情绪，可以战胜疾病，更可以使人强壮和长寿。

——巴甫洛夫

【本章介绍】

我们的生活不可能永远一帆风顺，顺境与逆境会时时伴随在我们的左右，我们也就不可避免地会拥有各种不同的情绪。人的情绪就好像是变化的天气，时而狂风暴雨，时而艳阳当照，时而又阴云笼罩。我们无法控制天气，但是我们却可以控制我们自身的情绪。保持一份好心情，是我们找到幸福的最简单的方法。大学生要学会积极的情绪管理，在提升自我管理能力的同时，也提升自身的幸福感。本章从情绪认知和情绪调试等方面，阐述情绪管理对于自我管理的重要性。

【学习目标】

1. 知识目标

（1）认识情绪及其构成。

（2）了解情绪的分类。

（3）了解情绪的效应。

（4）掌握自我情绪管理的方法。

2. 能力目标

（1）会判断自身的情绪状况。

（2）明确有效控制情绪的方法。

（3）通过测评能有效认知与改善自己的情绪管理。

3. 素质目标

（1）分析并列举自身的常见情绪有哪些。

（2）养成管理与控制自身情绪的习惯。

（3）思考如何有效利用情绪管理的效应。

【情境导入】

某天上课的时候，张老师给学生分发数学测验卷。张老师说：“这次的测验成绩整体来说很好，大部分同学的分数都在80分以上，也有一些同学取得100分。不过，仍然有几个同学不及格，希望他们能加倍用功，到期考时，成绩得以改善”。高大志从张老师的手上接过他的测验卷，便安静坐到座位上。正当他战战兢兢把卷子翻开时，分数却给邻座的小李偷看到。小李很不客气地提高嗓门，讽刺地说：“志气再高也没用，长这么矮，考得分数也这么少。”高大志这次只得了50分，心情本来就已经很差，听到小李的嘲笑后，他的情绪突然失控，把小李狠狠地推倒在地上，并且不断挥拳打他。小李想不到高大志会有这样的反应，在完全没有心理准备的情况下，只有呼叫老师。张老师转身一看，高大志正在殴打小李，随即用坚定的声音大声地说：“高大志，立即停手！”这声音虽然震撼了整个班，但是并没有令高大志停止下来。一直到张老师走向他们，这场殴打才告一段落。小李除了被高大志打了十几拳之外，他所戴的眼镜也被打掉在地上摔碎了。

分析一下高大志打人的原因。

第一节 情绪认知

生活中常常会有这样的情形，有的人明明看起来很聪明，但是生活却不如意；有的人看起来智力平平，却过得很幸福。多数人会觉得聪明和幸福两者应该成正比，但事实上，智商高的人在获得幸福方面似乎并没有什么绝对优势。

有的人物质生活虽然不富有，但是看起来却很满足、很幸福，生活中充满了欢笑；反而有些相对富有的人却常常抱怨生活的不公，总是花许多时间向别人倾诉：“为什么我那么难……”学术、事业和物质的成功一定是幸福所必需的吗？我们怎么来解释一个人的成功和一个人的幸福之间的关系呢？这之间重要的联系就是“情商”（一种了解和控制自身与他人情绪、情感的能力）。

一、情绪与情绪管理的含义

情绪来源于拉丁动词“Motere”（行动），表示促使个体采取某种行动的动力，它是个体受到某种内在或外在的刺激所产生的一种身心激动状态，是主观的、有意识的体验和感受，具有心理和生理反应的特征。我们每个人都有喜怒哀乐的感受，同时还会伴随着相应的表情和心理反应，这些就是情绪的外在表现。情绪是人对外界事物的一种态度的反应，会随着外界事物的变化而改变。我们无法直接观测内在的感受，但是我们能够通过其外显的行为或生理变化来进行推断。意识状态是情绪体验的必要条件。情绪通常包括喜、怒、哀、惧、爱、恶、惊7种。行为在身体动作上表现得越强就说明其情绪越强，如欢喜时是手舞足蹈，愤怒是咬牙切齿，忧虑是茶饭不思，悲痛是痛心疾首等，就是情绪在身体动作上的反应。情绪是信心这一整体中的一部分，它与信心中的外向认知、外在意识具有协调一致性，是信心在生理上一种暂时的、较剧烈的生理评价和体验。美国哈佛大学心理学教授丹尼尔·戈尔曼认为：“情绪指情感及其独特的思想、心理和生理状态，以及一系列行动的倾向。”

情绪管理就是用对的方法、正确的方式，探索自己的情绪，然后调整自己的情绪，理解自己的情绪，放松自己的情绪。通过研究个体和群体对自身情绪和他人情绪的认识、协调、引导、互动和控制，充分挖掘和培植个体和群体的情绪智商、培养驾驭情绪的能力，从而确保个体和群体保持良好的情绪状态，并由此产生良好管理效果的一种管理手段。

情绪不可能被完全消灭，但可以进行有效疏导、有效管理、适度控制。情绪无好坏之分，一般只划分为积极情绪、消极情绪。由情绪引发的行为则有好坏之分，行为的后果有好坏之分。所以说，情绪管理并非是消灭情绪，也没有必要消灭，而是疏导情绪，并合理化之后的信念与行为。这就是情绪管理的基本范畴。

二、情绪的构成

情绪的构成包括三种层面：认知层面的主观体验，生理层面的生理唤醒，表达层面的外部行为。当情绪产生时，这三种层面共同活动，构成一个完整的情绪体验过程。

1. 主观体验

情绪的主观体验是人的一种自我觉察，即大脑的一种感受状态。人有许多主观感受，如喜、怒、哀、乐、爱、惧、恨等。人们对不同事物的态度会产生不同的感受。喜欢的人或事易生起爱之情，不喜欢的人或事易生起厌恶之情。人对自己、对他人、对事物都会产生一定的态度，如对朋友遭遇的同情，对敌人凶暴的仇恨，对事业成功的欢乐，对考试失败的悲伤。这些主观体验只有个人内心才能真正感受到或意识到，如我知道“我很高兴”，我意识到“我很痛苦”，我感受到“我很内疚”等。

2. 生理唤醒

人在情绪反应时，常常会伴随着一定的生理唤醒。如激动时血压升高、愤怒时浑身发抖、紧张时心跳加快、害羞时满脸通红。脉搏加快、肌肉紧张、血压升高及血流加快等生理指数，是一种内部的生理反应过程，常常是伴随不同情绪产生的。

3. 外部行为

在情绪产生时，人们还会出现一些外部反应过程，这一过程也是情绪的表达过程。如人悲伤时会痛哭流涕，激动时会手舞足蹈，高兴时会开怀大笑。情绪所伴随出现的这些相应的身体姿态和面部表情，就是情绪的外部行为。它经常成为人们判断和推测情绪的外部指标。但由于人类心理的复杂性，有时人们的外部行为会出现与主观体验不一致的现象。比如在一大群人面前演讲时，明明心里非常紧张，还要做出镇定自若的样子。

三、情绪的分类

原始的基本情绪：快乐、愤怒、悲哀、恐惧。

感官刺激引发的情绪：疼痛、厌恶、轻快。

与自我评价有关的情绪：成功感、失败感，骄傲、谦虚。

与别人有关的情绪：爱、恨。

与欣赏有关的情绪：惊奇、敬畏、美感、幽默。

最为持久的情绪：心境。

四、情绪管理的必要性

情绪有正面情绪和负面情绪，或者叫积极情绪和消极情绪。正面情绪是指以开心、乐观、满足、热情等为特征的情绪；负面情绪是指以难过、委屈、伤心、害怕等为特征的情绪。

负面情绪不仅仅影响我们的正常生活，对身体健康也十分有害：当人生气时其生理反应会十分剧烈，因此爱生气的人很难健康，更难长寿；当人焦虑、忧郁时，人体胃肠蠕动会减弱，消化液的分泌会减少，这会引发消化系统炎症；当人抑郁或恐惧，会导致高血压、胃溃疡等多种疾病。综合来看，消极的情绪会影响人体机能的免疫系统，抑制免疫系统功能的发挥，增加患上疾病的概率。只有重视情绪、平衡情绪、控制情绪，生活中时刻保持正面的情绪，生活质量才会提升，未来才有成功可能。当然，在现实生活中，人不可能永远处在好情绪之中，一个心理成熟的人，不是没有消极情绪的人，而是善于调节和控制自己情绪的人。因此，人人都要学会进行情绪管理。学会管理情绪，是个人成熟必须要习得的技能。

五、情绪管理的效应

1. 亲和效应

情绪在管理过程中，人们会产生两种截然不同的心理反应，即防卫心理和亲和心理。好的情绪可以创造一种和谐的氛围，相互间以满足情感交流，促进互相支持，互相理解，互相帮助的亲和效应。为了有效发挥亲和效应的作用，管理者要做到 5 点：一是尊重他人的感情与兴趣爱好，赞美他人的长处及工作能力，使他人对你产生亲和心理的条件；二是学会闲聊和关心他人，心灵的沟通取决于行为的接近，而闲聊和关心别人是沟通的重要方式和内容；三是注意自己的语言、表情和行为，要以饱满热情、与人为善的态度创造和谐的工作环境；四是强化情绪感染力，结合他人的志向、兴趣开展一些有益的活动；五是优化个性特征，人们往往喜欢与真诚、自然大方的人打交道，而讨厌和自负、造作、小气的人打交道。

2. 情感效应

一般说来，情绪管理是同事之间，上下级之间的一种情利相伴的双向互动过程。在管理运作中，情利不仅共存，而且互相影响，这种影响可能是积极的，互相促进，也可能是消极的，互相干扰。为此正确处理管理中情与利的关系非常重要。作为管理者要善于把这种情利共存的现象引向积极的一面，用自己的热忱去感染别人以达到预期的管理效果。

3. 互补效应

在管理过程，我们要善于发现和挖掘他人的优势和长处，并学会利用这些优势和长处来提高自己，完善自己。在现实生活中，人们总是要向别人学习自己不具备的那些更好的东西（素质），以实现自己的进步。为此，我们应该做到三点：一是学会欣赏评价他人；二是充分发挥自己的优势和长处；三是用自己的优势和特长去帮助别人。

4. 沉默效应

“雄辩是银，沉默是金”。很多时候，保持沉默比解说辩护来得有效有益。因为即使我们拼命解释，也是无济于事。不如从欲语还休的沉默中，让生活去澄清，让时间去说明。当然惜字如金不是封住嘴巴一言不发，而是要认识沉默的好处，欣赏沉默所带来的真实感，展现沉默所蕴含的执著、自信和力量。

5. 幽默效应

幽默是一种人生力量，它不仅能使自己的心理得到舒展，也能舒缓他人心中的郁结，起到巩固从容、化解焦虑的积极作用。在日常生活与工作中，避免不了会遇到尴尬场面，此时如果以幽默的语言对待这种尴尬，就会使难堪的场面变得轻松愉快，甚至起到化干戈为玉帛的作用。因此我们可以开发幽默这一“富矿”，发挥幽默在管理中的重要作用。

6. 激励效应

培根说：“人可以允许一个陌生人的发迹，却绝对不能原谅一个身边人的上升。”虽然此话有片面性，但也不无道理。如果自己朝夕相处的同事被提拔，可能会导致自身产生心理失衡的嫉妒心态。但如果是其他人被提拔，反而可能会产生羡慕心理，进而激发自己去奋发努力。前者会产生消极效应，这种效应如果不能得到抑制，就会转化为嫉妒行为，从而伤及被嫉妒者，甚至使彼此的关系“折戟沉沙”。因此，在管理过程中要注意开发激励效应，抑制消极效应，将自己的人生推向更高境界。

7. 距离效应

在人际交往中要遵循距离法则，保持恰当的距离。关系密切要有度和原则，距离的把握要因人、因事、因时、因地而异。能否与交往对象保持恰当距离，反映着你的文明程度和交际技巧。我们要学会遵循“亲而不腻，疏而不离”的原则，使人际交往充满魅力。

8. 群体效应

情绪对于群体之所以产生增力作用，不仅仅有一种好的氛围，还取决于结构。如果群体间结构合理，就会形成增力，产生“三个臭皮匠赛过诸葛亮”的群体增效。反之则会形成减力，产生“三个和尚没水吃”的群体危机。利用情绪管理去开发良性的群体效应，需要做到两点：一是以全局利益为重，反对帮派意识和个人主义；二是以群体利益去调节自己的行为，使自己的利益与集体的利益统一起来。只有这样，我们的管理才能产生更好的群体效应。

9. 撞击效应

在日常管理过程中，矛盾、争执在所难免，如果不及时解决，会在双方心里积淤沉淀，给工作带来麻烦和阻力，或造成心理障碍。因此，我们不应回避矛盾，更不应追求虚假和睦。要敢于直面问题，显示自身的原则性。观点的争执、思想的交锋，只要双方都是开诚布公的，不仅能化除前嫌、化解矛盾，还能产生思想火花和智慧元素，获得意想不到的管理效益。

10. 新奇效应

人们都有这样的体会，不论哪位领导调到一个新单位或是被提拔，都会引起周围人的普遍关注，这就是新奇效应。在这种情况下，人们对领导在心理认识上会出现两种心态，一是理想化，把他看作一位很好的同事和领导；二是期望化，希望他能给单位工作或生活情趣带来生机或新意。当然，我们对新的东西、新的事情、新的工作都会产生新奇性，这些新奇性会使我们产生去探索的动力。我们应把握这种机遇，变压力为动力，改掉那些在旧环境中形成并难改掉的毛病，重塑自己的形象，以严谨的工作态度给人以良好的第一印象，为今后的管理奠定基础。另外，还应注意自己的知识更新和人格完善，为今后的发展提供巨大的动力和能量。

第二节　情绪调控

负面情绪是人成长道路上的一个永远的敌人，人要善于控制自己的负面情绪，不能沦为负面情绪的奴隶，一个成熟的人，要想控制自己的负面情绪，不但要有很强的自制力，还要掌握科学的方法。特别是大学生，正值青春年华，情绪容易波动，更要学会控制好自己的负面情绪。

一、大学生情绪特点

1. 情绪的丰富性

大学生所面对的环境，是与高中时期截然不同的、接近于社会现实环境的一个环境。在这个大环境里，我们在学会一些将来面向社会需要的理论与实践知识的同时，还要学会自我体验，并通过各种活动了解社会，学习社会的道德规范，对自己的身份、角色、志向、价值等问题有更深入的思考。在这一学习的过程中，面对各种可能发生的突发性事件，我们在认识和处理的时候心里所产生的各种不同情绪，就是造成情绪丰富性的原因。

2. 情绪的不稳定性

由于大学生的人生观、价值观还未完全定型，认知能力还有待提高，大学生的情绪活动往往强烈而不能持久，情绪活动随着认知标准的改变而改变。在这些变化或改变出现的过程中，情绪往往会出现不同程度的上下波动，从而造成了情绪的不稳定性。

3. 情绪的掩饰性

随着社会认知的逐步加深和知识水平的提高，大学生的思想内涵日益丰富，在情绪上的反应开始变得隐晦。他们已具备在一定的情景下压抑控制自己愤怒、悲伤等情绪，和将真实的情绪掩饰起来的能力，从而形成外在表现和内心体验不一致的特点，这就是情绪掩饰性的特点。

4. 情绪的冲动性

现在的大学生，往往都处在二十岁左右的青春年华，这个年龄阶段的情绪往往快且强烈，一点小事都可能导致情绪的剧烈波动。这种情绪的冲动性一般表现为对外部环境或他人的不满，情绪失控，语言、行动极富攻击性。一件看起来很小的事情，都有可能成为情绪爆发的导火线。

二、大学生情绪控制的重要性

（1）大学生压力较大，需要释放情绪。大学生普遍面临着学业压力、生活压力、人际关系压力、就业压力、情感压力等，加上年轻气盛，很容易形成负面情绪。如果控制不好，不仅影响自己的身心健康、人际关系，还会影响到学业、影响到就业、影响到家庭，甚至影响自己一生。因此，大学生学会管理和控制自己的情绪十分重要。

（2）大学生学会管理和控制自己的情绪，有助于大学生的身体、生理和心理健康的发展。良好的情绪管理使大学生全身各系统器官的功能更加协调、健全，有利于保持其身体健康，使其学习、工作生活更有激情和创造力，更有力量去克服挫折与困难。

（3）大学生学会管理和控制自己的情绪，有助于改善大学生人际关系。良好的人际关系是我们愉快学习、工作的重要因素，也是事业成功的基础，大学生学会管理和控制自己的情绪，就能与他人和谐相处，人际关系自然会好。

（4）大学生学会管理和控制自己的情绪，有利于帮助大学生学业发展。学生在学习过程中，情绪很重要，良好的情绪是学生顺利进行学习的有力保障。一个学生情绪若处于积极的状态，那么他就会快乐的学习，积极的学习。如若情绪消极，那么他干什么事都会无聊，没有兴趣，对学习是有害无利的。

三、大学生情绪调控的方法

情绪控制是提高同学们情商的重要基础，是同学们自我管理的过程。在这一过程中，大家可以通过相应的技巧和方法，使情绪在生理活动、主观体验、表情行为等方面产生趋利变化。同学们应该努力学习情绪控制的方法，积极调控个人情绪，保持好的情绪，为未来个人职业发展打下良好职业素质基础。情绪控制的方法主要有以下几种。

1. 6H4AS 情绪与压力自我调适法

6H4AS 的含义如下。H：Happy 即快乐，A：Amend 即修正，Ask 即反问，S：Step 即步骤以及 Self 即自我。6H：是用智慧去自我开发 6 种快乐的资源，以便增加快乐，优化心态，即奋斗求乐、化有为乐、化苦为乐、知足常乐、助人为乐、自得其乐。4A 是指从 4 个方面加以自我修养以减少烦恼：修正不合理的思维方式、修正不合理的观念、修正不适当的心理活动习惯、修正不良的性格。4S 即 4 步骤反问：值得吗？（自我控制）、为什么？（自我澄清）合理吗？（自我修正）该怎样？（自我调适）。6H4AS 法，就是通过自己努力奋斗去追求成功并从中享受快乐；将自己拥有的一切转化为快乐的资源；将坏事当成好事，从中寻找积极的因素来获取快乐；保持适当的欲望与知足感恩的心态；从帮助别人中获得安宁感与安全感；从积极有益的兴趣爱好中寻找乐趣。

2. 宣泄

人在生活中难免会产生各种不良情绪，如果不采取适当的方法加以宣泄和调节，对身心都将产生消极影响。因此，如果有不愉快的事情或委屈，不要压在心里，而要向知心朋友和亲人说出来或大哭一场。这种发泄可以释放积于内心的郁积，对于人的身心发展是有利的。当然，发泄的对象、地点、场合和方法要适当，避免伤害他人。

3. 意识调节

运用对人生、理想、事业等目标的追求和道德法律等方面的知识，提醒自己为了实现大目标和总任务，不要被繁琐之事所干扰。

4. 语言节制

在情绪激动时，自己默诵或轻声警告“冷静些”“不能发火”“注意自己身份和影响”等词句，抑制自己的情绪。也可以针对自己的弱点，预先写上“制怒”“镇定”等条幅置于案头上或挂在墙上。

5. 自我暗示

估计到某些场合下可能会产生某种紧张情绪，就先为自己寻找几条不应产生这种情绪的有力理由。

6. 环境转换

处在剧烈情绪状态时，短暂离开激起情绪的环境和有关人、物。

7. 愉快记忆

回忆过去经历中碰到的高兴事，或获得成功时的愉快体验，特别就该回忆那些与眼前不愉快体验相关的过去的愉快体验。

8. 幽默化解

培养幽默感，用寓意深长的语言、表情或动作，用讽刺的手法机智、巧妙地表达自己的情绪。

9. 推理比较

把困难的各个方面进行解剖，把自己的经验和别人的经验相比较，在比较中寻觅成功的秘密，坚定成功的信心，排除畏难情绪。

10. 压抑升华

不受重用，身处逆境，被人瞧不起，感到苦闷时，可把精力投入其他你感兴趣的事业中，通过成功来改变自己的处境和改善自己的心境。

11. 保持乐观

古人云："人有悲欢离合，月有阴晴圆缺。"实际生活中本就不会十全十美，人人都会遇到坎坷与揪心事，要保持乐观态度。今天你身处逆境，情绪不佳，但通过奋斗，你就可能获得成功，受人尊敬。社会在变化，人也在变化，保持乐观态度，对生活、对人生应充满信心。

12. 学会转移

当火气上涌时，有意识地转移话题或做点别的事情来分散注意力，便可使情绪得到缓解。在余怒未消时，可以用看电影、听音乐、下棋、散步等有意义的轻松活动，缓解紧张情绪。

四、情绪调控训练

活动一："我演你猜"

活动目标：通过活动让学生了解情绪的类别及健康情绪。

活动准备：情绪卡片。

活动步骤：

（1）教师准备 7 张"情绪卡片"，卡片上分别写上喜、怒、哀、惧、爱、恶、惊。

（2）让自愿上台的学生随机抽出一张卡片，用表情、动作等非语言信息表达卡片上所写的情绪，让台下的同学猜测台上的同学要表达什么情绪。

（3）请出 7 位同学表演 7 张"情绪卡片"上所写的内容。

（4）把自己的情绪按喜、怒、哀、惧、爱、恶、惊作为分类汇总。

（5）组织学生讨论："情绪有好坏之分吗？为什么？"

（6）学生交流并请代表发言。

（7）教师小结：情绪没有好坏之分，关键要表现适当。一些消极情绪只要表现恰当也是有益的，例如我们的考试成绩不如意时，产生了羞愧、内疚的情绪，有助于我们重视学习，奋起直追。

附：八大类情绪。

愤怒：生气、不平、烦躁、敌意、恨意等。

悲伤：忧伤、寂寞、忧郁、沮丧、绝望等。

恐惧：焦虑、紧张、忧心、疑虑、慌乱、警觉等。

惊讶：震惊、讶异、惊喜、叹为观止等。

厌恶：轻视、轻蔑、讥讽、排斥等。

羞耻：愧疚、尴尬、懊悔、耻辱等。

快乐：满足、幸福、愉悦、骄傲、兴奋、狂喜等。

爱：友善、和善、亲密、信赖、宠爱、痴恋等。

活动二：镜子活动

活动目标：让学生明白自己装着有某种情绪会真的产生某种情绪，掌握镜子技术。

活动准备：学生分成两人一组，相对而坐。

活动步骤：

（1）学生两人一组，甲学生做出各种愉快的表情，乙学生作为镜子模仿甲的各种表情。时间为 2 分钟左右。

（2）双方互换角色。

（3）学生围绕刚才的活动讨论分享。

1）看到“镜子”的表情，你有什么感受？

2）情绪可传染吗？

3）在努力做各种愉快表情时，你的情绪有变化吗？

（4）学生发言，教师小结。

【本章考核】

考核标准

序号	考核项目	主要内容	评分标准	分数	学生自评	教师评分
1	知识学习（40 分）	情绪和情绪管理概念理解	了解情绪的基本概念和构成要素	5		
			了解基本情绪的分类	5		
			熟悉情绪的效应	15		
			掌握情绪的基本调控方法	15		
2	技能提升（40 分）	情绪管理技能训练	能根据所学知识评价自身的情绪状态	20		
			能根据所学知识做到控制自身情绪	10		
			小组交流分享情绪控制的方法，学习并改进自身情绪控制的技巧	10		
3	职业素养（20 分）	情绪控制习惯养成	养成情绪管理习惯	10		
			善于控制自己情绪	10		
合计				100		

学生签字	年　月　日	教师签字	年　月　日

【本章作业】

一、归纳总结本章内容

二、知识测试

（一）概念解释

1．情绪

2．情绪管理

3．6H4AS 情绪管理

（二）选择题

1．情绪的构成包括（　　）。

A．认知层面的主观体验　　B．生理层面的生理唤醒

C．知识层面的概念理解　　D．表达层面外部行为

2．大学生情绪具有的特点是（　　）。

A．情感丰富　　B．情绪不稳

C．容易冲动　　D．感情细腻

（三）简述题

1．简述情绪的构成。

2．简述情绪管理的效应。

3．简述大学生情绪特点。

4．简述大学生情绪调控的方法。

三、技能训练

完成情绪管理测试。

四、小组讨论

交流自己应对生活中的情绪问题的方法。

五、案例分析

有一个男孩脾气很坏，于是他的父亲就给了他一袋钉子，并且告诉他，每当他发脾气的时候就钉一根钉子在后院的围篱上。于是，这个男孩在围篱上钉下了 37 根钉子。但慢慢地他每天钉下的钉子数量越来越少了，因为他发现控制自己的脾气要比钉下那些钉子来得容易些。

终于有一天，这个男孩再也不会失去耐性乱发脾气，他告诉他的父亲这件事。父亲告诉他："从现在开始，每当你能控制自己的脾气的时候，就拔出一根钉子。"时间一天天地过去了，最后男孩告诉他的父亲，他终于把所有钉子都拔出来了。

父亲握着他的手来到后院说："你做得很好，我的孩子。但是看看那些围篱上的洞，这些围篱将永远不能恢复成从前的样子。你生气的时候说的话也就像这些钉子一样，那些伤害人的话语会在别人的心中留下一个永久的疤痕。如果你拿刀子捅别人一刀，不管你说了多少次对不

起，那个伤口都将永远存在。话语的伤痛就像真实的伤痛一样令人无法承受。”

人在不开心的时候喜欢对身边最亲的人发脾气，因为你知道他们会包容你，但往往发脾气时说的话永远都像钉子一样伤人。或许你是无心的，但那伤口就像篱笆上的洞，已经造成了严重的伤害。别胡乱挥霍亲人给你的爱，因为这样对他们就是一种伤害。

1．从故事中我们能感受到什么？

2．我们在生活中有没有遇到类似的问题？当时是怎么处理的？

六、延伸阅读

扫描二维码阅读：情绪管理测试。

参考文献

[1] 颜明健．管理学原理[M]．3 版．厦门：厦门大学出版社，2019：9-32．

[2] 罗宾斯．管理学[M]．刘刚，程熙路，梁晗，译．13 版．北京：中国人民大学出版社，2017：3-16．

[3] 方振邦、徐东华．管理思想百年脉络[M]．3 版．北京：中国人民大学出版社，2011：4-105．

[4] 吴照云．中国管理思想史[M]．北京：经济管理出版社，2019：28-220．

[5] 吴照云．管理学[M]．6 版．北京：中国社会科学出版社，2019：3-113．

[6] 邢以群．管理学[M]．5 版．杭州：浙江大学出版社，2019：3-19．

[7] 韩瑞．管理学原理[M]．2 版．北京：中国市场出版社，2019：78-95．

[8] 汤发良．管理学原理[M]．北京：清华大学出版社，2019：24-36．

[9] 赵涛，李灵．管理学[M]．天津：天津大学出版社，2019：81-85．

[10] 蒋冬青，苏娴．管理学原理与技能[M]．上海：上海财经大学出版社，2018：2-50．

[11] 张岩松，张建锋，徐文飞．现代管理学案例教程[M]．北京：北京交通大学出版社，2017：60-63．

[12] 王利平．管理学原理[M]．北京：中国人民大学出版社，2017：3-13．

[13] 娄成武，魏淑艳．现代管理学原理[M]．北京：中国人民大学出版社，2011：1-13．

[14] 蔡茂生，秋文．管理学基础[M]．广州：广东高等教育出版社，2011．

[15] 陈传明，小虎．管理学原理[M]．北京：机械工业出版社，2019：22-48．

[16] 王丽丽．管理学原理[M]．大连：大连理工大学出版社，2016：3-34．

[17] 张卓．管理学[M]．北京：科学出版社，2018：21-41．

[18] 王晓君．管理学[M]．北京：中国人民大学出版社，2011．

[19] 丁苹，蔚闻．管理学原理与实务[M]．北京：北京交通大学出版社，2009：1-22．

[20] 忻榕，曼琳、张菱．五型领导者：个性化的领导力提升之道[M]．北京：中信出版社，2011．

[21] 圣吉．第五项修炼：学习型组织的艺术与实务[M]．郭进隆，译．上海：上海三联书店，2002．

[22] 蒋洪胜．浅谈情绪管理的十种效应[J]．教育仪器设备，1999（3）：24-26．